Biblioteca Era

Nelson Reed

LA GUERRA DE CASTAS DE YUCATAN

Nelson Reed

LA GUERRA DE CASTAS DE YUCATAN

Ediciones Era

A Juliette

Primera edición en inglés: 1964
Título original: *The Caste War of Yucatan*
© 1964, by the Boartd of Trustees of the
Leland Stanford Junior University. Stanford
Traducción: Félix Blanco
Primera edición en español: 1971
Décima reimpresión: 1998
ISBN: 968-411-192-4
Derechos reservados en lengua española
© 1971, Ediciones Era, S. A. de C. V.
Calle del Trnbajo 31, 14269 México, D. F.
Impreso y hecho en México
Printed and made in Mexico

ÍNDICE

NOTA PRELIMINAR

La Guerra de Castas de Yucatán, es uno de los episodios menos conocidos pero más llenos de colorido de la historia de México. Ciertamente, si se contara sin preparación que todavía en 1848 los descendientes de los antiguos mayas, después de siglos de estar subyugados, se abrieron camino peleando por la península de Yucatán y estuvieron a punto de echar a sus dominadores blancos al mar, podría sospecharse un artificio literario. Pero así fue. Las campañas militares de la Guerra de Castas terminaron al cabo de siete años, no porque los rebeldes mayas hubieran sido definitivamente vencidos. Los patriotas yucatecos, los generales mexicanos y hasta los mercenarios norteamericanos, al encontrarse frente a lo que hoy llamamos tácticas guerrilleras, sencillamente abandonaron la esperanza de una victoria total. A pesar de fuertes pérdidas en combate, del hambre periódica y de los estragos del cólera, los rebeldes tenían en su poder las selvas de la parte oriental de Yucatán, y las conservaron hasta el final del siglo. Algunas correrías, realizadas de vez en cuando, les procuraban alimentos, armas de fuego, alcohol y prisioneros: hombres y mujeres blancos que acabaron sus días como esclavos en las aldeas mayas. Y, a partir del culto de la Cruz Parlante, que apareció en los días más sombríos de la guerra, los mayas fueron creando su propia sociedad, nueva síntesis de la cultura colonial española y de las antiguas de los mayas.

El señor Reed no es historiador profesional, y podría haber utilizado este material sea para escribir una historia estrictamente militar, sea para una novela histórica de capa y espada. Por fortuna, tenía otras ambiciones: puso los complicados detalles de esta guerra en un orden coherente, echó mano de los periódicos, las cartas y las memorias de la época para que hombres y acontecimientos cobraran vida y situó la contienda y sus repercusiones en el contexto de toda la historia de Yucatán en el siglo diecinueve.

Para los eruditos o estudiosos, la principal aportación de esta obra está en la información que presenta de la existencia de diversos Estados mayas independientes después de 1855 y de lo que un documento contemporáneo llamaba las mojigangas de la Cruz Parlante. Hasta ahora, muy poco se ha escrito de estas cosas, sobre todo porque los yucatecos contemporáneos, heridos en su orgullo por los éxitos de los rebeldes, hacían cuanto podían por no mencionarlas. La búsqueda de información del señor Reed le condujo así a fuentes inglesas, alemanas y yucatecas que no habían sido explotadas, y finalmente, a las selvas de Quintana Roo, donde habló con indios cuyos abuelos pelearon en la Guerra de Castas. Pocos de los que han escrito sobre la historia de México, entre ellos los propios mexicanos, han consentido en recorrer montados en una mula tan remotos parajes, lejos de las comodidades de archivos y bibliotecas.

Digamos algo de las notas para prevenir sospechas injustas de algunos historiadores profesionales. La primera vez que leí el original, no tenía ningún aparato erudito ni apéndice que citara sus fuentes. Después, y obrando por consejo de alguien, el señor Reed acabó por proporcionarme una bibliografía y buen número de notas de documentación. Pero habiendo yo cotejado por cierto espacio con algunas de mis propias fuentes, estaba ya convencido de la precisión de su labor, y sus afanes no hicieron más que ratificarme en mi convicción. Me encontré, pues, en una posición extraña y tuve que decirle que las citas de fuentes parecían por lo menos innecesarias y que había que renunciar a ellas. Le dije que los profesionales verían cómo él había seguido las reglas fundamentales de su arte y que a muchos de ellos les podrían parecer las notas inútil alarde de técnica; que tanto a los lectores en general como a los eruditos les resultaría sin duda la abundancia de notas al pie de las páginas pesado contrapeso al ágil ritmo de la narración. No tardé en descubrir que tal había sido también su propio modo de sentir desde el principio, y estoy seguro de que aceptó mi recomendación con un satisfecho dejo de ironía.

Y así, después de muchos meses de sistemático acoso por parte de sus críticos amigos y sus editores, al fin el señor Reed quedó en libertad de escribir la obra como él quería, lo cual es un privilegio más raro de lo que podría suponerse. Por mi parte, creo que se lo merecía y tengo el gusto de haber participado en los arreglos para la publicación de la obra. También estoy contento por haber podido renunciar a mi antigua idea de escribir una amplia historia de la Guerra de Castas, ya que el señor Reed lo ha hecho por mí, y ciertamente muy bien.

HOWARD F. CLINE

Biblioteca del Congreso
Noviembre de 1963

PREFACIO

Se me ocurrió la idea de este libro cuando visité Bacalar, en 1948. Como no sabía nada del lugar, me sorprendió hallar las ruinas cubiertas de hierba de una ciudad colonial española, con una iglesia y una fortaleza rodeada de fosos y pintorescamente situada en una altura que dominaba un lago. Vivían allí unas cuantas personas, y un sacerdote misionero había reparado parcialmente la iglesia, pero calles y calles de edificios de piedra destechados eran prueba de su pasado. En respuesta a mis preguntas me dijeron que la habían destruido los indios en algo que denominaron la Guerra de Castas.

Al volver de aquel viaje busqué en la literatura del tema, y principalmente en *The Maya of East Central Quintana Roo*, de Alfonso Villa; me fascinó su esbozo del alzamiento de los indios mayas contra sus dominadores, de cómo casi habían tomado la península de Yucatán y después se habían retirado a las densas espesuras de Quintana Roo para fundar una sociedad independiente y adorar "una cruz que hablaba". En la obra de Villa estaba incluido "Remarks on a Selected Bibliography of the Caste War and Allied Topics", de Howard F. Cline, esquema de una obra que pedía ser escrita. Mis estudios habían sido más de arqueología que de antropología o historia, y además pensé que Cline probablemente publicaría los resultados de sus investigaciones. Pasaron los años, y de vez en cuando me topaba en mis lecturas con la Guerra de Castas, y en cada ocasión tenía presente el recuerdo de la bibliografía de Cline. Después leí el *Ensayo histórico sobre los revoluciones de Yucatán*, de Serapio Baqueiro, que daba más detalles de los primeros años de la revuelta, y quedé cautivado: si nadie iba a escribir la obra que Cline había esbozado, yo lo haría.

Pasé después un año buscando las fuentes de Cline, hallé los trabajos que han salido del suyo, busqué en bibliotecas y archivos de Mérida y recorrí los archivos oficiales de Honduras Británica. Ya había viajado antes por gran parte de aquella región, pero ahora hice viajes exprofeso, volví a Bacalar, a la costa oriental de Quintana Roo, a la selva, y finalmente a la que fuera capital santuario de los mayas, Chan Santa Cruz. Fueron momentos muy agradables, con todos los placeres de la investigación: descubrimiento del detalle que corrige una situación mal entendida y del hecho que ilumina un rincón particularmente oscuro de la historia.

En la obra se hallarán suficientes combates para el gusto de quienquiera, pero dése por advertido el lector de que los tiros no empiezan sino en el capítulo tercero. Sin tratar de escribir la historia de Yucatán ni un estudio cultural de los mayas, me pareció que era necesaria alguna información de los antecedentes para el entendimiento de la Guerra de Castas, y quise dar lo esencial de ello en los dos primeros capítulos. En los últimos capítulos puse también cierta cantidad de historia política y económica para explicar o dar perspectiva a los acontecimientos posteriores a la Guerra de Castas entre los mayas.

Mi más sincero agradecimiento a Howard F. Cline por sus muchas indicaciones y recomendaciones, a J. G. Bell por su amistosa ayuda frente a muchas dificultades, y a Gene Tanke por su inteligentísima ayuda en la preparación del original para su edición.

NELSON REED

St. Louis Missouri.
Noviembre de 1963

PRIMERA PARTE

LOS DOS MUNDOS DE YUCATÁN

1
EL MUNDO DE LOS LADINOS

La muerte y el depósito en el fondo de un mar cálido y poco profundo de miles de millones de seres del terciario y el holoceno, su disposición en una gran capa caliza y el posterior alzamiento de aquella masa sobre las aguas para convertirse en la península de Yucatán, son acontecimientos remotos, pero contribuyeron a configurar los trastornos de 1847. A pesar de las fuertes precipitaciones anuales, el agua era un problema capital para los habitantes de Yucatán. El agua de lluvia se filtraba a través de 15 o 30 metros de caliza y llegaba a la capa freática, donde un sistema de drenaje subterráneo la llevaba lejos del alcance del hombre. Sólo podía contarse con agua en las cavernas o allí donde la erosión había gastado la caliza hasta la capa freática, o en los lugares donde la bóveda de una cueva se había hundido y formaba un *cenote* o pozo de agua.[1] También podía encontrarse agua en los escasos ríos y lagos y en depresiones pantanosas llamadas *aguadas,* e incluso (tal era la necesidad) en los pequeños huecos de las rocas, después de la lluvia. Pero en época de secas fallaban esas fuentes y para vivir se apiñaban los habitantes en torno a los cenotes. Quien tenía el agua dominaba el territorio.

La geología imponía otras limitaciones. Era imposible labrar una tierra que en ninguna parte tenía más de unos cuantos centímetros de profundidad, y así no se podía sembrar trigo ni otras plantas que requieren tierra bien cultivada. El único instrumento de labranza que resultaba práctico en aquellas condiciones era el plantador, y las únicas plantas satisfactorias eran las que rinden mucho por semilla, como el maíz, el frijol y la calabaza. Siendo el suelo delgado, pronto se agotaba, y cada tercer año se veía el labrador en la obligación de buscar terrenos nuevos. Para estar cerca de su *milpa,* vivía de preferencia en pueblecitos y aldeas y no en ciudades, y esta forma dispersa de poblamiento fomentaba la independencia y la oposición a los cambios.

La vegetación natural que podía durar sobre aquella base roqueña variaba según las lluvias. Tanto la lluvia como la vegetación eran más ligeras en el ángulo noroeste de la península, y la

---

[1] Algunas palabras mayas se ponen en cursiva solamente la primera vez que aparecen en el texto. Tanto éstas como muchos nombres propios se hallarán en el glosario, p. 277.

maleza raramente alcanzaba más de 9 metros de alto. Esa maleza xerofítica se extendía formando toscos arcos hacia la costa oriental y la meridional, y después se transformaba en selva xerofítica, que a su vez era reemplazada por una densa selva lluviosa. donde inmensos caobos, chicozapotes y ceibas, apretados unos contra otros, con guirnaldas de lianas o bejucos y plantas aéreas parásitas, se erguían hasta más de 30 metros de altura en busca del sol. Esta selva formaba una faja de unos 65 kilómetros de ancho a lo largo de la costa oriental, atravesaba la base de la península y se fundía con el yermo inmenso y continuo del Petén. Interrumpía la llanura, monótonamente pareja, del Yucatán septentrional una serie de alturas, el Puuc, que si bien no tenía más de 90 metros de elevación era impresionante por contraste. Formaba el lomerío una *V* invertida, con una rama en el Golfo de México en Champotón, que tenía su punto más septentrional en la población de Maxcanú, y la otra rama terminaba cerca de la Bahía de Chetumal. Su elevación hacía difícil de encontrar el agua; los valles, sobre todo en el sudeste, formaban pantanos y lagos poco profundos.

Por estas razones, el grueso de la población se condensaba en el noroeste, relativamente más favorecido. La selva oriental y el territorio situado al sur del Puuc estaban deshabitados casi por completo; no había caminos a los países vecinos, y eso reforzaba aún más el carácter insular de aquella península. El desastre que se cernía sobre Yucatán en 1847 hubiera debido remediarse inicialmente con los recursos internos de aquel desolado estado.

En 1546 conquistaron Yucatán los españoles, tras diecinueve años de lucha. Hubo después una serie de rebeliones, que fueron rápida y brutalmente reprimidas; los trastornos de la guerra produjeron hambres; y los nuevos gérmenes que atacaban la sangre no inmunizada de los indígenas mayas ocasionaron enfermedades. Tuvo después aquella tierra tan lamentablemente menoscabada una paz apática, y aun ésta fue turbada por los sacerdotes extranjeros que recorrían las ruinas olfateando en busca del demonio o los dioses antiguos, sacando la herejía de los supervivientes a latigazos. Con el tiempo se resolvió el problema... con el tiempo, las escuelas de los franciscanos, la creciente tolerancia española y la parcial aceptación por parte de los mayas de un dios evidentemente triunfador. Los invasores extranjeros reemplazaron a la maltrecha clase de los nobles y los sacerdotes indígenas, organizaron el país a la europea y se adaptaron a las condiciones locales. Este estado de cosas duró más de tres siglos, y cuando Europa pasaba por el Renacimiento y la Ilustración y llegaba a la sociedad industrial, Yucatán era un fósil social.

Pero el sueño colonial sirvió para que recobrara las fuerzas.

A la conquista española habían sobrevivido menos de 300 000 mayas, y este número había quedado reducido a menos de la mitad hacia 1 700, señal en cierto modo de la fuerza de la viruela y la desorganización social. Mas al llegar la paz y el reajuste, la población de Yucatán empezó a aumentar, con una fuerza lentamente acelerada. De 130 000, que eran entre mayas, mestizos y españoles, aumentaron a 358 000 en 1800 y 580 000 en 1845. Una mayor población implicaba mayores necesidades de alimentos, y así empezó la lucha por la tierra. El maya veía surgir nuevos poblados para repartirse su selva, veía acumularse en torno suyo los ranchos y las haciendas del blanco, y se inquietaba. Para el tendero, mayor población significaba mayor mercado, y empezó a desarrollarse una clase mercantil. El político tenía mayor campo para sus actividades, mayor remuneración por su empleo, y los empleos empezaron a suscitar pugnas. Examinando las cifras de población y haciendo un sencillo cálculo se comprendía que Yucatán no tardaría en tener una población de varios millones, y los *ladinos* provincianos empezaron a acariciar ideas de independencia.[2]

Para el maya sin instrucción y su amo instruido a medias, la vida era todavía una serie de ciclos; nacía uno, moría, y en la tierra nada cambiaba ni podía cambiar. La estructura social, los métodos de la agricultura, la religión, nada de esto podía ser modificado, porque era la divina Providencia quien guiaba el mundo. Para el agricultor, una cosecha perdida significaba que un Dios (o unos dioses) personal se había enojado con él, y solamente la oración podía llevar pan a su hambrienta familia. Un reformador no hubiera podido hacer nada con aquellas gentes que creían que en el cielo se pagaban todas las deudas, que el siervo azotado subiría a la gloria mientras su amo pagaba aquí abajo. Los ambiciosos hallaban salida en la Iglesia, la posición social, los empleos políticos y el estudio, y todos aceptaban el estado inmutable del mundo.

Pero las ideas europeas de razón, de la perfectibilidad del hombre y del progreso humano (aplicadas por los colonos ingleses a sus problemas mercantiles en el Nuevo Mundo, aceleradas al volver a atravesar el océano para arrasar la Bastilla y portadas por un ejército de ciudadanos por toda la faz de Europa) llegaban al lejano Yucatán en débiles oleadas de reflujo. En Campeche, un monje francés hablaba de los enciclopedistas; un sacerdote discutía el dogma en el seminario de San Ildefonso de Mérida; sus discípulos, penetrados de sus dudas, formaban grupos de examen,

---

[2] Eran *ladinos* todos los de ascendencia española o semiespañola que se consideraban "blancos" y vivían, se vestían y pensaban de acuerdo con la herencia transmitida por Europa; vivían aparte de los indígenas mayas, o *indios*.

leían libros prohibidos y soñaban con un mundo verdaderamente nuevo. Y si a aquellos jóvenes aristócratas coloniales les preocupaba la difusión de aquellas sus novísimas ideas por Yucatán y se preguntaban si la libertad significaría igualdad hasta para los indios podían tranquilizarse con la carrera de Patrick Henry y Thomas Jefferson, caballeros patriotas de la nueva escuela que también fueron dueños de esclavos.

Una segunda ola de ideas, más fuerte, atravesó también el Atlántico. Por breve espacio, España se vio libre de Napoleón y de Fernando VII a la vez, y reunió unas cortes que aprobaron leyes revolucionarias para España y para su imperio: libertad de prensa, elecciones locales, ningún trabajo impuesto por la fuerza, ningún tributo a la Corona, ningún impuesto para la Iglesia; y a cada decreto que llegaba, era un clamoreo de los intereses en peligro. En Yucatán, los mayas pagaban el tributo para el rey y el diezmo para la Iglesia, además de los fuertes gastos de la recaudación; y desde el púlpito y desde la oficina del recaudador se lanzaba la advertencia de que los indígenas no trabajarían a menos que los obligaran y que si no los obligaban, la economía de la provincia se hundiría. Era una preocupación prematura. Napoleón cayó, Fernando fue restablecido en el trono y las leyes fueron derogadas; y al mismo tiempo que la aristocracia local llevaba en solemne procesión el retrato del soberano a la catedral de Mérida, los liberales más destacados iban camino de San Juan de Ulúa, fortaleza-presidio cercana a Veracruz, y los clérigos liberales, expulsados de sus aulas, eran recluidos en celdas monacales. Por todo México, los conservadores consolidaban su posición; después de aplastar la revolución social de Hidalgo se volvieron contra España y lograron la reaccionaria independencia de 1821. El gobernador español de Yucatán se sometió sin luchar y, a pesar de la tradición separatista, la península se adhirió a la Unión Mexicana.

Para los liberales de la generación de la Independencia, la lucha era contra la Iglesia y la Corona, contra la Edad Media. España había suprimido los monasterios de Yucatán, treinta de ellos en el último año de su dominio, y la nueva clase gobernante que había heredado los extensos terrenos monásticos, dejó que siguieran suprimidos. Los doscientos monjes fueron secularizados. La Iglesia local nunca se repuso de este golpe y a partir de entonces jamás desempeñó sino un papel mínimo en la política de Yucatán. La aristocracia quedó virtualmente privada de existencia con la abolición del fuero militar, que concedía privilegios e inmunidades especiales e imponía la obligación de pelear contra los enemigos del rey; era casi el equivalente de los antiguos caballeros en el Nuevo Mundo. Los enemigos eran pocos, porque el título casi nunca tuvo otro significado que el prestigio, y a la mayoría de sus mil y pico de herederos les interesaban perspectivas muy diferentes. Gentes entusiastas erigían tablados para quitar a golpes de cincel el real escudo de armas que adornaba la fachada de la catedral, y hasta mutilaban los escudos de sus propias casas. Otra costumbre antigua, la del mayorazgo, terminó para la casa de Montejo, hogar del conquistador de Yucatán y la residencia privada más importante del estado, que fue vendida, por primera vez en sus 283 años, al cabo de dieciséis generaciones. Para el gentilhombre tradicional, nada podía ser más importante que su escudo nobiliario, ni nada más bajo que el comercio, pero las casas solariegas que rodeaban las plazas de Mérida y Campeche empezaron a transformarse y a albergar tiendas, oficinas y cantinas. Se iniciaba la era del comercio, con el reconocimiento legal de la corporación, primero para una plantación de henequén, después para un servicio de diligencias, una fábrica de papel, una de pólvora y una algodonería. Los hijos de los patriotas de 1821 aceptaban las victorias de sus padres sobre el pasado y hacían su propia revolución: la creación de una sociedad mercantil.

Esta segunda generación estaba excitada por la fe en el brillante futuro de Yucatán. Pero, en realidad, tenía poco que hacer. Bajo la rígida dominación española, la península había exportado pequeñas cantidades de pieles, carne de res y sebo a La Habana, algo de cera de abejas, tejidos de algodón, sal y artesanías a México, y palo de tinte a Europa. Al perder la protección de España, el ganado argentino abasteció el mercado cubano; la cera de abejas y la tela de algodón, que procedían del tributo de los mayas, faltaron al suprimirse el tributo. El palo de tinte, que se cortaba principalmente en el sur, a lo largo de los canales que alimentaban la Laguna de Términos, se reunía en el puerto de Isla del Carmen y se embarcaba para Europa. Mientras el palo de tinte era, con mucho, el artículo de exportación más valioso, la industria declinaba; la competencia de Belice había hecho bajar los precios, las talas inútiles habían sido ruinosas para las mejores plantaciones de árboles y la mano de obra era difícil de conseguir.

Al desaparecer sus fuentes de ingresos tradicionales, Yucatán se vio obligado a experimentar. Los mayas siempre habían cultivado, en pequeño, el henequén, un agave especial cuyas hojas tenían una fibra utilizable, y se intensificó su cultivo para hacer sogas y venderlas a la marina mercante española. Gradualmente se fue creando un mercado ultramarino, y en 1833 se fundó la primera plantación comercial; se desbrozaron sus treinta y tantas hectáreas de tierra y se dispusieron fila tras fila de plantas de henequén, en contraste con los tradicionales grupitos de jardines y huertos. Era necesario asociarse para realizar el proyecto, porque la planta tardaba ocho años en estar madura para la cosecha, y pocos eran los que podían disponer del capital suficiente para el proceso. El experimento fue un éxito y los hacendados empezaron a cultivar en sus propiedades la nueva planta industrial. El cambio se hizo poco a poco, sin desplazar los acostumbrados cultivos de maíz y la ganadería, y por ello se produjeron en los trabajadores mayas pocos trastornos y mudanzas. Para 1846, la planta ocupaba el segundo lugar en valor de exportación, empleaba más mano de obra que ninguna otra industria, había creado en Mérida la necesidad de siete talleres de separación, y seguía creciendo rápidamente. El puerto de Sisal, que para el resto del mundo se convirtió en el nombre de aquel oro verde, fue creado principalmente para los envíos de fibra a ultramar.

La caña de azúcar tuvo una historia muy diferente. Introducida y cultivada desde los primeros tiempos de la Colonia, la Corona no cesaba de tenerla en entredicho, porque no quería ni peones alcohólicos ni competencia para los vinos de España. La Independencia puso fin al entredicho y en 1823 empezaron a hacerse plantaciones con el favor del gobierno estatal. Si bien necesitaba un suelo mucho mejor que el henequén, la caña de azúcar era una inversión mucho más lucrativa; con la cosecha del segundo año, por lo general, se pagaban todos los costos, y después de eso, los beneficios solían subir hasta 700% anualmente.

Con todas estas cosas, la selva empezó a adquirir importancia para los emprendedores ladinos. La tierra era el valor más utilizable de Yucatán para un gobierno dirigido por comerciantes. Salvo las pequeñas propiedades de los hacendados o los aldeanos, toda la tierra había sido antes parte del *monte del rey*. Con la República se llamó "terreno baldío". El monte del rey había pertenecido a todos, a los hacendados ganaderos que pagaban un tanto nominal por derechos de pasturaje, como a los mayas, que cultivaban el maíz sin cuidarse de teorías del derecho de propiedad. Siendo terreno baldío era tierra de todos, que debía cultivarse y podía venderse. Esto iba contra el interés de los mayas y de los hacendados más antiguos, que nunca se habían preocupado por comprar otra cosa que el terreno en que fincaban sus construcciones; pero ni uno ni otro grupo podía resistir a las presiones de la nueva época y al septuplicado beneficio de la caña de azúcar. La propiedad de tierras se convirtió en el valor principal del activo de una tesorería estatal en continua bancarrota. Nada más sencillo que escapar a deudas imposibles de saldar concediendo terrenos valorados a precios muy bajos; y si el acreedor no tenía libertad de elección, su principal preocupación después era aumentar el valor de su tierra para recuperar su dinero. Los terrenos fronterizos o extremos iban a ser con el tiempo lo único que atrajera nuevos adherentes a las diversas revoluciones.

El indio tenía poca experiencia de la propiedad individual de la tierra. Estaba acostumbrado a ocuparla comunalmente por linajes o por poblados, siendo cada miembro libre de utilizar la que necesitara, poseyendo lo plantado y la cosecha, pero no la tierra. Esto había sido reconocido jurídicamente por la Corona en la forma de tenencia comunal llamada *ejido*. Mas para el legislador ladino era el ejido tan producto del pasado como el fuero militar, e hizo cuanto pudo para convertir las tierras comunales en propiedad privada. Diversas leyes limitaron y atacaron el ejido. La obligación de probar la propiedad de la tierra le tocaba al lugareño y no al comprador ladino. Hubo un decreto que aún llevó más lejos este principio, y en su virtud, la presencia de pequeñas colonias o rancherías ya establecidas no impedía le venta de la tierra. El arrendamiento privado se permitía dentro del ejido, que en realidad era un arrendamiento privado de terrenos comunes. Y en 1845 se dio el golpe final obligando a los indios a pagar impuestos por cultivar su propia tierra. La reacción a esta medida fue tan fuerte que hubo de ser revocada rápidamente.

En todo el decenio de 1830-1840 se garantizaron los derechos al agua, de importancia primordial. Pero en 1841 se suprimió la protección y un cenote que desde tiempo inmemorial había servido para una parte de territorio se convirtió en propiedad privada, que podía explotar en su beneficio un particular. La perforación de pozos, la construcción de aljibes para recoger el agua de lluvia, o la restauración de los antiguos, abandonados después de la conquista, fueron modos más productivos de hacer prosperar la árida selva, pero la toma de posesión de la tierra ('que implicaba) suscitó amargos sentimientos.

Debido al aumento de la población, nuevos y mayores pueblos indios entraron en la competencia por el agua. Entre los hacendados y los poblados más extensos, todos los terrenos baldíos de las regiones pobladas estaban ahora reclamados y se inició una migración hacia la selva escasamente poblada del sur y el este, y migración de los hombres de uno y otro color. Aparecieron en el mapa nuevos nombres, nombres extraños para aquel país; Dzitnup, Put y Cholul se convirtieron en Barbachano, Moreno y Libre Unión; Nohacab, Dzibinocao y Kokobchen fueron Progreso, Iturbide y Zavala. Otrora, sólo los nombres de Mérida y Valladolid habían recordado a España, y los usaban quienes hablaban español. Iturbide era una aldea india que se convirtió en activo poblado en unos cuantos años; a John Stevens, viajero y autor norteamericano que lo visitó en 1843, le dijeron que siendo la tierra sólo de los indígenas, la habían considerado libre para todo el que llegara. Los pueblos de Hopelchen, Bolonchenticul, Tihosuco y Peto se acrecentaron todos y llegaron a tener poblaciones de unos cinco mil habitantes; los confines de la parte colonizada pasaron de 120 000 a 200 000 habitantes y de un quinto a un tercio de la población del estado.

Para las plantaciones de caña de azúcar no solamente se necesitaba tierra. La época de la cosecha ponía a los plantadores "a merced de una población irresponsable". Por desgracia, creían los blancos, el indio era perezoso. En seis meses podía producir los diez hectolitros y medio de maíz que necesitaba para él y su familia, más otro tanto para cambiar por sal, algodón y pólvora; y con eso se contentaba. Esta actitud se oponía visiblemente al progreso; alguien tenía que realizar el esfuerzo suplementario necesario para elevar a Yucatán a la altura de los demás países del mundo, y estaba claro que no iban a ser los criollos, aparte de ser ellos ya los planeadores.

Planeaban, pues. En las zonas más colonizadas que rodeaban a Mérida, donde se estaban ensanchando las plantaciones de henequén, había prácticas establecidas a que recurrir. En aquellas antiguas haciendas coloniales servía una clase de indígenas que eran siervos en el sentido verdadero de la palabra: parte de la propiedad, fuera heredada o comprada; no podían irse ni casarse sin el consentimiento del amo. En los días de la agricultura de sustento, las obligaciones de aquellos indios no habían sido graves: cuidar una milpa extra para el señor, hacer de vez en cuando una jornada de trabajo en la casa grande. Se les llamaba "luneros" porque el día de trabajo que debían solía ser el lunes.

En la época de la independencia, los mayas fueron declarados libres como los demás ciudadanos, pero se tenía la intención de que "la costumbre de la tierra" (la relación entre amo y criado) continuara. Las costumbres son difíciles de cambiar, sobre todo cuando les convienen a los que mandan. Entonces se dijo que los indígenas trabajaban para el hacendado a cambio del uso personal que hacían de su tierra y su agua. Pero las antiguas costumbres no servían para las necesidades nuevas. Tomando el ejemplo de los contratistas de palo de Campeche, los plantadores de henequén y de azúcar organizaron un sistema de peonaje en deuda, que se eternizaba por sí solo. A los trabajadores se les adelantaba a cuenta de su salario aguardiente (que solía ser ron), maíz para plantar o una escopeta barata, y el adelanto constaba en un libro como la *chichán cuenta* (cuenta chica). Como la cuenta era pequeña, el indígena la olvidaba, pensando que tal vez un día la pagaría. Y nunca podía. Si pensaba abandonar a su dueño, se enfrentaba con la *nohoch cuenta* (la cuenta grande) y comprendía que la suma de muchos préstamos pequeños hacía un total demasiado grande para él. No sólo era corriente hacer trampa en las cuentas, sino que muchos hacendados ni siquiera llevaban libros. Ningún indígena podía ser contratado sin que le diera suelta su amo anterior o sin que su nuevo patrón asumiera su deuda; el indígena que no tenía papel de suelta era multado por vagancia, y la multa se le vendía a un plantador que necesitaba mano de obra. Era un sistema muy a propósito.

Los lugareños que eludían los "regalos" aparentemente generosos y los préstamos tampoco estaban a salvo de la explotación. Como ciudadanos, estaban sometidos a impuestos, que determinaba el jefe político, funcionario local blanco de la clase de los hacendados; la falta de pago acarreaba la servidumbre. Los huérfanos se consideraban responsabilidad del Estado, pero sería mejor decir su presa; las autoridades locales los recogían (aun cuando tuvieran tíos, hermanos mayores u otros parientes cercanos que pudieran ayudarlos) y se los vendían en calidad de sirvientes por veinticinco pesos a citadinos o hacendados. Toda propiedad de un lugareño muerto era embargable por deudas, lo cual reducía a los que quedaban a aceptar préstamos; y los hijos heredaban jurídicamente la deuda. Si todo eso fallaba, había las hambres, propiamente espaciadas cada pocos años, en que mediante el gasto de un poco de maíz excedente podía comprarse un doméstico para toda la vida.

Las leyes redactadas y aplicadas por los blancos garantizaban así que los prósperos campos de henequén y caña no quedarían "a merced de una población irresponsable". Aquellos legisladores eran demócratas liberales. A medida que iban apretando la tenaza de su poder económico sobre el indio, le daban el voto, y no veían contradicción en ello. La teoría que sustentaba las leyes de la tierra y las deudas era que el maya debía convertirse en ciudadano partícipe del Estado. Era un plan consciente para acabar con los antiguos modos de los pueblos autosuficientes y poner en su lugar las reglas del progreso y la cooperación económica. Cuando se combinan la filosofía y la codicia, es difícil oponerse a su fuerza.[3]

[3] Los nuevos contratos de trabajo dieron al maya alguna protección laboral; le garantizaban un mínimo de alimentación y vestido, cuidados médicos y funerales, y prohibían la separación de las familias por asignación de trabajo. Pero los salarios eran bajos, incluso para las normas del siglo XIX. Un trabajador podía ganar de 12 a 36 pesos al año, mientras el maestro ganaba 600 y el jefe político 1 200; el obispo recibía un salario de base de 8 000 pesos al año, y se sabía de sacerdotes que recogían en sus parroquias hasta 14 000 de gajes. En aquel tiempo, medio peso era el valor aproximado de 40 kilos de maíz o del vestido de una mujer maya.

No conviene sobreestimar la importancia de las cosechas que se pagaban al contado. Noventa y cinco por ciento de la fuerza de trabajo estaba todavía dedicada a la producción de maíz, aunque las nuevas industrias afectaban a muchos aspectos de la vida yucateca. El transporte era ahora importante, y la mayoría de las carreteras existentes en 1847 habían sido construidas desde la época de la independencia. La construcción se realizaba en virtud de una antigua costumbre llamada *fajina* que obligaba a cada ciudadano a trabajar de cuatro a seis días al año en algún proyecto público o a pagar el equivalente en dinero; el pago de un real (doce centavos y medio) por día era tan pequeño que sólo los ciudadanos de color oscuro se veían obligados a pagar con trabajo. Esas carreteras favorecían los viajes y se organizó una línea de diligencias con horas fijas entre Mérida, Sisal y Campeche, y carritos de dos ruedas llevaban pasajeros al interior. Los viajes contribuyeron a disolver los grupos aislados del pasado, las "patrias chicas", las regiones y comarcas que exigían la lealtad primera y principal del hombre. Cuando viajar era difícil y poco seguro, la gente estaba en su casa. Y antes de que hubiera mercado para bienes en excedente, se había limitado a producir para su propio consumo. Los habitantes de los pueblitos vecinos de Tekax consideraban esa localidad su capital y nunca iban a Mérida o Campeche, y otro tanto sucedía en una docena de soñolientas poblaciones del interior.

En el Yucatán de 1847 había cuatro regiones definibles (cuatro patrias chicas) con distintos problemas económicos, políticos y sociales: Mérida y el noroeste, Campeche y el sur, los confines de la parte colonizada y Valladolid.

Mérida era el centro del mundo ladino yucateco. Había sido la sede de la Capitanía General bajo la monarquía, la del gobernador durante la unión con México y después la capital del estado independiente, donde estaban la legislatura, los tribunales superiores y el obispo. El centro de Mérida era la Plaza de Armas, vasta extensión desierta, llena de polvo en las secas, de barro cuando llovía, de un blanco brillante bajo el sol tropical, que se llenaba de hatos de mulas, de carretas y carromatos y de artículos de comercio en las horas laborables. La rodeaban los más importantes edificios de la ciudad. Hacia oriente estaba la catedral de San Ildefonso, terminada en 1571, con su fachada lisa y llana, dos torres ligeramente distintas, campanas tan rajadas y desentonadas que sólo a los forasteros les llamaban la atención y un interior que se decía era el más hermoso de la América Central. Junto a ella estaba el palacio episcopal, edificio escueto de dos pisos que se distinguía por una cruz de madera que se alzaba delante de una puerta lo bastante grande como para dejar paso a los carruajes hasta el patio central. El palacio municipal, de estilo árabe y rematado por un campanario, estaba hacia occidente; y el palacio del gobernador formaba parte de la larga manzana con arcos que corría por el lado septentrional de la plaza.

Esos arcos o soportales, rasgo arquitectónico heredado de la *stoa* griega por mediación de España, bordeaban la plaza de toda población yucateca que aspiraba a la civilización urbana. Si bien el mercado principal de Mérida estaba en otra parte, allí se instalaban puestos de vendedores al amparo de la fresca sombra con sus mercancías en petates: semillas de calabaza y tamales para quien quisiera comer, cinturones, mascadas, collares de coral y espejitos baratos para quien quisiera lucirse y para quien quisiera tentar la suerte, el grito "¡para hoy, para hoy!" y un billete de lotería, que se rifaba todos los días. Detrás de los arcos había tiendas más serias, amén de la barbería o peluquería, el billar, la cantina y la sala de juego. Una multitud de muchachillos indios de oscuros ojos acechaban a quienes llevaban botas, por si querían lustrárselas una vez más, mientras sus padres esperaban que les cayera algún trabajillo, o mendigaban. Allí podía uno verse con sus amigos, hacer un trato, sonreír al último ejemplo de desenfreno que se dejaba ver, o a una linda mestiza, quejarse del gobierno o, sencillamente, ver pasar la gente y dejar correr el tiempo. Los arcos eran el corazón vivo de Mérida.

Daban a la plaza y se diseminaban por las calles vecinas las moradas de la "gente decente", las fuerzas vivas de la sociedad provincial. Eran casas de exterior muy parecido. Su ornamentación se limitaba a detalles tallados alrededor de las enormes puertas y a ventanas altas y salientes; las paredes eran gruesas, los techos altos, las ventanas protegidas para que no dejaran pasar el calor; la vida familiar giraba alrededor del patio y el jardín, que estaban en el interior. Sin duda la más hermosa de aquellas casas era la de los Montejo, erigida por Francisco de Montejo, conquistador y primer gobernador de la provincia de Yucatán, propiedad en 1847 de la rica familia Peón. La entrada tenía tableros tallados. Columnas corintias y una varonil figura de cariátide, que se decía representaba al arquitecto, sostenían el balcón, con *putti* incrustados. Por encima, a ambos lados del blasón de los Montejo había dos piqueros con armadura que ponían el pie con gótico orgullo sobre un indio humillado.

Era Mérida una ciudad luminosa, de cielo despejado, de blancos edificios de piedra, techos planos y manzanas cuadradas. Accidentaban el horizonte trece iglesias, dos monasterios y el mayor edificio después de la catedral: la fortaleza de San Benito. Tenía ésta cinco bastiones y murallas de 12 metros de alto y más de 2 de grueso, elevadas sobre los cimientos de lo que fuera la principal pirámide-templo de la antigua ciudad maya de T-hó. Esta fortaleza, que había sido el objetivo de los muchos golpes de Estado presenciados por la ciudad, estaba cuatro cuadras al este de la plaza. Pasado el centro de la ciudad, dominio de la aristocracia criolla, las casas eran menos presuntuosas; primero perdían los toques ornamentales que prestaban encanto a las blancas fachadas, y si se seguía caminando, las construcciones de vigas con techado y argamasa dejaban el puesto al techo de paja de la choza indígena, que era rectangular, con los ángulos redondeados y paredes de piedra o sebe, la forma más común de habitación de la península.

Había en Mérida más de 48 000 habitantes en 1847. La ciudad dominaba la antigua región colonial del noroeste, que comprendía las poblaciones de Maxcanú, Ticul, Sotuta, Izamal y Motul. Al empezar el siglo, la mitad de la población del estado vivía en aquella región, hacia la mitad del siglo se acercaba al tercio y estaba amenazada la tradicional posición de autoridad de Mérida. Su comercio por Sisal se hacía principalmente con Cuba y los Estados Unidos, mientras los negocios de Campeche eran con México. Esto debía ser causa de trastornos cuando el estado se encontrara frente a la guerra y bloqueado por multitud de enemigos. Los comerciantes de la capital pensaban de una manera y los plantadores de caña de azúcar de otra muy distinta en cuestión de impuestos y de derechos de importación y exportación del ron. Los liberales de Mérida podían redactar leyes para la protección de los indios, pero los hacendados de las regiones limítrofes no hacían caso de ellas. Había pasado el tiempo en que el resto de Yucatán aceptaba pacientemente las instrucciones y las órdenes de Mérida.

Campeche, la segunda ciudad de la península y el único puerto que hubo hasta el florecimiento de Sisal, iba declinando lentamente. Era famosa por sus murallas, edificadas contra los asaltos de los piratas en tiempos pasados y que todavía servían en las frecuentes guerras civiles; nunca había podido nadie tomarlas al asalto, y le habían valido a la ciudad el título de Nueva Troya. La catedral de la Inmaculada Concepción, de delgadas torres, profusamente labrados en estilo barroco, los muros de piedra que el tiempo y el aire marino habían vuelto amarillentos, era considerada la iglesia más bella de Yucatán. Se erguía al norte de la plaza principal, mientras al oeste estaban los palacios de gobierno y municipial y la aduana, todos con dos pisos de arcos y respaldados por el malecón.

Campeche tenía una población de veintiún mil habitantes, muchas iglesias y monasterios, un hospicio, un hospital, una escuela naval y un teatro. Sus calles eran angostas y estaban como prensadas entre los muros; el aire bochornoso olía a pescado y a mar, los buitres engordaban con lo que los pescadores dejaban en la roqueña playa, y abundaban los mosquitos. Los suburbios, más atractivos, con huertos, jardines y palmeras, eran, no obstante, para las clases inferiores. Un desembarcadero se adentraba cerca de 140 metros en la Bahía de Campeche, pero servía de poco a los navíos de cualquier tamaño, porque con la marea baja estaba a seco y no daba protección cuando soplaba el viento del norte o el noroeste. Tenía Campeche habitantes inquietos y llenos de vida, activos en política y en el comercio; tradicional puerto de entrada, su porcentaje de ciudadanos blancos era mayor que el de ninguna otra ciudad del estado.

A la disminución de sus ingresos por el palo de Campeche se añadía la ruina de sus astilleros y su marina mercante. Las reducciones especiales de derechos, que bajo la monarquía habían ayudado a Yucatán y protegido la marina mexicana, se perdieron en los años posteriores a la independencia, y eso era un fuerte golpe para aquella ciudad portuaria; más de dos mil ciudadanos de ella habían sido marineros o constructores de buques en 1811, y en 1845 sólo quedaban 470. Los aumentos de derechos estimulaban el contrabando, sobre todo el de mercancías inglesas, por Bacalar, y esta actividad pronto excedió al valor de las importaciones legales.[4]

En 1811 se creó para Mérida el puerto de Sisal, y no tardó en convertirse en serio competidor de Campeche, porque tenía la ventaja de estar más cerca de la región más densamente poblada del estado, con una mejor red de carreteras. Ninguno de los dos lugares tenía una situación muy recomendable para puerto de mar; eran necesarias gabarras auxiliares para los barcos de gran calado, y no había protección contra el temido y tempestuoso *norte*. Pero había la necesidad, y para 1845, de Sisal salían barcos con cargamento por valor doble de los que salían de Campeche, y así absorbían el mercado del noroeste. Sisal nunca tuvo más de una larga calle llena de carromatos, bueyes, mulas, lupanares y cantinas y que terminaba en el muelle y la aduana, con un pequeño fuerte para protección, construido todo ello en un banco de arena y rodeado de pantanos. Los beneficios realizados en Sisal se controlaban y recogían en Mérida, y de la lucha entre

---

[4] En 1841 apresaron el buque inglés *True Blue* descargando mercancías de contrabando en la costa septentrional de Yucatán. Varios días después, una corbeta inglesa echaba el ancla frente a Sisal y reclamaba el valor de la embarcación y su cargamento bajo amenaza de bombardeo. Las autoridades yucatecas pagaron y con ello sentaron un precedente para los contrabandistas ingleses.

Mérida y Campeche, que empezó con discusiones en las casas de comercio, acabaría por salir la guerra civil.

La zona limítrofe de la parte colonizada, que se extendía con un radio de cosa de 129 kilómetros desde Mérida, podía dividirse en tres sectores principales: la comarca de los Chenes, la que se extendía por el camino real y al sur del mismo, pasando por Tekax y Peto y llegaba a Tihosuco, y el distrito de Tizimín. Había otras dos importantes bolsas de civilización en esta zona. Una, aislada en el centro de la zona, era Valladolid, poblada desde hacía mucho y con perspectivas muy diferentes, y la otra era Bacalar, a la que sólo se podía llegar desde las partes civilizadas viajando de seis a ocho días por una senda para animales de carga atravesando la selvática soledad desde la carretera de Peto.

Estaba Bacalar en la orilla occidental del lago, que parecía río, del mismo nombre, frente a la desembocadura de un pequeño río llamado el Chaac, que iba a dar al río Hondo, y de allí al mar Caribe. Había sido construida como avanzadilla contra los ingleses de Belice y tenía una fortaleza de piedra, rodeada de un foso, llamada San Felipe. La reina Isabel, buena protestante y mujer de negocios, no se había creido en la obligación de aceptar la atribución de medio mundo al rey de España por el sumo sacerdote de los católicos y había pensado que los territorios no ocupados del Nuevo Mundo estaban a la disposición de quien llegara. En los cincuenta años posteriores a su reinado, los ingleses se establecieron en Carmen, en la Laguna de Términos, a lo largo del litoral hondureño y en la bahía llamada de Belice.[5] De todo ello sólo sobrevivió Belice a los continuos esfuerzos hostiles de los españoles; relativamente aislada en una difícil costa sotaventada, en ella se podían hacer fortunas con el palo de tinte. Los primeros ingleses que allí hubo eran a las veces bucaneros, o bien miembros irregulares de la armada inglesa, según se mirara (y los españoles y después los yucatecos lo miraban del peor modo posible, aun mucho después de que la realidad hubiera pasado). Nunca fueron muchos: unos mil blancos, cinco mil esclavos negros y mulatos libres, y algunos indios caribes dispersos. Como les estaba prohibido por un tratado entre Inglaterra y España cultivar otra cosa que artículos para el consumo propio, seguían los ríos de la selva en busca de buenas plantaciones de palo de tinte, y después, de caoba. Para 1847, el antiguo antagonismo con Bacalar había quedado en una desconfianza pacífica, y Bacalar, con una población de 5 000 habitantes, adquirió

---

[5] Hubo bases de piratas en Cozumel y Río Lagartos en 1599, una colonia en las Bay Islands en 1642 y colonias en Belice y la Costa de los Mosquitos para 1662. Todavía están en litigio la propiedad de Belice y la de Honduras Británica.

nueva importancia como centro de recepción de mercancías inglesas, en su mayor parte de contrabando, que inundaban todo Yucatán.

Esa zona marginal era la esperanza de Yucatán para el futuro. En treinta años, su población había pasado de un quinto a un tercio del total del estado; producía dos tercios de la cosecha de maíz y más de noventa por ciento del azúcar. Por toda esa zona iban surgiendo nuevas poblaciones, y las viejas florecían. Había cierto número de plazas de comercio, como Tekax, Peto, Tihosuco, Bacalar y Tizimín, cada una de ellas con una población normal de cuatro o cinco mil habitantes, aproximadamente. Aunque los colonizadores blancos de estas poblaciones tenían fines semejantes (tierra libre, leyes sobre deudas e impuestos bajos sobre el azúcar) estaban demasiado alejados unos de otros para hacer causa común. Les faltaba además la rígida estructura de clase de las regiones más pobladas, y se mezclaban más con los indios, pero eso no impedía que sus ambiciones les hicieran entrar directamente en conflicto con los de la otra raza.

Una de las bolsas de resistencia al movimiento marginal y su tendencia colonizadora era Valladolid. Sus ciudadanos, engreídos con el pasado, se consideraban la flor y nata del estado. Decían que su ciudad era la Sultana de Oriente, y en sus principales calles había mansiones, la mayoría de ellas destechadas y abandonadas, con escudos nobiliarios castellanos sobre la entrada. En esta ciudad de *hidalgos* o "hijos de algo", de alguien pudiente o importante, los habitantes se preocupaban por la pureza racial y no sólo excluían al indio, sino también al mestizo, del centro de la ciudad y de los puestos oficiales. Estos caballeros seguían despreciando el trabajo (como no fuera la elegante ocupación de la cría de ganado), que consideraban una degradación social, y por eso no había plantaciones de caña cerca de la ciudad. El camino real a Mérida era poco usado, y los productos de las vecinas Espita y Tizimín se enviaban por mar o se llevaban por una carretera secundaria hacia el oeste. No había escuela, ni médico, ni boticario, ni zapatero, ni nadie que construyera con piedra en aquella ciudad de quince mil habitantes. Pero habían visto lo que el progreso entrañaba: los intereses extraños habían montado allí una fábrica de algodón movida a vapor, quizá la primera de todo México, con telares, un motor de vapor y hasta ingenieros de los Estados Unidos. Tenía la fábrica empleados 117 obreros y se producían cerca de 400 metros de tela al día; se había creado un mercado para los plantadores locales de algodón, pero lo dejaron perder a la muerte del fundador.

A medida que Yucatán se iba apartando de sus tradiciones coloniales, los dirigentes criollos de Valladolid se hallaban más y más en desacuerdo. Las otras clases ponían cada vez más en duda la legitimidad de sus privilegios; y el mestizo, que sabía cómo su grupo avanzaba en otras partes, se hizo particularmente rebelde. En respuesta, se reforzaron rígidamente los privilegios sociales. Al rebasar a la ciudad el cultivo de la caña por el norte y por el sur, algo de esta nueva tendencia se reflejaba en Valladolid por la extensión de los ranchos de ganado a tierras compradas a los indios, o expropiadas. La proximidad del ganado obligaba a los indígenas a vallar sus milpas, fuerte aumento de trabajo para ellos, y había mucho resentimiento por las incursiones de los vacunos. Eran poquísimos los blancos que vivían fuera de la ciudad, y en el distrito de Valladolid había siete indios por cada blanco, que era la proporción más fuerte de todo Yucatán.

Mérida, Campeche, las regiones limítrofes de la colonización y Valladolid, eran las cuatro patrias chicas de Yucatán. Con mucho en común, pero con intereses opuestos, cada una de ellas se hallaría algún día dispuesta a tomar las armas contra las demás. Esos intereses contrapuestos que definían las patrias chicas, esas fallas de la sociedad ladina yucateca, explican gran parte de cuanto después se hablara de patriotismo y de ideales sagrados. Así como los ladinos yucatecos se separaban de México, así el mismo Yucatán se escindiría en insignificantes semirrepúblicas que producirían la anarquía en su propio mundo y darían una oportunidad a su enemigo indio, que tanto llevaba sufriendo.

Con el progreso cambiaron las relaciones entre las clases. Bajo la monarquía habían dominado la sociedad yucateca los españoles por nacimiento. El real capitán general, su segundo y los obispos siempre procedían de la madre patria, junto con la mayoría de los jueces, funcionarios y oficiales del ejército. Después de ellos iban los criollos, que se suponían de sangre blanca sin mezcla, nacidos en el Nuevo Mundo. A continuación, mucho más abajo en la escala, estaban los mestizos, que eran de sangre mezclada de indio y blanco; había también unos cuantos mulatos, de sangre blanca y negra, y los pardos, de negra e india. (Esta sangre africana, procedente de unos cuantos cientos de ex esclavos emigrados de la vecina Tabasco, nunca llegó a formar un número importante y con el tiempo fue absorbida.) Al pie de la escala estaban los indios. La independencia expulsó o desacreditó a los españoles, y los que heredaron su posición fueron los miembros de aquella parte de la población blanca conocida por gente decente, o sea la clase superior.

Los miembros de esta clase se vestían según la moda europea contemporánea, si bien con unos años de retraso: las mujeres con vestidos escotados, cintura apretada y largas faldas, tal vez con más abundancia de colores, de encajes y adornos de lo que en otras partes se consideraba elegante, pero agradables de todos modos, y los hombres de frac negro, ancho pantalón blanco, chaleco y sombrero de copa. La vida de ciudad era lo único que conocían o podían tolerar, y cuando no estaban en el extranjero se podía hallarlos en Mérida, Campeche o quizá en Valladolid. Propietarios de haciendas que raramente veían, para ellos Mérida era el verdadero hogar, el centro de todo cuanto hacía la vida digna de vivirse.

En Mérida todo eran fiestas, que culminaban en el día de Corpus Christi, en que los oficiales de milicia ocasionales podían gallear ante las miradas ocultas por los abanicos, presumir en todo el esplendor de sus chacós, sus hombreras y sus guerreras rigurosamente abotonadas. Las procesiones religiosas recorrían las calles bajo arcos de flores al son de una solemne música española medio mora, llevando en andas las imágenes fastuosamente vestidas de un Cristo que sufría atrozmente o una Virgen de aspecto de muñeca, que se bamboleaban sobre las cabezas de los fieles. Las procesiones duraban todo el día y se prolongaban hasta muy avanzada la noche a la luz de los hachones. Las bandas de música tocaban himnos y la última ópera italiana a un pueblo encantado de su religión. También tocaban en la plaza, así como en esas plazas de toros únicamente yucatecas, consistentes en armazones hechos con largos palos para una provincial imitación de la fiesta brava, y tocaban (con más entusiasmo que saber) rigodones, contradanzas, *galops* y valses en los bailes en que remataba cada fiesta y cada cambio de gobierno o intentona. Y siempre había el juego, la pasión de ambos sexos, de todas las edades y de todas las clases, con mucho donde escoger: loterías, rifas, dados, y la pelea de gallos para las glorias de un pronunciamiento. En Mérida era incluso posible ver al distinguido aeronauta José M. Flores subir dos kilómetros por los cielos en su globo, alegremente adornado.

Los mestizos se hallaban en la posición, típicamente incómoda, de las personas de sangre mixta, contemplados por encima del hombro por los blancos y despreciados por los indios. Cuando la piel y los rasgos recordaban a la madre, un apellido español era lo único que los distinguía; cuando se parecían al padre, la actitud local era decisiva. Los mestizos estaban excluidos de diversas iglesias, fiestas y barrios (suburbios semiautónomos) de las ciudades. Como en los tiempos coloniales se les prohibiera la vestimenta europea, habían creado sus modas propias para distinguirse de los indígenas, y esas modas perduraban después de haber pasado lo que les diera ocasión. Al empezar a debilitarse los linajes de casta antigua, sus privilegios y restricciones se fueron complicando grandemente, y variaban de un punto a otro. Como había por allí bastante más sangre india de lo que la clase superior estaba dispuesta a reconocer, sobre todo en las familias más viejas, los símbolos exteriores de la condición tenían un elevado valor sentimental. Alguna que otra vez podía una mestiza particularmente atractiva ascender al grupo criollo, pero un mestizo casi nunca lo conseguía.

A los papeles tradicionales del mestizo (carpintero, maestro de obras, sastre, vaquero y obrero manual) se añadía una actividad económica mayor. Muchas haciendas nuevas necesitaban un mayoral, posición que entrañaba bastante autoridad y la posibilidad de labrarse una pequeña fortuna lejos de la vista del dueño. Había también perspectivas de soldado, carretero, tendero y buhonero; pero la oportunidad más revolucionaria para el mestizo era convertirse en hacendado en las tierras nuevas, y poseer endeudada su propia mano de obra. Estas perspectivas hacían que los mestizos cada vez tuvieran mayor conciencia de las restricciones que antes habían sufrido; el cambio los hacía inseguros y la insatisfacción los dejaba maduros para las promesas de los revolucionarios. Junto con los criollos, formaban la sociedad ladina más o menos un cuarto de la población de Yucatán.

En su mayoría los de las dos primeras clases consideraban al indio por naturaleza estúpido, casi como un animal, capaz de trabajar largas horas al sol en condiciones que hubieran matado a un blanco, pero flojo si no lo vigilaban. Tenía la exasperante costumbre de jamás dar una respuesta directa, sino añadiendo "quizá" o "quién sabe". Ya no sabía decir que sí, decía que no con mucha facilidad, y que "bueno" con una expresión que significaba "no está mal". Se le creía muy supersticioso y profundamente religioso; era capaz de gastarse las ganancias de un año en fiestas religiosas pero no temía morir en pecado mortal. El ladino, claro está, no era muy notable por su temor al pecado, sobre todo al de tipo venal. Como su prototipo del medioevo europeo, se decía que el hacendado gozaba del derecho de pernada con las novias indígenas (y los criollos afirmaban incluso que se consideraría un insulto el no aprovechar ese derecho) y muchos blancos siempre tenían alguna amiguita morena. En una novela de la Guerra de Castas, *Cecilio Chi*, escrita por un ladino de la época, la heroína, maya, se casa con un criollo y abandona Yucatán con él para vivir en Europa. Se decía que el indio sólo oía por la espalda, y por eso siempre estaba listo el látigo, y se lo aplicaban con frecuencia. Se conocía el buen indio por su honradez, su odio de la vida militar y su humildad; era dócil por encima de todo. Pero a veces los criollos se hacían preguntas, y se oían continuamente rumores de que podía haber una rebelión general. Debajo de aquellos convenientes equívocos e ideas de superioridad racial había una profunda corriente de miedo.

La Iglesia había desempeñado un papel principal en la vida de Yucatán, y su pérdida de poder, de prestigio y de moral tuvo un efecto de grandes consecuencias en todas las clases. Con la independencia, habían suprimido los monasterios y la tierra había pasado bajo el control civil. La secular Iglesia había subsistido en gran parte por el tributo, palabra poco popular después de la independencia, en vista de lo cual se le había puesto un nuevo nombre: "obvención"; eso le importaba poco al indio, que era el que debía pagarlo, so pretexto de que él era el más necesitado de educación cristiana y que por eso debía atender a los gastos. A los hacendados se les tasaba por sus hombres, y para cobrar a los indígenas libres se empleaban los funcionarios y los soldados. Lo que los blancos tenían que pagar era el diezmo, pero no hay constancia de pagos forzosos, y se abolió en 1843. Los políticos rebajaron también las obvenciones; primero exceptuó del pago a las mujeres, después se redujeron las partes de los hombres, y finalmente se renunció a ellas al mismo tiempo que a los diezmos; entonces se encargó el Estado de recabar un impuesto uniforme de todo el mundo y le concedió a la Iglesia cien mil pesos en lugar de los ingresos que perdía. Esto significaba una reducción grave para los sacerdotes, algunos de los cuales habían recibido hasta catorce mil pesos al año en las parroquias más grandes de indios, e hicieron todo cuanto pudieron para compensar la pérdida subiendo los honorarios por casamientos y bautismos todo lo que el mercado permitía. En sus exigencias revolucionarias, los indios pidieron posteriormente que se redujera el precio al equivalente de diez días de trabajo por un casamiento y de tres por un bautizo.

Otra fuente de ingresos era la tierra cultivada por las cofradías, o hermandades religiosas de indios, para ayudar al sacerdote local y recoger dinero para la fiesta del pueblo. Esas fiestas eran un deber religioso y un motivo de orgullo para los indígenas, quienes no economizaban ningún esfuerzo ni gasto para hacerlas lo más lucidas posible; cuando se aprobaron las leyes que les obligaban a vender su tierra, se sintieron indignados. Esta ruptura con la tradición tuvo una repercusión desfavorable para la Iglesia. Se había perdido la inmunidad jurídica del sacerdocio, junto con el derecho del obispo de asignar parroquias, a medida que los políticos liberales iban desmenuzando lo que consideraban reliquias del pasado. El obispo de aquel tiempo, José María Guerra, que fue el primer yucateco que alcanzó tal dignidad, no estaba en condiciones de oponer resistencia. Había apoyado a los perdedores en política, lo habían desterrado y ahora, reinstalado a la fuerza, le preocupaba un antiobispo, destinado al mismo puesto en Venezuela con apoyo de los liberales y que siempre estaba dispuesto a ocupar su lugar. Entre las más pintorescas acusaciones que iban y venían entre aquellos rivales se contaban la seducción de monjas y el empleo de champán como vino de consagrar, pero Guerra estaba en el puesto y lo conservó hasta su muerte.

Había una decadencia general entre los sacerdotes yucatecos. La mayoría de ellos vivían descaradamente con sus amas, no necesariamente de clase baja, y tenían hijos sin que diera eso lugar a escándalo; era la cosa tan corriente que se decía que los feligreses no tenían confianza en el clérigo que no se había amancebado. Justo Sierra O'Reilly, yerno del gobernador y agente diplomático enviado a Washington, su hermano el cura de Valladolid y dos hermanas que se hicieron monjas, procedían de tal unión, y su origen no tuvo efecto adverso en su carrera. Pero había ciertos límites. El cura de Tizimín fue expulsado de su curato por negarse a renunciar a su harén de indias, y hubo un sacerdote que, embriagado, reveló lo que sentía por sus feligreses ensillando y montando a un indio y clavándole las espuelas en el cuerpo. Se decía que los clérigos sólo predicaban en cuaresma, semana santa y el día del santo patrono del pueblo, y no mucho; estaban ausentes de su parroquia con tanta frecuencia que fue necesario promulgar una ley contra las ausencias excesivas. Y consiguieron perder el tradicional respeto de los indígenas al apoderarse de las tierras de la cofradía y las ejidales.

Había excepciones, claro está. Los curas Vela, Sierra y Carrillo probaron con su vida que su vocación era verdadera; el desmoronamiento de la Iglesia declaraba cuán pocos había como ellos. El sacerdocio, que había sido en otros tiempos la única carrera abierta a los hijos menores inteligentes, ya no lograba atraer a los mejores. En el siglo diecinueve, sólo se construyó una iglesia en Yucatán, y la gente se sorprendía de que pudiera hacerse tal cosa. Yucatán no conoció el violento anticlericalismo de México porque la Iglesia era allí un antagonista muy débil. Su empuje, prestigio y espíritu habían desaparecido, y la estructura social de Yucatán perdía así otro elemento estabilizador.

La instrucción y la imprenta habían transformado mucho a Yucatán. Con la monarquía había habido cuatro o cinco escuelas que se repartían entre Mérida y Campeche, y eran principalmente para el clero; el resto del estado sólo podía contar con los curas locales para la enseñanza de la lectura, la escritura y la aritmética elemental. La primera Constitución reconoció la necesidad existente, y para 1841 había 67 escuelas en la península. En el seminario de San Ildefonso de Mérida empezaban a darse de lado materias como el latín, la ética, la filosofía y la teología moral y dogmática en favor del derecho, la literatura y la medicina. Dirigían el movimiento sacerdotes liberales, ayudados por un número en lento crecimiento de no eclesiásticos instruidos. Eran importantes las influencias externas. Un doctor llegaba de Guatemala y un sacerdote exiliado, de España; los hijos de los ricos viajaban por Europa, los Estados Unidos y México y volvían para sumarse a las nuevas ideas y los nuevos entusiasmos. En Campeche se fundaba una academia de marina, se hacía posible, aunque no muy probable, la instrucción de las muchachas y se ofrecían becas a los estudiantes que las merecían. El Congreso votaba una pensión para enviar a Gabriel Gahona, joven artista que prometía, a Italia. El dinero estuvo bien empleado y los grabados en madera de Gahona, que empezaron a aparecer a su vuelta, en 1847, eran talentosas caricaturas de las costumbres y la moral del escenario local, precursoras del mexicano, más conocido, Posada. Se adoptó el sistema de enseñanza de Lancaster: los estudiantes adelantados enseñaban a los principiantes y éstos, vigilados por unos cuantos profesores, pasaban a enseñar a otros. De Mérida a Campeche pasó el método a poblaciones menores, y de allí a los pueblitos.

Había, claro está, oposición a que se difundiera la instrucción. Los indios consideraban la lectura y la escritura artes casi sagradas, propiedad exclusiva de sacerdotes y escribas. Su tradicional suspicacia para con el hombre blanco, sumada a la necesidad que tenían de que sus hijos trabajaran, les hacía vacilantes en la aceptación del programa. Los hacendados no veían por qué sus criados debían aprender cosas como sumar, que únicamente los haría arrogantes y acarrearía discusiones sobre las deudas, y se oponían al programa. Nunca había dinero suficiente para maestros y escuelas. La educación realizaba lentos progresos en el interior.

Con una base relativamente mayor de alfabetización, y libres de la censura española, los yucatecos blancos se lanzaron a imprimir. La primera prensa se importó en 1812 para publicar proclamaciones oficiales, y pronto le siguieron otras, que cayeron en manos de particulares. El efecto fue explosivo. Había sido Yucatán una provincia colonial aislada donde pocos eran los que sabían leer, los libros no abundaban y las noticias viajaban sólo de boca en boca o en alguna que otra carta, que no iba muy de prisa, y ahora, en unos cuantos años, se veía precipitada en el mundo moderno, y gran parte de sus habitantes (los blancos por lo menos) podía saber lo que había sucedido en la capital o el extranjero a los pocos días de conocerse los hechos en Mérida. Era posible la acción política rápida; la gente podía formarse opiniones sobre cuestiones de importancia capital; se organizaban grupos de intereses especiales y se preparaban a obrar. El primer gesto de todo revolucionario era mandar imprimir varios cientos de ejemplares de su plan, en que decía a favor de qué y en contra de qué iba, e invitaba a quienes pensaran como él a unirse a su movimiento.

Al principio, los periódicos eran de carácter político, dedicados en gran parte a comentar la moral o los antepasados de la oposición, y después fueron saliendo artículos de ciencia, biografía e historia. Estimulada la curiosidad intelectual, algunos comprendieron que el indio no siempre había sido un animal ni un estúpido. El cura Carrillo de Ticul se entretuvo en descubrir ruinas de las que tanto abundaban por las selvas de su parroquia, ruinas que siempre habían sido conocidas, pero desdeñadas. Juan Pío Pérez, intérprete oficial, sintió la fascinación de los antiguos documentos mayas de que estaba encargado, y cuando la fortuna política le quitó el empleo, aprovechó su ocio para estudiarlos y traducirlos y para escribir artículos relativos a las glorias pasadas de la raza india. Los viajeros Stephens y Catherwood, los primeros turistas que tuvo Yucatán, recorrieron la floresta para ver cosas que nadie creía pudieran verse; su interés y después sus magníficos libros ayudaron a los yucatecos a tener conciencia de su propia historia. La *Historia de Yucatán* de Cogolludo (siglo XVII) fue reeditada para satisfacer este nuevo interés. (A los criollos les divirtió que un indio, el jefe Jacinto Pat, tuviera los dieciocho pesos y la presunción necesarios para comprar un ejemplar.) Los periódicos publicaban poesías y los grabados de Gahona, en Mérida se escribían y representaban obras de teatro y Justo Sierra O'Reilly componía novelas sobre temas locales y contemporáneos. Súbitamente, Yucatán tenía una vida intelectual propia.

Buscar

Leer

Tal era el país, tal el ambiente y el orden social en que los ladinos vivían y respiraban y que se disponían a cambiar. Aunque Yucatán se hallaba aislado, su historia no puede comprenderse sin saber lo que sucedía en torno suyo, y particularmente en México. Todos los problemas de la República Mexicana, las luchas por el poder y las rivalidades de clase, se presentaban o reflejaban en escala menor en la península, por lo general para su desventaja. En la época de la independencia, Yucatán escogió las ideas federalistas, no las centralistas, de gobierno, elección que se basaba en su tradición de administración separada bajo la monarquía. Federalismo se convirtió en sinónimo de liberalismo, opuesto al conservador centralista. López de Santa Anna, héroe liberal y primer federalista defensor de los derechos de los estados, cambió de opinión después de haber cumplido un mandato de presidente de México, en que le impacientaron las críticas; en 1835, su congreso nacional acabó por votación con las libertades que tanto le había costado ganar al pueblo, que entonces todavía no podía entenderlas ni defenderlas. Bajo su régimen centralista, los estados se convirtieron en departamentos administrativos, los gobernadores de los estados eran nombrados, no elegidos, y los demás puestos electivos quedaron para los muy ricos.

Esto era una afrenta a los principios de la clase gobernante de Yucatán, acostumbrada a ejercer el poder local y que veía desesperada cómo el nuevo régimen atropellaba los intereses locales en su afán de hacer una nación uniforme. Se perdieron las tarifas protectoras, y con ello quedó arruinada la navegación de Campeche y amenazada la industria azucarera. Se enviaron tropas de guarnición a Yucatán, pero pagadas con dinero del estado. Fueron enviados yucatecos a combatir contra los rebeldes liberales de Tejas, cosa seria para los soldados a quienes concernía, ya que no se había previsto su vuelta cuando los licenciaran.

En mayo de 1838, Santiago Imán, capitán de la milicia del estado, alzó el estandarte de la rebelión contra el centralismo en Tizimín, al nordeste de Yucatán. Derrotado en la primera escaramuza, se mantuvo sin embargo en la selva y le llegaron refuerzos con los hombres del que fuera su batallón, que se habían apoderado del barco yendo rumbo a Tejas y habían obligado al capitán a desembarcarlos. Pero eso no bastaba y después de un segundo encuentro poco importante con las autoridades, Imán se vio obligado a esconderse otra vez. En su desesperación se le ocurrió una idea verdaderamente revolucionaria. Los indios, que durante mucho tiempo tenían prohibido usar armas, habían sido obligados últimamente a servir en el ejército; muchos de ellos tenían escopetas, todos llevaban machete, y su número era enorme. Imán hizo correr la voz de que luchaba contra el empleo en el extranjero de las tropas del estado (perspectiva particularmente temida por los futuros conscriptos) y prometió que si los indios se le unían suprimiría las obvenciones que les obligaban a pagar a la Iglesia. La reacción fue sobrecogedora. Con una multitud de miles de personas tomó Valladolid y, animado por el éxito, todo el estado corrió a ayudarle y expulsó a las tropas mexicanas de su último reducto de Campeche en junio de 1840. Los rebeldes declararon que mientras México no volviera al sistema federal, Yucatán seguiría independiente. Dueños otra vez de sus destinos, los liberales yucatecos empezaron a reformar el estado eligiendo nuevos oficiales.

Nombraron gobernador a Santiago Méndez, comerciante de Campeche, cincuentón alto y delgado, partidario de los ideales del progreso y sobre todo del de su ciudad natal. Como parecían indicar sus quevedos y sus modales cautos, no era el tipo del caudillo, sino un práctico hombre de negocios y un buen administrador. El nuevo vicegobernador, Miguel Barbachano, cumplía treinta y cuatro años aquel año; orador de elegantes modales y presencia, producto de su educación en España, no le entusiasmaban los detalles administrativos, estaba demasiado dispuesto a delegar su autoridad y era jugador por naturaleza. Aunque nacido también en Campeche, con el tiempo se vio asociado a Mérida.

Fue organizada una victoriosa comisión yucateca para revisar la Constitución de 1825, pero encontrando muchos errores en aquel documento, los delegados decidieron empezar de nuevo haciendo otra Constitución. Todos los yucatecos fueron declarados ciudadanos, incluso la mayoría indígena. Se formó la primera legislatura bicameral del estado, con la primera elección directa de senadores, diputados y gobernador. Después de haber visto los poderes dictatoriales de Santa Anna, la comisión se preocupaba mucho por las verificaciones y restricciones institucionales. Crearon el principio judicial del *amparo* (después adoptado en México), que daba a los tribunales el poder de interponerse contra leyes o decretos que pudieran parecer anticonstitucionales; esencialmente, estaba destinado a proteger al ciudadano de los abusos de la autoridad jurídica o administrativa del gobierno. Añadieron a eso la libertad de religión, la supresión de los privilegios especiales y el principio de que todas las facultades que no se delegaban expresamente en el gobierno seguían en poder del pueblo.

En esta Constitución, en extremo liberal, de 1841, había el amor español por los principios y el desdén por el compromiso pragmático, reflejo de aquella clase de mentes que produjo grandes santos y grandes inquisidores, píos beatos tragasantos y quemadores de iglesias, Don Quijote y Sancho Panza. Esta tendencia al idealismo abstracto, combinada con el código de la absoluta lealtad personal a un líder, explica el carácter, angelical y diabólico al mismo tiempo, de muchos políticos latinoamericanos del siglo XIX. A despecho de la nueva Constitución, el gobernador de Yucatán siguió siendo ante todo el jefe de su partido, que gobernaba por decreto con los poderes especiales que se le otorgaban en estado de emergencia (y que eran perpetuos) o mediante un consejo ejecutivo. Por debajo de él, en el primordial poder ejecutivo, estaban los jefes políticos superiores de los cinco departamentos y los jefes políticos subalternos de los muchos distritos. Eran hombres nombrados por el gobernador, responsables ante él y no ante los ciudadanos locales. Las poblaciones de cierto tamaño elegían un alcalde, un regidor y un fiscal del estado que laboraban bajo esos jefes políticos. Subordinado a los funcionarios de la población estaba el tradicional gobierno indio de la aldea, llamado República de los Indígenas, que seguía funcionando a pesar de estar legalmente suprimido.

Las autoridades centralistas de México no tomaron a la ligera esta Constitución pero, rodeadas por la anarquía, hubieron de conformarse con declarar los barcos yucatecos fuera de la ley y cerrarles los puertos mexicanos. A esto contestaron los yucatecos contratando una flota de tres barcos de la nueva marina de Tejas, que patrullaron las vías marítimas entre Veracruz y la península durante varios meses antes de que los despidieran. Los yucatecos fueron más allá y enarbolaron sobre el palacio municipal de Mérida una nueva bandera que tenía dos barras rojas horizontales al lado de una blanca con cinco estrellas en campo verde; las cinco estrellas eran por los cinco departamentos, y la bandera era por la "nación soberana" de Yucatán. El joven vicegobernador se entusiasmó mucho con aquel acto simbólico, pensando en el título de vicepresidente, o quizá algo mejor; pero el gobernador Méndez vacilaba ante la realidad: cerrado el mercado mexicano, Yucatán quedaría reducido al nivel de subsistencia. Entre el sueño y la realidad económica, Méndez osciló durante dos años.

El problema lo resolvió Santa Anna en 1843 (a su vuelta al poder después de su derrota de San Jacinto y su captura por los tejanos) enviando una comisión, un ultimátum y un ejército expedicionario a Yucatán. Encantados de dejar los sórdidos detalles comerciales por las glorias más apropiadas de la guerra contra un tirano, los patriotas yucatecos corrieron a las armas. Los mexicanos perdieron todo el verano y se conformaron con ocupar El Carmen; esto dio a Yucatán tiempo de juntar y armar un ejército de 6 000 hombres (reclutados principalmente, al estilo de Imán, entre los indios) a quienes se les prometió tierra y, por segunda vez, una reducción de su impuesto eclesiástico. Méndez dimitió en favor de su vicegobernador y marchó a preparar la defensa de Campeche. Una de las primeras órdenes impresas del gobernador Barbachano declaraba que en respuesta al "¿Quién vive?" militar, el santo y seña era "¡Yucatán!"

La casta militar, la sólita compañera de la Iglesia en la reacción latinoamericana, había sido aplastada por la victoria liberal. Toda la tendencia del caudillismo militante, del gobierno por los militarotes, parecía vergonzosa; serían los hombres civiles los que gobernarían a Yucatán. El general Imán volvió a la oscuridad de donde había salido. El mando del ejército estatal se le dio a un oficial mexicano exiliado, de ideas federalistas, Pedro Lemus.

El general Lemus tenía un pequeño cuerpo de regulares con que podía contar, el Batallón Ligero, con seis compañías de 100 hombres cada una, normalmente de guarnición en la fortaleza de San Benito de Mérida, y una compañía de caballería. Tenía también 200 artilleros para la defensa de Campeche y una compañía de infantería destacada en Isla del Carmen, que se había rendido obligada por las circunstancias. Su reserva principal era la Guardia Nacional, compuesta por soldados ciudadanos que debían ejercitarse una vez a la semana; esos hombres, que seguían sus principios liberales eligiendo sus propios oficiales hasta el grado de capitán, estaban organizados en compañías de no más de

150 hombres según las poblaciones, reunidas después en batallones.

Sobre el papel, eso hacía un ejército de 1 000 soldados regulares y 6 000 de reserva. Pero los batallones diferían mucho en equipo y preparación. Eran una banda de desarrapados, por lo menos para ojos extranjeros. Los reclutas, que solían ser indios o mestizos, llevaban su traje acostumbrado: sombreros de paja de copa baja y huaraches, blancos pantalones de manta de algodón que les llegaban a media pantorrilla, una blusa hasta la cadera, un cinturón para el machete y cananas cruzadas en bandolera, un arma de fuego, una calabaza para el agua y cualquier otra cosa de equipo personal que cada quien quisiera llevar. Para los que podían permitírselo y para los regulares había chaquetillas de algodón estrictamente abotonadas de uniforme, largos pantalones y tocados con chacó o visera; la mayoría iban sin tantos arreos.

Los oficiales (casi todos criollos, a pesar de las elecciones) preferían las guerreras de azul oscuro con faldones, cuello alto, bien entalladas, esplendorosas con sus botones de oro y sus hombreras, y si era posible pantalones blancos y botas altas. Se armaban con pistola y espada, ésta a modo de última defensa contra el universal machete. Estos oficiales criollos solían ser muy jóvenes; había cadetes de doce años, tenientes de quince y muchos capitanes que no llegaban a los veinte. Cuando la necesidad de una jefatura pesaba más que la tradición, a veces se quebrantaba el poder de las castas, y en las compañías de remotas espesuras se hallaban capitanes mestizos, mulatos y hasta indios.

En noviembre de 1842, finalmente, los mexicanos se pusieron a lo que habían ido a hacer; desembarcaron 5 000 de ellos en Champotón y marcharon hacia el norte, derrotando a las fuerzas yucatecas en varias escaramuzas. Esto le costó al general Lemus su mando, por sospecha de traición, aunque le exoneró un consejo de guerra por falta de pruebas definitivas. Su puesto lo ocupó un meridano, el coronel Sebastián López de Llergo.

El coronel Llergo, con la artillería pesada de las murallas de la ciudad, peleó contra los invasores hasta pararlos en seco en los suburbios de Campeche. Las cosas quedaron así durante tres meses y medio, hasta que el impaciente Santa Anna envió refuerzos mandados por su hijo bastardo, José López de Santa Anna, con la orden de tomar la carretera general a Mérida. Era una cosa poco realista, pero el general mexicano tenía que hacer algo, y entonces probó por mar, reembarcó la mayor parte de sus soldados y navegó hacia el norte. En defensa propia, los yucatecos volvieron a contratar los servicios de la marina de Tejas por 5 000 pesos al mes.

La maniobra mexicana estuvo malamente organizada. Varias

canoas se perdieron en una tempestad; los soldados se quedaron sin agua y dejaron encallado un vapor cuando desembarcaron para ir a buscarla; y la flota estuvo bajo observación casi todo el tiempo. Finalmente, la improvisada expedición alcanzó su objetivo, un pueblecito de pescadores situado más arriba de Mérida, y desembarcó cosa de 1 300 hombres. Mientras los mexicanos erraban perplejos en dirección a la capital, Llergo acabó de colocar a sus hombres. Hubo una escaramuza que duró todo un día, a la vista de las torres de Mérida, pero el asalto nunca se dio; los mexicanos, que no iban preparados para más que un paseo militar, agotaron sus provisiones y se vieron en la obligación de poner punto a la farsa rindiéndose. La pólvora que les tomaron se empleó en salvas y fuegos de artificio que celebraron la victoria de Llergo (ya general) y del federalismo.

Por desgracia, los hechos económicos seguían imperturbables. A pesar de su triunfo militar, los dirigentes yucatecos se dieron cuenta de que la independencia "nacional" no era práctica y enviaron a la ciudad de México una comisión que arreglara las cosas. Habiendo probado que eran capaces de defender sus derechos, consiguieron las garantías que antes les fueran denegadas: dirección de los asuntos del estado, milicia estatal sin servicio de los soldados en el exterior, derechos especiales de importación y exportación y paso libre de los productos de Yucatán por todos los puertos de la República Mexicana. A cambio, los comisionados yucatecos aceptaron un régimen centralista, Yucatán se convertiría en departamento, sin poder sobre los asuntos nacionales. Era una fórmula para quedar bien y Yucatán con sus tropas propias y la barrera del golfo de México por garantía, llevaba la ventaja en las negociaciones.

Sus dirigentes tuvieron menos éxito con otro problema: el de lo que se haría con la tierra prometida a los voluntarios indios; habían sido tantos los alistados que se consideraba imposible recompensarlos a todos. Sencillamente, se pospuso el examen del problema, cosa que representaba una fuerte hipoteca sobre el futuro.

Su Alteza Serenísima López de Santa Anna había firmado el tratado de reincorporación en diciembre de 1843. Pero las condiciones del tratado y la derrota de su ejército todavía le ardían, y dos meses después faltó a su palabra publicando un decreto que prohibía la entrada de todos los productos de Yucatán a los puertos mexicanos. A continuación, y de acuerdo con las doctrinas centralistas, nombró un gobernador para el estado. Yucatán estaba perdiendo por decreto lo que había ganado por la fuerza de las armas. Hubo varias protestas sin consecuencia y después, una declaración de independencia de la guarnición de Mérida, el repudio de los lazos nacionales por la asamblea del estado y la elección de Miguel Barbachano para gobernador provisional, todo esto en diciembre de 1845.

Yucatán iba otra vez a ponerse al margen mientras México no volviera a la sana razón y el federalismo, como volvió, y rápidamente. La guerra mexicano-norteamericana empezó en 1846, y el volátil Santa Anna, derribado y desterrado aquel año, retornaba a México introducido a hurtadillas por agentes norteamericanos con el fin de que terminara la guerra, perdiendo una batalla ficticia y aceptando las condiciones norteamericanas. Los agentes hubieran debido ser más avisados. En su turbulenta carrera había sido Santa Anna el abanderado de toda clase de ideas políticas, y a todas las había ido traicionando una tras otra; era teatral y vano, un endiosado que creía firmemente en su propia gloria. Pero a pesar de todo eso, también creía en México. La batalla que debía ser simulada, la de Buenavista, no lo fue en absoluto, y estuvo a punto de ganarla. Después, ya no tuvo ganas de ceder. Como necesitaba ayuda de donde fuera, prometió a Yucatán sus plenos derechos, enumerados en el tratado de 1843, y con una mudanza aún más impresionante, mandó volver a la Constitución federal original, la de 1824. Eso era todo cuanto deseaba el gobernador Barbachano. Con la nación mexicana amenazada por un enemigo de fuera y sus propios principios federalistas victoriosos, aceptó el gesto y declaró que Yucatán volvía a ser mexicano.

Pero el gobierno de Mérida no había tomado en cuenta algo de vital importancia para Campeche: la flota de guerra norteamericana. Ocupada en los desembarcos de Tampico y Veracruz, todavía no había aparecido en aguas yucatecas; pero la reunificación de Yucatán y México podía hacerla ir a Campeche, con consecuencias desastrosas. Los vapores de ruedas laterales *Mississippi* y *Missouri,* rápidos y potentes, tenían cañones que disparaban nuevas granadas explosivas en lugar de proyeciles macizos; esos cañones, de mucho más alcance que los de la ciudad, podían fácilmente arrasar sus antiguas murallas, destrozar el centro de la ciudad y hundir su marina mercante. El patriotismo estaba muy bien, pensaban los campechanos, pero la reunificación venía muy intempestivamente; como decía su manifiesto, era "inoportuna". Campeche se rebeló contra México.

Esta vez la revolución fue verdaderamente popular. Cuando el ex gobernador Méndez se negó a acompañarles en su primer intento, los revolucionarios eligieron a Domingo Barret, que se declaró por la Constitución independiente y el estado de Yucatán, o sea por la neutralidad. Ganado el Batallón Ligero y en unión del decimosexto de Campeche, marchó hacia el norte en dirección de Mérida. El decimoquinto (de Maxcanú) se embarcó en una pequeña flotilla para tomar Sisal, el decimoséptimo, a medio formar, se metió por el Puuc, y se enviaron emisarios para atraerse a los indios con promesas antiguas y armas nuevas. Barbachano movilizó apresuradamente sus fuerzas, las envió al sur para afrontar a los rebeldes y preguntó a sus conciudadanos, en una proclama, si deseaban pasar "a los ojos de los mejicanos y a los ojos de todas las naciones cultas, como unos pérfidos, malvados y sin honor".[6] Dadas las circunstancias, la respuesta era que sí. Como no tenían la determinación de los batallones sureños, las tropas del gobierno fueron derrotadas y rechazadas hasta la capital.

La región azucarera, situada a lo largo de la carretera de Tekax a Tihosuco, tenía contactos tanto con Mérida como con Campeche, partidarios de ambas causas y una población descontenta y dispuesta a aceptar cualquier promesa de reducción de impuestos. En enero de 1847, Antonio Trujeque, el jefe político subalterno de Peto, formó un batallón de indígenas en Tihosuco y el teniente coronel Pacheco hizo otro tanto en Yaxkabá; después de ayudar a la captura de Tekax y tomar a Peto, marcharon contra Valladolid con efectivos de unos 3 000 soldados y entraron al asalto en la ciudad. Las tropas de indios se desenfrenaron, saquearon las cantinas y gritaban, presa de locura asesina: "¡Maten al que lleve camisa!" Los mestizos oprimidos de la ciudad se alzaron para tomar desquite de antiguos agravios, y Valladolid empezó a pagar sus aristocráticas pretensiones. El coronel, capturado, sacado a rastras de la casa en que lo habían apresado, fue muerto a machetazos; a un cura paralítico lo acuchillaron en su hamaca; las muchachas de las más aristocráticas familias fueron desnudadas y violadas ante sus respectivas familias, las ataron a continuación de brazos y piernas, a las rejas de las ventanas, las hirieron repetidas veces y las mutilaron. Se dijo que después los indios habían llevado cuerpos muertos por las calles en triunfal procesión y comido carne humana para demostrar su barbarie. Violento apasionamiento vela los hechos de aquella jornada, pero hay noticias de que el saqueo duró seis días y que por lo menos fueron asesinados ochenta y cinco civiles. Ante estas noticias, una nueva ola de terror recorrió el estado. Barbachano, acosado en Mérida y frente a lo que consideraba una guerra de razas, se rindió.

---

[6] Ferrer de Mendiolea, *Enciclopedia yucatanense*, vol. III, p. 223 [E.]

2
EL MUNDO DE LOS MACEHUALES

Para el macehual de Yucatán, la silente selva no estaba vacía; la poblaban espíritus, poseedores y protectores del yermo.[1] Antes de desbrozar su maizal, el macehual los convocaba y les pedía permiso para servirse de su propiedad; después de declarar cuánta tierra necesitaba y ofrecer el pago en forma de un atole especialmente preparado, sellaba el trato hincando una crucecita... porque después de todo, no dejaba de ser cristiano. Llegado el momento de plantar había que tomar en consideración a los guardianes de la milpa, que eran cuatro, uno en cada esquina del campo. Protegían las plantitas tiernas de los animales y los ladrones, y sin su ayuda, nunca maduraría el grano; por esto también ofrecía el agricultor atole de maíz en pago parcial a los espíritus, y les prometía más para la cosecha. El no cumplir sus promesas pondría en peligro su *tamen* o estado de armonía con los dioses, y si esa armonía se rompía, la cosecha podía perderse y llegaría el hambre. El claro quemado y pedregoso era un lugar sagrado y el acto de cultivar el maíz, una obligación divina, porque el grano era el alimento divino, el sustento del hombre y de los dioses.

Viendo la vida como ciclo, las estaciones y los años progresan con un ritmo ordenado, y el pasado es la clave del futuro. La mayoría de los macehualob no tenían el tiempo ni la inteligencia para adquirir los conocimientos necesarios para la predicción y por eso consultaban un *h-men* (literalmente, "el que sabe"). Los h-men podían hallar los objetos perdidos, curar las enfermedades con sus hierbas y sus oraciones y leer el futuro mirando sus piedras sagradas o contando granos de maíz; pero su principal responsabilidad y preocupación era contribuir a asegurar una cosecha venturosa.

Lo primero que había que hacer para cultivar el maíz era desbrozar un campo; entre agosto y enero, siempre que el macehual tenía tiempo, cortaba los árboles de un trozo de terreno y los de-

---

[1] *Macehual,* palabra nahua que significa "persona del común", entró según parece en la lengua maya alrededor del 900 de nuestra era con la conquista mexicana; combinada con el sufijo maya del plural -*ob* significaba "gente del común" o "campesinos", o sea todos los que estaban situados entre los nobles y los esclavos. Para 1847, la palabra había perdido todo sentido peyorativo entre los mayas, y la utilizaban refiriéndose a sí mismos. Esta actitud todavía dura en Quintana Roo, pero el maya yucateco ahora la usa para designar a un inferior social.

jaba secarse al sol. (Como el delgado suelo de cada campo se hacía improductivo a los tres años de uso, este trabajo era continuo.) A veces, durante la primavera había que quemar la madera cortada, y era importante la elección del momento. Si la madera estaba demasiado verde, no se quemaría del todo, y el sol no llegaría al grano, pero si el macehual esperaba demasiado tiempo, llegaría la estación lluviosa y no ardería nada, cosa que sucedía de vez en cuando, y que implicaba el hambre. Para tomar la decisión, el agricultor consultaba a su h-men local, quien veía su *xoc-kin* o cuenta de los días. Como toda la vida es un ciclo, hay ciclos pequeños dentro de los grandes, y sabiendo las reglas era posible predecir el futuro. Si llovía el 4 de enero, por ejemplo, abril, el cuarto mes, sería lluvioso. Ésta era la magia de los campesinos españoles, naturalizada de tiempo atrás en Yucatán. Xoc-kin era infalible, pero el h-men, inconscientemente o de otro modo, tenía el ojo puesto en ciertas aves, observaba los enjambres de hormigas voladoras y escuchaba el croar de las ranas antes de mandar que se quemara, a veces en abril.

En los primeros días de mayo, más o menos, había muchos truenos, señal de que los *chaacob* o dioses de la lluvia salían de los cenotes y se reunían en los cielos para desde allí ir a caballo, cada cual con su sagrada calabaza llena de agua, regando la comarca de este a oeste con su lluvia dadora de vida. Después, el calor bochornoso cedía el lugar a un húmedo frescor, los árboles se ponían un follaje nuevo y los pueblos quedaban desiertos, porque los macehualob se disponían a plantar.

En el delgado suelo rocoso, en las bolsas de tierra roja o de la negra, más fértil, usaban plantador. Si los chaacob eran benéficos, si las lluvias caían a su debido tiempo, era necesario desherbar desde mediados de junio hasta fines de julio. Si no, había que preocuparse por la sequía o por la lluvia excesiva (que causaba pudrición), y era tiempo de acudir al h-men. Lo primero que preguntaría éste era si se había observado la ceremonia "fiesta de la milpa". Era ésta la última parte del voto hecho por el agricultor de compensar los esfuerzos de los dioses y los espíritus para hacer posible la cosecha con alimentos y oraciones; esto debía efectuarse cuando la cosecha quedaba recogida, pero era frecuente diferirlo hasta que el recordatorio de la sequía o la enfermedad advertía al hombre que su tamen estaba en peligro. Se consideraba que la causa más frecuente de enfermedad era el no haber celebrado la ceremonia, y la terapia normal era celebrarla. Al restaurar la armonía con los dioses, este rito podía devolver la salud a los hombres y la abundancia a las cosechas, y conservar esos beneficios para el futuro. Antes de la ceremonia, los hombres se conservaban castos, y las mujeres nunca estaban presentes. En la milpa se alzaba un tosco altar, sobre el que ponían alimento y bebida, y tras de muchas oraciones y de haber los dioses tomado la esencia de lo ofrendado, los devotos se daban un banquete con lo que quedaba, meramente físico pero muy satisfactorio.

Si pasaba agosto y las lluvias seguían escasas, la preocupación se transformaba en temor y el agricultor pasaba la peor de sus crisis. También aquí el h-men tenía la solución lista, la ceremonia para impetrar la lluvia, último recurso cuando todos los demás fallaban. Todos los varones del pueblo pasaban varios días cazando lo necesario para las ofrendas de carne mientras los h-men se dedicaban a los ritos preliminares. Al tercer día de haberse iniciado los ritos se hacía una presentación en un altar edificado bajo una ceiba. Se llamaba a todos los dioses de la lluvia, con gran cuidado de no olvidar a nadie, para una invitación ritual al dios de cada cenote de la comarca. Mientras ellos se reunían, después de llegados de sus ácueas moradas, atraídos por la oración y tentados por las ofrendas de alimentos e incienso, los muchachos se ponían en cuclillas bajo el altar y croaban como hacen las ranas antes de la lluvia, agitaban las ramas como si las azotara el viento de la tempestad y un danzante representaba a *Kunu-chaac*, el principal dios de la lluvia, con su vara rayo y su calabaza sagrada.

Después de estas intimaciones, los chaacob siempre enviaban lluvia, a veces incluso antes de que la ceremonia terminara... a menos de que alguna oración no se hubiera efectuado debidamente o que algún varón no hubiera sido abstinente los tres días obligados. La primera cosecha era en septiembre, y si había habido lluvia suficiente, sin langosta ni huracanes, era un momento de felices festejos, el final de las preocupaciones por otro año. La cosecha principal empezaba a mediados de noviembre y continuaba, para algunas clases de maíz, hasta el siguiente mes de marzo, al mismo tiempo que se empezaban a desbrozar nuevos campos. Un hombre podía cultivar todo lo que necesitaba para sustentarse él y su familia en seis meses de trabajo; pero tenía que observar las estaciones: cuando llegaban las lluvias había de estar listo para plantar, y nada debía oponerse a eso.

El venado era de importancia para el macehual; lo necesitaba para sus fiestas religiosas y era su principal fuente de carne. Solo o en grupos, pasaba varias semanas del año cazando. En las aldeas más remotas y atrasadas, todavía se usaban el arco y las flechas ocasionalmente, pero para 1840 y tantos, la mayoría de los hombres tenían escopetas. Cazar, como desbrozar un campo, era meterse en el dominio de los espíritus de la selva, que uno debía hacerse propicios o engañar con diversos conjuros. La solitaria espesura tenía bastantes demonios, como el *Boob* (mitad caballo y mitad puma) o la *X-tabay*, bella mujer, pero no se volvía a ver

46

al varón que la perseguía. Muy comunes eran los *aluxob,* enanos enredadores que podían causar muchos accidentes inexplicables en la vida y solían encontrarse en forma de idolillos de barro en las ruinas de los Antiguos. En esa forma podían hacerlos volver a la vida quemando incienso ante ellos durante nueve días con sus noches. Cuando se sabía que determinado alux estaba ocasionando molestias, un h-men iba a su morada, que era una de las pirámides que había cubiertas de maleza, y lo apaciguaba ofreciéndole alimentos y bebida.[2]

Se contaban diversas leyendas de esas ruinas. Se decía que los hombres que erigieran aquellas construcciones habían trabajado a oscuras y cuando volvía la luz se quedaban petrificados, lo cual explicaba las estatuas y las tallas. Otros decían que había habido un "buen tiempo" en que las piedras eran blandas y podían moverse silbando, en que no era necesario trabajar para roturar las milpas y un solo grano de maíz bastaba para alimentar a toda una familia. Fue la época de la Gente Roja y los antiguos reyes de Itzá. Por el orgullo, por la pérdida de los poderes mágicos o por haber sido derrotado el rey por un extranjero en Chichén Itzá en una carrera de caballos, los buenos tiempos habían acabado y empezado los malos. El antiguo rey se sumergió en un cenote, o se metió en un túnel que desde Tulum se dirigía hacia oriente y se hundía por debajo del mar, o se había ido a una isla que había en un lago de la selva meridional, y el extranjero, el *dzul,* tomó el poder. Los abuelos hablaban de una vieja que vivía en una cueva cerca de Uxmal y daba agua a los sedientos a cambio de niños, con que alimentaba una sierpe gigante. Un rey de Chichén Itzá también tenía una serpiente así y exigía tributo humano, hasta que un joven héroe mató a rey y serpiente. Muchos pueblos tenían libros, escritos por el profeta Chilam Balam, que contaban esas cosas.[3] En alguna de las ruinas podía oírse una extraña música el día de Viernes Santo; ésa la evitaban pero las demás las reparaban y vivían en ellas.

[2] Los miembros de la tribu de los lacandones todavía ofrecen incienso en los templos en ruinas. Buscando el autor un dios mencionado por el arqueólogo Tozzer (1907), que vivía en el templo 33 de Yaxchilán, le dijo un lacandón que el dios se había ido a Lacanhá porque eran muchos los extranjeros que alteraban su tranquilidad.

[3] Esos libros, escritos en maya con el alfabeto español son recopilaciones de historia, profecías, rituales y costumbres. Aunque datan de los años que siguieron a la conquista española, en parte son copias de los libros jeroglíficos anteriores a la conquista y recibieron el nombre del sacerdote maya Chilam Balam, quien profetizó la llegada del hombre blanco. En la actualidad conservan todavía ejemplares de esas obras los mayas de Quintana Roo, y las llaman indistintamente libros o biblias, porque para ambas funciones han servido.

Así como el campo del agricultor estaba protegido por cuatro espíritus, así guardaba su pueblo otro equipo de cuatro, uno por cada una de las cruces plantadas en las esquinas del pueblo. Los macehualob tenían cinco direcciones; la quinta era el centro, y en cada aldea solía marcarse con una cruz y, por lo general, con una ceiba. La quinta dirección estaba encomendada al santo patrono del pueblo, encargado del bien de toda la comunidad. Se lo conquistaban dedicándole una fiesta, por lo regular en abril o mayo, organizada y pagada por los miembros de una de las cofradías, que cultivaban una tierra aparte para hacer frente a los gastos. El encargado, o *cargador,* que contribuía mucho personalmente, tenía la responsabilidad en particular del éxito de la celebración y aceptaba el cargo como un paso necesario para subir en la jerarquía social del pueblo.

Una buena fiesta requería grandes cantidades de aguardiente, comida, fuegos artificiales, músicos y tal vez una corrida de toros por aficionados, todo lo cual bien podía costar al cargador sus ingresos de un año. Al igual que la "fiesta de la milpa", era una obligación religiosa, un contrato anual para asegurarse la protección del santo del pueblo. El no celebrarla sería correr el riesgo de una catástrofe, y el mostrarse tacaño con los fondos, atraerse parejo trato de lo alto.

Llevaban la imagen del santo de la iglesia para que se deleitara con el baile de la fiesta (la *jarana,* la *vasquería,* los bailes folklóricos hispanoamericanos). Había otras danzas de donde se excluía a las mujeres. Las ejecutaban los de la hermandad *x-tol,* enmascarados, con tocados de plumas y coronas. El gongo de madera, la matraca de concha de tortuga y las flautas de barro reemplazaban al violín y la trompa. Era la forma local de la "danza de la conquista", común a toda Centroamérica, escenificación de la lucha entre moros y cristianos (haciendo el indio de moro), máscara de carnestolendas europeas sobre un pasado indígena. El empleo del *tunkul,* gongo de madera parecido a un tambor, hecho en un tronco hueco con una angosta hendidura a lo largo en la parte superior, solían prohibirlo los dzulob blancos, porque su profundo retumbo, que las silvestres soledades transmitían a muchos kilómetros de distancia, los inquietaba.

Además del guardián de su campo y su pueblo, cada hombre tenía su guardián individual. El macehual raramente podía permitirse tener una imagen, y la cruz era un sustituto fácil de hacer. Cada familia tenía su cruz personal, heredada por el hijo mayor y guardada en una choza aparte, un oratorio, porque era demasiado sagrada para que la vida cotidiana la profanara. Cada cruz estaba dedicada a un santo, o sencillamente a la "Santa Cruz", pero todas contenían poderes inherentes y las diferentes cruces de igual nombre no tenían necesariamente igual santidad. Era necesario un sacerdote para bendecirlas, pero una vez benditas, eran más objeto de adoración las cruces que los santos. (Cuando era posible se utilizaban para representar a los santos figurillas baratas o cuadros sacros, pero como eran raros, la misma cruz podía también representar al santo.) Dios, *El Gran Dios,* tenía poca importancia porque no tenía cruz propia. Diversas cruces de familia lograron especial reputación a medida que se iban transmitiendo de generación en generación en una familia próspera, y las trataban en consecuencia; con el tiempo llegaron a convertirse en la cruz principal de algunos pueblos. Los Viejos siempre habían adorado a sus dioses exactamente del mismo modo y los pocos lacandones paganos que quedaban conservaban esa costumbre en las profundas espesuras de Chiapas; guardaban y se transmitían por herencia los recipientes para incienso que representaban sus diversas deidades y los tenían aparte en la casa de los ídolos.

El macehual cristiano compartía buena porción de sus creencias con esos lacandones; sus rituales y dioses eran los mismos conceptos, o variación de los mismos. La diferencia estaba en que el Dios cristiano penetraba en lo alto de su panteón, mientras los santos cristianos se habían infiltrado en los niveles inferiores. El Gran Dios había reemplazado a *Nohochaacyum,* el "Gran Padre Chaac", y los chaacob o dioses de la lluvia estaban regidos por San Miguel Arcángel, en el sexto o penúltimo nivel celestial. En el quinto nivel estaban los *kuilob kaaxob,* los señores del yermo; en el cuarto, los guardianes de los animales, con su jefe San Gabriel; en el tercero, los malos espíritus. Los dioses del viento vivían en el segundo nivel, y en el primero, inmediatamente por encima de la tierra, se cernían los *balamob,* que guardaban las cruces del pueblo y las milpas. Abajo, en los profundos, estaba *Kisin,* el dios del terremoto, idéntico al diablo.

El macehual de Yucatán oraba de modo muy parecido al de los demás católicos; contaba las cuentas de su rosario; decía el Ave María y el Padre Nuestro, se sabía el Credo de los Apóstoles y los himnos. En su adoración lo dirigía el maestro cantor, lego indígena que se había aprendido de memoria, mecánicamente, un montón de oraciones necesarias en español y en latín y era capaz de recitarlas durante más de una hora sin repasárselas... y a menudo sin entenderlas. El maestro cantor, necesario por la escasez de sacerdotes, era respetadísimo. El macehual era como los demás cristianos salvo en que cuando sus oraciones no daban resultado, cuando a pesar de la novena prometida las cosechas seguían siendo malas o la enfermedad continuaba, era capaz de ir a buscar auxilio de los h-men o los dioses y espíritus de la selva. Pri-

líder espiritual

líder máximo terrenal.

49

mero rezaba al santo y después a los balamob. Sabía que los sacerdotes desaprobaban esos otros ritos y que los blancos se reían de ellos y les hacían burla, por eso los celebraba en secreto, en algún lugar de la floresta donde no pudieran verlo. Era harto natural que despreciara al blanco como a un cristiano a medias.

La vida de la aldea era casi por completo autosuficiente. La tierra se poseía en común, y había muchas obras que se hacían en común, como edificar una casa, desbrozar un campo o unirse a una caza colectiva. Todos pertenecían a una familia, cada persona estaba en relación definida con todas las demás y todos miraban con suspicacia y recelo al forastero. Elegían al jefe político por un periodo indefinido, mas no para toda la vida. Por lo general era de la clase llamada *almehenob,* "los que tuvieron padre y madre", que eran, pues, de la antigua aristocracia nativa por muy pobre que fuera. Gobernador o jefe con la monarquía, alcalde cuando los blancos anunciaron la independencia, su gente lo llamaba *batab* (señor) y debía asistirlo.[4] Si bien los delitos más graves debía examinarlos una autoridad superior, él era el encargado de conservar el orden y ponía en vigor sus decisiones con el látigo y los trabajos forzados. Bajo él estaba el teniente de alcalde, un consejo de ancianos y el *alcalde col,* que administraba las tierras del pueblo; había también el *alcalde mesón,* encargado de un edificio que estaba a la disposición de cualquier viajero blanco. Los jóvenes del pueblo tenían que hacer ocasionalmente de portadores de litera, criados o guías de los viajeros blancos y de recaderos para el consejo de los ancianos. Todos los varones tenían la obligación de la fajina, por lo general de seis días de trabajo al año, para la conservación de carreteras y edificios.

El consejo se reunía en un edificio llamado audiencia, que solía ser el único edificio de piedra del pueblo y que era al mismo tiempo tribunal y casa de ayuntamiento. Era el dominio especial del escribano, o secretario, uno de los pocos que sabían leer y escribir en el interior. Se suponía que el cargo era por elección, pero solía ser vitalicio y pasar al hijo. Le competía el cuidado de todos los documentos del pueblo (genealogías, ejemplares de proclamas, y, lo que era más importante que nada, los papeles relativos a la tierra). Los mapas circulares y pintados a mano hechos por los Antiguos, los tratados de la tierra de hacía trescientos años, la importantísima concesión real de la tierra común, y los documentos de venta y testamentos con ellos relacionados, todo estaba cerrado con llave en un cofre y cuidadosamente guardado por ser

---

[4] Los *batabob* eran considerados nobles por la Corona española y tenían concedida la inmunidad de los impuestos y servicios que debían los indígenas del común; la calidad y la inmunidad sobrevivieron a la independencia.

la única prueba de propiedad del pueblo.

Cuando el dzul blanco llegó a Yucatán y pacificó la región, había obligado a los lugareños desperdigados a reunirse en poblados, y a los habitantes de ellos se les habían dado títulos para porciones de tierra. Esto había sido un fuerte golpe para la fundamental tradición macehual, la idea de que la tierra pertenecía a toda la comunidad. Los pueblos empezaron a rescatar sus posesiones originales que, como decían los varones de Ebtun, "eran antes lo mismo que el bosque de la población". Algunos empezaron inmediatamente, otros solamente al cabo de un centenar de años, a reunir pacientemente dinero, a esperar pacientemente que un heredero quisiera vender.

Pero una vez establecida, la propiedad privada sobrevivió con la posesión comunal, mantenida por el ejemplo de los blancos y la sólita codicia. Era la tierra que podía venderse en época de hambre, o para ayudar a pagar los gastos de una fiesta, o bien para pagar misas fúnebres y entierros. En los tiempos de la Colonia, el real protector de los indios había puesto fin frecuentemente a las ventas ilegales; pero la Independencia abolió ese empleo y en los años siguientes, el blanco se hizo con tierras por fraude o simple expropiación. Los títulos de propiedad desaparecían cuando los entregaban como prueba ante un tribunal dzul. El agricultor conocía la tierra de su pueblo; era capaz de decir cuántos montones de piedra había para señal, cuántas cruces y cuántos árboles señalaban sus límites. Pero a pesar de su santo y de sus protectores balamob, aquellos límites ya no eran inviolables.

Sólo en los poblados más distantes era libre el macehual de labrarse su destino. Solían llamar a aquellos mayas de la selva *huites* (taparrabos), por los pantalones cortos y arremangados que usaban. Aislados en familias o pequeñas agrupaciones, no tenían sacerdote y estaban más al corriente de los dioses indígenas que de los santos del cielo. Los varones se dejaban crecer el pelo hasta los hombros, y las mujeres iban con el pecho desnudo. Se calculaba su número entre seis y veinte mil, pero contarlos era como contar los pajarillos del bosque.

Para la mayoría de los macehualob, el hombre blanco siempre estaba más o menos presente, porque su poder iba mucho más allá de donde alcanzaban sus fuerzas físicas. Lo sentían de muchos modos: la inquietud cuando les interrogaba un dzul, los servicios menores que podía pedir y un heredado sentimiento de inferioridad. Pero sobre todo había cosas más grandes. Veían su maíz sagrado pisoteado y aplastado por el ganado suelto, y su misma tierra, robada. No había a quien acudir cuando violaban o seducían a sus mujeres, cuando las leyes laborales dividían sus familias o cuando se veían ligados de por vida a una hacienda en

51

servidumbre por deudas.

No siempre había sido dócil el macehual frente a tales tratos. Había peleado, primero contra el invasor cuando llegó, y después en una serie de desesperadas rebeliones durante la Colonia, hasta que no tuvo fuerza para más. El alzamiento más reciente había sido el de Cisteil, en 1761. Habían matado a un comerciante durante una fiesta, y el sacerdote local huyó a Sotuta con el grito de rebelión. Los veinte hombres enviados a detener a los matadores perdieron la mitad de sus efectivos en una emboscada, entre ellos el comandante militar de la comarca, y lo que probablemente empezó como un alboroto de borrachos parecía ya una rebelión en serio. Comprometido por aquella acción, el batab de Cisteil fortificó su pueblo y llamando a los jefes vecinos, en unos cuantos días reunió una muchedumbre de 1 500 hombres. Entonces se puso el nombre de Canek, que había sido el gobernante pagano de la nación itzá, conquistada solamente hacía setenta y cuatro años. Los itzáes, que vivían aislados en las selvas de Guatemala, habían esquivado el dominio español casi durante dos siglos, y en aquel tiempo habían proveído de santuarios a los fugitivos de Yucatán. Los libros de Chilam Balam habían profetizado que un rey de los itzáes, de la estirpe que otrora había gobernado todo Yucatán desde Chichén Itzá, volvería un día y lanzaría a los extranjeros al mar.

Al nombre de Canek, Jacinto añadió el título de rey; lo coronaron en la iglesia de Cisteil, donde se ofreció para cumplir la leyenda. Su reinado fue breve. Dos mil dzulob bien armados convergieron en Cisteil; a la semana, tomaron el lugar al asalto y degollaron a 500 macehualob. Canek pudo escapar aquel día, pero pronto lo capturaron y hubo de ir a Mérida, marchando con los demás prisioneros. La venganza fue brutal. En la plaza principal lo destriparon y descuartizaron, quemaron sus restos ensangrentados y aventaron sus cenizas. Otros ocho murieron en el garrote, y doscientos recibieron doscientos latigazos y les cortaron una oreja para señalarlos por rebeldes. Así acabaron Jacinto Canek y su reino, pero no su recuerdo; el relato de los héroes muertos, transmitido por generaciones, perduraba todavía en 1847.[5]

El macehual acabó por aceptar lo que no podía impedir. En algunas cosas, la vida bajo el hombre blanco no era muy diferente de la que siempre había llevado. La hacienda estaba organizada como una aldea, con funcionarios inferiores para distribuir las milpas y las obras comunes del pueblo, y con un funcionario para azotar a los delincuentes. Un mayordomo o administrador

[5] En los primeros días de la Guerra de Castas escribían en las fachadas de las casas el nombre de Jacinto Canek a manera de *slogan* revolucionario.

tenía la autoridad del batab para gobernar a la gente y recaudar los impuestos. Pero había una diferencia. El administrador no solía ser un macehual, sino un *kaz-dzul* (mestizo), y su posición le animaba a exprimirlos cuanto podía, llevar cuentas falsas y labrarse su fortunita personal. Apartado del sistema tradicional de prestigio religioso y moral, su motivación era económica... y no tenía trabas. El amo, el hacendado, raramente se dejaba ver. Vivía lejos, en la ciudad, y sus escasas visitas eran como una bajada a otro mundo, un día de vacaciones entre los campesinos que, dispensados del trabajo, se vestían con su mejor ropa y se ponían en fila para besarle la mano.

Los macehualob de los pueblos grandes vivían realmente separados, en barrios que eran como aldeas. Cultivaban maíz, porque los campos nunca estaban muy lejos, y trabajaban de criados, obreros o empleados del gobierno; las mujeres hacían de cocineras y doncellas. Era una vida más complicada y variada que en el campo, y más difícil. Había más iglesias y mejores, en que un muchacho podía aprender las oraciones necesarias para convertirse en maestro cantor, o aprender a leer y escribir. Había asimismo más leyes, más cárceles, y más sargentos en busca de voluntarios. El lugareño, naturalmente, también gustaba de las fiestas citadinas y de los grandes mercados como los de Izamal y Halachó, donde era posible comprar de todo (sombreros nuevos, mascadas de vivos colores, joyas de coral para la esposa, tal vez un arma de fuego para uno mismo), pero no se sentía verdaderamente a gusto sino en el camino de vuelta a su casa. Por otra parte, el macehual de las grandes poblaciones estaba acostumbrado a la vida, sabía las complicadas reglas para entenderse con los blancos y menospreciaba a su primo campesino. Tenía su propio jefe, su consejo de ancianos, su iglesia, su h-men, su hermandad x-tol y todo lo demás. La diferencia principal, cuando la había, estaba en la separación de la tierra, lo cual implicaba imposibilidad de cultivar maíz y pérdida de contacto con los dioses de la selva. Otro elemento nuevo era la brujería, herencia especial del mestizo; en las poblaciones, los h-menob pasaban gran parte de su tiempo conjurando maldiciones.

La vida del campo, la de la inmensa mayoría de la gente, había sido de aislamiento. La aldea era la patria chica. Pero las nuevas carreteras que hacían penetrar al blanco con sus costumbres en el interior del país empezaban a quebrantar la clausura. De cargadores, muleros y gañanes, los macehualob empezaron a viajar. Deteniéndose en los pueblitos del camino, charlando con extraños de su propia sangre y lengua, descubrían un mundo mayor de personas como ellos, con los mismos problemas y deseos. Los huites recién escriturados hallaban situaciones semejantes entre los cupules, en los pueblos que rodeaban a Valladolid, entre los chenes y en las plantaciones de caña de Peto. Este conocimiento aumentó mucho cuando los dzulob convocaron a la gente para pelear contra otros extranjeros que llamaban mexicanos, y los hombres de los pueblecitos orientales cruzaron todo el país para acudir al sitio de Campeche.

Había sido una gran experiencia en otros aspectos. Antes de la independencia se les había prohibido a los macehualob servir en el ejército y tener armas militares, y la falta de tradición, amén de los lazos familiares y de la colectividad, los habían hecho renuentes a enrolarse, sobre todo cuando era probable que los mandaran al extranjero. Pelear en Yucatán con sus propios jefes y por sus propios objetivos era otra cosa, y con el tiempo les fue gustando el sonido del clarín y el tambor, la emoción del combate y el orgullo de la victoria lograda. Los periódicos de los blancos los alababan, el gobernador Barbachano los llamaba "valientes hijos de Nachi Cocom y Tutul Xiu" (dos gobernantes mayas de otros tiempos) y les habían reducido el impuesto para la iglesia. Una segunda vez los convocaron con promesas de tierra, y ganaron la victoria, pero el dzul les había mentido en lo relativo a la tierra.

Luego llegaron los hombres del ejército por tercera vez a reclutar con nuevas promesas, y esta vez los enemigos eran los hombres de Mérida con su dirigente, Barbachano. Los macehualob tenían ahora más experiencia. Una compañía de ellos, dirigida por el batab Cecilio Chi, montó una emboscada cerca de Peto y derrotó a los hombres de Mérida... todo ello sin el parecer de los oficiales dzules. Después se dirigieron hacia el norte, a Valladolid, la ciudad de los amos, y la tomaron al asalto. El alcohol acerca al hombre a Dios, creían los macehuales, y le hace ver más claro; en Valladolid había mucho aguardiente, y los vencedores vieron mucho más claro. Al fin descubrieron su poder y comprendieron quién era su verdadero enemigo. Por el robo de la tierra, por la esclavitud impuesta, por los azotes, por la impiedad para con Dios y los espíritus forestales, sí, y por Jacinto Canek y las orejas cortadas de los abuelos, por cada uno de esos pecados había una deuda que pagar, y se pagaba a machetazos. Cometieron actos de violencia en una orgía de desenfreno, atropellando todo, y cuando pasó la crisis, sintieron vergüenza y miedo y una terrible cruda. Cada quien corrió a su pueblo para escapar al inevitable castigo, para que lo purificara de los malos vientos su h-men.

Nunca llegó el castigo. Todos eran culpables por igual, y sus dirigentes estaban protegidos por el nuevo jefe político, que no quería castigar a quienes habían posibilitado la revuelta. La gente estuvo abatida y humilde cierto tiempo, hasta que se vio claramente que no habría saldo de cuentas, y entonces empezaron a ver la violencia de Valladolid de un modo diferente; recordando cuán fácil había resultado la victoria, recordando el aguardiente y el botín, estaban en sus chozas sentados hasta muy avanzada la noche, hablando de la guerra y preguntándose qué harían con su nuevo poder.

Tenemos que hacer ahora una pausa entre el preludio de Valladolid y la escena inicial (las oscuras calles del pueblo de Tepich algo antes del alba del 30 de julio de 1847) para preguntarnos por qué se dio la Guerra de Castas en Yucatán. Sabemos que el país estaba dividido según la raza, pero aún más por las concepciones contrapuestas de un mundo común. El maíz, mero artículo de consumo para el hombre blanco, era sagrado para el maya; el blanco consideraba la tierra inculta tierra improductiva, perdida, pero para el maya era la legítima morada de los dioses de la selva.

¿Por qué llegaron estas dos sociedades antagonistas de Yucatán a la guerra declarada en 1847, después de haber vivido juntas más de trescientos años? La respuesta más llana sería que la llegada de la independencia al centro de América creaba una situación política inestable. Había habido muchas rebeliones durante la dominación española, pero la Corona siempre había tenido en las colonias suficiente autoridad central para reprimirlas. La independencia, empero, acarreaba la desunión de las colonias, la guerra civil y la anarquía; los recursos heredados de la autoridad central se disipaban y cuando se presentó la necesidad, no había reservas.

La independencia respecto de España hizo también más explosiva la situación social. Los criollos, anteriormente conformes con gozar de derechos feudales bajo la monarquía, que proporcionaba cierta protección a la población indígena, se interesaron después en el empleo más pleno de sus recursos humanos. La Iglesia, la organización tribal, cualquier cosa que se opusiera poco o mucho al progreso, era hecha a un lado. Pero los grupos indígenas, sometidos ahora a mayor presión que nunca, tenían también mayor propensión a resistir. Enrolados por los criollos en la causa de la revolución, ésta los despertó. Aprendieron algo del arte militar, y le encontraron gusto a la guerra; su conocimiento de la justicia social aumentaba a medida que veían a los criollos quebrantar sus promesas revolucionarias; y sus pequeñas victorias con las armas les dieron una idea exagerada de su propia fuerza.

Este proceso de fragmentación política y social se estaba difundiendo por toda América Latina a mediados del siglo XIX. Los maya-quichés de Guatemala, se sospechaba, estaban planeando la rebelión en 1843, y los mayas tzotziles del estado mexicano de Chiapas se rebelaron en 1868 y estuvieron a punto de tomar San Cristóbal las Casas, la capital. En el norte, los yaquis de Sonora libraron una guerra de gran envergadura en 1845-1846, y los indios pueblo de Nuevo México montaron una sublevación de carácter más racial que político. Cada una de estas rebeliones sucedió en una región remota donde la gente vivía todavía bajo una organización semitribal; por todas partes fue más fuerte el espíritu de rebelión allí donde la autoridad blanca se había impuesto recientemente.

Tal fue el caso de Yucatán. La Guerra de Castas la iniciaron y mantuvieron los mayas de la zona limítrofe de la civilización, los huites y los que acababan de salir de esa categoría. Los trabajadores del campo del Yucatán occidental, familiarizados de tiempo atrás con el poste de flagelación y el peonaje, no sólo no se sublevaron sino que se unieron al blanco contra los de su propia raza; habían logrado el ajuste al modo de vida del ladino, y su lealtad había pasado del pueblo a la hacienda o la ciudad. Lo peligroso no era la prolongada opresión sino la súbita aculturación, el paso forzado de un mundo a otro.

La última rebelión seria de los mayas se dio en 1761 en Cisteil, que era entonces un pueblo de la zona marginal. Ochenta y seis años después, y ochenta kilómetros hacia oriente, una amenaza semejante pesaba sobre otra generación de macehualob; y no era solamente la amenaza de la esclavitud física, sino el ataque a sus normas religiosas y morales, al único modo de vida que conocían y podían aceptar. Los mayas presentaban su caso de la siguiente manera, como lo expresaran Manuel Antonio Ay y Jacinto Canek:

"Ellos, que se llamaban pobres indios, tenían conocimiento de lo que el blanco estaba haciendo en su daño, de los muchos males que cometía contra ellos, y aun contra sus hijos y sus inocentes mujeres. Tanto daño sin razón les parecía un crimen. Ciertamente, si los indios se rebelaban era porque los blancos les daban motivo, porque los blancos decían que no creían en Jesucristo, porque quemaban las milpas. Habían dado causa justificada a las represalias de los indios, a quienes ellos mismos habían matado... Pero estas mismas cosas, ahora que habían empezado, no los desanimarían [a los indios] aun cuando durasen doce años y siempre fueran en contra de ellos, porque eran las víctimas del Señor. Los blancos tendrían que decir si Dios les dio permiso para acabar a todos los indios, y que en este asunto la voluntad de éstos no contó... Por eso, si morían a manos de los blancos, paciencia. Los blancos creían que todas estas cosas habían terminado pero nunca acabarían. Así estaba escrito en el libro de Chilam

Balam, y así lo había dicho también Jesucristo, nuestro Señor en la tierra y en el más allá, que si los blancos se volvían pacíficos, los indios se harían pacíficos."

Así hablaban: confusos, asustados, determinados y horrorizados por la blasfemia de los ladinos, por la sacrílega destrucción del maíz en crecimiento. Pocos son los hombres que dudan de la supervivencia de su propia cultura; los individuos pueden morir, pero el mundo que uno ha abarcado con su mente y su corazón, tiene que seguir viviendo. Los mayas de Yucatán vieron que era posible la resistencia y tomaron las armas en defensa de su mundo.

Filosofía

SEGUNDA PARTE

LA GUERRA DE CASTAS

Los dedos del h-men se movían rápidamente mientras contaba los granos de maíz, doce granos por los primeros doce días del nuevo año y por los doce meses consecutivos. Uno, dos, tres indicaban muerte, guerra y destrucción en la tierra, y los acontecimientos de cada día pronosticaban el estilo de su mes. Fueron contados otros doce granos cuyos días se encontraban con sus meses en orden inverso; el 24 de enero casaba con el mes de enero y reforzaba el signo de enero, y todos los presagios eran malos: destrucción en la tierra, guerra y muerte en cada una de las cuatro direcciones, y bajo Dios Hijo, Dios Padre y Dios Espíritu Santo. Así contaban los h-men su xoc-kin a los intranquilos mayas, que veían que sus predicciones eran ciertas.

También entre los blancos había miedo. El gobernador Barret decretó que el carnaval de 1847 no se celebraría en Mérida, por la posibilidad de que la desbandada milicia del norte se reconstituyera al amparo de las máscaras. El mismo temor le había impedido trasladar su gobierno a Mérida y le hizo escoger hombres de Campeche para guarnición de la fortaleza-ciudad de San Benito. Esos esfuerzos no lograron gran cosa. La rebelión llegó el domingo en la tarde, a fines de febrero, durante un concierto de música delante de San Benito; el público, en que predominaban los varones, se animó a una señal, blandió escopetas y pistolas y tomó la fortaleza sin derramamiento de sangre. En las fachadas de la ciudad aparecieron manifiestos recién impresos, que fueron también enviados en paquetes a ciudades y aldeas; se reconstituyó la milicia (con más entusiasmo entre los oficiales que entre los soldados) y se hicieron celebraciones y bailes patrióticos. A pesar de todo eso, los ciudadanos de Mérida no se preocupaban. Pero los de Campeche, sí. Su decimoséptimo batallón pasó rápidamente las montañas, su guarnición de Valladolid realizó marchas forzadas hacia el oeste, una flota desembarcó tropas en Sisal, y la rebelión fracasó. El coronel Cetina, de quien oiremos hablar mucho, fue enviado a unirse con su superior, Barbachano, exiliado en Cuba, y muchos exhalaron un suspiro de alivio.

Pero esta rebelión mínima, casi incruenta, no era la que habían profetizado los h-men. Los habitantes de Valladolid, recordando el horroroso quince de enero, contaban los meses que faltaban para doce, y quitaban tres: octubre era el mes que había que vigilar. Bonifacio Novelo, que había llegado a convertirse en símbolo de la matanza de Valladolid, andaba todavía suelto, se suponía que aterrorizando las aldeas del nordeste, pero en realidad apoyado por ellas. Las armas distribuidas por los campechanos a los voluntarios mayas no podían recobrarse: se las guardaban como pago adelantado de las recompensas prometidas. Había señales en el aire, pero los políticos, que no contaban granos de maíz, creían que podrían cambiar el futuro. Los hombres más importantes del partido de Méndez llegaban de todas partes del país a una conferencia que debía celebrarse en la ciudad neutral de Ticul, donde debían resolverse los problemas que amenazaban con la anarquía. Hubo debates sobre la reorganización del gobierno, el ejército y el sistema impositivo; pero ocultas por el blablablá de justicia y libertad había dos cuestiones que nadie sabía resolver: cómo romper el ciclo mortal de revolución tras revolución y qué hacer con los mayas. A estas cuestiones se les dio sencillamente carpetazo y todo el mundo quedó de acuerdo en que valía más examinarlas en algún momento después de las elecciones regulares. La conferencia fue pospuesta y el gobierno de Barret se trasladó a Mérida el veintitrés de junio. La última oportunidad perdida.

Mientras los políticos hablaban en Tikul, las lluvias habían llegado, y los mayas estaban ocupados plantando, al parecer indiferentes al hecho de que los habían vuelto a engañar; acabaron con sus milpas para el día de la clausura. Habían plantado algo más que maíz. El coronel Cetina había vuelto y desembarcado en secreto en la costa septentrional, y conspiraba en Tizimín para dar su voto de oposición. Había llegado de La Habana con dinero, armas y audacia para pescar en río revuelto. Era Tizimín la ciudad desde donde Santiago Imán se había pronunciado contra el gobierno mexicano de Santa Anna nueve años antes. Era un lugar dormido, listo para el rumor de los tambores y el sonar de los clarines, lejos de las miradas del gobierno y con los bosques cerca por si se fracasaba. Cetina empezó reuniendo unos 300 mestizos, armados de cualquier modo, y a continuación recurrió, para los batallones necesarios, como Imán y todos los líderes después de él, al maya.

Sus enviados se desplegaron por los senderos del interior con las usuales promesas de tierra y reducción de impuestos. Evitaban los poblados de blancos, no dejaban huellas de su paso, no llevaban registros y después tendrían buenas razones para olvidar lo que habían hecho; ahora es imposible seguir la pista de sus movimientos y de las alianzas que creyeron haber contraído. Uno de ellos fue visto en Chichimilá, aldea situada a ocho kilómetros al sur de Valladolid, recogiendo dinero para la causa, y el jefe del lugar, Manuel Antonio Ay, se alistó definitivamente. Otro tanto hizo Jacinto Pat, el cacique de Tihosuco y conocido barbachanista, que gozaba de mucha influencia en la comarca; su rancho, Culumpich, sería el depósito y el lugar de reunión. Además de Pat estaba Cecilio Chi, de cerca de Ichmul, y, con menos seguridad, Bonifacio Novelo, el mestizo fuera de la ley, el de los asesinatos de Valladolid.

No se saben las intenciones que tendrían al principio, pero hay bastantes pruebas de que celebraban sus propios consejos y estudiaron un programa muy distinto del planeado por Cetina. Antes habían peleado por los dzulob y los habían engañado, y es de suponer el tenor de sus pláticas. Después se dijo que Pat deseaba cambiar el gobierno ladino, que Ay era partidario de echar a los blancos del país y que Chi sencillamente quería matarlos, hasta la última mujer y el último niño. No sabemos, y tal vez ellos tampoco lo supieran; de cualquier modo, fueron los acontecimientos más que las ideas los que configuraron su destino. La primera cosa que hicieron fue enviar a Novelo al sur, con todo el dinero que pudieron reunir, para comprar armas a los ingleses en Belice.

El coronel Cetina, pues, preparando una revolución barbachanista contra el gobierno, tenía una insegura alianza con diversos dirigentes mayas y mestizos al sur de Valladolid, los cuales se estaban aprestando para un fin que tal vez no coincidiera con el suyo. Todas las poblaciones situadas al sur de Valladolid (Chichimilá, Ichmul, Tihosuco) estaban en la zona marginal y, en gran parte, los mayas implicados eran los semisalvajes huites, con su larga cabellera, sus taparrabos y su experiencia de recientes desafueros.[1]

El día en que se pensaba asaltar no nos es conocido, pero después de la siembra, los indios empezaron a ponerse en movimiento; en Culumpich se estaban juntando pertrechos a principios de junio. Uno de los pocos colonos ladinos de aquella región forestal sospechó algo al ver pasar largas columnas de indígenas por su hacienda de Acambalam y, enterado de la conspiración por un criado de confianza, galopó a Valladolid y advirtió al comandante, coronel Eugenio Rosado. Recordando la carnicería de enero, el coronel no perdió tiempo; inmediatamente envió a Trujeque, entonces jefe político del distrito de Peto, una orden de detener a Cecilio Chi y Jacinto Pat. Su mensaje tardó varios días en llegar a Peto, y varios más tardó el solivantado Trujeque

---

[1] El viajero norteamericano John L. Stephens, describía así en 1841, a los tribeños huites que vio al norte de Valladolid: "Desnudos, armados con largos fusiles, con gamos o jabalíes colgándoles por la espalda, eran de lo más truculento que jamás viéramos. Se trataba de algunos de los indios que acababan de alzarse con el general Imán y parecían dispuestos a pelear en cualquier momento."

en preparar una pequeña fuerza para capturar a los hombres que tan sólo seis meses antes dirigiera en combate. Al llegar al rancho de Pat en Culumpich no halló señal de las armas que se decía haber allí; decidiendo que el informe era falso, y una trama para perder a los caciques que intervinieran en el degüello de Valladolid, hombres de su propio partido, pasó el día de visita en casa de su antiguo amigo. De todos modos, envió a un tal capitán Beitia con una tropilla a la vecina población de Tihosuco en busca de Cecilio Chi.

A todo esto, se descubrieron nuevas pruebas. Un cantinero suspicaz del pueblo de Chichimilá había tomado una carta del sombrero de Manuel Antonio Ay mientras le servía en su taberna; como el ambiguo contenido le pareció acusador, hizo informar al coronel Rosado. No tardó una patrulla en apoderarse de Manuel Antonio y otros varios, con más correspondencia. Un juicio inmediato reveló que iban a encabezar una revolución, Ay, Chi, Pat y Novelo, todos por la reducción de impuestos a los mayas; un mestizo, nombrado tesorero por el grupo rebelde, dio el informe para salvar su vida. No había escapatoria para Manuel Antonio Ay. Las atrocidades de enero pedían venganza, y había que dar un serio ejemplo. Lo llevaron a la capilla de Santa Ana, en un barrio de Valladolid, y al día siguiente, 26 de julio, lo condujeron ante el pelotón de ejecución.

No había debilidad en aquella pequeña figura oscura de calzón y camisa blancos, descalza, sin sombrero, escoltada por infantería y caballería. Su gente había venido de los innúmeros pueblitos vecinos para verle morir, se metía en la ciudad desde la mañana temprano y su número obstruía las calles. Toda la guarnición estaba sobre las armas, con cañones cargados emplazados en importantes intersecciones. Se esperaban disturbios, pero los mayas obedecieron humildemente las órdenes y contemplaban los preparativos con los ojos fijos y su acostumbrado silencio. "Preparen las armas. Apunten. ¡Fuego!" Y mientras la descarga repercutía enviando ecos por la plaza y bandas de buitres a lo alto, Manuel Antonio se derrumbaba junto a una pared acribillada de balas. Era el comienzo de la profecía de muerte.

Esta ejecución hizo varias cosas. Primero, establecía un precedente, ya que hasta entonces, los prisioneros revolucionarios no habían sido fusilados en Yucatán. Cetina, por ejemplo, cuyos tres intentos contra el gobierno contribuyeron a posibilitar la Guerra de Castas, no sufrió peor castigo que el destierro. Pero era blanco, y la suerte de Manuel Antonio era una seria advertencia de que no se trataría a los indígenas con las reglas de los blancos.

La advertencia fue eficaz, pero no en el sentido deseado. Mos-

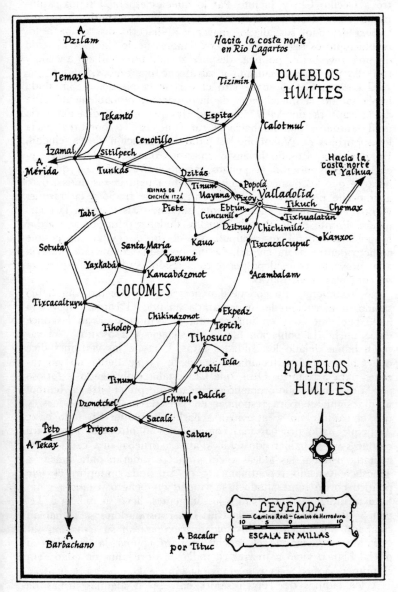

Valladolid y la región fronteriza en 1847-48.

tró a Cecilio Chi y Jacinto Pat lo que les esperaba si los capturaban y los decidió a guerrear hasta vencer o morir. Separó a Cetina de todos sus aliados mayas y al hacerlo disgregaba a los revolucionarios según la raza. Los temores de los ladinos hicieron de una revolución política, después social, un conflicto racial, y con ello provocaron sadismo y salvajismo por ambos bandos.

El coronel Cetina se declaró el día de la ejecución. Sin duda había sabido la inicial fuga de información, probablemente oiría de la captura de Ay y comprendería que mayor dilación sería fatal; entonces marchó hacia el sur con sus 300 hombres, hacia los suburbios de Valladolid, y pidió la rendición de la ciudad. En respuesta, Rosado le envió emisarios que le contaron la ejecución, le expusieron el peligro racial, e insistieron en que era hora de que los blancos se unieran. Cetina tendría sus dudas, pero a despecho de los compromisos contraídos, se rindió a las razones y entró en la ciudad pacíficamente, sumando sus tropas a la guarnición. Pronto envió Rosado aquellos dudosos refuerzos a guardar la población de Tixcacalcupul, con el fin de evitar un posible coflicto dentro de la ciudad. Cetina no había renunciado todavía a su proyecto, pero al posponer su decisión perdió toda esperanza de controlar a los mayas.

Los testimonios no concuerdan acerca de si Cecilio Chi había sabido la ejecución de su camarada cuando el capitán Beitia lo halló bebiendo solo, en una cantina de Tihosuco. Eran las once de la noche, la población estaba en silencio y a oscuras y el capitán había dejado los soldados atrás. Una de las versiones dice que Chi parecía perfectamente inocente y que Beitia no vio razones para arrestarlo. Otra, que Chi estaba embriagado y furioso por la ejecución, que prometió coléricamente presentarse en Ichmul al día siguiente para responder en persona a las acusaciones, y que el capitán no se atrevió a echarle el guante. En todo caso, Trujeque halló pruebas más convincentes al otro día, pero para entonces ya se habían ido Chi y Pat. La prueba, una carta interceptada pedía a las aldeas vecinas que se unieran para atacar a Tihosuco. Sacado repentinamente de su duda anterior, el jefe político corrió sobresaltado a la ciudad en peligro. Como no hallara ni indígenas hostiles ni a los dirigentes, llevó su milicia a Tepich y al cercano rancho de Chi. Los conspiradores se le habían escapado nuevamente, y los soldados expresaron su irritación saqueando y quemando el rancho, y para colmar la medida, un oficial blanco violó a una chica india de doce años de edad: era el primer saqueo y la primera violación de la Guerra de Castas.

A los ladinos de Tepich se les entregaron algunas armas de fuego para que se defendieran, pero no se sintieron lo suficientemente en peligro para volver con la tropa a Tihosuco. Al día siguiente enviaron una patrulla a otro poblado, detuvieron a cinco mayas y se los llevaron. En las primeras horas del 30 de julio de 1847, Cecilio Chi dio la respuesta sorprendiendo a Tepich y sacrificando las veinte o treinta familias de ladinos que allí había, hombres, mujeres y niños sin distinción, dejando sólo algunas muchachas para violarlas, y menos por el placer, según se dijo, que por odio. Un superviviente huyó y llevó las noticias a Tihosuco; la Guerra de Castas iba en serio.

Tihosuco se entregó al pánico. Las casas de las afueras quedaron abandonadas, todo el mundo se congregó en una placita en el extremo meridional de la población, donde se levantaron barricadas apresuradamente, al mismo tiempo que corrían mensajeros en busca de refuerzos. Se tomó el desquite con los prisioneros que había, gente que era evidente no había intervenido en la matanza: los pusieron contra una pared y los fusilaron aquella tarde. La noche pasó con miedos y temblores, con falsas alarmas y descargas esporádicas que los centinelas nerviosos disparaban cuando en la oscuridad imaginaban movimientos o rumores. En la mañana llegó una compañía de milicia de Ichmul, y con ella la confianza; dos guerrillas fueron organizadas para atacar a Tepich. Eran las guerrillas grupos de soldados, cuyo número oscilaba entre un pelotón y un regimiento, que obraban independientemente por las angostas sendas, a menudo sin esperanza de ayuda si se topaban con algo mayor de lo que pudieran manejar; se parecían mucho a los comandos actuales. Pelear en la selva y en los matorrales del oeste era como pelear bajo el agua. Sargento o general, nadie podía caminar más allá del alcance de una corneta, del recodo de la senda. Todo dependía de la táctica, y la estrategia casi no existía.

El capitán Beitia llevó su guerrilla, unos doscientos hombres, a una emboscada; huyó de allí, dejando que mutilaran a sus heridos, abandonando con ellos su carrera de oficial. La segunda guerrilla, de iguales efectivos, estableció contacto con el enemigo en la forma que pronto se hizo usual: recibiendo una descarga de hombres ocultos tras una barricada de piedras. Es Yucatán un vasto llano de caliza, con un delgado mantillo en el mejor de los casos, y en el terreno abundan las piedras sueltas; esas piedras habían sido utilizadas para levantar muros para el ganado, porque era fácil ponerlas unas sobre otras sin mortero, y esa técnica fue rápidamente adaptada a las necesidades de la guerra. Al principio, las barricadas obstruían sencillamente las sendas pero, como no tardaron en saber los ladinos para su mal, había muchas posibilidades de perfeccionamiento: muros de flanco para tiro de enfilada, puntos fuertes cuidadosamente disimulados, líneas de apoyo y trampas erizadas de agudas estacas.

Fácilmente conquistada la primera barricada, la segunda guerrilla llegó a Tepich. Al día siguiente volvió y descubrió los restos de los heridos de Beitia. El descubrimiento los enfureció. Prendieron fuego a la aldea, fusilaron a los indios que corrían huyendo de las llamas, profanaron la iglesia y las chozas santuarios y llenaron el pozo del pueblo de piedras. Tepich había dejado de existir. Todo lo vieron los mayas desde la selva circundante; demasiado débiles para oponerse, incapaces de salvar a sus familias, contemplaban en pie cómo guerreaba el hombre blanco.

A todo esto, volaban correos a occidente, a Peto, Tekax, Ticul y la capital, comunicando el miedo como la peste. Nadie parece haber hecho una pausa ni una pregunta; nadie se preguntaba ya si eso de la "Guerra de Castas" no sería pura propaganda política. Los horrores de Valladolid estaban demasiado recientes, grabados profundamente a fuego en la memoria. Los criollos se habían dedicado a las conferencias políticas, los carnavales y las rebeliones, pero obraron como si siempre hubieran sabido que iba a llegar aquel momento. Al instante, una proclama produjo la armonía, como había sucedido con los principios revolucionarios, y fue tan duradera como ellos. Muchedumbres excitadas se agolpaban ante la casa de Barbachano y la de Méndez, éste recién elegido para suceder a Barret en el cargo de gobernador en septiembre. En las calles tocaron las bandas de música, subieron cohetes silbando hacia el cielo, tañeron las campanas de las iglesias. Era el 5 de agosto de 1847. Como después de todas las fiestas, a la mañana siguiente hubo arrepentimientos y lamentaciones, pero por el momento todo era entusiasmo por "la sagrada causa del orden, de la humanidad y la civilización".

Las imprentas trabajaron hasta muy avanzada la noche en sacar las nuevas proclamas. El 6 de agosto se decretó que todos los hombres de dieciséis a sesenta años debían presentarse para el servicio militar (sólo tenían que hacerlo los blancos o los semiblancos; eso ya se había aprendido) y preparar cuantas armas de fuego tuvieran. Naturalmente, no había organización capaz de enrolar y mucho menos de equipar a un ejército en gran escala. No era una rebelión de poca monta en que peleaban los de abajo y los que gustaban de esas cosas mientras los de la "mejor" clase se mantenían neutrales. Ahora el enemigo era la casta inferior, la inmensa mayoría.

Las primeras unidades que marcharan al este de Mérida serían sin duda una milicia organizada y, por lo menos, parcialmente adiestrada; pero sin los soldados indios de antes, necesitaban reemplazantes a millares, y necesitarían aún más cuando los diezmaran en combate. Tenía que ser una guerra total: aproximadamente 17 por ciento de la población ladina estaría bajo las armas antes de lograrlo, mientras en la revolución norteamericana hubo más o menos el 2 por ciento de norteamericanos, y en la segunda Guerra Mundial, el 10 por ciento. Los reclutas prestaron, pues, juramento en la Plaza de Armas, y allí hicieron torpemente su instrucción, y otro tanto sucedió en todas las pequeñas plazas del país. Los grabados de Gahona nos los muestran sin uniforme, a menudo sin rifle, equivocando las órdenes de los oficiales de reciente creación, que apenas sabían algo más. Pasaban las noches repasando los manuales militares. Aprendieron en ellos, o por lo menos oyeron decir, que el fusil de chispa se carga en once movimientos. Todos los que no aprendieron a cargar y disparar inmediatamente, automáticamente, en cualquier momento, sin que la mano les temblara por el miedo o la fatiga, pagarían su torpeza con un machetazo de indio. No cabía enseñar el manejo de aquel indispensable instrumento y arma; se trataba sencillamente de dar antes de que le dieran a uno, sin tonterías de paradas ni de tirarse a fondo o no.

Al son de la trompa guerrera los hombres volvían a entusiasmarse. Eran los toques de corneta, desentonados maullidos de gato en celo para los oídos no advertidos, heredados del antiguo ejército del rey, tomados de los califas de Granada y Sevilla durante la guerra santa, invocaciones bárbaras, cristianizadas ya por el largo uso, música que el soldado no puede oír sin emoción. La *diana* al alborear, la *oración* al terminar el día, o la vida ante el sepulcro abierto, el *ataque,* de claro significado, y el *degüello,* el ataque sin cuartel (oído aquel último día en el Álamo); rápidos, imperiosos, orquestados por el silbido de las balas. Esos recuerdos no se apartarían de los veteranos senescentes y elevarían sus corazones y enderezarían sus torsos en las lejanas festividades patrióticas del futuro.

Por el momento, la corneta, junto con las canciones populares adaptadas a la cadencia de marcha para flauta y tambor, les ayudarían a seguir la fatigosa senda, porque no todo era heroico en la vida del soldado. Había que aprender a caminar durante quince o treinta kilómetros, por senderos pedregosos, retorcidos, agrestes, selváticos, con zapatos o huaraches que aguantaran, con pies que no tuvieran ampollas. Habían de aprender a economizar el agua; no a beber cuando la sed era mucha y a perderlo todo sudando, sino a descansar un rato en la sombra y a quitarse luego el polvo de la boca enjuagándose. Había que aprender a cocer y comer el miserable alimento, a dormir en el duro suelo envuelto en una cobija y poder moverse al día siguiente. Esos detalles eran poca cosa para el colono de las zonas avanzadas de la civilización, y nada para el maya, que no sabía de otro modo de vivir; mas los citadinos del oeste sufrían, y pasarían semanas antes de que desquitaran el equipo que llevaban. Pero marchaban.

Si los políticos habían tenido antes sus dudas y sus precauciones en la aplicación de sus principios liberales, ahora los abandonaron con convicción. El 6 de agosto la Constitución, la hermosa Constitución de 1841, de Rejón, era objeto de enmienda. Los indios, desposeídos de unos derechos de ciudadanía ganados a medias, quedaban reducidos a pupilos del Estado, sin derechos jurídicos, y sus dirigentes serían ladinos y nombrados, no indígenas electos. Los sacarían de sus poblados y los pondrían bajo la estricta vigilancia de las autoridades de la ciudad: atávico intento de criollos cuyos antepasados habían estado intentando exactamente lo mismo desde la conquista. El ocio y la embriaguez (cosa mala para amos borrachos, que solían estar ociosos) debían cesar. El castigo se haría por los "medios acostumbrados, pero prudentes" y los albañiles se pusieron a rehacer las picotas, las columnas de flagelación derribadas en el entusiasmo revolucionario. Muchas de estas cosas no hacían sino devolver a la legalidad prácticas que nunca habían cesado, sobre todo en las tierras del interior. Las leyes coloniales se impondrían a todos los mayas, no sólo a quienes portaran armas en una guerra que se afirmaba racial, una guerra de que el congreso había oído hablar por primera vez dos días antes y de la cual tenía escasos informes. ¿Se sentían aquellos diputados con prisa, y no se preguntaron si todo aquello no sería algo prematuro? No parece. Su convicción era la del miedo.

Empezó la inevitable caza de brujas. Los amos veían la rebelión en los ojos de sus criados, en una mirada extraña, en una risa insólita. En la capital, algunos indígenas borrachos insultaron a una patrulla nocturna, según parece, voceándoles los nombres de sus antiguos reyes. Esos incidentes ganaron crédito al decirse que Cecilio Chi intentaba entrar en Mérida a medianoche, el 15 de agosto, para ser coronado después de degollar a toda la población blanca. La ciudad se convirtió en campamento histérico. Fuertes patrullas montadas detenían indígenas hasta que en San Benito no cupieron. El quince se encendieron hogueras en las calles de la ciudad a la puesta de sol para evitar un ataque por sorpresa. Se habían establecido puntos fortificados y avanzadas, y los ciudadanos estaban listos a sus puertas, con antiguos mosquetes, sables y picas, mientras las mujeres preparaban jarras de agua hirviendo para poderlas tirar desde los techos de las casas. Fue una noche insomne, pero el ataque no llegó.

De todos modos, el miedo y el recelo aumentaban. De pronto resultó que Francisco Uc, el cacique de la vecina Umán, hombre acomodado e instruido, tenía la piel oscura. Lo detuvieron basándose en cartas que ningún tribunal vio jamás y por el testimonio de su hijo adoptivo, que debía heredar a su muerte; lo defendieron poderosos amigos blancos, pero sólo hasta que la multitud vindicativa empezó a clamar también por la sangre de ellos. Así, pues, lo condenaron, y ante el pelotón de ejecución se le unieron otros diversos caciques y notables de su raza. Mas de un centenar de dirigentes de menor importancia fueron enviados al Presidio de Campeche y cuarenta, a la fortaleza de San Juan de Ulúa, cerca de Veracruz. En su lugar nombraron a ladinos de confianza.

Indios que habían llevado una vida pacífica pagaban ahora las atrocidades y los triunfos de los rebeldes. Los llevaban arrastrando a la picota, los colgaban de las orejas o los flagelaban mientras no confesaran una conspiración de la que no sabían nada. Los rumores y los informes oficiales relataban el salvajismo de la región marginal, donde los mayas habían matado a un niño delante de su madre y sus hermanas, le habían sacado el corazón y se habían bebido su sangre antes de violar a las mujeres, que después habían dejado medio muertas junto al cuerpo mutilado.

Cada uno de estos relatos, fueran o no verdad, desencadenaba nuevos actos de venganza. Hubo modos más formales de presionar a la población indígena: un edicto pedía la confiscación de sus escopetas, aquellas escopetas que les proporcionaban la única carne que jamás comieron; las armas confiscadas no tardaron en llenar los edificios públicos y ser objeto de un activo mercado negro. Los poblados pequeños de dos o tres chozas edificadas inmediatamente cerca de una milpa eran incendiados, y se llevaban a sus moradores a la ciudad en calidad de prisioneros de guerra o esclavos. Los hombres tuvieron que caminar todo el día para llegar a sus campos, mientras las mujeres y los niños quedaban atrás de rehenes. Sin embargo, aquella gente, aquellos criados y trabajadores de las antiguas haciendas del ángulo noroeste de la península, no estaban complicados en la rebelión y hasta miraban por encima del hombro a sus hermanos orientales, menos civilizados. Tal vez Francisco Uc tuviera correspondencia con los caciques rebeldes, pero Miguel Barbachano también. La "conjura" del 15 de agosto sencillamente no existió.

A los criados les acobardaba el severo castigo, pero a los hombres libres los acicateaba a obrar. Calientes todavía las cenizas de Tepich, sonándoles aún en los oídos los gritos de los que se abrasaban vivos, Cecilio Chi, Jacinto Pat y otros varios dirigentes se reunieron en Culumpich para declarar una guerra de exterminio total, una guerra sin cuartel contra la raza blanca. Cecilio juntó hombres en un rancho de la selva, los tuvo frente a las guerrillas hasta que se hicieron batallones, y después los dispersó con la orden de volverse a juntar en un lugar determinado. Las guerrillas se toparon en Xcanul con Jacinto Pat, quien les hizo pagar con tiradores apostados y emboscadas antes de desaparecer y dispersar a sus hombres. Dejó algunos muertos y diez prisioneros, dos de ellos primos suyos, quienes fueron derribados al suelo con las manos atadas a la espalda, muertos a tiros y dejados de pasto a los buitres. Unos ochocientos blancos de refuerzo llegaron marchando a Tihosuco, se dividieron en guerrillas y recorrieron las pistas de la selva de acá para allá, en busca del enemigo y dispersando sus fuerzas cuando lo hallaban. Pero el enemigo sólo podía ser hallado cuando estaba listo y a la espera.

De este modo, los mayas fueron reuniendo un tesoro de guerra atacando haciendas aisladas, recogiendo a veces hasta dos mil pesos, más joyas, en algún punto, y divirtiéndose con uno que otro blanco o semiblanco lo bastante estúpido para haberse quedado. En Acambalam, donde un hermano de raza había traicionado sus planes, degollaron con los demás a los criados mayas, por "lameplatos" y "perros de los blancos". Con los valores conquistados, Bonifacio Novelo volvió a dirigirse a Belice para comprar armas y municiones por segunda vez, en pequeña pero vital escala. Los dirigentes indígenas se vieron, según parece, obligados a ponerse en movimiento antes de estar preparados, antes de completar todos los preparativos y ultimar todas las alianzas, y su principal tarea era ahora sobrevivir, sencillamente, para demostrar que la rebelión era posible. Habían llegado unos cuantos partidarios más, entre ellos Florentino Chan de Dzitnup, cerca de Valladolid. Los cabecillas cocomes de la región de Yaxkabá y Sotuta enviaron respuestas alentadoras, pero la inmensa mayoría de los de su raza esperaba a ver qué deparaba el futuro. Por esa razón, la lucha se limitaba a unas cuantas escaramuzas necesarias, mientras los dirigentes esperaban que volviera de Belice la columna con los pertrechos.

El coronel Cetina estudiaba tristemente estos hechos, preguntándose cuáles serían las intenciones de los mayas, sin seguridad de que fueran salvajes sedientos de sangre ni barbachanistas aliados. Rosado lo envió al norte, a su solar patrio de Tizimín, donde descuidó comunicar la disposición de sus tropas y la adquisición de nuevas reservas de pólvora y municiones llegadas por el puerto de Río Lagartos. Cuando los desertores de las filas de Cetina le comunicaron que se hablaba abiertamente de revolución, Rosado envió un batallón y dos cañones para averiguar lo que había de verdad. Como la respuesta de Cetina fuera poco agradable, el batallón tomó su campamento y destrozó sus tropas el veintisiete de septiembre. Esto convenció al coronel Cetina, y nueve días después, habiendo cruzado secretamente el estado con una guardia personal de sobrevivientes, se apoderó de la fortaleza de San Benito de Mérida y declaró restablecido el gobierno de Barbachano.

Mérida aceptó este desesperado gesto, y de jugada fantástica lo transformó en realidad política.

La respuesta fue rápida. Olvidando su plática de la lucha sagrada contra los salvajes, la facción de Méndez vació tranquilamente la zona marginal para hacer frente a lo que consideraba la amenaza más seria. El coronel Bolio salió del campamento de Tihosuco con sus hombres y marchó por Peto y Tekax, juntando las fuerzas que se habían reunido para luchar contra los mayas y mandándoles ir en dirección opuesta. El coronel Oliver se dirigió desde Valladolid hacia el oeste con todos los hombres de Campeche, recogiendo porciones del decimoséptimo batallón que habían sido enviadas a reforzar sus tropas. Como la mayoría de los oficiales y soldados de la fuerza en formación eran mendecistas, los regulares del Batallón Ligero, los colonos mestizos y los sacerdotes quedaban así abandonados en gran parte a su propia iniciativa, para que hicieran lo que pudieran en defensa propia. Estos movimientos fueron observados de cerca, cada unidad contada al salir, hombre a hombre, detrás de la cortina de follaje que flanqueaba el sendero.

Los mayas pensaron sin duda que sus santos habían trabajado horas extraordinarias, y se apresuraron a tomar lo que les ofrecían. Cayó primero Tixcacalcupul, y fue un degüello, donde cayó hasta un sacerdote, que perdió el privilegio de su estado por haber robado tierras con notoria codicia. Esta victoria les proporcionó la adhesión del distrito de Valladolid todo entero, menos la ciudad propiamente dicha. Después se volvieron hacia el sur, remataron varios establecimientos descuidados y finalmente, tras un asedio de dos días, tomaron Tihosuco. Trujeque, que habían dejado con el mando allí, logró sacar sana y salva a su gente y llevarla a Peto, con lo cual quedaban los mayas como amos en la zona que se extendía entre esta ciudad y Valladolid, un trecho de más de ochenta kilómetros, con la maniga vacía detrás y los ingobernables cocomes delante.[2]

En Mérida se encontró Cetina con las complejidades de la política; mientras se amasaban las fuerzas de Méndez, las victorias de los mayas reducían diariamente su popularidad. En la disyuntiva, hizo lo que mejor sabía hacer: marchar. El 25 de octubre,

[2] Llamaban "cocomes" a esos mayas por la familia Cocom, que otrora había mandado en todo Yucatán desde Chichén Itzá y se había trasladado a Sotuta después de ser derribada; su morada actual, la antigua provincia de Sotuta, fue el escenario de la revuelta de Cisteil, en 1761. El soberbio pasado de Cocom se había recordado con motivo de la reedición de la *Historia de Yucatán,* de Cogolludo, en 1843, y en la prensa de la época se debatió mucho la rebelión de 1761. De este modo, los criollos veían el peligro que presentaban los cocomes algunos años antes de que se hiciera realidad.

no confiando en sus soldados para pelear contra los enemigos políticos que se acercaban a la capital, anunció que salía contra los mayas y llevó su ejército hasta Izamal, donde se detuvo a esperar los acontecimientos. Aquel mismo día, la ciudad envió emisarios y se sometió al partido de Méndez. Su revolución se reducía ahora a los mil quinientos meridanos que tenía a sus órdenes; como no le quedaba otro remedio, Cetina siguió hacia Valladolid y mandó emisarios a Rosado para pedirle que se uniera a él en la lucha contra los indios. Rechazado el ofrecimiento, se trabó batalla delante de Valladolid y Cetina, derrotado, volvió a refugiarse en los bosques.

Se había derramado demasiada sangre para que la cosa acabara así. Cetina reunió varios grupos de sobrevivientes en Tizimín y juró venganza sin cuartel contra Rosado, por el supuesto fusilamiento de los prisioneros. Además, ahora hablaba abiertamente de unirse a Jacinto Pat, y se le imprimió una proclama en que ofrecía al jefe maya cinco mil pesos e implementos para la guerra si se quería unir con las fuerzas de Barbachano. Esto era demasiado para sus tropas, que en tal conducta veían el desquiciamiento; menos cegados que su jefe por el odio de facción, empezaron a desertar en gran número. Reducido a la impotencia, Cetina distribuyó las armas que le sobraban a los mayas locales en prenda de amistad y después, en gesto supremo de desafío, tomó sesenta hombres y volvió a apoderarse de San Benito de Mérida el 4 de diciembre. Esta vez, la ciudad no se interesó y al día siguiente él se rendía, terminando así su carrera política.

Estas rápidas marchas y contramarchas, estos fantásticos golpes de mano se habían realizado al borde de la catástrofe, una catástrofe que ellos habían posibilitado. Yendo y viniendo de acá para allá como un insecto enojado, Cetina había atraído hacia sí los descarriados esfuerzos de la única defensa que tenía el blanco, la milicia estatal, controlada entonces por Méndez. Las semanas, los batallones, el dinero gastados en derrotarlo y darle caza se habían evaporado, y lo que hubiera debido hacerse rápidamente ahora requeriría generaciones, un ejército por cada generación, y la bancarrota del estado para muchos años. A los mayas les habían dejado un respiro y victorias menores en el momento en que más lo necesitaban. Esto inspiró confianza a los batabob, fe al soldado indígena, y reclutas sin cuento a su causa. Los coroneles Bolio, Oliver y Rosado no lo comprendieron cuando volvieron a desplegar sus tropas para acabar con lo que para ellos era el peligro menor; y al principio pareció que tal vez tenían razón.

Salieron las guerrillas de Peto, destrozaron las concentraciones mayas en Sacalá y Sabán y levantaron un campo fortificado en Ichmul; se lanzaron refuerzos y se preparó un esfuerzo de gran envergadura para acabar allí con la rebelión. Demasiado tarde. El 5 de diciembre, una descarga cerrada salió de la selva y se transformó en atronador asalto general contra Ichmul, que llegó a penetrar en las calles y fue rechazado a duras penas. De la noche a la mañana se alzaron barricadas rodeando la ciudad y poniéndola en estado de sitio. Tras varios días de duro pelear se rompió el cerco por habérseles acabado las municiones a los mayas. Los atacantes se fueron, pero prometieron volver a los ocho días, exactamente el tiempo necesario para que las mulas de carga hicieran el viaje de ida y vuelta hasta los comerciantes ingleses de Río Hondo.

Cumplieron su promesa. Llegó la carga con gritos de guerra, y cuando cesó, los mayas se estaban estableciendo detrás de sus antiguas posiciones, reparándolas y ampliándolas. Nuevamente se enviaron patrullas a desalojarlos pero, ante un enemigo bien pertrechado, fueron diezmadas una tras otra. En el espacio de una hora, cayeron cuarenta soldados muertos y setenta y cinco heridos; los oficiales, agotados, no veían el fin de las barricadas y ningún procedimiento contra ellas más que el sangriento ataque frontal. Era el 19 de diciembre y ya avanzada la tarde, la guarnición fue rechazada a la ciudad abandonando sus defensas exteriores. Aquella noche se levantaron los inevitables muros de piedras a treinta pasos de las líneas de los ladinos. El intento de forzarlos era muy costoso en bajas, y no menos en ánimo combativo: descuartizaban a los prisioneros ladinos sobre el terreno y tiraban sus cabezas detrás de sus líneas, donde podían reconocerlas los que fueran amigos, quienes también empezaban a preocuparse por el futuro. Seis días a ese paso redujeron el parque de los sitiados a unas cuantas descargas por cabeza, destrozaron sus nervios hasta hacerlos inservibles y les hicieron comprender que si esperaban más no tendrían escapatoria. A las cinco de la mañana de Navidad se abrió un paso por el frente meridional; a las mujeres, los niños y los heridos siguió la partida principal a las seis, y la retaguardia poco después. Debido a una buena coordinación, a la falta de parque de los mayas o a la desesperada bravura de los soldados, lograron pasar a salvo y los evacuados fueron llegando a Peto durante toda la tarde, mientras detrás de ellos quedaba Ichmul ardiendo.

El coronel Rosado, que conducía 800 hombres para auxiliar a Ichmul, se entretuvo entre los cocomes, ahora alzados; después de librar escaramuzas de Sotuta a Tiholop, donde supo que era demasiado tarde, se volvió a Peto. Esta población, que tenía normalmente más de 5 000 habitantes, amén del montón de refugiados ahora, y una guarnición de 2 500 soldados, estaba bien abastecida y pertrechada, y el coronel tomó el mando. La utilizaría para reemplazar a Ichmul como base de operaciones. En Valladolid había sido Cetina su tormento, aquí fue un pariente, Felipe Rosado, líder local de la facción barbachanista. En su afán de enrolar a éste con la civilización y con Méndez, le ofreció la categoría de coronel y de jefe político, cosa que fue aceptada con la misma fe de que Cetina hiciera gala antes, y por la misma razón: Felipe Rosado también esperaba, y se preguntaba cuándo daría el salto y en qué dirección.

Durante todo enero de 1848, los mayas avanzaron sus fuerzas para rodear a la población y fortificaron el pueblecito de Dzonotchel, a diecinueve kilómetros al este, para que sirviera de cuartel general. Preparado ya y reestructurado, el coronel Eulogio Rosado esperaba agarrarlos en campo abierto, separarlos de la espesura y aplastarlos en una batalla definitiva. Echando mano del mayor número de soldados hasta entonces empleados en aquella guerra, ordenó a los batallones de Campeche ('el dieciséis) y de los Chenes (el diecisiete) atacar directamente por la carretera principal mientras los regulares del Batallón Ligero tomaban senderos adentrados para llegar detrás de Dzonotchel.

Los dos Rosado vigilaban los movimientos iniciales desde la torre de la iglesia de Peto, y Felipe no respondía al entusiasmo de Eulogio por su aparente y temprano éxito. No tenía razones para preocuparse. El Batallón Ligero quedó aislado y detenido en la selva, las fuerzas principales apenas llegaron a alcanzar su objetivo, no a tomarlo, y todos volvieron con fuertes bajas. Aquella noche, Felipe Rosado convocó a una reunión secreta a sus partidarios para decidir a quién apoyarían. Los hombres de la milicia de Peto no habían visto la acción durante el día, pero no tardarían en verse obligados a pelear contra personas como su paisano José María Barrera, el cacique local Macedonio Dzul y su buen vecino y aliado político Jacinto Pat. Rosado tenía correspondencia sobre las negociaciones de su partido con los mayas, por Cetina o el propio Barbachano, correspondencia ahora atrasada ya varias semanas, que no reflejaba lo que después había sucedido. Debe haber vacilado Felipe Rosado antes de decidirse a entrar en lo que después de todo bien podía resultar una guerra de razas: escogiendo la neutralidad temporal, salió al día siguiente con su familia y secuaces para su rancho de Sacsucil, situado a cosa de 62 kilómetros al sur. Después le siguió una gran parte de la milicia local, así como civiles de su partido, de modo que el rancho se convirtió de momento en una aglomeración más importante y Peto quedó debilitado otro tanto.

Hubo tres escaramuzas la semana siguiente, una para ayudar a una unidad de refuerzo, pero ninguna de ellas modificó la situación general, que era confusa e incierta. Después se descubrió un escondite con armas de fuego en Peto y se interceptaron mensajes entre los barbachanistas de Sacsucil y los mayas. Cuando los indígenas atacaban voceaban "¡Viva don Miguel Barbachano, gobernador!" Probablemente esos gritos tanto como cualquier otra cosa desmoralizaban a los soldados rasos de Peto. No tenían nada contra la vida cuartelera ni contra una guerrita de vez en cuando que durara dos semanas sin que nadie sufriera daños, pero enfrentarse a la muerte un mes y otro mes, a la mutilación si los capturaban, para que don Fulano o don Mengano pudiera saquear las arcas del erario... eso no estaba en el contrato. Despreciados por sus oficiales, harapientos, mal alimentados y peor pagados, aquellos hombres mostrarían valor después, cuando la cosa estuvo clara, cuando vieron que aquello era una guerra nueva y comprendieron lo que iba en ella; pero por el momento, sintiéndose peones de un juego político, empezaron a desertar por la carretera general de Tekax, rumbo a su casa. Viendo el coronel Rosado que su ejército de ciudadanos se le deshacía, se vio obligado a contar con los regulares del Batallón Ligero, pero pronto empezaron a desertar éstos también y a dejar los puestos sin defensa. Sin lucha seria había perdido casi la mitad de sus efectivos y, en un momento de debilidad, decidió que era hora de irse.

Al anochecer del 6 de febrero se dio la orden y todo el mundo se apiñó en la plaza (los civiles, los que podían andar y los que iban en parihuelas, mezclados con los furgones de aprovisionamiento, la artillería y las ambulancias), multitud confusa y desorganizada por el temor de que la dejaran atrás y por la oscuridad. Encauzándose por las angostas calles y la aún más angosta carretera, confundiendo las órdenes y con dilaciones, la columna se puso al paso de los viejos y los enfermos. Sólo llevaban recorrido kilómetro y medio al amanecer, y en espera del ataque apareció el pánico. La artillería, los furgones y las ambulancias quedaron abandonados y muchos de los fugitivos se dejaron caer al suelo, indiferentes y sin protección. Por alguna razón, los mayas no aparecieron. La mayor parte de aquellas personas, unos 1 500 soldados bien armados y los civiles, fueron llegando desperdigados a Tekax a la caída de la tarde y en la noche, con asombro de los habitantes, que no comprendían cómo unos indios desarrapados podían poner en derrota a tales fuerzas. Se imponía hallar un chivo expiatorio, y se habló de juicio sumarísimo para Rosado; pero los acontecimientos iban demasiado aprisa, y el coronel se vio arrastrado hacia adelante en su larga carrera.

Poco antes de esto, tres días después del abandono de Ichmul, los macehualob de la región de los cocomes se habían alzado, habían atacado simultáneamente a los muchos pueblos y ranchos de la comarca y matado a todos los que capturaron, mostrando así lo que hubiera podido hacerse en una rebelión a escala peninsular. Al principio fue un caos, los ladinos peleaban y morían en sus ranchos, se unían cuando podían y se ocultaban en la selva. Uno de los centros de resistencia fue Kancabdzonot; quemado el primer día, reconquistado al segundo por un centenar de voluntarios, que a su vez resultaron asediados, resistió varios días hasta que sus defensores corrieron a Yaxkabá, que entonces fue el refugio general para todos cuantos alcanzaron a llegar. El coronel Rosado envió unos doscientos soldados desde Peto, escoltando heridos, y se detuvieron en Yaxkabá, donde pronto se les unieron los batallones primero de Mérida y Orden, enviados desde la capital. Esas unidades efectuaron cierto número de correrías operando en forma de guerrillas a lo largo de las sendas. Los cocomes conocían esas sendas mucho mejor, y a pesar de la superioridad de sus armas, los soldados blancos sufrieron derrota tras derrota. Gradualmente, el centro de la concentración fue retrocediendo hasta Sotuta, con Yaxkabá y Tabi de avanzadas.

Era Sotuta la capital política del distrito de los cocomes. Le disputaba empero este honor Yaxkabá, y la disputa, junto con otras que al parecer databan de las insignificantes guerras de tiempos precolombinos, había separado por completo a las dos poblaciones.[3] En aquel tiempo hubo también una conjura de los barbachanistas de Sotuta para entregar Yaxkabá al enemigo. El teniente coronel Alberto Morales, que mandaba la región, se vio obligado a separar las dos compañías del batallón Orden que procedían de Sotuta y Yaxkabá, y puso a cada una en su lugar de origen para que no pelearan entre sí abiertamente. El pensar en los traidores blancos atravesados en su vía de abastecimiento pesaba gravemente sobre la expuesta compañía de Yaxkabá, y cuando, el 12 de febrero, se retiraron, se negaron a acudir en ayuda de Sotuta y marcharon de vuelta a Izamal.

En este periodo se había agravado la amenaza contra Valladolid. Debido a los diversos esfuerzos de Cetina, la ciudad había recibido secciones de varios batallones: el dieciséis de Campeche, el diecisiete de Chenes, la Seguridad Pública, el Batallón Ligero y el batallón local Constitución. A éstos se sumaron las derrotadas tropas de Cetina, principalmente del primero de Mérida, que fueron reorganizadas y llevadas al combate. Gracias a esas fuerzas, el coronel

---

[3] Un antagonismo semejante había entre Yaxkabá y la región de Cupul, a oriente. Obligados por los conquistadores a entrar en las poblaciones, los indígenas habían trabajado las tierras cercanas, aun cuando estuvieran en una provincia hostil. Los hombres de Yaxkabá tenían sus campos al otro lado del límite, en Cupul, y habían desposeído a los que fueran sus cultivadores desde hacía tres siglos. Incluso en el siglo veinte, las luchas revolucionarias dividen a los pueblos según los lineamientos tradicionales, Cupul incursiona en Yaxkabá y viceversa.

Agustín León, que había reemplazado a Rosado cuando éste fue al sur, pudo dispersar a las bandas que habían empezado a atacar el 4 de diciembre de 1847. Los mayas volvieron a mediados del mes para hostigarle con muros que jamás intentaron defender contra un asalto, pero que siempre costaban unas cuantas vidas tomar.

Para agarrarlos por detrás, para poderlos sujetar y encajonar y hacer que las bajas valieran la pena, León envió tropas a reocupar el pueblo de Chemax, a 40 kilómetros a oriente y frente a la selva vacía; era un lugar que había sido abandonado en los primeros días del conflicto. Esa unidad logró su objetivo a cañonazos, pero le costó 36 de sus 150 hombres. Tras de obrar en combinación con varias salidas de la ciudad, más o menos desafortunadas, algunos campechanos de ella se rebelaron contra su expuesta posición y obligaron a la retirada. Quedaba Tikuch, a 16 kilómetros al oriente de Valladolid. Los defensores de esta plaza, rechazados hasta el cementerio, hicieron una salida desesperada con fuertes pérdidas y llegaron a una hacienda vecina; estaban más cerca de la ciudad, pero todavía rodeados y próximos al límite de sus fuerzas. El socorro vino de Valladolid. Después de ser detenidos 150 hombres con dos cañones por sangriento fuego cruzado, el propio coronel llegó con otros 200 hombres y más cañones hasta los supervivientes, enterró a los muertos y se llevó a los demás a lugar seguro.

Después de la caída de Ichmul, los mayas ya no se combinaron para concentrar sus fuerzas en uno u otro punto, sino que se dividieron en agrupaciones regionales. Tenían todos los reclutas que necesitaban, y las distancias se habían hecho demasiado grandes. El ejército del Sur, que había tomado a Peto y de allí ido hacia el oeste, estaba bajo el control general de Jacinto Pat, mientras Cecilio Chi dirigía los grupos que asediaban a Valladolid.

Había participado Cecilio en la guerra contra México y peleado hasta llegar a Campeche, y había aprendido mucho. Primeramente saqueaba y quemaba las haciendas y rancherías vecinas, y se llevaba el ganado, la miel, el algodón, el café y el dinero; estos recursos, de que privaba a las ciudades que los necesitaban, eran enviados al sur para trocarlos por pertrechos de guerra. Prendía después fuego a pueblos y aldeas, aplastaba las guarniciones con fuerza avasalladora, atraía los contraataques a senderos donde les tendía celadas cuando eran bastante pequeños y los dejaba errar inocuos por la selva si eran demasiado grandes. Incluso cuando fortificaba un poblado, Chi no trataba de defenderlo contra determinadas guerrillas. No podía derrochar munición y prefería que los blancos se extendieran a lo largo de los senderos, donde más daño les podían hacer sus macheteros saliendo súbitamente de la protección de la espesura. El coronel León no podía poner guarnición en todos los poblados con fuerza suficiente ni nada que se le pareciera; por eso trataba de conservar la iniciativa con un combate diario de patrulla, de un centenar de hombres. Pero los blancos sólo tenían sus clarines para dar señales, mientras los macehualob tenían el tunkul, el tambor de tronco hueco, cuya voz podía oírse a kilómetros de distancia. Los soldados todavía se enfrentaban a los mayas únicamente cuando se lo mandaban, y el coronel contemplaba las distantes columnas de humo alzarse en el bosque a medida que sus pueblos iban quedando en ruinas uno tras otro.

Mediado enero de 1848, Cecilio Chi se sintió listo para dar pasos más importantes. El diecinueve de aquel mes un batallón blanco había tomado victoriosamente once barricadas de piedra y había quedado demasiado extendido. La salida de aquella trampa se convirtió en retirada y derrota, que continuó hasta dentro de la ciudad y produjo un asalto general con doce o quince mil mayas, según se calcula. El primer empujón llegó al barrio y la plaza de Santa Ana, donde había sido ejecutado Manuel Antonio Ay seis meses antes. Mujeres y niños corrieron como locos a refugiarse en la iglesia del barrio. La milicia volvió a formarse frenéticamente. Llegaron rodando los cañones al frente, apuntaron a las calles, dispararon a la horda que se abalanzaba, blanco infalible, y el ataque fue rechazado. Los mayas conservaron un firme punto de apoyo en la ciudad, pero no podían hacer frente a las andanadas de la artillería en terreno abierto, y los edificios de piedra formaban buenas posiciones defensivas. Aquella noche, la iglesia parroquial estuvo llena de velas encendidas y de sentidas oraciones cuando el sacerdote, Manuel Antonio Sierra O'Reilly, pidió ayuda al Dios de los blancos. Afuera, las hogueras iluminaban las calles para impedir un ataque nocturno. Los mayas volvieron dos días después y se apoderaron de una parte mayor de Santa Ana, con el cenote, la única fuente de agua del barrio; después se fortificaron y bloquearon definitivamente casi todos los caminos.

En su parte el coronel León decía que durante setenta horas mantuvo un fuego incesante contra un enemigo que le atacaba en los tres cuartos de su perímetro, pero no pudo avanzar un paso ni ocupar ninguna de las muchas barricadas que defendían sus bizarros soldados; los mayas lograron quemar algunas casas del frente, al amparo de la noche, de la selva, de su utilización del matorral... En la cuarta parte del frente que le quedaba abierta a León estaban los caminos a Colotmul, Espita y Pixoy, este último la línea de comunicación con la capital. Esta circunstancia hacía esperar que el enemigo, aunque superior en número a las tropas, respetara la posición militar y permitiera la retirada, resolución que sólo tomaría el coronel en último caso, aun cuando estaba persuadido de que tal vez había llegado el fin.

El coronel estaba preparando a sus superiores para lo peor. El siguiente parte atravesó las líneas a punta de bayoneta: Valladolid estaba sitiado.

Después del último fracaso del coronel Cetina, el gobernador Méndez estableció su gobierno en la ciudad de Maxcanú. Situada en el camino de Campeche, a unos cuarenta kilómetros de Mérida y en la intersección de la carretera general a Tekax y Peto, le proporcionaba diversas ventajas: rápido acceso a las noticias de la lucha en oriente, posibilidad de controlar los acontecimientos de Mérida sin el peligro de enredarse en un golpe tramado por meridanos hostiles, y comunicación abierta con los recursos de sus partidarios meridionales, con Campeche.

El Congreso, que se reunió en Maxcanú en diciembre de 1847, aprobó una lluvia de leyes de emergencia. Se votó un nuevo impuesto sobre el capital, los salarios y las profesiones, y se ordenó el cobro de todas las deudas al Estado. El gobernador recibió poderes extraordinarios, legislativos y judiciales, y al saber la pérdida de Peto los aplicó rápidamente. Los hombres de más de dieciséis años no podían salir del lugar donde residían, fútil esfuerzo para detener la corriente de refugiados. Se dio una amnistía general para todos los rebeldes, independientemente de sus delitos. Finalmente, Méndez formó un comité de estos que aparecen casi inevitablemente cuando las revoluciones o las guerras intestinas de los países latinos resultan demasiado sangrientas: estaba destinado a un compromiso con la oposición y lo encabezaba su enemigo, don Miguel Barbachano, por si todavía cabía la suerte de que la guerra fuera política y no racial, en cuyo caso hubiera sido mutuamente conveniente arreglarse a través de los partidos.

Barbachano fue a Maxcanú a aceptar; y después de una conferencia de reconciliación en que los dos convinieron en que la política era la política, pero aquello se iba poniendo demasiado grave, el gobernador Méndez partió para Mérida, con la intención de trasladar allí su gobierno. Habló desde el palacio municipal a la multitud que llenaba la plaza y pidió a todos que olvidaran antiguos resentimientos y se unieran en la lucha común por la religión y la civilización. Sus palabras fueron acogidas con aclamaciones entusiastas: los blancos se unirían como hermanos. Aquella noche, Méndez oyó hablar de rumores de una conjura y un asesinato, y volvió en secreto a Maxcanú. La fraternidad no se hacía con proclamas.

Barbachano había aceptado emprender una misión de las más

peligrosas e importantes. El 15 de febrero de 1848, provisto de una carta del obispo a los macehualob y en compañía de José Canuto Vela y otros sacerdotes, se dirigió a Tekax escoltado por la vistosa y distinguida caballería voluntaria. Situada en el extremo septentrional de la cordillera de Puuc, esa ciudad era el cuartel general del mando del Sur y tenía el Batallón Ligero del ejército regular, más cierto número de unidades de la Guardia Nacional, bajo el mando del coronel Eulogio Rosado.

Estaban los mayas entonces en Tinum, a 9 kilómetros y medio hacia el sudeste. Dirigidas nominalmente por Jacinto Pat, las fuerzas originalmente alzadas en la región de Tihosuco eran ahora muy inferiores en número a los enjambres de reclutas que llegaban, como un fenómeno natural, a calentarse al sol del éxito; iban de establecimientos aislados y de pueblos libres, de Ichmul, de Sacalá y de Sabán, y después de la victoria de Peto, su número creció de modo imponente. A medida que los peones del campo se unían a los rebeldes en su avance, las opulentas plantaciones de caña de la región empezaron a arder, a veces con sus dueños, pero siempre con la nohoch cuenta, la constancia escrita de la servidumbre maya. Los peones, que al principio no reconocían autoridad alguna, pasaron las primeras semanas de libertad dando suelta a sus odios antiguos con la antorcha o el machete, buscando estímulo en gavillas de tres o cuatro centenares de hombres. Jacinto Pat se quedó en Tihosuco y dejó la mayor parte de las tropas a las órdenes de sus jefes: su hermano Esteban, Juan Justo Yam y el mestizo José María Barrera.

Mientras estaba en Tekax, el coronel Rosado decidió tomar una página del libro de su enemigo. Hasta entonces, ocupando las ciudades y atacando sólo con patrullas limitadas, no había podido proteger las rancherías y haciendas de que dependía el aprovisionamiento de ambos bandos. Esa timidez había salido cara. Al empezar la época de la cosecha, de febrero a marzo, ya llevaba perdidas grandes y extensas zonas, le embarazaba un gran número de refugiados y le costaba trabajo hasta mantener a sus propios hombres. Pensó que las tropas se alimentaran con el grano en pie y arrasaran lo que no pudieran cosechar. Mandó aplicar este nuevo método a dos campamentos, uno situado en Teabo, a veinticuatro kilómetros al norte, y otro a cosa de cuarenta kilómetros al sur, en Becanchén, después de las alturas de Puuc; les dio instrucciones de hacer correrías y emboscadas, defender el terreno perdido de un modo fluido, y obrar de acuerdo con la fuerza principal. El grupo septentrional tuvo al principio algún éxito con el agresivo plan, pero el meridional jamás pudo despegar los pies; estrictamente sitiado desde el principio, tan sólo avenaba los recursos de Tekax en forma de convoyes de refuerzo.

Por entonces recibió el ejército de los ladinos noticias que deberían haber hecho desaparecer la última duda acerca del carácter de la rebelión. Los partidarios de Barbachano que se habían retirado de Peto al rancho de Felipe Rosado en Sacsucil habían sido atacados; muertos treinta y seis de ellos, los supervivientes huyeron a la desierta manigua o se abrieron paso hacia las líneas de los blancos. De Tekax salió una guerrilla para verificar el relato. Llegó sin ser descubierta hasta cerca de Peto, pasó después por el sur hacia el rancho, halló los cuerpos y los inhumó. Volvió por el camino de Becanchén, pero al acercarse a ese punto se topó con dos supervivientes blancos de la lucha a muerte, y en venganza, atacó a los vencedores entre las cenizas todavía calientes de la población, mató a unos cuantos mayas en combate y a los prisioneros después. Becanchén quedaba en ruinas y muy mal parada Teabo, cuya guarnición era necesaria para proteger a la propia Tekax. La llegada de Barbachano a Tekax con la comisión pacífica dio al coronel Rosado una excusa para retirarse y se renunció a las contracorrerías.

Fracasados los militares, probaron los políticos y los sacerdotes. Habíanse enviado cartas que instaban a la paz, y el 28 de febrero empezaron a llegar las respuestas, que no eran muy halagüeñas. El obispo había hablado de los horrores de la guerra como de una "justicia divina" por la merma de la fe religiosa y el incremento del secularismo. No sabía con quién hablaba, porque entre los mayas no había masones. Una de las réplicas expresaba el horror por la destrucción de los objetos religiosos y el incendio de una iglesia indígena por los soldados blancos, y preguntaba en tono plañidero: "¿No saben que somos los amados de Dios nuestro Señor, que nos puso en la tierra para que lo adoráramos dentro de nuestra Santa Madre Iglesia?"[1] Más importante fue la respuesta dada por los jefes mayas reunidos en Tabi:

[...] ¿Y ahora se acuerdan, ahora saben que hay un verdadero Dios? ¿Cuando nos estaban matando sabíais que hay un Dios verdadero? Todo el nombre del verdadero Dios os lo estuvimos encareciendo, y nunca creísteis en su nombre [...]

Y ahora no acertáis ni tenéis ánimo para recibir el camino, el cambio de vuestros azotes. Porque si estamos matando ahora, vosotros primero nos mostrásteis el camino.

Veinticuatro horas os damos para que nos entreguéis las ar-

---

[1] Algunos de los mílites ladinos compartían también el horror por la quema de iglesias. En su novela *El ahorcado de 1848* cuenta López Martínez cómo un sargento se negó a quemar una iglesia "profanada" por los rebeldes, que la usaban de cuartel; cuando lo detuvieron y prendieron fuego al templo, dicen que dijo: "También la civilización se quema."

mas. Si estáis prontos a entregarlas, no se os hará daño ni a vuestras casas, porque serán quemadas las casas y haciendas de todos los blancos que no entreguen las armas, y además de esto serán matados, porque ellos así nos lo han enseñado, y así todo lo que los blancos nos han hecho les hacemos otro tanto para que vean si quedan contentos con este pago.

Obstruido el camino de una componenda por aquel lado, todas las esperanzas se dirigían hacia Jacinto Pat. Su respuesta desde Tihosuco, dirigida al padre Vela, decía así:

Mi más venerado señor y padre sacerdote aquí sobre la tierra [...] doy a saber a Dios y a tu venerabilidad, así como al señor santo Obispo que es la verdad que pongo en tu superior conocimiento: que a no haber sido los daños que empezaron a ocasionarlos los señores españoles aquí en el pueblo de Tihosuco, no se hubieran alzado estos pueblos; pues si lo están es por defenderse de la muerte que empezó a ocasionarnos el señor subdelegado D. Antonio Trujeque; [...] [él] igualmente empezó los incendios quemando el pueblo de Tepich y dio principio a cojer al pobre indio, como cojer animales bajo del monte [...] ignorando nosotros si el superior gobierno haya dado orden para que nos maten, y por lo que no descansan hasta que no se pronuncie el gobierno y que ni medio de contribución han de pagar para que descanse; de suerte que si abolieran la contribución, descansaría todo indio, puesto que todos los de su raza están alzados así es que con sólo lo que manifiesto a tu señoría se retirarían; pues de lo contrario, la vida o la muerte decidirá este asunto, porque ya yo no tengo más recurso. También participo a tu venerabilidad, señor, que sabré lo que convenga cuando me contestes esta mi comunicación. Asimismo te doy a saber, mi señor, que el derecho de bautismo sea de tres reales, el de casamiento de diez reales, así del español como del indio, y la misa según y como estamos acostumbrados a dar su estipendio, lo mismo que el de la salve y del responso. Esto es lo último que manifiesto a tu apreciable venerabilidad. El Dios verdadero acompañe a tu santa alma por muchos años.

Más civilizado y cauto que muchos otros de los dirigentes, tal vez Pat se espantara de los terribles poderes que había contribuido a desencadenar. Sus condiciones eran fáciles de aceptar: el gobernador se las concedió el 2 de marzo de 1848 al tañer de las campanas de las iglesias y entre felices celebraciones. Llevó tiempo que se difundieran las noticias. Los mayas ofrecieron condiciones en Sotuta el 6 de marzo y en Valladolid el 10.

El asedio de Sotuta había sido estrecho y duro, y los cocomes habían hecho honor a su fama. Algunos mayas del núcleo de Tihosuco y Tepich lucharon con ellos, pero era principalmente cosa suya, y se cuidaban poco de recibir órdenes de los caciques orientales. Sus condiciones tenían un sabor local: devolución de las escopetas que les habían quitado antes de que se rebelaran; entrega del jefe político Bacelia, para quien tenían planes especiales porque les parecía que los había engañado, y vuelta de la Virgen de Tabi, imagen que tenía poderes exclusivamente al servicio de su propietario y que había sido sacada de la iglesia de Sotuta.

Un sacerdote pudo saber las condiciones pasando por encima de las barricadas con vestimenta de fiesta grande, y quedándose sin moverse mientras otro sacerdote hermano huía ante las airadas amenazas. El clero ya no podía esperar inmunidad, y el último lazo que quedaba entre las dos razas se estaba rompiendo. Pero jamás se discutieron las condiciones. Decididos a tomar más que a platicar, los mayas se abalanzaron como enjambres contra las líneas aquella misma tarde reclamando la Virgen de Tabi. Fue rechazado el ataque, como otros varios en los días siguientes, pero los blancos estaban hartos. El 10 de marzo hicieron una venturosa salida, capturaron las armas y al nerviosísimo jefe político se lo llevaron a Hocabá. No se sabe lo que fue de la Virgen.

Los eventos que condujeron a las pláticas de paz de Valladolid son más complejos. Tres convoyes se habían abierto paso peleando hasta la ciudad desde que se había cerrado la senda de Pixoy, y habían llevado furgones y mulas cargados de alimentos, pólvora y balas, más 300 hombres para la guarnición. En febrero, mes de los vientos fríos y las fiebres, los líderes norteños (Cecilio Chi, Bonifacio Novelo y Florentino Chan) se reunieron con Jacinto Pat en Tihosuco para estudiar las condiciones propuestas por la comisión de paz, condiciones que parecían significar la victoria de los mayas. Tenían poca confianza en las promesas de los blancos, pero siempre con escasez de pólvora y balas, era demasiado buena la ocasión para dejarla pasar. Volvió Cecilio a Valladolid y ofreció un armisticio y condiciones: reducción de los impuestos, devolución de las armas cogidas y castigo para el que fuera su jefe, Trujeque, todo ello garantizado personalmente por don Miguel Barbachano. El coronel Miguel Bolio y el padre Manuel Sierra se vieron con ellos, arriesgando la vida a cada incierto encuentro, donde un parlamento podía convertirse en asesinato; y se convino el armisticio, quedando ambos bandos en sus posiciones mientras se analizaban cuidadosamente los detalles y se pasaban al papel. Era el 12 de febrero.

Cualquier cosa podía romper aquella nerviosa tregua, y algo

tuvo que ser. El pretexto fue Chancenote. Era un pueblo aislado en las selvas del nordeste, donde anteriormente se habían juntado los ladinos de la región y que había sobrevivido por negligencia de los mayas hasta el 10 de febrero. Aquel día dejaron 2 000 mayas el asedio de Valladolid y cayeron sobre los setenta hombre de la guarnición. Los atacados llevaron a las mujeres y los niños al cementerio, que estaba vallado, resistieron mientras tuvieron pólvora y después intentaron una salida. Unos cuantos lograron ponerse al abrigo en la floresta, pero la mayoría fueron derribados al pie del muro o degollados en el torbellino de la lucha que regolfó en el cementerio y en una iglesia de piedra oscura. Los altares de madera, arrancados de las paredes, fueron a dar al suelo, donde los reunieron con las vestiduras sacerdotales y las imágenes de los santos para hacer una hoguera vengadora: destrucción de los santos que peleaban con los blancos y desquite por el trato semejante que habían recibido los objetos sagrados de los mayas. Después saquearon el pueblo y lo quemaron; esto dio la oportunidad a 25 hombres que se habían ocultado en el techo de la iglesia de escapar entre el humo y la confusión y llevar a Valladolid el relato de estas nuevas atrocidades. Habían sucedido antes del armisticio, que llevaba ya una semana en vigor cuando llegaron a la ciudad, pero su relato de inocentes niños muertos y de mujeres violadas y mutiladas delante del altar mayor hacía imposible tratar con un enemigo como aquél.

Cien hombres mandados por el coronel Rivero informaron a los mayas que la tregua había acabado, penetrando en el pueblo de Chichimilá, donde según parece los sorprendieron y derrotaron; pero los mayas no sabían nada de táctica, no entendían de vanguardia ni retaguardia, y el destacamento ladino necesitó 200 hombres de refuerzo, con cañones, para poder salir de allí. Determinado a hallar al enemigo y aplastarlo, Rivero sacó una patrulla de combate con los efectivos de un batallón el 25 de febrero, se abrió paso luchando a través de una serie de barricadas y llegó al pueblo de Dzitnup, situado a cerca de trece kilómetros al sudoeste. A su llegada el pueblo estaba abandonado, pero pronto obtuvo el coronel su combate. Aparecieron los mayas por todas partes, sorprendentemente pertrechados, y en breve rechazaron a sus patrullas hacia la fuerza principal, basada en la iglesia.

Después se desencadenó un contraataque bajo el fuego y su mando se hundió en el pánico, cada quien peleando por su vida; sólo el miedo podría explicar aquel hecho, pues aunque aislados y rodeados, sus pérdidas habían sido apenas superiores al 10 por ciento.

La moral combativa y la disciplina estaban quedando muy mal paradas, y se necesitaba urgentemente una victoria. Aquella noche se hicieron planes para un ataque coordinado en el lugar de la derrota. Bolio volvería a Dzitnup con un batallón de tropa fresca mientras un segundo batallón esperaba en la ciudad para prestar apoyo. Si Bolio hallaba a Dzitnup sin defensa, quemaría varias chozas a modo de señal y proseguiría hacia Chichimilá, que se suponía era el cuartel general de los mayas, para que allí se le uniera la segunda columna, en marcha convergente; en caso de que Dzitnup estuviera defendido, la segunda columna acudiría en su ayuda, lo cual notificaría un vigía en la torre de la iglesia de Valladolid. De este modo podía tenerse la certeza de dar con el escurridizo enemigo, de obligarlo al combate y de concentrarse con plena fuerza contra él dondequiera que decidiera pelear. Era un plan razonable.

Reunió Bolio a sus hombres en la plaza de Sisal; había allí una mezcla de los batallones primero local, decimosexto de Campeche y Valladolid, organizados en tres secciones, más guerrillas y los dedicados a proteger a los heridos, cosa importante en una guerra de ese género. Su importancia se manifestó claramente en la mañana temprano cuando marchaban por la senda; al primero que hallaron, a menos de kilómetro y medio de Valladolid, le habían aplastado la cabeza a pedradas, el sacerdote de Dzitnup estaba ahorcado de un árbol, con los ojos arrancados de las órbitas, y otros cuerpos mostraban que la castración era una forma favorita de mutilación. Los de la Guardia Nacional aflojaron el paso y se formaron grupos que miraban fijamente aquello y reflexionaban; sus oficiales se vieron en el caso de obligarlos a seguir adelante. Sólo una vez aparecieron los mayas, para disparar unas cuantas descargas detrás de una barricada y desvanecerse en el bosque. Llegado a Dzitnup sin problemas, el coronel Bolio dio órdenes de montar puestos avanzados y de empezar a preparar las defensas, basándolas en el cementerio.

Era demasiado tarde. La trampa se cerró de golpe y en una arremetida los mayas salieron de su cubierto y rechazaron a los soldados por las calles hacia la iglesia, degollaron al grupo de la plaza, que trató de luchar hasta el fin, y prendieron fuego a las chozas para cubrirse con el humo... con lo cual dieron la señal de que el pueblo estaba indefenso. Las patrullas enviadas para descubrir los puntos flacos se volvieron en precipitada huida; se ordenó un ataque en masa, pero al dejar el cubierto del muro del atrio fue destrozado, y cundió el pánico. La última vez que se vio al coronel Bolio se estaba defendiendo a sablazos en un círculo de machetes y bayonetas mayas; las callejuelas que daban a la plaza estaban obstruidas por combates mano a mano: el desesperado batallón trataba de abrirse paso hacia la selva. Más de la mitad de sus componentes lo lograron y llegaron a la ciudad en grupitos. El batallón de refuerzo había visto el humo a eso de mediodía, había marchado hasta el pueblo vacío y vuelto sin disparar un tiro.

Los dos desastres de Dzitnup acabaron con el espíritu de ofensiva de la guarnición vallisoletana. En el mejor de los casos habían desafiado las balas de tiradores ocultos o se habían visto cogidos entre dos fuegos cuando cargaban contra las interminables barricadas. La lucha se había convertido en suicidio, y los soldados estaban hartos de eso. El coronel León comprendía que pasar a la defensiva sería al cabo la derrota, la entrega del interior que apoyaba al enemigo y la pérdida de los rebaños y las cosechas necesarios para el abastecimiento propio. Como no tenía más remedio que disponerse a la evacuación definitiva, mandó a gran parte de los civiles con tropas y artillería que, escoltándolos hasta Izamal, volverían con provisiones.

El último rayo de esperanza brilló el 10 de marzo de 1848, en que Miguel Huchin envió a su padrino Rivero un mensaje que replanteaba la cuestión de la paz. El coronel Rivero, Manuel Sierra y otros funcionarios y sacerdotes salieron a entrevistarse con la delegación de indígenas. Fue un error. Los agarraron y se los llevaron a Cecilio Chi, a Dzitnup, donde separaron a los sacerdotes de los militares y Rivero y sus oficiales murieron macheteados.

Cuando sucedió esto, el 19 de marzo, el tiempo se le había agotado ya a Valladolid. En la noche anterior se habían trazado planes en el consejo militar; se designaron los puntos de reunión, se convino el orden de marcha y se dieron instrucciones a los civiles. Con el alba, los cañones abrieron el fuego contra las barricadas de la senda de Espita, del noroeste, tomadas a continuación al asalto por quinientos hombres; este grupo avanzó después hasta la aldea de Popolá, a más de 6 kilómetros de allí, para establecer un perímetro defensivo que apoyara la evacuación. Los toques de corneta anunciaron que la vía estaba despejada, y se dio la señal de avanzar a furgones, coches, carruajes, literas y carretones, cargados todos con pertrechos militares y propiedades de los ricos, con viejos y jóvenes, enfermos y heridos.

Los seguía un segundo regimiento de tropa y a continuación, el resto de la población de la ciudad, más de diez mil personas de todas las edades, de todos los colores de piel y de todas las categorías sociales. Eran éstos los demasiado bravos, los demasiado tímidos o los demasiado incrédulos, que no habían ido en convoyes anteriores. Pero ahora no había excepciones. El alcalde y los concejales se llevaron sus libros de registro, el jefe político vació su mesa de despacho, los comerciantes cerraron sus tiendas y las amas de casa juntaron unos cuantos pobres recuerdos que simbolizaban toda una vida, escogiendo y tirando y volviendo a escoger, mientras sus hombres sólo pensaban en el peso que llevaban y en el camino que había que hacer. Los ancianos y seniles salieron a la calle entre protestas, porque no entendían la urgencia ni veían cómo iban a poder caminar ochenta kilómetros por la selva. Habían pasado todas aquellas personas la mitad de la noche esperando en las calles que daban por el norte a la plaza principal, y en las primeras horas de la mañana empezaron a caminar torpemente, atravesaron los barrios y tomaron la senda de Espita. Allá adelante, sucedió lo inevitable. A un carruaje que iba dando bandazos de piedra en piedra se le rompió el eje, obstruyó el paso en un punto donde había demasiados árboles para dar un rodeo, el atascamiento se puso grave y la columna se detuvo.

Pero para las siete de la mañana, buena parte de la ciudad estaba abandonada, las puertas abiertas de par en par en las desiertas calles, y bandas de perros abandonados corrían nerviosamente de acá para allá. El silencio de la espera fue breve. Dándose cuenta de lo que pasaba, los macehualob se deslizaron por el barrio vallisoletano de Sisal; se retrasaron algo entre los edificios con una línea de soldados que libraban una escaramuza para ganar tiempo, pero de todos modos llegaron a la carretera de Mérida y quemaron de paso la mitad meridional de la ciudad. Los campamentos de los barrios de San Juan y Santa Ana cedieron y las tropas cayeron en la retaguardia del coronel León, quien protegía a los últimos civiles evacuados en espera de la orden de retirarse. Durante unos cuantos preciosos minutos, el coronel resistió y barrió las calles con metralla; pero los mayas, que respetaban sus cañones, tomaron las casas y los patios, pasaron de patio en patio trepando los muros, se infiltraron por detrás de él, aparecieron súbitamente con el rifle o el machete y al final llegaron hasta los últimos civiles, que estaban todavía alineados a lo largo de cuatro cuadras. Las fuerzas de Santa Ana se disolvievieron y ya no fueron más que partidas de soldados que trataban de escapar por diversas calles o edificios, la mayoría en vano. Las tropas de San Juan siguieron a su coronel en un desesperado intento de arremeter por entre la horda de indígenas que ocupaban la plaza, pero los desbarataron y cesaron de existir en tanto que unidad. Solamente León logró conservar algo parecido al mando y sacar de allí a sus hombres.

La congestionada y atormentada columna sufrió ataques en toda su longitud, con escaramuzas allí donde había soldados y matanzas donde no los había. Para los mayas, era una gran orgía de desquite, con el enemigo demasiado desparramado para una defensa eficaz y los machetes de sobra suficientes para los inermes. En comparación de aquello, lo de Dzitnup no había sido nada. El coronel León se abrió paso hasta Popolá, donde vio el inmenso atascamiento de coches y furgones. Sus medidas fueron rápidas: mandó rodar juntos y destruir los barriles de pólvora para que no cayeran en poder de los mayas y ordenó abandonar todos los vehículos. La mayoría de los soldados eran completamente inservibles para entonces, porque sólo pensaban en salvar su pellejo y se negaban a obedecer, salvo unos cuantos que se mantuvieron con León; un oficial de artillería logró sacar de entre los furgones que ardían un cañón, y aquello fue el núcleo de una retaguardia, que infundió valor más por el ruido que por su eficacia.

A los tres días de estar en la senda y a punto ya de agotarse y derrumbarse, los fugitivos habían cubierto los cuarenta y tantos kilómetros que había hasta Espita. El coronel esperaba defenderse allí, pero al primer rumor de que se acercaba el enemigo, los soldados dejaron sus posiciones y huyeron, y la cansina procesión hubo de continuar hasta Temax. Después de un descanso se dieron órdenes de marchar hacia el sur para servir de refuerzo a Izamal, eso ocasionó una revuelta en los soldados de Campeche del decimoséptimo batallón, que pedían volver a su ciudad natal. a lo cual los soldados norteños gritaron: "¡A Mérida!" Aquellos hombres estaban ya hartos de guerra. León no sabía ya qué hacer y los llevó a la capital.

El gobernador Santiago Méndez entendía y reconocía el fracaso político, pero ahora, tras las noticias que le llovían en Maxcanú, veían formarse un desastre increíble. Con cada correo exhausto llegaban partes de pérdidas, cobardías, deserciones, y el aprieto de los refugiados, para los que no se veía remedio. Contando sus recursos, descubrió que eran pocos, y el 25 de marzo, después de oír lo que había pasado en Valladolid, decidió jugar su última carta. Tres barcos españoles de La Habana habían desembarcado dos mil rifles, algunos cañones, pólvora, provisiones y dinero en Sisal unos cuantos días antes, y pensó que la ayuda tal vez podría venir de ahí. Pero la armada de los Estados Unidos todavía tenía bloqueado a Yucatán y había que tomar en cuenta a Washington por ser la gran potencia más cercana; estaba también el almirante inglés en Jamaica, que controlaba a los contrabandistas de armas de Belice. Méndez envió, pues, cartas de idéntico tenor a España, Gran Bretaña y los Estados Unidos, pidiendo en ellas "ayuda poderosa y eficaz" y ofreciendo la "dominación y soberanía" sobre Yucatán a la primera potencia que consintiera en hacerle ese favor.[2]

---

[2] La peregrina idea de ofrecer el país a una potencia extranjera no es algo único en la tradición española. Salvador de Madariaga ha creado incluso para designarla la palabra *donjulianismo*, por el legendario conde don Julián, que se dice llevó los moros a España para vengar una afrenta personal.

En septiembre del año anterior había enviado Méndez a su yerno, el joven autor e intelectual liberal Justo Sierra, a Washington. Sierra viajó de Campeche a Veracruz en un buque de guerra norteamericano, donde practicó su diplomacia con el comodoro Perry. Llegado a Washington el 16 de noviembre, sus primeros contactos fueron con el secretario de Estado, Buchanan, a quien pidió el pleno reconocimiento de la neutralidad yucateca en la guerra entre México y Estados Unidos, la evacuación de Ciudad del Carmen, la única población yucateca ocupada por fuerzas norteamericanas y la supresión de las tarifas a aquel puerto.

En diciembre logró su primera y única concesión: el presidente Polk convenía en suprimir la tarifa sobre las mercancías que circularan entre Ciudad del Carmen y Yucatán. Pero se negó a evacuar Ciudad del Carmen porque sospechaba que allí se hacía contrabando de armas y no podía ver neutralidad en las revueltas del coronel Cetina, a quien consideraba favorable a México. Más que reconocer neutral a Yucatán, los Estados Unidos lo ignoraban, en parte porque Méndez había declarado la separación y no la independencia permanente respecto de México y Sierra no tenía categoría oficial reconocida.

Oyendo rumores del fin de la guerra entre México y los Estados Unidos, Sierra hizo una petición para asegurarse su segundo objetivo de importancia: un tratado defensivo para poner a Yucatán al abrigo de la venganza mexicana. Pronto hubo de aplicarse su capacidad de abogar a necesidades más urgentes. La Guerra de Castas parecía poco importante cuando él salió de su tierra, y las noticias e instrucciones tardaban bastante en llegar a Washington, pero los comunicados de los periódicos norteamericanos pronto le hicieron comprender la gravedad del peligro. Por su propia iniciativa, pidió que se quitara el embargo sobre las armas, lanzó una campaña de propaganda en la prensa y solicitó ayuda militar directa. Poco adelantó, pero luego vino el correo de Yucatán... con nuevas instrucciones y la oferta de soberanía, que ya tenía un mes de hecha, de Méndez. La carta de Méndez pasó al gobierno norteamericano, y a pesar del disgusto personal de Sierra, empezaron los acontecimientos. El presidente Polk le concedió una entrevista personal en la Casa Blanca, los voluntarios de las ciudades orientales ofrecieron sus servicios contra los mayas, y él se vio envuelto en los enredos de la política whig y la demócrata.

Siete días después, Polk se dirigía al Congreso para exponer la situación de Yucatán; renunciando a la idea de dominación, invocaba sin embargo la doctrina Monroe contra cualquier potencia europea que aceptara el ofrecimiento de Méndez. Propuso el empleo limitado de las fuerzas navales de los EUA que ya estaban en el Caribe, pero no estaba dispuesto a imponer nuevas tareas a las tropas empleadas en la guerra con México. Por ser demócrata y miembro del partido de la guerra que creía en el Destino Manifiesto, Polk se encontró con la oposición de los whigs, quienes consideraban la invasión de México un acto inmoral y veían con recelo cualquier ocupación temporal de Yucatán, sabiendo bien que esas operaciones tienen tendencia a eternizarse. Sierra luchó bravamente contra esa política de partido, y en artículos, cartas y comunicados, persuadiendo a senadores y diputados, hablando ante comisiones, expuso la desesperada situación de su país.

Después llegaron más noticias de la patria, también con un mes de retraso y también malas. Era la primera la captura y posible muerte de su hermano, acaecida en Valladolid; otra, un cambio de gobierno, y otra más (inmediatamente antes de que se votara en Washington la resolución relativa a Yucatán) hablaba de un tratado entre el gobierno yucateco y un hombre que los periódicos norteamericanos llamaban San Jacinto Pat, de quien decían era un líder indígena de origen irlandés. Así estaba la cosa. Los demócratas abandonaron el proyecto de ley de ayuda a Yucatán por inútil. Sierra, no sabiendo qué creer, pero seguro de que un tratado así no duraría, no tenía más que decir; la aparente solución política de lo que él había denominado guerra de razas le hacía parecer un mentiroso.

El cambio de gobierno de Mérida se había producido el mismo día en que Méndez hiciera su ofrecimiento de soberanía. Había dado Méndez ese paso como un llamado último, pero considerando cuánto tiempo tardarían las potencias extranjeras en obrar, vio otra posibilidad más, la de siempre que la lucha se ponía demasiado demoledora: escribió a su comisionado de paz y rival, Miguel Barbachano, cediéndole el puesto; después de todo, tal vez los salvajes fueran barbachanistas. El nuevo gobernador siguió con sus esfuerzos pro paz en Tekax, pero continuaba la sólita causa de trastornos; el dieciséis de Campeche se rebeló contra el cambio de gobierno y sus oficiales y soldados se marcharon a casa.

A fines de marzo llegó la noticia de que Jacinto Pat daba cabida a la esperanza. Después de alguna correspondencia se convino en una reunión en Tzucacab, un pueblecito entre Tekax y Peto. El padre Vela, Felipe Rosado y un segundo sacerdote, sabedores de lo que había sucedido en semejante ocasión frente a Valladolid, dominaron sus temores y salieron de las líneas de Tekax el 18 de abril. El momento de establecer contacto fue delicado, pero los llevaron a una hacienda cercana, donde tuvieron la protección de Esteban Pat, el hermano de Jacinto, del mestizo José María Barrera y de Juan Justo Yam. Con esta escolta siguieron el camino real, a través de millares de indígenas armados, y llegaron a Tzucacab, donde los recibió Jacinto. Las negociaciones duraron toda la comida y siguieron después, sentados los comisionados en hamacas y continuamente interrumpidos desde fuera de la casa por una multitud amenazadora, que Jacinto tuvo cierta dificultad en rechazar. Se redactaron las condiciones para que las considerara Barbachano, y los blancos salieron en la mañana, después de un sermón del padre Vela acerca de la paz. Llegando a Tekax, les sorprendió hallar el lugar lleno de indígenas borrachos dedicados al saqueo: el ejército se había retirado el día anterior, se suponía que para evitar incidentes y dar muestras de buena fe. Audazmente, la comisión atravesó de frente la muchedumbre, e incluso Vela se detuvo a orar en la iglesia, y por la noche llegaron a la avanzada de los ladinos en Oxkutzcab.

Vieron al gobernador en Ticul al día siguiente, y tras de alguna discusión se ratificaron las condiciones aceptables para Pat. Eran las siguientes:

1. Se abolirían las contribuciones personales de la clase indígena.

2. Se reducirían los derechos por bautismo y casamiento, que serían los mismos para todos.

3. Los mayas tendrían el libre disfrute de los ejidos y terrenos baldíos, sin renta ni amenaza de embargo.

4. Todos los sirvientes endeudados quedarían libres de sus deudas.

5. Barbachano sería gobernador vitalicio, por ser el único en quien confiaban los mayas.

6. Jacinto Pat sería el gobernador de todos los dirigentes indígenas.

7. Los rifles confiscados a los mayas (unos 2 500) les serían devueltos.

8. Se abolirían los impuestos a la destilación de aguardiente.

Era ésta una declaración de independencia muy diferente de la de 1821, y aún más radical: especificaba una revolución social inmediata que pondría fin a la explotación de los ladinos y a los trescientos años de esclavitud de los mayas. Y Barbachano firmó.

El quinto artículo, el carácter vitalicio del cargo de Barbachano, fue violentamente atacado por la oposición de Méndez por considerarlo traición a los principios democráticos. Contra este solo punto gestaron toda la aversión que sentían por los aspectos de política económica de los cuatro primeros, mucho más importantes, y manifestaron su disgusto porque se olvidaran todas las atrocidades, las matanzas y las destrucciones por el interés del logro político. Mas para los mayas, el gobierno vitalicio era la garantía de que un nuevo gobierno no anularía el tratado, como ya había sucedido anteriormente con tantas promesas, y la devolución de los rifles confiscados debía ser el respaldo de la garantía. La cláusula del aguardiente se añadió a última hora porque Jacinto recordó los excesos de los agentes del fisco.

Para los ladinos, el tratado tenía un fin muy diferente. En la remota ciudad de Washington, Sierra escandalizaba a sus defensores demócratas proclamando inmediatamente que el documento era un expediente temporal, una jugada para ganar tiempo... y estaba absolutamente en lo cierto. Abundando en el punto seis, la comisión ofreció una cláusula que de repente adquiría gran valor y que fue aceptada por vanidoso error, en que se nombraba a Jacinto Pat Gran Cacique de Yucatán. Este título fue puesto con letras de oro en una bandera de seda blanca que se le envió junto con un impresionante bastón de mando a Jacinto en su cuartel general de Peto. Esto no estaba destinado a agradar a Cecilio Chi ni a los cabecillas norteños. Además, los rifles recogidos, empacados en furgones y enviados al sur, debían entregársele a Pat únicamente, para sustentar su nueva dignidad. En el mejor de los casos aliado, en el peor temporalmente calmado, Pat daría a los ladinos un respiro y una oportunidad para vérselas con los otros dirigentes indígenas.

Al principio dio resultado esta idea de dividir a los mayas. Cecilio Chi, que esperaba el resultado de los negociaciones en el pueblo de Tinum, cerca de Valladolid, lo estaba pasando bien. Había aprovechado los sacerdotes capturados (incluso a Manuel Sierra, el enviado hermano de Justo) y el producto del saco de Valladolid para dar a su gente una estupenda serie de fiestas y novenas, en gran escala, con rebaños de bueyes, piaras de cerdos, barriles de aguardiente y profusión de velas y fuegos artificiales, para ganarse a los diversos santos pueblerinos, cuya asistencia necesitaría en lo futuro. Comportamiento típico de un salvaje, decían los ladinos, quienes, claro está, llenaban al mismo tiempo sus iglesias, exactamente por las mismas razones, en tiempos de agitación. Pero al oír las condiciones del tratado, Chi dejó de golpe los festejos. Primero escribió a Pat una carta mortificante en que le acusaba de cobardía y traición. Mientras era entregada la carta dirigió en persona a sus hombres a marchas forzadas por las tierras meridionales, quemó de paso a Teabo e hizo una matanza entre unas doscientas personas que resistieron hasta el fin en la iglesia de Maní, sólo a dieciséis kilómetros de los enviados de paz, que estaban en Ticul. Después mandó 1 500 hombres al mando de su lugarteniente, Raimundo Chi, a Peto, donde cogieron a Pat por sorpresa; entraron en la población sin tirar un tiro, pidieron y recibieron el bastón de mando, la bandera y el tratado y los rompieron allí mismo. Eso fue el fin de los tratados.

El general Sebastián López de Llergo, veterano de las luchas con México, y nombrado general en jefe de todas las fuerzas yucatecas después de la caída de Peto, había intentado reorganizar las tropas durante la calma del armisticio. Con las diversas compañías y batallones de la milicia se formaron cinco divisiones, que quedaron dispuestas en forma de arco en torno a la capital. De sur a norte se extendían la primera en Ticul, mandada por el coronel Morales que había reemplazado al exhausto Rosado; la segunda estaba en reserva en Maxcanú a las órdenes de León, que se había repuesto de sus aventuras de Valladolid; la tercera estaba en Hocabá bajo el coronel José Dolores Pasos; la cuarta, en Izamal y la quinta, bajo el coronel José Cosgaya, en Motul, que apoyaba el flanco izquierdo en la costa. Posteriormente se formó una sexta división, al afirmarse la amenaza contra Campeche, y también una sexta división expedicionaria.

En el papel era una defensa muy buena y apropiada, pero sólo en el papel. Los hombres del antiguo batallón Orden seguían odiando a sus compatriotas del antiguo decimoséptimo de Campeche; los oficiales todavía sospechaban unos de otros, y seguían muy visibles las deserciones, la cobardía y el agotamiento. Pero así era el ejército, y perdida la última esperanza de paz, se preparaban para hacer lo que pudieran. Los rifles confiscados, que habían sido últimamente empacados y enviados a Jacinto Pat con la esperanza de que sirvieran a unos mayas contra otros, fueron vueltos atrás y distribuidos. Se abandonaron las avanzadas, y la primera división y parte de la segunda se concentraron en Ticul. El gobernador Barbachano y el general Llergo salieron de la capital mientras la carretera estaba todavía abierta, para organizar lo que quedaba y prepararse para lo peor: una evacuación en masa del país.

El coronel Cetina, responsable como el que más del desastre, salió de la desgracia y surgió como la esperanza militar blanca del partido de Barbachano; su alocada indiferencia a las dificultades y su incapacidad de ceder eran cualidades que entonces tenían gran demanda. Entrando en Ticul con refuerzos que había logrado juntar en Mérida, tomó el mando de la guarnición, que era de 1 800 hombres, inspeccionó y mejoró las defensas y mandó hacer reductos para la artillería en el punto donde se juntaban las tres vías principales de llegada a la capital. Se calculaba que tenía enfrente 24 000 mayas (cifra exagerada, pero que indica el estado de ánimo de los ladinos) dirigidos por Jacinto Pat, otra vez en servicio activo.

El lomerío del Puuc era bajo en Ticul, pero tenía altura suficiente para los tiradores apostados con armas de largo alcance, y eso representaba un peligro para las calles del sur de la ciudad y sus barricadas. Entonces, el coronel empezó las operaciones el 17 de mayo enviando tropas para desalojar a los mayas de las colinas, pero fue él quien se halló bajo un ataque general. Detenido el ataque pero continuando sus disparos los tiradores apostados, el coronel buscó otra solución. Primero tanteó el terreno durante un día y pareciéndole que hacia el noroeste había un punto débil, se puso a la cabeza de una guerrilla y ordenó que una segunda se uniera a él detrás de las líneas enemigas de aquella zona: quería tender una trampa a los mayas. La trampa se cerró, pero estaba vacía, y en cambio aquello les valió a los soldados una vez más quedar sometidos al fuego de invisibles tiradores, con unas 30 bajas de cada lado.

Aquel día, los mayas estaban en otra parte. Se habían infiltrado en torno al reducto que defendía la carretera del sudeste, el camino real a Tekax, y subidos en los árboles cercanos, iban escogiendo y derribando a los artilleros que trataban de servir las piezas. Cuando, a su vuelta de la infructuosa salida matinal, le dijeron a Cetina lo que pasaba, mandó distribuir un buen trago de aguardiente a cada uno de sus hombres y animados así, los envió a ejecutar un movimiento de tenaza para flanquear a los atacantes mientras él enviaba directamente sus reservas al reducto. Esta trampa también falló, mas esta vez por estar demasiado llena, y sus hombres retrocedieron confusamente. No obstante, el coronel empleó bien sus cañones y acribilló de metralla el follaje de los árboles que molestaban; los cañonazos aconsejaron prudencia a los mayas, y su asalto nunca se puso en movimiento.

Se habían apostado tropas en Sacalum, a 12 y pico kilómetros de la carretera de Mérida, hacia el norte, con órdenes de atacar al enemigo por la retaguardia después de iniciado el asedio. Lo hicieron aquel mismo día, realizando una operación de limpieza hasta Ticul, y regresaron a su base antes de oscurecer. Aquellos hombres volvieron, con el coronel González, unos cuantos días después, con furgones de alimentos y parque, pero cuando trataban de salir los detuvieron. Una guerrilla enviada a ayudar por la izquierda quedó estancada en la selva; los soldados daban muestras de una fatal tendencia a no pelear cuando estaban lejos de sus oficiales y estos caballeros, con unas cuantas notables excepciones, no gustaban de mandar patrullas. González tuvo más éxito en la mañana, en que consiguió salir y después de escoltar a los heridos hasta la capital volvió con refuerzos y provisiones. Su siguiente esfuerzo fue dirigido contra un depósito maya en la hacienda Luma, hacia la cual organizó la marcha de varias columnas convergentes, que fueron derrotadas una a una. La derrota prosiguió hasta su base de Sacalum, que perdió también, con los habitantes degollados y el lugar incendiado. Realizando un contraataque entrevieron los hombres algunos de los cuerpos mutilados en medio de las cenizas, caballos y vacas muertos, pero ya no podían más, y se retiró con ellos a Mérida; allí el enérgico capitán cambió los soldados por otros nuevos, reclutados entre los millares de refugiados, y con órdenes de volver a ocupar Sacalum y ayudar a Ticul, se pusieron en marcha hacia el sur.

Dentro de la línea de asedio de Ticul, Cetina había sufrido descalabros semejantes. Cada movimiento que hacía, cada nueva táctica que probaba, se pagaban con bajas y pérdidas de parque y de moral combativa. Sus patrullas se desperdiciaban y se desanimaban, y los contraataques se quebrantaban ante el asedio cada vez más fuerte de las barricadas. Había visto la columna de humo que anunciaba la pérdida de Sacalum y como González no volvía, su parque se iba reduciendo. Se dieron órdenes de no disparar si no era absolutamente necesario. Como los mayas notaban su mala situación, los insultaban y ejecutaban sus tradicionales danzas de X-tol a su vista; vestidos con uniformes capturados, o de mujeres, con la cara pintada de negro, les gritaban vituperios y amenazas y les incitaban a malgastar su artillería en andanadas. Al mismo tiempo avanzaban disimuladamente por los suburbios de Ticul, no ya haciendo trincheras en aquel rocoso terreno, sino acostados y empujando hacia adelante grandes peñascos con los pies, protegidos de este modo hasta que habían logrado formar un vallado más adelantado. Los ladinos no tenían ánimos para detenerlos.

Cetina esperó cinco días el socorro y después aquel hombre que no sabía rendirse comprendió que si no salía pronto de allí ya jamás podría hacerlo. Sacaron a enfermos y heridos del monasterio que había servido de hospital, avisaron a los civiles, dieron órdenes a las diversas unidades y en la mañana del 26 de mayo, el coronel se puso a la cabeza de un batallón avanzando contra las líneas del norte. Como les iba la vida en ello, los soldados tomaron valor y se abrieron paso peleando hasta la hacienda de San Joaquín, punto fortificado que debía cubrir la retirada, como Popolá cuando abandonaron a Valladolid.

Las tropas de Ticul se retiraron de sus sectores en el orden prescrito, protegiendo a los civiles pero, como tantas veces había sucedido ya, los mayas les siguieron de una arremetida, llegaron a la plaza y causaron gran pánico. Pensando cada quien únicamente en que lo dejaban atrás, los soldados flaquearon y las descargas ordenadas, por pelotones, tan necesarias con rifles de un solo tiro que se cargaban por la boca, fracasaron. Irrumpieron los mayas a machetazos, matando por igual a soldados y civiles. La retaguardia, un batallón de milicia del mismo Ticul, sencillamente huyó a la selva, en un sálvese quien pueda. La matanza continuó hasta la carretera de San Joaquín, donde organizó la resistencia el coronel. Después, los indígenas se distrajeron con el saqueo y el incendio del lugar y la retirada continuó hasta que hubo anochecido. Al día siguiente llegaron los supervivientes a Uayalceh, donde muchos murieron a consecuencia de sus heridas, y muchos más de sed y agotamiento. Los que podían caminar prosiguieron hacia Mérida, situada a 27 kilómetros de allí.

Mientras las rechazaban casi hasta Mérida por el norte, las fuerzas yucatecas también se encontraban con la derrota por el sur. Empezaron las cosas en la región de los chenes, en la cordillera del Puuc y al sur de la misma; era una comarca montuosa y poco poblada, con unas cuantas rancherías comunicadas por senderos para mula. En abril de 1848 la habían asolado tres columnas de cosa de mil hombres cada una; mandadas por el mestizo José María Barrera, habían derrotado con facilidad a los grupos de milicianos malamente organizados y reclutado millares de combatientes entre los mayas locales. A aquella acción devastadora inicial había seguido una calma. Mientras Barrera acudía a la conferencia de paz junto a Tekax, los chenes volvían tranquilamente a sus casas y unos cuantos ladinos a sus haciendas, para recoger objetos de valor abandonados en la huida. En algunos pueblitos recibían bien a los blancos o no les hacían caso; en otros, los mataban con refinada crueldad.

Esta inquieta paz terminó después de quebrantado el tratado de Pat en el norte. Un destacamento de soldados que tenían entabladas negociaciones con Juan de Dios May fueron sorprendidos y degollados. Con esto, Campeche se llenó de miedo. Los tambores tocaron a generala, los citadinos huyeron al centro de la ciudad y las murallas se cubrieron de defensores, mientras se aprestaba la artillería. El cónsul francés en aquella plaza decía, escribiendo a principios de mayo, que los milicianos locales estaban tan desmoralizados que apenas podían hacerles guardar las avanzadas suburbanas, y, añadía, con toda seguridad creía que el enemigo tomaría la ciudad. En la bahía estaba el bergantín de bombardeo estadounidense *Vesuvius* con varios navíos menores que el almirante Perry había puesto allí para evacuar a los ciudadanos de EUA y prestar la ayuda que pudiera. El ex gobernador Méndez pidió a Perry los rifles tomados por las tropas norteamericanas en Veracruz diciendo que sólo quedaban quinientos en Campeche; después se pidió que la infantería de marina de los EUA desembarcara, si no para combatir con los mayas, por lo menos para vigorizar las órdenes del gobernador a sus súbditos. Quedó abandonado todo el sur menos Campeche, cuyos ciudadanos se ocultaban tras sus macizas murallas.

Después de violar el tratado, Cecilio Chi reunió a sus hombres contra las tropas de los ladinos en las cercanías de Izamal, por el flanco norte, tomó y perdió a Dzilam a principios de mayo y después puso sitio a Sitilpech, a ocho kilómetros al este de Izamal. El 14 de mayo salió de Izamal un batallón para reforzar este pueblo. Detenido por una lucha a tiros a cosa de kilómetro y medio de la población, lo sacó de allí un segundo batallón con artillería, y juntos ambos grupos prosiguieron hacia Sitilpech; y habiendo hallado allí la guarnición diezmada y amotinada, volvieron a la base. De los setecientos hombres que se habían puesto en marcha a la salida volvieron vivos a Izamal menos de la mitad; fue la peor derrota hasta entonces sufrida en una sola batalla, y llevó la desesperación a las filas de los ladinos. El 22 de mayo, después de una semana de escaramuzas indecisas, el único sobreviviente de una patrulla montada de exploración enviada por la carretera de Mérida volvió con la noticia de que Izamal estaba rodeado.

El jefe de la nueva Cuarta División de Izamal era el coronel Carmen Bello. Había destacado parte de las fuerzas a su mando con el teniente coronel Méndez a defender el pueblo de Sitilcum, a ocho kilómetros al oeste y sobre la carretera principal a Mérida; al norte estaba el coronel José Cosgaya, de la Quinta División. Había una rivalidad personal y política entre los tres, con escasa confianza y una cooperación a regañadientes. Después de la desastrosa salida de Sitilpech, Carmen Bello buscó medios más eficaces de defenderse. Despejó de árboles y maleza los campos que rodeaban a Izamal y puso artillería en la mayor de las cuatro pirámides que tenía la población, la de Kinich-Kakmó, situada al norte de la plaza, desde donde disparaba contra los mayas de las barricadas. Sus cañonazos causaron considerables daños a los muros de piedras sueltas, pero los mayas se contentaban con rehacerlos en la noche, y cada vez un poco más cerca de las líneas ladinas. Los mayas intentaron también la acción directa, pero el asalto en masa que lanzaron se estrelló contra un reducto que disparaba metralla de más de siete kilos y medio, y hubieron de retirarse con fuertes pérdidas.

Recibía el coronel Bello convoyes regulares de parque y aprovisionamiento de Mérida, y cada unidad que lo había intentado, se había abierto camino; pero el hundimiento moral de sus hombres era total, y a los seis días, sus nervios no aguantaron. En la noche del 28 de mayo sacó de la ciudad 1 000 hombres, con los que tomó un sendero que los llevó sin pelear a Tekantó, desde donde vio arder la ciudad. Había sorprendido a los mayas que estuviera la plaza sin defensa, y entraron cautamente, temiendo una trampa; cuando se tranquilizaron, se entregaron al saqueo y al incendio, y únicamente se detenían para hacer sus devociones a la fa-

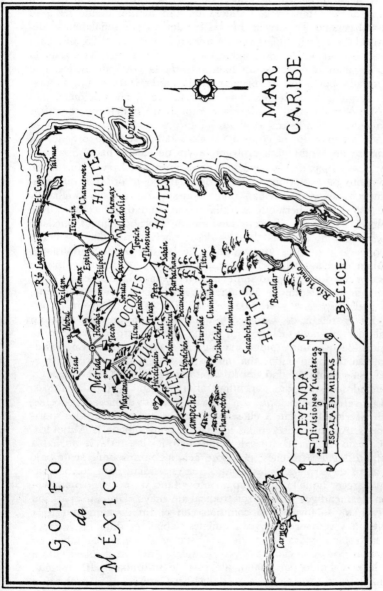

La ofensiva maya de mayo de 1848 y las posiciones de las divisiones yucatecas.

mosa virgen de la iglesia del monasterio.

Al general Sebastián López de Llergo, que contemplaba un mapa de Yucatán en la fortaleza de San Benito, donde tenía su cuartel general, le parecía que las banderitas que señalaban el desastre de su ejército aparecían de tres en tres. Ticul, el 26, una bandera; Izamal, el 28, dos banderitas; y después, más avanzado el 28, llegaban noticias de un habitante de la costa de Belice, que la aislada población de Bacalar había caído. Tres columnas mayas, surgidas de la lejana zona marginal de la civilización, a medio conocer, llegaban a Mérida y sofocaban sus defensas, mientras una cuarta se adentraba en los suburbios de Campeche. Con su flanco amenazado, el coronel Cosgaya había recibido órdenes de retirarse de Motul para proteger la vía de escape hacia Sisal y el mar. Las tropas de Carmen Bello escogieron aquel poco afortunado momento para amotinarse: más de la mitad recordaron que eran campechanos y que tenían obligaciones para con sus familias, y pensaban en la hermosa muralla de su ciudad. El coronel José Dolores Pasos y su Tercera División de Hocabá habían quedado separados y no se sabía de ellos desde hacía varios días; se podía suponer lo peor. Los supervivientes de las dos primeras divisiones estaban en Uayalceh y Tecoh, esperando que tendrían tiempo de reponer sus fuerzas, pero miraban con demasiada frecuencia a las torres de la catedral de Mérida, que se divisaban en el horizonte. No podía esperarse gran cosa de ellos. Por el sur, todo era incierto. La carretera de Campeche todavía estaba abierta, pero en cualquier momento el general podía recibir otro correo con la noticia de que una unidad enemiga la había cortado. En definitiva, eso tampoco importaba mucho; la última pelea sería en Mérida. Su responsabilidad era la capital y los 100 000 ciudadanos y refugiados cuyas vidas dependían ahora de sus derrotadas tropas.

Los refugiados siempre son los viejos y los demasiado jóvenes, y en Mérida se unían a ellos los enfermos, los heridos y los moribundos. Amontonados en las iglesias, el convento de la Majorada, el Colegio de San Pedro y los edificios oficiales, todavía no había bastante lugar para ellos; el rebozo acampaba miserablemente bajo los arcos de la plaza, y las fogatas que encendían para cocinar hacían parecer aquello un campamento gitano de noche, o una reunión de mendigos bajo el sol tropical de mayo. Hizo su aparición la caridad, se formó una comisión con el fin de alimentar a la multitud y recoger ropa para quienes habían perdido sus harapos en las espinas y las ramas de las pistas y ahora se ocultaban en sus casas por decencia. Las casas de quienes habían desobedecido a las leyes y huido del estado, abiertas, se utilizaban para refugio. Y había la otra cara de la medalla. En Campeche, se prohibía a los refugiados vender sus pertenencias por temor de que trastornaran el mercado y en Mérida se congelaban los precios contra los que se lucraban. Pero eso fue antes. Cuando los irregulares de piel oscura empezaron a rodear la ciudad, la inflación cesó como por arte de magia. Podían leerse las perspectivas militares en los precios y cuando éstos llegaron al décimo y al vigésimo de su valor, la cosa andaba bastante mal. Los tenderos remataban todas sus existencias en pública subasta y no había quien licitara.

Corrían por las calles rumores de que los salvajes estaban por todas partes. Los que habían visto antes suceder las cosas creían los rumores, y así, los refugiados juntaban cansinamente sus escasas pertenencias y se iban con los meridanos por el camino de Sisal. Los carreteros se aprovechaban de las mercancías y los impedidos que llevaban a aquel pequeño puerto de una sola calle, donde los lanchones o las canoas los llevarían hasta los barcos que estaban anclados frente al puerto y las embarcaciones de varias naciones. El gobierno ni siquiera se molestaba en anular la ley contra la inmigración. La gente se hacía a la mar desde Sisal, Campeche o cualquier otro puerto a donde podían llegar en cualquier cosa que flotara y hacia cualquier lado que los llevara. La ciudad insular de El Carmen era el puerto de refugio más cercano, y fue el primero, pues estaba dentro del estado y todavía dentro de la ley; los ciudadanos se olvidaban del "Gringo Go Home" y hacían peticiones de protección, para darles la cual estaban destacados trescientos infantes de marina de los Estados Unidos.

En las calles de Mérida y Campeche se hablaba de matanza general, de eliminación de la población blanca de Yucatán, lo cual significaba más de 140 000 personas contando los mestizos, quienes seguramente tenían que entrar en la cuenta. El 28 de mayo anclaba una goleta en Veracruz con el rumor de que había caído Mérida. Los militares hablaban de una retirada, combatiendo, a Sisal, de una defensa tras los muros de Campeche; ésta era la única esperanza que el general podía dar al gobernador. El obispo Guerra salió para La Habana. Barbachano redactó una proclama en que se declaraba la evacuación de Mérida, y en su abandonada secretaría no pudo hallar papel para imprimirla. Hizo sus avíos y se preparó para salir hacia el sur.

Los combatientes, identificados para entonces, quedaron solos en sus puestos de héroes de guarnición; los oficiales de parada se habían ido, y el último acto se representaría sin ellos. Temiendo lo peor, pero esperando con determinación, los veteranos se preparaban para hacer frente al último asalto, emplazando la artillería y distribuyendo los cartuchos, que esta vez abundaban. Esperaron un día, esperaron dos, y empezaron a asombrarse. En Cacalchén, el coronel Juan José Méndez, que mandaba ahora la Cuarta División en lugar de su desacreditado superior, Carmen Bello, se impacientó y envió dos guerrillas de exploración en dirección de Izamal. Estas unidades, de 400 hombres cada una, al mando del teniente coronel Gutiérrez y el capitán Lázaro Ruz (ambos de veintitantos años) avanzaban cautamente por la experiencia adquirida, pero al llegar a los abrasados suburbios de su objetivo descubrieron la sorpresa: el ejército maya se había ido. Se abrieron paso poco a poco, dispararon contra alguno que otro saqueador, se fortificaron y enviaron al galope un correo a la capital. Entonces se descubrió que el coronel Pasos y sus hombres de la Tercera División no se habían perdido; habían conservado los pueblos de su sector y sencillamente, estaban tan ocupados en matar mayas que no habían podido enviar los acostumbrados informes de desesperación. El coronel Cetina, descubrió que un poco de descanso obra maravillas, hizo una incursión por el sur, sorprendió a Ticul y castigó al enemigo antes de retirarse por Maní. Mérida se volvió loca con aquellas inesperadas victorias. Tañeron las campanas, estallaron los fuegos artificiales y la gente volvió a saber sonreír. El gobernador se olvidó de proclamar evacuaciones y esperó que los demás hicieran igual, y volvió a la tarea de aprovisionar a su no tan desesperado ejército.

¿Qué había pasado con los mayas? Muchos años después, Leandro Poot, hijo del dirigente maya Crescencio Poot, le explicaba a E. H. Thompson:

Cuando los de mi padre tomaron Acanceh pasaron cierto tiempo festejándolo y preparándose para tomar T-hó [Mérida]. Hacía un calor abrasador. De repente aparecieron en grandes nubes por el norte, por el sur, por el este y por el oeste, por todo el mundo, las *sh'mataneheeles* [hormigas aladas, nuncios de las primeras lluvias]. Al ver esto los de mi padre se dijeron, y dijeron a sus hermanos: "¡Ehen! Ha llegado el tiempo de que hagamos nuestra plantación, porque si no la hacemos, no tendremos la Gracia de Dios para llenar el vientre de nuestros hijos."

De este modo se decían y discutían, y pensaban mucho, y cuando vino después la mañana, los de mi padre dijeron cada uno a su batab: "Shickanic" (me voy). Y a pesar de las súplicas y las amenazas de los jefes, cada quien enrolló su cobija y preparó su morral de comida, apretó las correas de sus huaraches y se puso en marcha hacia su casa y su milpa.

Entonces los batabob, sabiendo que era inútil atacar la ciudad con los pocos hombres que les quedaban, se reunieron en consejo y resolvieron volver a casa. Puede verse, pues, claramente que fue el Destino y no los soldados blancos quien impidió a mi padre tomar T-hó e imponerle su voluntad.

Así eran Leandro Poot y su mente indígena. Había habido una carrera entre tiempo y espacio (en marzo, abril y mayo, por leguas de pista desde la región marginal) y se había perdido. Aquella gente dominaba la táctica de las espesuras yucatecas, pero no tenían idea de las negociaciones estratégicas, no se imaginaban que podía venir ayuda de fuera ni que los ladinos pudieran recobrar su fuerza. Habían batido al dzul, tomado miles de rifles y botín sin cuento, y eso estaba bien; pero había llegado la hora de plantar el maíz. Mérida y Campeche podían esperar, urgía plantar el maíz. Se imponían las costumbres de toda la vida, el sentido del deber religioso y de la responsabilidad familiar. Todos a una dijeron "Shickanic" y tomaron la senda de oriente. Eran agricultores campesinos, no soldados. No tenían comisario ordenador, cada hombre proveía para sí, y no había más disciplina que la lealtad a centenares de pequeños batabob, que dirigían únicamente por consentimiento mutuo. Y se esfumaron; volvieron a tomar las carreteras principales, dejando atrás las ciudades quemadas, los campos de caña destrozados y los corrales de ganado; se fueron separando por las innumerables sendas que al final conducían a una choza de paja, a una esposa y unos hijos encantados, y después al maizal.

Era demasiado tarde para la quema normal; era necesario arreglárselas con los claros del año anterior, lo cual significaba una cosecha reducida, pero estaban contentos: había sido un buen año. Solamente la guardia corporal de unos cuantos entusiatsas más disciplinados se quedó y atacó a Tecoh, Acanceh y Tixkokob, todos a cosa de 28 o 29 kilómetros de Mérida, mientras algunos de sus hermanos del sur quemaban campos a la vista de Campeche.

El éxito era cosa estimulante para los blancos, sobre todo después de tantas derrotas. Descubriendo la debilidad del enemigo, el coronel Méndez organizó una columna de 1 200 hombres y la envió a paso de carga hasta la mitad del camino real, a Valladolid, donde estableció una base en Tunkás: un hecho consumado contra las órdenes del general Llergo. Desde aquel punto, las guerrillas sondeaban los senderos de tierra adentro, seguían a los mayas a sus milpas, los aplastaban en su vulnerabilidad dispersa, quemaban sus pueblos y caseríos, recogían prisioneros, caballos, municiones y aprovisionamientos. La resistencia empezó cuando los soldados agricultores mayas se volvieron otra vez soldados y dejando sus campos a medio trabajar asediaron a Tunkás y una avanzada recién instalada en Cenotillo. Se hallaron frente a un enemigo distinto; como se le quejaba el batab Francisco Puuc al sacerdote capturado Sierra:

No son éstos, Sr. Vicario, le decía, los que desocuparon Valladolid: si éstos hubieran sido, de ninguna manera hubiéramos podido triunfar; cuando a éstos los sitiamos, ellos con rapidez nos contrasitian; cuando los esperamos en nuestras emboscadas, se internan fácilmente por el monte y siempre nos salen a retaguardia.[1]

El ejército de los ladinos, que había perdido su debilidad por el fuego, había comprendido la diferencia existente entre las revoluciones políticas, en que se pelea principalmente con proclamas, y la guerra total. Había recobrado su orgullo de raza y su valor. A pesar del cambio, o más bien a causa de él, los mayas siguieron celebrando fiestas, llamando a los poderes fantasmales con oraciones, fuegos artificiales y alcohol para que los ayudaran.

A Jacinto Pat también le iba mal en Ticul. Probablemente el más inteligente de todos los dirigentes indígenas, con bastante experiencia y visión para penetrar más allá de la situación inmediata, y comprendiendo que la guerra no se detendría porque hubiera que plantar, había logrado conservar buena parte de sus fuerzas. Cuando los ladinos reconquistaron Muna (cerca de Ticul), los inmovilizó allí con un asedio, quemó su campamento de Canchakán y atacó a Tecoh por la retaguardia. El coronel Cetina dirigió en persona, una serie de largas patrullas, de modo que la zona comprendida entre las alturas del Puuc y la capital se convirtió en una tierra de nadie, cruzada por correrías y contracorrerías, cada

---

[1] Las tácticas guerrilleras de los mayas, por otra parte, eran cobardía para los ladinos... reacción secular de todos los soldados regulares frustrados. Los mayas no rehuían el combate cuerpo a cuerpo y son muchas las referencias contemporáneas del temor que el ladino tenía a un machete bien manejado.

bando tomando al otro por sorpresa, quemando provisiones y preparando emboscadas. Las escaramuzas acabaron el 29 de julio, fecha en que Pat, tras varios reveses, se vio obligado a retirar sus reducidas fuerzas. Se dice que al saber que algunos de los soldados blancos llevaban botas altas dijo: "Vámonos de aquí; han salido a guerrear los ricos de Mérida." Se retiró por Ticul y Tekax hacia Peto, defendiendo pueblo por pueblo y aniquilando casi a los blancos demasiado ansiosos que le pisaban los talones.

Cetina envió a sus hombres contra Tekax en un movimiento de pinzas por los dos ramales del camino real desde Oxkutzcab, cada columna ayudando y apoyando a la otra, con otras patrullas marchando al sur por el Puuc en una maniobra de flanco. Tomaron la ciudad con poca lucha, a pesar de una doble barricada de piedras que los mayas habían construido para su defensa. Llevaron a los prisioneros a la plaza principal, los flagelaron a fondo y los subieron al balcón del segundo piso del edificio municipal, donde los agarraron por pies y manos y los arrojaron a las bayonetas que esperaban abajo. Uno de ellos, un chiquillo, lloraba y se pegaba a las piernas de un oficial, pero lo tiraron por el balcón como a los demás.

En la región del medio, entre las carreteras de Peto y Valladolid, se combatía intensamente; los mayas no dejaban el asedio de Huhí, a 12 y pico de kilómetros al sureste de Hocabá; las correrías devastadoras contra pueblos indígenas y campamentos ladinos eran incesantes. Incapaces de tomar a Huhí (que se ganó el título de "Pequeña Campeche" por su resistencia) y habiéndose quedado sin munición, los cocomes se retiraron por sus tierras y dejaron Yaxkabá y Sotuta. Ocupó estas plazas con sus hombres el coronel Pasos, con ayuda de la Quinta División por el norte... que llegó demasiado tarde al combate, todavía infestada por el amotinamiento y el consejo de guerra.

La zona meridional que rodeaba a Campeche estaba aislada de todo esto, porque las alturas del Puuc formaban una barrera efectiva para las carreteras y por lo tanto para los campos de operaciones. Desde fines de mayo, en que al ver arder las plantaciones la guarnición se había precipitado desordenadamente a las murallas (para descubrir que el humo lo producía una pequeña gavilla de merodeadores), las columnas de milicianos habían ocupado los terrenos inmediatos, pero habían realizado pocos progresos reales en el interior, escasamente habitado. Las cinco divisiones existentes recibieron una más, reclutada en los pueblos de la carretera de Mérida a Campeche y puesta al mando del coronel Agustín León. Enviada al sudeste para unirse a los batallones 16° y 17°, entró en una ruda pelea y estableció un campamento fortificado muy adelante de Hopelchen.

La actitud de los mayas occidentales, como la dispersión en la época de la plantación, contribuyó grandemente al restablecimiento de los ladinos. Acostumbrados de tiempo atrás a la dominación de los blancos, estos pueblos no se sentían ultrajados como sus hermanos orientales. A las primeras noticias de la Guerra de Castas se habían tomado medidas para quitarles toda idea que pudieran tener de rebelarse. No tenían la fortalecedora visión de los poblados ardiendo, de los blancos muertos, del saqueo, y cuando detuvieron a sus jefes y empezaron las flagelaciones en masa, conservaron su creencia de que el dzul era todopoderoso. Una vez convencidos, convencidos siguieron, y por su propia iniciativa ofrecieron sus servicios al ejército blanco. Mil quinientos de ellos se formaron en Hececalchán a las órdenes de su batab Juan Chi, y otros tantos llegaron de Dzitbalché, Calkiní y Halachó, pueblos todos situados en el camino real que llevaba a Campeche. Otros avanzaron desde Motul (al noroeste de Mérida), desde Hocabá e incluso de la ciudad reconquistada de Tunkás, que había contribuido a la toma de Valladolid.

En la creciente de su avance, los rebeldes mayas se habían engrosado a medida que avanzaban, sus enviados precedían a las columnas y fundían en su masa a los indígenas locales, y no había un verdadero frente. Los oficiales ladinos sabían que ésta era una amenaza constante, que les había dado siempre la sensación de estar aislados y al descubierto y les hacía desear la rápida vuelta a las grandes poblaciones. Para los mayas aquello había significado refuerzos, nuevos aprovisionamientos de alimentos y armas ocultas, y guías conocedores de las pistas y senderos locales y de las disposiciones del enemigo. Si todos los mayas del oeste se hubieran alzado, los blancos se hubieran visto obligados a evacuar la península. A los jefes amigos de los blancos les daban el título honorífico de hidalgo.[2] A los soldados indios que luchaban con los blancos les daban el de *indígenas,* para distinguirlos de los mayas rebeldes, que eran los *indios*. Armados únicamente con machetes, los indígenas eran principalmente un cuerpo de trabajadores, que transportaban la comida y las municiones a cuestas y construían defensas. Pero en una guerra sin retaguardia, también peleaban y morían junto a los blancos.

Un tercer factor en el restablecimiento yucateco fue el recibo de sustancial asistencia del exterior. Primeramente, en marzo llegaron 2 000 rifles, artillería y provisiones de La Habana. Organizaciones de caridad de Veracruz y Nueva Orleáns enviaron 130 000

---

[2] El título de hidalgo o noble era continuación de la costumbre colonial para los jefes de más edad y una elevación de categoría para los nuevos. Con el tiempo, a todos los indígenas leales los llamaron conjuntamente hidalgos.

kilogramos de maíz y dones en dinero. El gobierno confiscó después los tesoros de las iglesias, legado de siglos de riqueza nacional: cálices de oro y plata, platones, cruces, candelabros y las joyas que ornaban las imágenes, los altares y los relicarios. Todo esto se convirtió en moneda y se utilizó para comprar pertrechos militares.

Barbachano respaldó rápidamente el ofrecimiento de soberanía de su antecesor; envió nuevas instrucciones a Sierra en Washington, donde la situación estaba demasiado confusa para que hubiera esperanzas; extendió la oferta a La Habana, donde no se hizo nada, debido en parte al mensaje del presidente Polk, en que se invocaba la doctrina Monroe. De Cuba, los enviados salieron para Veracruz, con instrucciones de entenderse con los militares norteamericanos si todavía no se había firmado el tratado que estaba pendiente entre México y los Estados Unidos; de otro modo, llevarían la carta del gobernador al gobierno mexicano. Barbachano había escrito al presidente de México sugiriendo la reunión sobre la base de las anteriores demandas de Yucatán por principios federalistas, pero solicitándola en las condiciones que fuera; señalando orgulloso su propia posición en favor de México, y calificando de vergonzosa la revuelta de Méndez en favor de la neutralidad. No mencionaba los ofrecimientos que estaba haciendo al mismo tiempo a otros gobiernos, porque la supervivencia es la primera ley de los hombres y los Estados.

Los enviados llegaron a la ciudad de México once días después de ratificado el tratado de paz con los Estados Unidos, y hubo que decidirse por México. Al fin hallaron oídos favorables, ya que yucatecos eminentes les habían preparado el camino. Uno de los primeros hechos del nuevo presidente, Herrera, fue conceder a Yucatán 150 000 pesos; podía hacerse algo más importante y rápido, porque los 3 millones de dólares que los Estados Unidos habían pagado por las provincias norteñas conquistadas estaban disponibles, y era fácil comprar cañones al ejército norteamericano de salida. Cinco navíos mexicanos desembarcaron en Campeche a mediados de julio llevando 28 000 pesos, 1 000 rifles, 100 000 balas y 300 000 kilogramos de pólvora de cañón. El resto del dinero se pagaría a razón de 15 000 pesos mensuales y se entregaría en forma de pertrechos militares. Las medidas yucatecas fueron igualmente rápidas; el 17 de agosto de 1848, Barbachano declaró la reunificación, y aquel día, la respuesta al "¿Quién vive?" era "¡México!"

Desde fines de mayo, las lluvias continuaron a intervalos hasta principios del verano, dificultando el paso por la selva, pero raramente estuvo lloviendo un día entero, y el país no era impracticable. La plantación se pospuso aquella primavera de 1848. Los mayas no podían tener terminadas las labores más necesarias sino a mediados de julio, y no hubieran vuelto a guerrear en todo otro mes si los ataques de los ladinos no les hubieran obligado a obrar en defensa propia. Jacinto Pat había mantenido en acción sus tropas más disciplinadas en todo aquel periodo; la alianza vaga de los pueblos norteños bajo Cecilio Chi había abandonado sencillamente la liza sin pensar en el desquite.

Los jefes indígenas mandaban positivamente tan sólo las pequeñas unidades de sus pueblitos natales, y su poder sobre los demás dependía de su personalidad y sus éxitos. La disciplina era irregular, mezcla de prácticas militares, costumbres de las haciendas y reglas invocadas por el gobierno aldeano. El batab José Tomás Tzuc recibió doscientos latigazos por perder una posición que le estaba confiada, y él respondió aplicando el mismo castigo a sus hombres, a cincuenta latigazos por torso. Algunos de los dirigentes mayas habían desempeñado cargos en la milicia estatal, y con el tiempo se estableció un sistema indefinido de graduación en que los capitanes se ascendían a sí mismos hasta general; pero el grado verdadero lo determinaba el tamaño de la compañía que seguía a cada oficial. Al hacerse patente la rivalidad entre Pat y Chi, no hubo mando supremo.

Hacia mediados de agosto se habían vuelto a juntar los mayas del norte, unos 5 000, a las órdenes de Chi, y marchando al son de flautas, cornetas y tambores capturados, se dispusieron a atacar el campo fortificado de Yaxkabá. La guarnición estaba confiada y a las primeras señales de sitio hizo una salida, que fue rechazada. Un segundo destacamento de 150 hombres se vio en apuros sin poder pelear desembarazadamente, y tras sufrir considerables bajas hubo de volver al campamento al amparo de las sombras. Habían terminado las fáciles correrías en territorio maya. A la mañana, una patrulla de combate fue a una aldea vecina para destruirla, por considerarse base potencial para el enemigo, pero entrando pacíficamente en el lugar, descuidaron poner guarnición en el punto fuerte inevitable, la iglesia. Este error de táctica se lo hicieron ver unos mayas que se infiltraron, se apoderaron de la iglesia por una puerta lateral y dominaron el lugar desde el techo y su parapeto protector con el fuego de sus rifles. Una segunda patrulla fue barrida a tiros en las calles y las dos unidades, viendo que aquello era demasiado para ellas, se unieron y volvieron peleando a Yaxkabá. Se le enviaron a la guarnición refuerzos de las divisiones tercera y cuarta, y el coronel Pasos, de la tercera, tomó el mando, pero todavía no bastaba. Combate tras combate se desarrollaban en torno a las barricadas, y cuando las tomaban y deshacían, los mayas sencillamente las rehacían en la noche. Finalmente, una sección de 200 hombres les fue enviada para romper el cerco y llevarles provisiones; detenida, fueron saliendo en su ayuda compañía tras compañía, hasta completar casi toda la guarnición, y en ese punto, los mayas lanzaron un asalto general que casi conquistó el lugar. Incapaz de recobrar su línea de defensa en un contraataque, el coronel Pasos se retiró a Sotuta.

En ésta empezó el asedio al día siguiente, y para evitar una segunda pérdida se enviaron apresuradamente tropas blancas que aumentaron los efectivos de la guarnición a 1 484 hombres, todos bien armados y abastecidos. Tal vez los mayas se hubieran quedado sin pólvora, o tal vez sus pérdidas fueran descorazonadoras, el caso es que se esfumaron en la selva. Fuertes compañías despejaron la zona, con escasa oposición, y volvióse a ocupar la antigua base de Yaxkabá. Aquellos campos adelantados se conservaban intencionalmente pequeños para que las tropas pudieran vivir de la comarca, haciendo correrías para coger maíz, con lo que se alimentaban y al mismo tiempo hacían pasar hambre al enemigo. Estaban suficientemente cerca uno de otro para poderse prestar mutua ayuda, y así, cuando asaltaron a Dzitás, en la carretera de Valladolid, al oír retumbar los cañones de Tunkás y Cenotil'o llegó la ayuda, que golpeó al enemigo en la retaguardia. Desde el principio se había intentado la aplicación de esta táctica, pero ahora, con un espíritu más combativo, se podía aplicar con más éxito.

Las tropas ladinas de aquella comarca septentrional habían adelantado bastante mientras los hombres de Chi estaban sitiando a Yaxkabá. La Quinta División avanzó hacia Tizimín y envió patrullas hasta Espita y Calotmul, donde se hicieron prisioneros y se ofreció la amnistía; por primera vez acudían a someterse los batabob y familias enteras. La Cuarta División, reforzada por el Batallón Ligero, bajó por la carretera de Valladolid hasta que las patrullas pudieron ver las torres de la ciudad abandonada, y restablecieron las diversas avanzadas que el general Llergo había levantado durante la retirada a Sotuta.

Durante aquella lucha, el vicario de Valladolid, Manuel Sierra, había ido de pueblo en pueblo, celebrando fiestas y cumpliendo sus funciones religiosas, medio libre y medio prisionero. Por ser dzul lo odiaban, pero por sacerdote lo necesitaban: una fiesta no estaba completa sin misa, y una cruz no era más que madera mientras no estaba bendita. Los mayas se vieron obligados a hallar sustitutos, pero eso fue después. Mientras tuvieron sacerdotes, los hicieron servir. Si la pelea se acercaba, Sierra intentaba llegar al frente, pero todos los movimientos que hacía en esa dirección eran estrechamente vigilados, por eso se orientó hacia el noroeste y atravesó los caseríos de la selva, hasta llegar al pueblecito de Loche, donde supo que los incursionistas blancos de que se había sabido habían desaparecido de allí. Una fiebre le detuvo cierto tiempo, pero después se dirigió hacia el norte, hacia la larga y estrecha abra llamada río Lagartos, y en una canoa abandonada fue remando hasta la destruida colonia del mismo nombre. Vuelto a capturar allí por una canoa que lo interceptó, de un vigía rebelde, lo llevaron a la orilla. Mientras sus guardianes dormían, logró escapárseles, y con viento favorable llegó a salvo al puerto reconquistado de Dzilam, cual nuevo Lázaro salido del sepulcro.

Aunque Jacinto Pat tenía una retaguardia para entretener a los ladinos en Tekax, también lo inmovilizaban las necesidades agrícolas. Su vuelta a la acción fue, como la de las fuerzas norteñas, en septiembre, cuando recibió nuevo aprovisionamiento en pólvora y balas, enviado desde Belice. Sus jefes de campo, Marcelo Pat y José María Barrera, eran hombres decididos; habían hecho un alto en Peto para mandar ejecutar a un importante batab por insinuar la rendición, sabiendo bien que para ellos no podía haber tal cosa. En el frente ladino, el coronel Pren había reemplazado a Cetina al mando de la Primera División, para que este jefe dirigiera el 7º cuerpo expedicionario, recién formado; Pren debía conservar Tekax con apoyo de la Sexta División, que había ido por la derecha al pueblo de Xul, a veinticuatro kilómetros al suroeste, pasando las alturas del Puuc. Septiembre y la mitad de octubre pasaron con fuertes escaramuzas mientras los mayas se concentraban contra Xul y, a pesar de poderosos refuerzos, desalojaron a la sexta y la obligaron a retirarse a Oxkutzcab, detrás de Tekax, en la carretera de Mérida. El general Llergo acudió con refuerzos a averiguar qué detenía el avance. Tenía Llergo tropas suficientes para obrar en gran escala, y había enviado en guerrilla a 600 hombres, que podían hacer daños efectivos, al contrario de la poco decisiva labor de las patrullas pequeñas. Esas unidades se toparon con lo de siempre: emboscadas, trampas, como una que les tendieron en un campo de caña, que después quemaron para hacerles salir a toda prisa; pero eran demasiados y podían arreglárselas. Su éxito obligó a los mayas a lanzar ataques en grande contra Oxkutzcab y después contra la misma Tekax, donde el asalto duró dos días y llegó hasta los suburbios de la población. Éste fue el último esfuerzo.

Gastada la pólvora y Marcelo Pat mortalmente herido, los mayas quemaron sus campos y se retiraron por la carretera de Peto. Allí se congregaron los mejores h-menob para orar y salmodiar y probar la virtud de sus hierbas en torno al lecho del moribundo Marcelo, pero tenía una bala en la columna vertebral y no se podía hacer nada. El velorio era magnífico, digno final para el hombre que hubiera podido ser Gran Cacique de Yucatán: miles de personas estaban sentadas en las tinieblas delante de la casa donde él yacía engalanado, encendían velas, pasaban las cuentas de sus rosarios, lloraban, bebían en honor del muerto. Jacinto estaba borracho, como de costumbre, pero su dolor se manifestó en la advertencia que hizo a uno de sus sacerdotes prisioneros: "Cante bien por el muchacho, *Tata* padre, porque si su alma no va al cielo, lo mataré a usted." Las tropas habían llegado para el funeral, y después Jacinto les pasó revista en la plaza. Hecho esto, montó cansadamente en su caballo y se puso en camino hacia su tierra, hacia Tihosuco.

El general Llergo tenía el camino abierto. El agotamiento de los mayas en el norte le permitía emplear casi todo su ejército en la campaña venidera; además, podía emplearlo de un modo concertado, y no en los teatros de operaciones separados, la carretera de Mérida a Valladolid y la de Mérida a Peto. Las divisiones primera, segunda, tercera, cuarta y sexta recibieron órdenes de atacar a intervalos escalonados, arrollar a los cocomes y juntarse en Peto. La tercera y la cuarta se pusieron en marcha primeramente, porque su ruta, desde Yaxkabá, era la más larga, y se abrieron camino peleando por Tiholop y Tinum para tomar posiciones al este de su objetivo. Desde Tekax, la primera división, de 1 000 hombres, deshizo las defensas de Barrera; cubriendo dieciséis kilómetros al día, llegó a Peto el 1o. de octubre y lo tomó sin combate. La segunda y la sexta, partiendo de Teabo, fueron menos venturosas; desde el primer momento las hostigaron los tiradores aislados, prolongadas escaramuzas las retrasaron por las sendas, y fueron las últimas en llegar.

Este avance progresaba como una apisonadora contra la débil oposición; de los 3 500 soldados blancos que entraron en la acción, sólo hubo 11 muertos y 41 heridos. Cuando encontraban una barricada en la senda enviaban a flanquearla por ambos lados a hombres que habían aprendido a cubrirse, a arrastrarse de árbol en árbol, a apoyarse unos a otros, en maniobras que duraban bastante tiempo pero no resultaban particularmente costosas. Usaban cautamente sus fusiles de chispa, que se cargaban por la boca, en los densos matorrales; cada hombre volvía a cargar el suyo antes de atreverse a dar otro paso, con el machete en la mano, listo para retroceder unos cuantos pasos y ocultarse cuando fuera necesario. Contra los veteranos blancos, los mayas, con poca munición, tenían que contentarse con disparar aisladamente y montar emboscadas no muy animosas, para retroceder después. Pero Peto era una conquista vacía. Con la selva tan cerca, no podía pensarse en agarrar a los mayas en una trampa.

De sus escondites salían chorros de refugiados que afluían a las líneas del ejército en Peto: sacerdotes capturados, mestizos desilusionados, barbachanistas que se hallaban en el bando perdedor y veían su equivocación, mayas que siempre habían sido amigos de la causa de los blancos o de repente lo eran, unos mil quinientos en total. La milicia local, que había huido durante el sitio de Peto, fue reorganizada y formada en cinco compañías mandadas por oficiales de confianza. Se nombraron autoridades municipales y se empezó a reconstruir. Había vuelto la civilización. Octubre y noviembre pasaron asegurando el distrito, tomando garantías de que la rebelión no resurgiría detrás de las líneas, montando una cadena de puestos avanzados, llevando pertrechos. Después fue el último empujón, el que debía poner fin a la guerra. Dirigía la marcha la Cuarta División, que tomó Progreso y Dzonotchel; avanzando una mientras peleaba la otra, ella y la Primera División llegaron a Sacalá e Ichmul, y el 13 de diciembre de 1848 entraron en Tihosuco sin resistencia. La población no había recibido daños, las calles no tenían ninguna vegetación tropical, los edificios de la iglesia y el municipio estaban limpios e intactos. Jacinto no había permitido tonterías en su ciudad natal.

No así en Valladolid, que ocuparon por entonces el Batallón Ligero y la Quinta División: las iglesias estaban sin santos, retablos ni cruces; hasta habían quitado las campanas de los campanarios y las habían enterrado. Las casas privadas estaban saqueadas y quemadas, y se había dejado que la selva invadiera por doquier. Era aquella una cuidad dzul y los mayas, que nunca habían vivido allí, no querían nada de ella. Valladolid, otrora la "Sultana de Oriente", había sido violada, y su reputación ya nunca fue la misma.

Desde Valladolid, las tropas meridionales se desplegaron en abanico hasta Chancenote y Chemax, cerca de la selva; después se reunieron y marcharon por caminos separados, recogiendo prisioneros y botín al pasar, y colmaron el vacío que los separaba de la Primera División en Tihosuco. La victoria militar era completa. Todos los puntos habían sido reconquistados salvo la aislada Bacalar. Nada les quedaba a los derrotados rebeldes sino la desierta selva que bordeaba el litoral oriental, región sin poblaciones, sin aldeas, sin cartografiar y desconocida para el blanco.

Habíanse retirado Jacinto Pat a un lugar llamado Tabi, Bonifacio Novelo a Majas, Cecilio Chi a Chanchén, todos en el corazón de la selva. Cada escondite tenía un cenote y unas cuantas chozas provisionales, construidas por cazadores o agricultores audaces. Empezó la descomposición. El secretario mestizo de Cecilio Chi se había acostado con la mujer del batab; al día siguiente de la caída de Tihosuco, creyéndose descubierto o esperando tal vez una recompensa, asesinó al líder indígena. Cualesquiera que fueran sus planes, nunca pudo realizarlos. Descubierto el homicidio, se defendió en la choza que servía de depósito de armas, aprovechando los muchos rifles que había cargados para disparar desde las vigas contra la vindicativa multitud, que al fin penetró por el techo y lo hizo pedazos. Llevaron el cuerpo de Chi, lo vistieron con sus mejores prendas, con un ceñidor ricamente bordado en la cintura y el machete al costado, y lo enterraron en el cementerio de su lugar de nacimiento, en Tepich. Tal fue el sórdido fin del más temido y firme batab, el descendiente espiritual de Jacinto Canek. El cadáver, mutilado, de su esposa, quedó abandonado a los buitres.

Dispersos en pequeñas gavillas en torno a los pozos de la selva, sin pólvora ni balas, los mayas cosechaban desesperadamente sus ocultas milpas, y perdían las que los soldados descubrían e incendiaban. La rebelión hubiera debido terminar, pero el mismo desconocimiento de la estrategia que les había hecho volverse a la vista de Mérida les impedía ahora reconocer su desesperada posición. Y seguían luchando, aprovechando como mejor podían las escasas oportunidades que se les presentaban. Los tiradores apostados disparaban contra los convoyes; de repente, acometían los puestos avanzados; los correos a caballo desaparecían; y a medida que recobraban su fuerza y cosechaban el grano que quedaba, los fugitivos batabob se ponían en contacto unos con otros, unían sus fuerzas y empezaban a obrar de modo más agresivo.

Se enviaron guerrillas a deshacer esas concentraciones y una de ellas lo pasó muy bien. Un destacamento de varios centenares de hombres de la Cuarta División, mandado por el coronel Vergara, hizo una correría por Culumpich, la hacienda de Jacinto Pat, donde descubrieron gran cantidad de aguardiente. Con aquel feliz hallazgo se improvisó inmediatamente una fiesta, que duró hasta perderse toda disciplina y quedar borrachos perdidos y roncando casi todos, incluso los oficiales. Tal vez fuera intencional, pero el caso es que los mayas atacaron rápidamente para acabar el festín a machetazos. Los pocos que se serenaron al oír los gritos de guerra de los mayas fueron los que salvaron de la extinción a los ofuscados soldados, que salieron de la hacienda en confuso tropel, se retiraron en secciones desorganizadas, cada tambor o trompeta tocando lo que le placía. Hubo alarma en toda la línea y se disparó descarga tras descarga, a ciegas, contra la espesura, hasta que se acabaron las municiones, mientras una pequeña retaguardia mandada por un capitán atacaba y contenía al enemigo real a unos cuantos kilómetros más atrás. De Tihosuco enviaron en su auxilio los efectivos de un batallón, que sólo hallaron pelotones desperdigados errando sin objeto a la luz de la luna o durmiendo la borrachera en medio de la senda, cansados pero felices, con el fusil tirado donde habían caído. Al día siguiente, doliéndoles la cabeza y con la cara enrojecida, volvieron aquellos hombres a Culumpich a mostrar la bandera y buscar alguna excusa para el furioso coronel Rosado.

Para remate, ahí va otra: el bautismo de fuego de los voluntarios norteamericanos. Estos hombres, principalmente procedentes del 13 de Infantería del ejército estadounidense, habían sido dados de baja en Mobile, Alabama, en el verano de 1848, después de terminada la guerra con México. Poco dispuestos a aceptar las monótonas perspectivas de la vida civil y fascinados por lo que habían visto al sur del río Bravo, aceptaron el ofrecimiento del gobierno yucateco: 8 dólares al mes por hombre enrolado, más 130 hectáreas de tierra después de la paz. Este proyecto lo había concebido Justo Sierra para asegurarse la ayuda militar y favorecer la inmigración blanca, pero los norteamericanos tenían planes más ambiciosos. Recordando cómo se habían rebelado los colonos en Texas y habían conseguido aguantar y cuán fácilmente unos cuantos regimientos habían derrotado al ejército mexicano, soñaban grandes cosas: una prolongación de los Estados Unidos en el Caribe, o tal vez un imperio independiente, basado en la esclavitud y la supuesta decadencia de los "latinos", con riquezas, señoritas y poder para cada voluntario de pelo en pecho. Fueron los primeros filibusteros norteamericanos. Formados a las órdenes del capitán Joseph A. White, que se autoascendió a coronel, salieron de Nueva Orleans para Sisal en varias goletas, 938 en total, y los enviaron a Tekax, donde asignaron su puesto a la partida avanzada en septiembre de 1848.

Durante el avance hacia Tihosuco, en las listas de bajas empezaron a entrar nombres tan exóticos como "Ricardo Keli". Incorporados en la 1ª y 4ª divisiones, nunca habían peleado como unidad, pero insistiendo el coronel White, les dejaron mostrar de qué eran capaces y probaron con Culumpich. El rumor de las pesadas botas al marchar, la constante charla a voces en las filas, el humo de las pipas y las flores que iban recogiendo, todo lo observaba con inquietud el veterano yucateco Juan de Dios Novelo, acostumbrado a más cautela en aquella pista llena de emboscadas. Y al llegar a la primera barricada se burlaron de la indicación de Novelo de que realizaran la sólita infiltración por los flancos y armaron las bayonetas para un asalto de frente, seguros de que no había mexicano, y mucho menos indio, que fuera capaz de hacer frente al frío acero. Pero se equivocaban. La primera descarga les dio de lleno, y Novelo se vio bien ocupado para sacar las cuarenta bajas, colgadas en mulas por parejas, uno por cada lado.

Un superviviente de aquello lo contaba muchos años después, con toda la exageración propia del soldado viejo:

Durante las batallas de Peto e Ichmul perdimos muchos hombres. En Santa María perdimos cuarenta y siete, y en Tabi treinta y seis, pero en Culumpich cayeron casi trescientos de nuestros más bravos soldados. Los indios nos hicieron allí una de las suyas; hacían pozos ocultos en el suelo, y en el fondo ponían estacas aguzadas; después asomaban y nos desafiaban; nos lanzamos contra ellos entre hurras y muchos de los más valientes cayeron en las trampas.

Cuarenta no son trescientos, y las fosas con estacas no fueron utilizadas aquel día, según otras fuentes, pero esto da el tono. E. H. Thompson, quien comunicó esto, también oyó hablar de los norteamericanos en el otro lado; he aquí el testimonio de Leandro Poot:

Era fácil matar a aquellos extraños blancos, porque eran altos y peleaban en línea, como marchando, mientras los blancos de Mérida y Valladolid peleaban como nosotros, echándose al suelo o parapetados tras árboles o piedras... Al sol su cuerpo era rojo o rosado, y de sus gargantas salía un extraño grito de guerra: ¡Hu! ¡Hu! [¡Hurra!] Eran valientes y tiraban bien... Nos ocultábamos tras los árboles y las peñas siempre que podíamos, para que no pudieran vernos, y así matamos muchos. Ellos mataban muchos de los nuestros, pero nosotros éramos muchos más que ellos, y tuvieron que morir... Eran valientes, muy valientes. Algunos morían riendo y algunos decían extrañas palabras en su lengua, pero ninguno murió como un cobarde. No creo que escapara ninguno. Pienso que quedaron yacentes en el sitio, porque en aquellos días no teníamos tiempo de comer ni de dormir ni de enterrar a los muertos.

Muchos oficiales norteamericanos renunciaron a la semana a esta clase de pelea, pero otros se quedaron y se portaron como buenos.[3]

La respuesta a estos campamentos adelantados y a las guerrillas llegó en cuanto pudo comprarse pólvora de Belice. Los indígenas dispersos se juntaron, y llegaron cartas pidiendo ayuda a batabob tan alejados como los de los chenes, cerca de Campeche. En Tihosuco mandaba Jacinto Pat; en Sabán, los dos mestizos, Barrera y Encalada. La lucha en esos lugares tuvo aspectos semejantes. Tras del tiroteo aislado inicial y las acometidas llegó la orden

---

[3] Una vez, un pequeño grupo quedó aislado yendo de patrulla: el guía yucateco dijo en sencillo español. "Indios delante, indios detrás." Y señalando una barricada maya añadió: "¡A Tihosuco!" Aquel día salvó la situación la especialidad norteamericana, el ataque a bayoneta calada.

formal de un asalto de cerca: primero, una barricada circular para compensar la defensa de los blancos, después una segunda línea para prestar apoyo, y reforzar los dos muros gemelos con una serie de reductos. Esos pequeños fuertes, llamados plazuelas, eran los puntos de resistencia de las líneas de asedio como de las de defensa, depósitos de munición y centros de reunión para el contraataque; fueron perdidos y reconquistados muchas veces, según cambiaba de bando la ventaja en aquella selva acribillada de balas.

En Tihosuco, el coronel Pren montó su cuartel general en el palacio de gobierno, un edificio de dos pisos como solían ser los de Hispanoamérica: con arcos y balcones a un patio interior y fachadas desnudas para fuera, salvo las ventanas, de marcos ornamentados con conchas esculpidas y cornucopias. Aunque había sobrevivido al primer asedio, el edificio sufría ahora bajo las necesidades militares, con las ventanas cerradas por mampostería, cañoneras abiertas en las paredes y una tronera tosca construida sobre el techo, y no digamos del hedor, la basura y el desorden propios de un puesto de combate. La maciza iglesia se ~onvirtió en arsenal y polvorín; y hasta el terraplén de la pirámide prehispánica que había en el lado sur de la plaza estaba fortificado. Las defensas exteriores eran semejantes a las de los mayas, salvo que se basaban en las casas y tenían cañones en las plazuelas. El coronel Rosado en Ichmul y el coronel Juan de la Cruz Salazar en Sabán hicieron arreglos análogos a los de Tihosuco. Entre las dos poblaciones estaban los dos cuarteles generales de los mayas, el de Jacinto Pat en Xcabil, al norte de Ichmul y el de Barrera en Uymax, al sur. Desde esas aldeas podían moverse de consuno, concertarse contra cualquiera de los campamentos y poner barricadas en los senderos. Si no siempre podían detener las columnas de refuerzo, se lo hacían pagar caro, y hallaban la mayor parte de su parque en los convoyes de mulas capturados.

El sitio de Tihosuco y el de Sabán duraron los meses de la primavera de 1849. Los ladinos tuvieron grandes pérdidas, siempre enredados en las interminables barricadas de piedras. Cuando asomaban los mayas, los deshacían, pero casi tomaron las dos poblaciones, inundando sus batallones las calles, donde los agarraban entre dos tiros desde las ventanas y los techos, porque cada casa de piedra era un fortín. Los ataques nocturnos se hicieron corrientes; se peleaba a machetazos, a pedradas y hasta a puñadas, y los prisioneros jamás sobrevivían. Fue aquel el esfuerzo principal de la resistencia maya. No hubo combates de importancia en las demás regiones marginales por entonces, aunque hubiera refriegas esporádicas todavía. Llegó la primavera, la segunda estación de plantación de la guerra, y aquel año hubieron de hacerse las milpas en la selva virgen, lo más lejos posible de las inevitables incursiones de los blancos. Además, la pólvora se había acabado, y el botín no daba para comprar más, y los comerciantes de Belice (negros, ingleses o refugiados yucatecos) insistían en el pago al contado. La lucha se extinguía.

Relevados de su puesto de Tihosuco, los voluntarios norteamericanos marcharon a Valladolid, donde la mayoría de ellos, con el coronel White, decidieron que aquella clase de guerra no era la que les gustaba y, protestando por la dilación de su paga, se marcharon a su tierra. En lugar del botín fácil de lograr y los "latinos" espantados, habían tenido 60 o 70 muertos y 150 heridos, y lo único logrado a cambio era una nueva opinión de los yucatecos. Seguramente hablaban muy alto cuando se fueron, para disimular aquella salida no del todo honrosa, porque varios meses después se oyeron rumores de que el coronel White estaba reagrupando a sus hombres y tenía la intención de atacar a Mérida y reclamar la paga perdida, con sus dividendos.

Tal no era el caso. El ambicioso coronel se había hecho amigo de un cubano, un político excluido que ansiaba volver a ser alguien. White y sus hombres lo iban a introducir, y se habían reunido en una isla del delta del Misisipí cuando la armada de los EUA les aguó la fiesta. Cierto número de aquellos voluntarios se quedó en Yucatán; más de 140 de ellos formaron una compañía al mando del capitán Kelly y salieron en barco con la 7ª división expedicionaria hacia Bacalar.

Esta población, a 177 kilómetros al sur de Tihosuco a vuelo de pájaro pero mucho más alejada por la sinuosa senda, había pasado la primera parte de la rebelión en inquieto aislamiento. Los mayas de la localidad habían prosperado haciendo de barqueros o muleros en el contrabando con Belice. Había habido allí poca fricción racial, pero la cosa empezó a cambiar cuando llegaron del norte partidas de indios rebeldes a comprar pertrechos con el botín de doce ciudades capturadas, presumiendo de su virilidad y de sus victorias.

Los mayas del sur empezaron a soñar con aquellos almacenes llenos de mercancía. Venancio Pec, uno de los jefes de operaciones de Pat, probó primero el chantaje. Expuso que él no tenía nada contra aquellos blancos, que siempre le habían tratado bastante bien, pero por favor necesitaba seiscientas veinticinco libras de pólvora, cierto número de rifles, y con eso se iría, porque si no... El capitán Pereira, de la milicia, contempló sus cañones, los instaló en reductos, preparó la antigua fortaleza de San Felipe, envió a los no combatientes a Río Hondo para esperar los acontecimientos en el lado mexicano y dijo que no. La metralla causó estragos en los alocados reclutas mayas, hasta que Pec les enseñó cómo se hacía: haciendo rodar peñas con los pies como habían hecho en Tekax y adelantando las barricadas lo bastante para que el asalto decisivo no fuera costoso. Así lo hicieron en diversos puntos y penetraron en la ciudad. Cuando Pereira veía a un profesional, sabía reconocerlo. Recordando que no tenía pertrechos suficientes para un asedio, entregó Bacalar por la vida de sus hombres, quienes salieron desfilando bajo las armas: dos filas de soldados y los civiles que quedaban en medio.

Al otro lado del Hondo, el coronel Charles Fancourt, superintendente de la Corona en Belice, acogió a los refugiados que se establecieron en varios lugares del norte de aquella colonia inglesa, sobre todo en Punta Consejo. Después, Fancourt envió una carta al nuevo "magistrado civil principal de Bacalar", pidiéndole la protección de los súbditos ingleses, y en correspondencia posterior le dio claramente a entender que la frontera seguía abierta al comercio. El que Venancio Pec fuera un salvaje aullador o un magistrado civil dependía del punto de vista, y el inglés no recordaba las sutiles distinciones raciales locales. Criollo, ladino, mestizo o indio era todo uno para el inglés (es decir, no eran ingleses) y esta actitud era particularmente ofensiva para los yucatecos de la clase superior. Esto en cuanto al aspecto sentimental. En cuanto al lado práctico, Fancourt se negó a la petición de cañones que le hiciera Mérida así como a prohibir la venta de pertrechos militares a los mayas, porque le parecía que aquello era más una guerra política que racial, y en ella era neutral. Tenía que serlo. No había más de 1 000 blancos dispersos por la colonia inglesa, con cosa de 5 000 mulatos y esclavos negros, y los refuerzos tenían que venir de muy lejos. En marzo de 1848 habían penetrado bastante algunos mayas huites en Belice y atacado el establecimiento de Hill Bank con arco y flechas (único caso en que se habló de tales armas). Y el superintendente no había podido enviar más de 30 policías; después habían llegado refuerzos, 100 hombres en total del 1o. regimiento de las Indias Occidentales, provistos del innecesario consejo de evitar un conflicto.

Así siguieron las cosas. Los comerciantes y contrabandistas ingleses sabían que sus parroquianos necesitaban plomo, pólvora y rifles, y se los enviaban de Belice en goletas o en canoas planas de arrastre llamadas "pitpans". El que esos artículos se pagaran con bienes robados o con despojos de guerra dependía también del punto de vista. La reacción fue acalorada en Mérida, donde se enumeraba la clásica lista de hechos, naturales en quienquiera le vendía armas de fuego a un indio. La menor de las acusaciones era la existencia de un complot inglés para apoderarse de la parte oriental del país... cosa que todavía se cree en Yucatán.[4] Aunque

---

[4] Los yucatecos, convencidos de que Belice les pertenece, jamás emplean su actual nombre de Honduras Británica; Guatemala considera la

120

es cierto que hubo un número de batabob que después llegaron a desear la protección de la reina Victoria, no hay pruebas de que los ingleses pensaran jamás seriamente en aquel plan imperialista.

Los mayas, rechazados de las ciudades y los pueblos hacia la selva oriental, seguían peleando. El gobernador Barbachano decidió que debería cerrarse la frontera inglesa para detener la corriente de material de guerra y aislar a los rebeldes de su único sostén. Esta tarea le encomendaron al coronel Cetina, con 800 hombres de la Séptima División, recién formada, entre ellos una compañía de norteamericanos. Salieron de Sisal en el vapor español *Cetro* el 20 de abril de 1849. Después de un viaje, de ocho días, costeando la península (pagado con el producto de la venta de esclavos mayas a Cuba, de que después hablaremos), las tropas desembarcaron en una isla cerca de la desembocadura del río Hondo para hacer piernas, y allí las distribuyeron en veinte canoas con ración para una semana por hombre. Quinientos de ellos pasaron al continente y siguieron marchando por la orilla septentrional del río, guiados por refugiados de Belice, mientras la flotilla de canoas iba río arriba apoyada por el *Titán*, una goleta armada.

Es el Hondo un río angosto, de márgenes muy boscosas, pero todo fue bien hasta que la flotilla se topó con un pequeño poblado, a cosa de 4 o 5 kilómetros de la bahía, donde fusileros ocultos abrieron el fuego contra la canoa que iba delante, le dispararon más de cien tiros y mataron o hirieron a todos los que iban dentro. Se estaban dando las condiciones para un degüello a medida que aquella canoa y otras se deslizaban desamparadas río abajo, pero los que iban por tierra corrieron al oír los disparos, atacaron por el flanco la emboscada y se restableció el orden. Protegidas por el cuerpo principal, las canoas ya no tuvieron problemas, atravesaron varios puntos fuertes sin defensa, incluso uno donde montaron cañones y llegaron a un pequeño río, el Chaac.

En ese punto quedó la goleta guardada por 50 hombres, mientras los demás proseguían, obligados a descargar las canoas y arrastrarlas por los pantanos y los canales superficiales del Chaac, en que trabajaron toda la tarde y la noche, y muy de mañana llegaron al lago. Los de tierra, después de atravesar el Chaac se habían abierto paso peleando en torno al extremo meridional del lago Bacalar, contra una resistencia creciente. El contacto entre los dos grupos se estableció al segundo día, y los heridos fueron en las canoas. Pero el avance se retrasaba, y cuando Cetina se presentó aquella noche degradó a uno de sus coroneles por

colonia una de sus provincias, y en todos los mapas nacionales la pone dentro de sus límites. forma bastante inocua de agresión.

falta de ánimo y ordenó un ataque nocturno contra las líneas enemigas, atravesando las aguas. Así se hizo, y las tropas desembarcaron tranquilamente y marcharon sin ser descubiertas hasta una posición situada detrás de la ciudad de Bacalar. Cargaron desde allí, con los mayas haciendo frente al otro lado, concentrados contra el cuerpo principal, tomaron veinticuatro barricadas indefensas de una acometida y se apoderaron de la ciudad, la fortaleza y muchas tortillas y abundantes frijoles, acogidas unas y otros con algazara.

Una cosa era tomar a Bacalar y otra conservarlo. El fin de la expedición, privar a los mayas de acceso a Belice, implicaba no sólo ocupar la ciudad sino un largo trecho de selva, pantanos y río. Cetina puso a todo el mundo a trabajar en una cadena de dieciséis puestos avanzados a orillas del lago, con la fuerza mayor en los extremos norte y sur, apoyados por una cañonera para detener todo el tránsito de canoas. Se conservó una base a la entrada del lago del Chaac para mantener abierto el paso y dominar los tremedales, mientras el *Titán* patrullaba por el Hondo y una segunda goleta cruzaba frente a la costa por la bahía. En conjunto, esto venía siendo un bloqueo de más de 80 kilómetros de litoral, lo cual obligaría a los mayas a portear sus provisiones por sendas tanto más largas, paralelas a los puestos avanzados de los ladinos y vulnerables por las emboscadas.

No tardó Jacinto Pat en conocer la gravedad de la amenaza. A pesar de ser la estación de plantar, y de su propia y precaria situación cerca de Tihosuco, envió cuatro o cinco mil hombres mandados por José María Tzuc. Estas fuerzas empezaron a hostigar a Bacalar en mayo y junio, montando ataques cada vez más frecuentes, golpeando contra los puestos avanzados para acabar sitiando la ciudad. A las tres de la mañana del 29 de junio de 1849 lanzaron un asalto general. Los clarines de los ladinos empezaron a pedir ayuda de arriba para abajo por las orillas del lago, a medida que cada puesto se veía atacado, y varios puestos cayeron y sus guarniciones fueron degolladas. Al penetrar el aluvión de mayas en la ciudad, obligaron a retroceder a las cuadrillas de socorro. Los soldados se retiraron de barricada en barricada, levantando otras nuevas a medida que pasaban, todo ello en las tinieblas y una total confusión, pero por algún milagro resistieron hasta el alba, en que la artillería del fuerte sacó a los mayas de la ciudad y eso sirvió de respiro.

Pasaron semanas de continuo pelear sin que se avizorara una victoria decisiva, y el aislamiento empezó a obrar en la mente de los soldados. Sólo les habían enviado un refuerzo, de 100 hidalgos indígenas, destinados por lo visto a reemplazar a los 253 que estaban hospitalizados con malaria, y a los centenares de muertos y heridos. Los sitiados no habían podido comprar mucho maíz de Belice, y en las correrías casi no habían encontrado nada. Las raciones eran malas y escasas. Unos quinientos refugiados habían vuelto a Bacalar con las tropas, pero en esas condiciones empezaron a abandonarla por Belice.

Era Cetina un hombre inquebrantable. Un buen día anunció que todos los que quisieran pasaporte para salir del país debían pedirlo. A los cinco o seis que dieron un paso adelante, los mandó desarmar y fusilar. Se pidió clemencia por un padre y un hijo, y el coronel perdonó al muchacho pero fusiló al padre. Otra víctima fue Vito Pacheco, un mendecista que había hecho política activa hasta la vuelta de Barbachano al poder, momento en que había huido a la costa oriental, donde se había mantenido pescando con una goletita y, según se decía, llevando armas a los mayas. Al aparecer la 7a. división había ofrecido sus servicios, y su embarcación se había transformado en guardacostas, con una dotación de 25 hombres. Ahora que las cosas se ponían feas declaró un sargento que Pacheco había vuelto a sus antiguos tratos. El coronel Cetina lo mandó llevar a la fortaleza, lo trató amablemente y después, a media comida, le anunció en tono amistoso que aquella sería su última comida en la tierra... porque lo iban a fusilar. El consejo de guerra y el sacerdote tardaron poco en cumplir su cometido.

Con estos procedimientos convenció Cetina a sus hombres de que estaba decidido a conservar a Bacalar, aunque los tuviera que ir matando a todos uno por uno, y que la única esperanza de ellos estaba en obedecer. Cuando no los tenía peleando, los mantenía ocupados. Talados los bosques cercanos a la ciudad, se construyó una empalizada con un foso, y los cañones coloniales de San Felipe fueron compuestos y emplazados nuevamente. Con la adición de una cañonera a la patrulla del Hondo, Cetina tenía una posición bastante floja entre los ingleses y sus clientes.

6
ESTANCAMIENTO [1849-1850]

Según los textos, es victoria militar la derrota de un enemigo en el campo de batalla, la ocupación de su país y la destrucción de sus instrumentos de guerra y sus medios de sostenimiento. En Yucatán se había logrado todo esto. Todas las ciudades y todos los pueblos que estaban en el mapa se habían reconquistado, mantenido frente a los contraataques y fortificado debidamente: los mayas muertos, capturados o expulsados de su territorio, y su línea de aprovisionamiento con Bacalar, quedaba cortada. Fugitivos de sus hogares, de los pueblos de los cocomes, de los chenes, de las comarcas que rodeaban a Valladolid y Tihosuco, los indios se refugiaron en las profundidades de la selva no cartografiada del sur y el este.

No se trataba sencillamente de la retirada de un ejército sino de la migración forzosa de toda una población, con sus ancianos, sus mujeres y sus niños; y como tal, solamente era la intensificación del movimiento que había empezado doscientos años antes bajo la lenta presión de la población en crecimiento y de la opresión blanca. La pobreza de los mayas simplificaba el desplazamiento. Podían abandonar sus chozas y construirse otras con material que hallaban a mano en el nuevo campamento; sus hamacas no pesaban, no había mesas ni sillas por que preocuparse, ni muchas prendas de vestir tampoco; los tazones, los jarros, las tapaderas de fogón para hacer tortillas y las calabazas o guajes podían reemplazarse, y para el hornillo se hallarían nuevas piedras. Aunque desconocida, la selva nueva sería parecida a la otra, muchas cosas parecerían familiares, y no era nada nuevo desmontar una milpa en la selva para hombres que lo hacían todos los años. Las únicas necesidades, pues, eran un machete, una escopeta con algo de munición, y alimento.

El alimento era el problema, el hambre era el enemigo que perseguía a los indios por mucho que se adentrasen en las selváticas espesuras. Su principal provisión era el maíz seco y descascarado en costales de 160 kilos (cargas), y llevado a cuestas mediante una soga que se apoyaba en la frente. Los batabob, los jefes indígenas que habían cogido buen botín, llevaban mulas para ayuda, pero casi todos los demás (incluso mujeres y niños) tenían que hacer de bestias de carga para sí mismos. El maíz, la vital simiente de maíz, posibilitaría nuevas milpas y los alimentaría hasta que pudieran cosechar. Había otros alimentos (frijoles, chile, calabaza, camote, puercos y pollos) pero siempre escasos, y lo que no podían llevarse lo ocultaban con la esperanza de la vuelta. La contraofensiva ladina se había desarrollado precisamente al acercarse la cosecha de 1848 y al atravesar la región cultivada, los soldados habían heredado gran parte de esa cosecha. La plantación de 1849 se había hecho aprovechando cualquier descuido, con vigías espiándoles desde la cima de los árboles, acechando las reveladoras columnas de humo cuando se quemaban los campos en abril, que señalaban la dirección en que se podía montar una trampa para agarrar a los agricultores. Pero había suficiente para una supervivencia hambrienta y torva.

La derrota, el hambre y el desvanecimiento del gran sueño de un reino macehual los amargaban. Como animales caídos en una trampa, los rebeldes se volvían contra sí mismos: después del asesinato de Cecilio Chi, una nueva rivalidad nació entre Jacinto Pat y los dos oficiales del jefe muerto, Florentino Chan y Venancio Pec. Más familiarizado Pat con el mundo de allende los pueblitos, y conociendo que a la larga ganaría el poder blanco, trató de evitar nuevas catástrofes negociando, estableciendo contacto con un ministro protestante en Belice y escribiendo al superintendente Fancourt. A Chan y Pec llegaron los rumores de esa comunicación, y recordaron el tratado firmado en Tekax, el estandarte y el bastón que proclamaban jefe de los mayas a don Jacinto. Aquel tratado había parecido vano y estúpido entonces, pero ahora, con la emotividad de la prolongada fortuna, se consideraba alta traición. El 3 de septiembre de 1849 escribía Venancio Pec una carta dirigida a los capitanes, los sargentos y alcaldes, dondequiera que pudieran ser hallados, en que denunciaba a Pat por apoderarse del botín de los demás, por poner impuestos a sus hombres para comprar material de guerra y por aplicar el trabajo obligatorio e imponer la disciplina a latigazos. La guerra contra los blancos, decía la carta, se había hecho para librarse de tal opresión. Naturalmente, eso era propaganda, porque cada nuevo líder adoptaría los métodos antiguos. La carta también insinuaba que todavía vivía Cecilio Chi, quien había decidido que don Jacinto y quienquiera pensase como él debían ser muertos donde se les viera.[1] En realidad, es probable que el envío de la carta se retrasara hasta que las razones que contenía resultaran completamente desprovistas de objetividad.

---

[1] El referirse a Chi en tiempo presente podría haber sido un error de la traducción al español, pero es más probable que fuera un esfuerzo deliberado por lograr el apoyo de los partidarios de Chi. Se ha discutido la fecha de la muerte de éste, pero ningún autor la pone después de mayo de 1849, y los mejores datos apuntan al 14 de diciembre de 1848.

El 8 de septiembre aparecía Pec en el campamento de Tabi, cuartel general de Pat, y descubría que su presa había salido el día anterior, según se dijo, para llegar a Belice con 5 000 pesos, destinados a comprar armas, o la paz, o tal vez un refugio al otro lado de la frontera. Pec se apoderó de varios jefes de Tabi y con ellos corrió hacia el sur; en la fuente silvestre de Holchén, a unos ochenta kilómetros de Bacalar, agarró por sorpresa a Jacinto Pat y lo asesinó. Fue un acto que simbolizaba el futuro. La muerte del gran Cacique de Yucatán repercutiría en el asesinato de líderes macehuales todavía por surgir, en la supresión de repetidos intentos de lograr algún acomodo con el mundo exterior desde aquel mundo que acababa donde acababa la selva.

Venancio Pec y sus partidarios dominaban entonces en el norte y Florentino Chan en el sur de la selvática faja costera que seguía en poder de los mayas; mas no estaban en condiciones de ejercer mucho dominio. Las columnas de los dzulob y la independencia natural de la vida aldeana obraban contra la autoridad central. Cada unidad aldeana se había tenido siempre a sí misma por familia autosuficiente y unida frente a los de fuera, y este modo de ver, sólo parcialmente fue modificado por la pelea común. Si así resultaba menos eficaz la ofensiva, también esos grupos eran capaces de vivir sin apoyo emocional en la defensiva, y era necesario aplastarlos uno por uno. Al principio, los pueblos habían peleado en compañías milicianas de tamaño vario, de 50 a 300 hombres, mandados por oficiales al estilo ladino.[2] Muchas de esas compañías fueron diezmadas, y los supervivientes se unieron a otras unidades, mezclándose y fundiéndose según los avatares de la guerra. A medida que los batabob morían, eran capturados o perdían influencia por perder a sus hombres, nuevos jefes ocupaban su lugar; el prestigio de un líder dependía en gran parte de su personalidad, pero siempre quedaba la lealtad a la compañía, a la unidad que había reemplazado a la aldea. Zacarías May peleaba por su cuenta en tierra de chenes, y tenía su cuartel general en Machanché, más, abajo de Iturbide; Angelino Itzá se pasó la guerra con su gente en Chichenhá, al sudoeste de Bacalar, y se mantuvo alquilando tierra productora de madera y vendiendo caoba a los taladores ingleses; y fueron muchedumbre los jefes menores, muchos de ellos mestizos, que obraron de modo igualmente independiente.

Bonifacio Novelo, experto en sobrevivir, todavía andaba por

---

² Estos grupos aldeanos no eran pequeños. En diciembre de 1849 comunicaba Pedro José Ix, primer capitán, haber llevado a salvo a los que fueran habitantes de Oxkutzcab al rancho de Dzibilum, en un lugar no determinado de la selva oriental; la gente que mandaba se acercaba en número a los 4 000.

tierras de Valladolid y de Cruz Chen. José María Barrera, el oficial de Pat, seguía mandando en Kampocolché, y Pedro Encalada había hallado nueva patria chica en Lochá, donde duró mucho tiempo. Estos mestizos, que habían estado con la rebelión desde el principio (barbachanistas equivocados, o desertores que se habían pasado a los que parecían ganar) tenían una autoridad desproporcionada para su número. Estaban más capacitados, y acostumbrados a dominar a los mayas de sangre pura. Lógicamente, no había razón para considerarlos traidores a la raza blanca, pero así los veían los ladinos, y cuando los capturaban siempre los fusilaban. Después de los fallidos asedios de Tihosuco y Sabán, estos hombres y sus bandas se vieron obligados a mantenerse a la defensiva. No era una defensa pasiva. En una correría que hicieron hasta las calles de Valladolid, arrasaron el pequeño campamento adelantado de Map, y tomaron provisiones y armamento; y las incursiones que los blancos siguieron haciendo por su territorio durante toda la estación lluviosa siempre hallaron, por lo general, calurosa acogida.

El mayor triunfo maya de la estación fue en Tituc, plaza situada a cosa de cuarenta y ocho kilómetros al sur de Sabán. Fue ocupada como punto de partida para una marcha por el campo hasta Bacalar, que dirigirían los coroneles Pasos, Pavía y Juan de Dios Novelo (ascendido a capitán desde su aventura con los voluntarios norteamericanos). Estos jefes, con 535 hombres, estuvieron dieciséis días sitiados en Tituc, atrayendo mayas del sitio de Sabán y de otros lugares, hasta que se decidieron a abandonar aquello y retirarse a Sabán. A unos cuantos kilómetros de Tituc, una barricada fuertemente defendida los detuvo tiempo suficiente para que la columna se convirtiera en confuso montón; inmediatamente los atacaron por los flancos, y cesó la resistencia para dejar paso a una escena de las que habían señalado el principio de la guerra. Los mayas cogieron 100 caballos de carga, 78 mulas con todo lo que llevaban, 48 cajones de parque, muchos rifles y abundantes pertrechos de otros géneros. De los 535 hombres que salieron de Sabán, volvieron 204, muchos de ellos heridos. El coronel Juan de Dios Novelo no estaba entre ellos: había caído con la espalda pegada a un árbol, empuñando pistola y espada.

Esta victoria y la toma de Map fueron obra de José María Barrera, cuya consideración creció mucho entre las tribus. Más adelante mejoró su reputación, al capturar un convoy débilmente guardado de noventa mulas y desalentar una segunda marcha sobre Tituc. Pero con todo aquello llamó la atención de los ladinos, y el ejército envió dos columnas contra él, una desde Tihosuco contra su cuartel general de Kampocolché y otra de Sabán a Tabi. Sorprendido, perdió el caballo y hasta el machete y se salvó de milagro, huyendo a pie por los matorrales. Estas acciones fueron parte de una serie de agresivas correrías de represalias lanzadas al llegar el buen tiempo, que castigaron duramente a los mayas orientales y les obligaron a retroceder hacia la costa.

La bahía de la Ascensión adquirió importancia después de quedar cortada la vía de aprovisionamiento de Bacalar. Su ubicación era central para el comercio de las armas, cerca de los clientes y llena de isletas y de esteros pantanosos que brindaban escondite. No tardaron en descubrir estas ventajas los ingleses, así como los yucatecos que chaqueteaban y desertaban; pequeñas goletas empezaron a efectuar regularmente viajes a la bahía. Era cosa arriesgada. La armada mexicana tenía una patrulla, y todo el litoral presentaba peligro, por los caprichosos y aviesos vientos. Pero los beneficios valían la pena.

Era, pues, Ascensión, un lugar indicado para que el superintendente de Belice se encontrara con los dirigentes mayas. Habiendo recibido Fancourt carta de Jacinto Pat en que le manifestaba su interés por la paz, procedió a obtener la aprobación de México para hacer de intermediario. El 15 de noviembre salía para Ascensión, donde halló en la playa miles de mayas, que habían acudido a ver a los amistosos dzulob. En una conferencia con Venancio Pec y Florentino Chan, Fancourt escuchó las conocidas quejas de los impuestos opresivos, de las atrocidades cometidas por los soldados en el frente, independientemente de las órdenes dadas por el gobierno mexicano, y supo que los jefes sólo aceptarían la independencia total del terreno que ocupaban. Pec pidió incluso que quedaran bajo la soberanía inglesa, y al serle negado esto, propuso ir a Inglaterra a hablar con la reina Victoria. Fancourt prometió transmitir a México las condiciones de los mayas y se volvió a su territorio.

Los yucatecos ansiaban la paz, y enviaron una comisión de sacerdotes, encabezada por Canuto Vela, para que estableciera los contactos posibles y conviniera la rendición de las fragmentadas gavillas mayas. Los sacerdotes estaban en situación bien difícil. Horrorizados por lo que veían en el frente (sobre todo la matanza de prisioneros, combatientes o no, y la violación sistemática de las mujeres), sus reproches los hacían muy mal vistos entre las tropas, y el único modo que tenían de llegar hasta los mayas era ir con las correrías, lo cual estaba en contra de su misión. Y los indígenas les habían perdido todo respeto. Las respuestas más amistosas a las cartas de los sacerdotes decían: "Váyanse de aquí y así habrá paz." Pero el ejército no podía irse. Una cosa era dominar la región y otra hallar trabajadores para el campo; estando los criados de antaño con el enemigo o sirviendo en los cuerpos de trabajo del ejército, el estado tenía una terrible escasez de trigo, y los soldados se veían en la obligación de robar su cosecha a los rebeldes para poder mantenerse. Aceptaban prisioneros cuando era posible, pero seguían con sus correrías, independientemente de los tratados en vista. Los oficiales ladinos, con un ejército de diecisiete mil hombres, creían que su enemigo estaba vencido y que bastaría otro esfuerzo concertado para acabar la guerra; no estaban dispuestos a dejarse engañar ni demorar por la probabilidad de un armisticio.

La estación de las secas fue plenamente utilizada (septiembre de 1849 a abril de 1850). Las guerrillas de 400 hombres se transformaron en columnas de a 1 000, que se unían para pelear cuando encontraban oposición y después se separaban para buscar las milpas nuevas, las provisiones ocultas y los fugitivos dispersos. Las columnas marchaban a discreción, hasta más abajo de Iturbide, hasta más allá de Becanchén, repetidas veces a Kampocolché, donde habían instalado un campamento adelantado, hasta la costa oriental, en Ascensión y hasta Cruz Chen. En aquel periodo recogieron 500 armas de fuego, 800 caballos y mulas y más de 4 000 prisioneros. Parecía como que los militares entendían mejor aquello. Pero los cautivos eran principalmente no combatientes, mujeres, niños y ancianos, sorprendidos en el lugar donde se habían refugiado; de los mismos partes se colegía que sólo 51 de los miles de cautivos habían sido agarrados con las armas en la mano y sólo 152 habían sido muertos. Aunque tal vez estas cifras no fueran muy exactas, bastaban para comprender la verdad: que aquellas victorias eran más gloriosas que sustanciosas. Las correrías anulaban todo lo que hubiera podido lograrse por las negociaciones. Los sacerdotes lograron algo aisladamente: cien mayas aquí, cincuenta allá, a medida que los cabecillas se rendían cuando se veían muy acosados, y aceptaban las tarjetas de amnistía distribuidas por prisioneros dados suelta.[3]

Y aunque fueran miles los prisioneros, decenas de miles quedaban todavía en las selvas, endurecidos por las penalidades y convencidos por los tratados violados de que no les quedaba la solución de rendirse. Fue típico el caso de José María Barrera, quien recibió ofrecimiento de mediación del sacerdote Vela, secundado por el coronel Novelo, antiguo compañero de armas y

---

[3] Esas derrotas eran muy duras para los rebeldes. El capitán Francisco Cob escribía a su jefe, Calixto Yam, preguntando si quedaba alguna fuerza para perseguir a los que tanto daño habían hecho, porque de no ser así, iría a los bosques a morir. Ya no tenía ninguna otra esperanza. Pero la desesperación no era general. Aproximadamente por entonces le escribía a Yam Venancio Pec que le dejara a los que venían y Pec se lanzara contra Sabán y Tihosuco... con la firme resolución de acabar con esas poblaciones, para que se vieran los resultados lo más pronto posible.

de barbachanismo, que le apremiaban a que se rindiera al partido victorioso... como si aquello importara entonces. Al principio Barrera se negó, sabiendo que había patrullas acechándolo; pero habiéndose concertado una tregua de quince días, escribió que reuniría a los jefes locales e irían al campo de su antiguo cuartel general de Kampocolché el 4 de mayo. Venancio Pec había ido a Belice a comprar provisiones, pero allí se olvidó de la guerra, la derrota y su responsabilidad en el aguardiente, y no hubo manera de hablar con él; y Florentino Chan sencillamente se negó a aceptar la invitación de Barrera.

Todo esto le fue comunicado al jefe de la región, coronel Octavio Rosado, quien, tanto como cualquier otro, había iniciado la guerra con la ejecución de Manuel Antonio Ay. El coronel fue a Kampocolché para estar allí al final. Pasaron el 4 y el 5 de mayo sin que se viera señal de Barrera ni de sus jefes, y el 6 de mayo decidió Rosado que todo aquello no era más que una treta para ganar tiempo; atropellando las objeciones de los sacerdotes, mandó fieramente a sus guerrillas internarse en la espesura. Sorprendiendo campamento tras campamento, cosieron a bayonetazos a 72 indígenas, hicieron 228 prisioneros, recogieron mucho botín y perdieron solamente un fusilero y dos macheteros. No se halló a Barrera. Fue una gran victoria para el coronel, mas generaciones de yucatecos todavía no nacidas iban a tener que pelear y morir por aquello. Vela había escrito a Barrera a última hora avisándole del ataque que se avecinaba, negando toda complicidad y enviándole su despedida pero, naturalmente, la carta llegó demasiado tarde.

La amenaza de extinción había producido un enorme esfuerzo militar; ahora se planteaba la cuestión de quién iba a pagar. Gran parte de la cantidad aprontada por los mexicanos, de 150 000 pesos, se tuvo que gastar, necesariamente, en rifles y municiones (rifles y municiones norteamericanos que de todos modos eran sobrantes, de modo que el dinero gastado por los Estados Unidos para legitimar el Destino Manifiesto volvía otra vez a su casa). Quedaba poco para comer. En agosto de 1848 celebró un convenio el gobierno yucateco con comerciantes de su país para la importación de un millón trescientos mil kilos de maíz, 225 000 kilos de frijoles, 272 000 kilos de galletas y otros artículos alimenticios, poniendo los comerciantes el dinero y efectuándose el pago con los derechos de importación. Esas provisiones se agotaron pronto, los derechos no produjeron la cantidad prevista y no pudieron celebrarse nuevos contratos. En aquellos años fueron muy fuertes los impuestos, pero con la agricultura y el comercio en ruinas y menos causantes en la nómina, aquella fuente de ingresos se agotó pronto. Lo peor de todo fue que en abril de 1849 se terminó la asignación mexicana.

La indicación más vívida del desastre causado por la rebelión está sencillamente en las cifras que muestran la merma de la población entre 1846 y 1850 . He aquí la tabulación por distritos:

Distrito	Censo de 1846	Censo de 1850	Merma
Mérida	118 839	91 299	27 540
Valladolid	97 468	23 066	74 402
Izamal	72 096	67 423	4 673
Tekax	134 000	35 505	98 493
Campeche	82 232	82 232	0
Total	504 635	299 525	247 118

En resumen, la población de Yucatán casi a la mitad. Los distritos de Valladolid y Tekax, en que entraba casi toda la zona marginal, salvo la parte meridional de los chenes, perdieron aproximadamente setenta y cinco por ciento de sus residentes, y el distrito de Mérida más de veinticinco por ciento. En 1862 había en el distrito de Valladolid 19 ciudades o poblaciones grandes, 124 haciendas y 211 ranchos saqueados y abandonados, casi todos desde los primeros cincuentas. Tenemos que renunciar incluso a la dudosa seguridad de estas cifras cuando tratamos de explicarnos la población actual. Un cálculo basado en los datos nos diría que en 1850 había unos 80 000 rebeldes. Unos 10 000 mayas y ladinos buscaron refugio en Belice, y unos cuantos miles más (que no contaremos) huyeron a Guatemala; cosa de 10 000 ladinos tal vez se embarcarían para ir a Cuba, Tabasco o Veracruz. Esto nos deja todavía 147 000 personas sin justificar, que seguramente serían los muertos: treinta por ciento de la población muerto por armas de fuego, machetes, hambre o enfermedad. Ningún h-men había previsto tal desastre.[4]

El único recurso natural de Yucatán había sido la tierra y la gente que la trabajaba. Ahora se había recobrado la tierra, pero no la gente, y faltaba el alimento para los supervivientes. Arriesgándose a los disparos de los tiradores apostados o a un machetazo mientras cosechaban los campos de los rebeldes, a los soldados no

[4] Se trata de un cálculo conservador. En un informe de la época hacían ver Regil y Peón (de donde tomamos la tabulación que antecede) que los funcionarios que intervinieron en el censo de 1846 tenían razones poderosas, como la distribución de impuestos y las cuotas militares, para contar de menos en sus distritos. Después de un cuidadoso examen de las inexactitudes del censo, calculaban que la población total de 1846 era de 575 362 personas... lo cual daría una merma total de población de 274 906, y un porcentaje de muertes presumibles de 35 por ciento.

les gustaba ver que se malgastaba ese mismo grano con los salvajes cautivos y, a menos de recibir órdenes directas, o por los cinco pesos de recompensa, no tomaban prisioneros.

Teniendo presente todo esto, el gobernador Barbachano dio un paso por el que todavía se recuerda su nombre en México. Se puso a vender mayas a Cuba. Había muchas justificaciones en apariencia: les salvaba la vida; eran rebeldes y por lo tanto podían recibir el castigo más severo (la ejecución o, como había decretado el Congreso, diez años de destierro); los expedían con un contrato por diez años; y finalmente, el estado necesitaba dinero. De todos modos, no dejaba de ser esclavitud. El primer contrato fue de veinticinco pesos por cabeza; el 5 de marzo de 1849 embarcaron para La Habana 140 y el 15 de mayo, 195; los 8 375 pesos que produjeron se utilizaron para transportar la 7a. división expedicionaria a Bacalar. El cónsul de México comunicó a la capital de la nación la llegada de los prisioneros a La Habana, y al clamorear la prensa mexicana pidiendo la cabeza de Barbachano, ordenó a regañadientes que cesara aquel tráfico. No se habían derramado lágrimas por los cautivos enviados a Veracruz, porque aquello era territorio nacional; pero para los indios daba igual. Lo malo era que México también tenía bastante trabajo esclavo. En un artículo de periódico no tardó en proponerse que se enviaran 10 000 mayas a Cuba y que se emplearan los 50 000 dólares de adelanto recibidos por sus salarios en el sustento de viudas, huérfanos y veteranos inútiles, así como para hacer préstamos a los negociantes y reanimar el comercio. La idea era interesante y nada fácil de olvidar.

Pero la cuestión de los esclavos mayas recordó a México la desesperada situación de Yucatán. Se renovó el subsidio, que subió a 16 000 pesos al mes; además se enviaron soldados, trescientos de una guardia adelantada, y un nuevo jefe, el guerrero comanche general Manuel Micheltorena, para reemplazar al general López de Llergo. El general mexicano llegó a Campeche el 5 de febrero de 1850. Fue primero a Mérida, donde le dieron un baile y conoció a las personalidades; a continuación tomó el mando (11 de febrero), y dio una vuelta de inspección, escoltado por la distinguida caballería voluntaria. Aquello tenía un cariz definitivo y parecía indicar que con una campaña más acabarían todos los transtornos. (Esto lo pensaron después muchas veces los yucatecos.)

Micheltorena fue primero a Valladolid y de allí a Tihosuco. Bien protegido, visitó cierto número de campamentos adelantados, las bases para las incursiones en la selva, felicitó a los coroneles victoriosos y se enteró de los detalles de la guerra en la manigua. El veterano coronel Octavio Rosado fue nombrado jefe de las Fuerzas de Restauración en el sudeste y el general Cadenas en el norte. Aquellas espesuras, tan diferentes de las azules lejanías y las yermas montañas de Chihuahua, debieron parecerle extrañas a Micheltorena, y sin duda comprendió que tenía que aprender más que enseñar. Lo único que pudo hacer fue recomendar a sus jefes y oficiales que continuaran en tan buen camino mientras él se ocupaba en avituallar a su ejército.

Éste era precisamente el problema principal. Al acercarse la estación de las lluvias, las milpas enemigas más accesibles habían sido saqueadas o cosechadas, y la cosecha estaba ya escondida. Los hambrientos soldados hicieron muchas incursiones y volvieron con nuevos agujeros en los cinturones y nada para los civiles que quedaron atrás. Alguna que otra vez había actos de insubordinación o motines, que solucionaban los pelotones de ejecución, pero la mayoría de los combatientes se atenía ceñudamente a sus tareas. Y así estuvieron marchando hacia el sur y hacia el este en toda aquella tercera primavera de guerra, bajo la lluvia, por los senderos inundados, en el lodo que atascaba las mulas, con el estómago vacío, la ropa siempre mojada, los rasguños infectados que no se secaban nunca: eran hombres enfermos y muertos de hambre, a caza de un enemigo enfermo y muerto de hambre pero siempre al acecho. La mayor operación de aquella primavera fue la marcha de 700 hombres, mandados por el coronel Patricio O'Horan, desde Kancabchén hasta Bacalar, al sur. Hallaron algo de maíz en aquella tranquila región y mataron a 177 indígenas, cuyas bases mal guarnecidas recorrieron y quemaron.

La aislada guarnición de Bacalar había sufrido aún más intensamente la enfermedad y el hambre. El coronel Cetina envió a su lugarteniente por mar para que llegara a Mérida y pidiera ayuda para los 800 supervivientes. En lugar de eso, el teniente coronel González volvió con otros 500 hombres de refuerzo. Con esta nueva dotación se organizó una guerrilla de tamaño regimental que debía romper las líneas de asedio y penetrar hasta el río Hondo, donde irían en canoa y desembarcarían cuando fuera necesario para tomar las defensas ribereñas. En la segunda mañana de su salida llegaron al poblado de Cacao, que era poco más que una casa abandonada; había señales de ocupación en la ribera mexicana, y en el otro lado un amontonamiento desordenado de barriles de pólvora, guardado por un inglés que servía de advertencia, plantado tranquilamente en el terreno de su Majestad británica.

Aquel año había recibido casi todas las samanas el superintendente Fancourt quejas de que "los españoles" detenían arbitrariamente a los pacíficos leñadores ingleses en el río y les confiscaban las mercancías destinadas a sus trabajos. Aquellas eran las mercancías y aquellos los trabajos.

133

Las canoas guerrilleras corrían río arriba y avistaron otro barco mercante o caobero, que por desgracia escapó para advertir a los que estaban más adelante, en el objetivo principal, que era Agua Blanca. Una breve escaramuza permitió apoderarse de su campamento, en la orilla septentrional, con un resultado de 40 prisioneros negros (60 huyeron), varios carromatos y una enorme pila de troncos cortados de caoba. El dueño de todo aquello reapareció a poco, aventurándose fuera de su orilla en una canoa y haciendo ondear vigorosamente su bandera. Cuando le garantizaron el salvoconducto ofreció tranquilamente 8 000 pesos al comandante mexicano por la madera y 500 por sus obreros negros, que eran esclavos en todo menos en el nombre. No se aceptó su oferta, pero sí la invitación a almorzar en la orilla meridional, donde el oficial pudo ver libremente cajas de fusiles nuevos y pólvora. Nuevamente rechazado el soborno, se quemó la madera y los negros volvieron a Bacalar. Para los yucatecos, aquello fue el merecido castigo por el saqueo de sus bosques y el contrabando de armas; para los ingleses, sus súbditos sólo celebraban contratos normales, para explotar madera, con las autoridades locales y hacían un comercio normal con una de las facciones de una guerra civil. Era evidente que se habían dado órdenes de atenerse a la ribera septentrional y de tratar a los ingleses amablemente, ya que la satisfacción emotiva de darles su merecido no valía la pena, claro estaba, de arriesgarse a un bombardeo y tal vez una ocupación por fuerzas inglesas. Con aquella última correría relevaron al coronel Cetina y a sus veteranos (salvo los que estaban demasiado enfermos para viajar, y que probablemente nunca lo hicieron). Se embarcó para Sisal y Campeche, con una pausa, que fue un gesto de despedida, para efectuar una incursión en la playa de la bahía de Ascensión.

Mientras las guerrillas recorrían los bosques en busca de prisioneros y de alimento, el enemigo que no podían hallar estaba en todas partes activo, aceptando las pérdidas que no podía evitar. En las horas que precedieron al alba del 4 de noviembre, mientras Tekax se preparaba para una fiesta, los mayas efectuaron un ataque fulminante; tras poco combate penetraron en la armería, se apoderaron de los fusiles y municiones que habían ido a buscar y desaparecieron antes de que nadie supiera lo que había sucedido, dejando atrás algún muerto, unas cuantas casas quemadas y un siniestro precedente para el futuro. La pequeña guarnición de Xul fue aniquilada. Un ataque por sorpresa a Bolonchenticul llegó hasta la plaza, pero siendo la iglesia firmemente defendida, los atacantes fueron destrozados cuando trataban de abrirse paso por la puerta a machetazos. Hopelchén también se libró por muy poco. Aunque los ejércitos ladinos podían marchar hacia donde se les antojase, a la costa oriental o hasta Bacalar, lo hacían arriesgando sus bases, puesto que operaban en un terreno que no tenía frente ni retaguardia ni objetivos de importancia vital y contra un enemigo que estaba lejos de encontrarse acabado. Era una guerra de desgaste, monótona y enloquecedora. La victoria parecía imposible, pero la derrota era inimaginable, y para el que pudiera aguantar más tiempo, la recompensa sería apenas otra cosa que la supervivencia.

7

EL ADVENIMIENTO DE LA CRUZ [1850-1852]

Cuando el hombre decide ser desagradable para con sus vecinos, los dioses siempre se ponen de su parte. La movilización espiritual en tiempo de guerra es algo más que hablar desde el púlpito o la tribuna: es una necesidad humana. Al son de los tambores y los clarines se saca a relucir a santos, antepasados, héroes, profetas y dioses; se invocan los mitos nacionales, las filosofías y las religiones, de modo que el más sencillo ciudadano pueda entenderlos; se tensa lo metafísico para asestar un buen golpe. Si los adversarios son más o menos de igual poder, se va a la batalla confiadamente, orando cada bando a su dios, y una derrota limitada se refleja no en el dios, sino en la devoción y energía de sus adoradores. Cuando ambos oran al mismo dios, uno de los dos perderá, pero el dios no. Pero cuando una de las dos culturas es visiblemente inferior y lo conoce, la fe está en peligro. El hombre ha hecho a los dioses no a su imagen y semejanza, sino según sus necesidades; y cuando las necesidades cambian o no se satisfacen, tienen que cambiar los dioses también. El hecho nuevo de la superioridad y la dominación de los extraños ha de hallar un lugar, ha de naturalizarse y explicarse, en términos locales, en un nivel espiritual.

Así, por ejemplo, los indígenas de Nueva Guinea en la segunda Guerra Mundial y después de ella explicaban la cabal discrepancia entre su propia cultura de la Edad de Piedra y la ilimitada riqueza de los ejércitos aliados como el robo por parte de los blancos de los regalos enviados a ellos por sus antepasados. Un culto a los antepasados, ya existente, la creencia en una isla de los muertos que había más allá del mar y el sentimiento natural de que los habían engañado produjeron lo que se llama Culto del Cargamento. Y apareció la idea de que algún día, los ancestros retornarían en una gran flota y todo volvería al orden; y los indígenas han tratado de acelerar la llegada de ese día acabando con sus propios alimentos, para obligar a los ancestros a obrar antes de que el hambre aniquile a su nación. Hay en esto una lógica aplastante, pero es la lógica de la magia, una transformación de los deseos humanos en ley natural, una patética llamada de socorro.

De modo bastante parecido, los indios norteamericanos, allá por 1870 y tantos, y nuevamente en 1890, después de décadas de verse derrotados y despojados por lo que parecía una infinita horda de hombres blancos, recurrieron a las Danzas de los Espíritus. Al indio no le asustaba la guerra. Su problema eran los recursos humanos y quería resolverlo mediante la mágica danza ritual, invocando la única fuente de que disponía, los indios muertos de todas las generaciones pasadas; con aquel ejército y utilizando las armas tradicionales de los indios, se echaría al enemigo del país. Entonces se danzaría para volver a la vida los rebaños de búfalos sacrificados, y los buenos tiempos retornarían.

La visión del mundo del hombre primitivo es total, abarca todas las cosas de la vida dentro de un sistema comprensible y completo. No hay más solución: o el sistema es bueno, o su ego, su cultura y su mundo se desploman. Haría falta un marciano, con lógica extraterrestre, para repetir esta repulsión por el hombre moderno, con su pasado multicultural y multirreligioso. El Culto del Cargamento, la Danza de los Espíritus y un centenar de movimientos de renovación indigenista semejantes son el último recurso de las religiones populares contra la civilización materialista del mundo.

En 1850, los mayas se encontraban en semejante caso, perdiendo sus sacerdotes, las imágenes que obraban maravillas y los elementos esenciales de su vida espiritual. Se hacían intentos de reemplazarlos. Una patrulla ladina halló en Kancabdzonot, en los primeros días del alzamiento de los cocomes, una figurilla de barro rodeada de velas y adornada con flores. Los soldados dijeron que aquello era un ídolo y que los salvajes habían pasado de tratar las imágenes como ídolo a servirse realmente de ídolos. Pero así son las cosas: yo soy religioso; tú eres supersticioso; él cree en la magia. Todavía no era magia sino sencillamente el reemplazo de un santo robado, tal vez la Virgen de Tabi, que tanto aparece en los tratados de aquella región. De análogo modo, en aquel segundo año de la guerra, un tal Macedonio Tut se puso hábitos capturados e hizo de sacerdote, con los cánticos que había aprendido de seminarista. Eran casos aislados que no significaban gran cosa, pero señalaban el camino.

Los mayas llevaban trescientos años elaborando una adaptación del cristianismo; habían ido abandonando sus primeras torpezas, como la crucifixión de niños en las iglesias y cementerios poco después de la Conquista, o la misa celebrada por sacerdotes indígenas no ordenados, con tortillas de maíz por hostia y atole por vino. Habían llegado a un compromiso, pero con muchas renovaciones. De uno de ellos se sabe algo, no mucho. Tenían los mayas ídolos que hablaban. En un muro del templo de Cozumel estaba integrada una figura hueca, con un pasadizo secreto para el sacerdote. Otro resistió con los paganos itzáes en Tayasal hasta que lo destruyeron con la población, 130 años antes de la Guerra de

Castas. Los libros de Chilam Balam, muy conocidos en 1847 y guardados hasta entonces por los macehualob de Quintana Roo, fueron dictados al chilam, o profeta, cuando estaba haciendo el piso de su casa, por una voz espectral que llegaba del techo. Después de la Conquista, en 1597, un indígena de Sotuta llamado Andrés Chi siguió la misma tradición: decía que él era Moisés y pretendía que lo guiaba la voz del Espíritu Santo. El sistema de Chi no era mejor que su conocimiento de la Biblia y de entre la paja del techo que cubría la choza de Chi sacaron al Espíritu Santo de su escondite: era un chiquillo que por su tierna edad se libró del fatal fin de su amo a manos de las autoridades. No hay ningún dato seguro de voces que se escucharan entre los mayas después de aquello, pero lo más probable es que siguieran murmurando en tono suficientemente bajo para que no las oyeran los oídos de los blancos. Los mayas de las tierras altas del sur de México y de Guatemala tienen tradiciones semejantes. Cuando la tribu mam plantó cafetos en lugar de maíz, se dice que hablaron las mazorcas o espigas, avisando hambre y miseria. Entre los mayas tzeltales y tzotziles han aparecido con frecuencia santos parlantes y cofres parlantes; los más famosos fueron los de Pedro Díaz Cuscat, que contribuyeron a poner en marcha la Guerra de Castas en Chiapas.[1]

El antropólogo Kroeber ha descrito perfectamente el momento en que una cultura indígena se siente condenada, sea por la acción militar directa, sea por los atractivos superiores de una sociedad más adelantada:

En esta coyuntura es probable que surja un profeta y que trace la realización de sus deseos: la escapatoria del callejón sin salida

---

[1] En 1868, en el remoto pueblecito montañés de San Juan Chamula, en Chiapas, un campesino maya, Pedro Díaz Cuscat se hizo un santo de madera que declaró había bajado del cielo para ayudar a los pobres indios. Como era demasiado divino para los ojos profanos, lo guardaba en un cofre donde cabían el santo y él, y pronto empezó a hablar la imagen. Habiéndose apoderado el cura local de la imagen y predicado contra la herejía y la superstición, Cuscat hizo otras varias y dijo que las había dado a luz su ayudante, Agustina Gómez Checheb, con lo cual la hizo "Madre de Dios". Mucho tiempo antes, los ladinos habían crucificado a un hombre y lo habían hecho su dios, y el pueblo de los chamulas, decía él, debía hacer otro tanto. El Domingo de Resurrección mataron en el tormento, clavado de pies y manos en una cruz elevada mientras los fieles lo adoraban con incienso y aguardiente, al nuevo Cristo, Domingo Gómez Checheb, muchacho de diez años y pariente de la "Madre de Dios". La Guerra de Castas de Chiapas fue casi inevitable después de aquel acto de fanatismo. Cuscat había oído probablemente rumores de la guerra que había en Yucatán, pero tal vez no supiera nada de los detalles del culto; obraba con un sustrato de ideas y creencias comunes a todo el pueblo maya, entre ellos el sacrificio de los niños, los objetos votivos ocultos y las voces sagradas.

de lo humano mediante un mecanismo sobrenatural... Con ello se desencadena un movimiento de renovación y vuelta al buen tiempo pasado. La motivación del profeta puede ser sincera ilusión, deseo de poder, fama o hasta dinero, o un compuesto de estas cosas. Sus adeptos le siguen a causa de la presión de su insatisfacción social.

Esto es precisamente lo que sucedió en Yucatán. José María Barrera, expulsado de Kampocolché, llevó su hostigada cuadrilla de mayas a un cenote de la selva desierta, a sesenta y cuatro kilómetros al sureste de Sabán, llamado Chan Santa Cruz, Chan por "pequeña". Lugar conocido y a veces utilizado por los tribeños huites, se decía que allí había un aura de santidad y una cruz milagrosa que hablaba. No se sabe si esos dichos sólo sucedieron después de asentarse la fama del santuario durante la Guerra de Castas.

El cenote en sí no tenía ninguna importancia práctica. Estaba en una cañada escondida entre lomas empinadas y rocosas, formando una gruta de cosa de cuatro metros y medio de profundidad por dos y pico de ancho, y el fondo de aquella cámara tenía varios metros de agua, siempre con el mismo nivel a pesar de lo que la utilizaban. La incomodidad de aquel lugar, su entrada baja y oscura, su poco espacio y su ocultamiento eran precisamente los aspectos que agradaban a la imaginación de los mayas, y que harían de él un cenote "virgen" por excelencia. La verdad es que ochocientos metros más allá hacia el este había un cenote más grande y útil. Era natural hallar una cruz en un lugar "virgen" como aquél, y en efecto había una.[2] Tenía solamente siete o diez centímetros de largo y, tallada toscamente en un caobo que había nacido al borde de la gruta, sería obra de algún cazador errante o tal vez de José María Barrera. Fue la primera "crucecita santa". También era aquel un lugar indicado para la supervivencia de las voces del cielo, estando como estaba ubicado entre los mayas huites menos asimilados, más allá de la frontera de la civilización, adentrado en la espesura selvática, lejos de los ojos y los oídos del hombre blanco.

Si ya había una cruz parlante, Barrera se sirvió de ella; si no la había, adaptó una por los medios tradicionales. Hecha una cruz de madera, la puso sobre una plataforma de estacas en una ladera, a oriente precisamente de la gruta. Allí los fugitivos desesperados oraban a Dios para que los librara de la opresión, y estando entre ellos el ventrílocuo Manuel Nahuat, Dios respon-

[2] Para los mayas existe una relación común entre agua y cruz. La gente de Zinacantan, Chiapas, por ejemplo, considera sagrados sus pozos y allí celebran el día de la Santa Cruz, en mayo.

día: Sus hijos debían seguir resistiendo al impío enemigo; no tenían que temer, porque Él los protegería de las balas de los dzulob, y ahora debían atacar el pueblo de Kampocolché. Fue Barrera quien montó la escena y manejó la divina promesa y la orden, pero sus motivos personales y los detalles de la cosa no tenían importancia frente a la necesidad colectiva. La solución que daba la voz solventaba un problema de tal carga emotiva que no cabía el escepticismo. Era aquello la prueba de que Dios estaba con sus hijos macehualob.

Y la necesidad que había de creer sustentó la fe durante el desastre maya de Kampocolché. Se abalanzaron al lugar a oscuras, provistos de la divina pomesa de inmunidad al cañoneo, y desdeñaron las balas por la oportunidad de utilizar sus machetes; habiendo estado a punto de lograr su propósito, se negaron a ceder cuando un contraataque los expulsó del pueblo, y persistieron hasta que la fría luz del alba reveló la promesa fallida y la muerte. Era el 4 de enero de 1851.

Sabedor por los prisioneros de la existencia de aquel culto, el coronel Novelo dirigió una guerrilla de 220 hombres por sendas secretas y sorprendió el santuario el 23 de marzo. Manuel Nahuat cayó después de matar a un capitán ladino, pero Barrera escapó. Los soldados se maravillaron al descubrir un poblado de más de mil personas allí donde antes no había habido nada; y en las cercanías se arracimaban otros poblamientos. El coronel comunicó que hubiera podido llevarse varios miles de prisioneros de haber tenido hombres suficientes para custodiarlos. Recogió los pertrechos militares, las ofrendas y la cruz. Aquello fue duro para los mayas, pero su fe iba a sufrir cosas peores.

Barrera no estaba liquidado. El círculo de poblados había demostrado la atracción magnética de la cruz parlante y había sacado a los mayas fugitivos de sus ocultos campamentos, sin hacer caso del riesgo, para apiñarse en torno a la cruz y animarse con la nueva esperanza. Terminada la acción del ventrílocuo, Barrera trabajó con un secretario, Juan de la Cruz Puc, macehual de Nabalam; después se transmitió la Divina Palabra en forma de carta. Reconstruida por la sinopsis que dejó de ella el historiador Baqueiro, la epístola decía más o menos así:

Debido al sacrílego asesinato de Nahuat, las cruces nunca volverán a hablar, salvo a los serafines y apóstoles. Las cruces fueron llevadas a Kampocolché, donde los dzulob quisieron hacerlas hablar, pero no fue posible, porque la hora todavía no hab'a llegado, y sólo hablarían con el Patrón [Barrera]. Pero ahora ha llegado el momento de que hablen para comunicarse con sus hijos, los macehualob, y decirles que los dzulob serán severamente castigados por los daños que causaron sus tropas. Los macehualob tienen que alzarse ahora y vengar la sangre derramada; su turba vengadora tiene que ir a la iglesia de Yalcobá, donde están las cruces ahora, reunir a los habitantes de Chan Santa Cruz y de los pueblos vecinos y llegar a un arreglo con el gobernador, que vive en las ruinas de Chichén Itzá. [Alusión al legendario rey Itzá, prometido en los libros de Chilam Balam.] Los macehualob no tienen que temer porque nadie, sino Tres misteriosos personajes, tomarán el mando. Ha llegado la hora en que los macehualob pondrán el gavilán en las altas torres de la catedral de Mérida [acto simbólico de conquista].

Firmaban la carta tres cruces, dando a entender que procedían de las mismas cruces reales, pero también iba la firma de Juan de la Cruz Puc, que era el intérprete.

Esto nos hace confundir el número. El historiador Baqueiro, a la par que dudaba acerca de los rumores y los relatos de la fundación de Chan Santa Cruz, suponía que hubo originalmente tres cruces y utilizaba el plural para describir lo que fue tomado y llevado a Kampocolché, donde después se dijo que los soldados las habían visto. La carta arriba citada también habla de cruces capturadas, pero dice que ahora son "tres, no una", y que las tres acababan de llegar a Yalcobá, situada a 128 kilómetros al norte de Chan Santa Cruz, y procedían directamente del cielo. Había probablemente en eso un error de fechas; hubo muchas incursiones contra el santuario, muchas cruces de reemplazo, tres o cuatro grupos capturados en el primer año, y la versión más clara sería que las tres cruces aparecieron después de la pérdida de la primera. Se decía que esas tres eran las hijas de la cruz, y la que estaba tallada en el árbol era la "Madre de las Cruces". Las vestían con *huipil* y faldas, como correspondía a su sexo, y las adornaban con cintas de vivísimos colores. Para el macehual no había contradicción en que las cruces fueran a la vez femeninas, Dios y la Santísima Trinidad; eso era una de sus personales adaptaciones del catolicismo.

Barrera trabajaba día y noche en formar su espíritu religioso de solidaridad. Salió con una imagen de la Virgen que había bajado por el camino, ahora ya familiar, del cielo, pero no inspiró fe; la idea de la cruz, sólidamente basada en el culto familiar de las cruces pueblerinas y de los linajes, tenía más éxito. Es posible que el lugar de Yalcobá fuera una pista falsa, destinada a equivocar a los ladinos; el caso es que rápidamente instaló Barrera las cruces en el conocido santuario de Chan Canta Cruz, donde construyó un sistema defensivo de barricadas de piedras en torno al lugar, con patrullas para hacer frente a otra sorpresa.

Eran necesarias las patrullas. Conociendo el calendario religioso, los ladinos esperaron hasta el 3 de mayo de 1851, día de la Santa Cruz, que tenía un significado local para el nuevo culto, y atacaron con 153 hombres mandados por el coronel González. La fiesta estaba celebrándose, como se suponía, pero la distante explosión de una bomba señal dio a Barera tiempo de evacuar a su gente, de entretener brevemente a los soldados en los muros, de hacer fuego de paqueo con tiradores apostados y después volver a desaparecer en la selva. Para entonces se calcula que Barrera tenía 1 400 hombres, pero le faltaban armas y munición con que luchar a tiros y no podía permitirse otro Kampocolché. Dejó al enemigo una conquista huera y aquella noche dispuso un asedio abierto utilizando sus propios muros. La guerrilla blanca era demasiado pequeña para aquella aislada posición y al día siguiente abandonó sus posiciones, habiendo realizado poca cosa. Como iba después a ser tan corriente, no tuvo nada que participar sino el continuo crecimiento de Chan Santa Cruz.

Tradicionalmente, el día de la Cruz empezaban las lluvias, y aquella tercera estación lluviosa de la guerra fue la primera en que el dzul se retiró a sus campamentos. Esto dio tiempo a José María Barrera de considerar los otros aspectos de la supervivencia. Primero estaba la cuestión del alimento. Era demasiado tarde para quemar nuevos campos, y los macehualob, como habían hecho en los tres últimos años, tendrían que arreglárselas con lo que había a mano, plantando en los claros exhaustos y los ocultos terrenitos preparados a pesar de la lucha. Se trataba de saber si había que sembrar el grano y morirse de hambre ahora, o comerlo ahora y morirse de hambre después. La mayor parte de la caza había huido o sido abatida. Quedaba el régimen demasiado conocido de las raíces silvestres, la pulpa suave y amarilla del kunche, la leche de coco... todo ello símbolo de hambre, alimento despreciado en tiempos de prosperidad y demasiado raro cuando se necesitaba. Las gavillas que tuvieran suerte algo recogerían al pasar: las demás se morirían de inanición.

Comprendió Barrera que necesitaba sustituir con algo al ventrílocuo, que debía hallar un procedimiento nuevo y eficaz si quería tener a los supervivientes adheridos a la cruz. Su solución fue una iglesia con techo de paja que tenía una sala interior llamada La Gloria, para el altar en que se guardaban las cruces, santuario prohibido a todos salvo a unos cuantos ayudantes, y que estaba guardada día y noche. La congregación se reunía en la sala principal, exterior. Esta disposición imprimía misterio y esplendor a las cruces ocultas y estaba de acuerdo con la tradición local de llevar un sustituto del santo en la procesión, porque el genuino era demasiado sacro para la vista del vulgo. También era necesario conservar el secreto de la voz. Se excavó un pozo detrás del altar, y allí se agazapaba un parlante oculto, con un casco de madera que hacía de cámara de resonancia para amplificar, proyectar y hacer retumbar su voz. Los que la oyeron decían que la palabra de Dios parecía proceder del medio del aire. Recordando la voluntad de creer, Barrera administraba y a pesar del hambre, las cruces recibían rica cosecha de dones: cera, maíz, gallinas, puercos y dinero.

Era una divinidad muy humana. Un dragón capturado, que había sobrevivido en cautividad por ser músico (y los maestros de música eran casi tan necesarios como los sacerdotes), fue invitado a jugar amistosamente a las cartas con José María Barrera a la puerta de la iglesia y ganó veintiocho pesos. Al día siguiente le mandaron comparecer ante las cruces, lo condenaron por sacrilegio en la casa de Dios, le propinaron veinticinco latigazos y le impusieron una multa de veintiocho pesos, que se emplearía en velas. Habiéndosele preguntado qué castigo se les había puesto a Barrera y los otros jugadores repuso el dragón que ninguno, porque habían perdido. De todos modos, este soldado creía en la autenticidad de la voz, como creían muchos mestizos e indios del ejército yucateco.

En la estación de lluvias de 1851, la cruz siguió hablando, con una voz divina, hueca y vibrante, que llevaba esperanza a los derrotados, juntaba a los dispersos y daba alimento espiritual a los que se morían de hambre. Barrera logró gracias a ella cierto poder sobre las gavillas orientales, de Valladolid a Bacalar. Pero la voz no llegaba hasta la costa septentrional ni hasta los chenes; y allá a lo lejos, en el sur, aquel verano se vio su autoridad en peligro. Barrera supo de unas negociaciones de paz con Guatemala y corrió al sur, por el camino recogió a su lugarteniente José María Tzuc, que dirigía el asedio de Bacalar. Lo que descubrió no le gustó. Los yucatecos habían ya intentado hacer la paz directamente por medio de sus sacerdotes, y después por los ingleses de Belice. Durante la tregua de 1851, impuesta por las lluvias, una larga patrulla de las fuerzas del coronel Baqueiro abrió un tercer camino a la negociación entre los chenes meridionales, marchando hacia el sur por pistas poco practicadas que atravesaban la desierta floresta, costeando las zonas mayas rebeldes, para verse con el alcalde del pueblo de Petén, en Guatemala.

El alcalde, Modesto Méndez, era también coronel y explorador, y dos años antes había descubierto las vastas ruinas mayas de Tikal. Era necesario todo el talento de un político, soldado y trotabosques para emprender la comisión de Baqueiro. En unión de un sacerdote atravesó el nordeste del Petén, desprovisto de caminos, para llegar al poblado rebelde de Chichenhá. Cuando los asombrados mayas le preguntaron qué tropas llevaba consigo, repuso que sólo llevaba un sacerdote y la protección de la Virgen Dolorosa, y que había ido a llevar paz. Su valor dio resultado. Después de dos días de negociaciones firmaba un tratado con el batab, Angelino Itzá.

Tal era la situación cuando llegó Barrera. El tratado no era alianza con Guatemala, como se ha rumoreado, sino sometimiento a Yucatán. Aunque las condiciones eran generosas, no dejaba de ser una rendición. Se enviarían sacerdotes entre las bandas rebeldes para organizar elecciones, llevando indulgencias y una bendición del obispo... lo cual no cuadraba con un hombre que llevaba tres cruces en el bolsillo y pretendía la dirección de Dios. Barrera abandonó la conferencia e invitó al coronel Méndez a visitar Chan Santa Cruz. Viendo el ambiente, el coronel tuvo el sentido común de no aceptar. En lugar de eso envió el tratado firmado por el grupo de Chichenhá directamente a Yucatán, participó en una fiesta de paz y volvió sano y salvo a casa. Había hecho por Yucatán más de lo que ningún yucateco hasta entonces, aun cuando los resultados no fueran inmediatamente próximos. Barrera volvió a Chichenhá un mes después con 500 hombres, quemó el poblado y se llevó prisioneros a Itzá y sus jefes. Esto puso fin al tratado y desencadenó una guerra que iba a durar mientras vivieran ambos grupos.

Algo más que las lluvias había detenido al ejército ladino en su tierra. Aquel mismo día de la Santa Cruz, el 3 de mayo de 1851, el general Rómulo Díaz de la Vega había llegado a Yucatán para reemplazar al disgustado Micheltorena, que era el sustituto mexicano del subsidio mensual. Este subsidio no se había pagado desde marzo, y nada llegaba. Había que dar algo. Tenía Yucatán 17 000 hombres bajo las armas, casi todos los ciudadanos varones que podían llevar un fusil, y el comercio estaba en la ruina y el estado se hundía con toda aquella gente de menos en el trabajo productivo y en las listas de impuestos. Había pedido Micheltorena 300 000 pesos por cuatro meses, prometiendo el fin de la guerra, pero el estado apenas logró sacar 70 000, y el general parecía dispuesto a salir de allí. Hizo una florida declaración de que gustoso daría su vida por la patria, puesto que tal era su deber, pero que no podía renunciar a su reputación, que era patrimonio de su familia, porque una generación no tenía derechos sobre el futuro. Dejando, pues, bien asentado su honor, renunció.

Con menos ampulosidad, los soldados trataban de hacer otro tanto. Hubo en la guarnición de Bacalar una conjura para apoderarse de la plaza y entregársela a los indios, y un motín en Yaxkabá a propósito de las raciones de hambre. En ambos casos fueron conducidos los culpables al poste de flagelación y después ante el pelotón de ejecución. Los soldados estaban hartos y los oficiales dudaban en ofrecer la espalda a quienes voceaban "¡Mueran los oficiales!". Se necesitaba un descanso, y el nuevo general tomó disposiciones en ese sentido. Para la región marginal se organizaron tres brigadas, al mando del general Cadenas y los coroneles Rosado y Molas; su reserva se componía del batallón ligero, el sexto de línea (regulares mexicanos), una compañía de caballería y una batería de artillería, mandado todo por el general Llergo. No hay datos exactos del tamaño de estas unidades, pero formaban una pequeña parte del ejército. La inmensa mayoría de los exhaustos y rebeldes soldados fue enviada a sus hogares y pasó a lo que se llamaba la reserva sedentaria.

El sentido de la vuelta al hogar cambiaba mucho según los soldados de Yucatán. Para los hombres de las antiguas unidades milicianas del primero local y del Libertad significaba los arcos de triunfo de palmas entretejidas en Mérida y Campeche, los discursos de bienvenida, y un desfile final antes de la gran borrachera, que es un rito del tránsito a la vida civil; habría cohetes, aguardiente, votos de amistad eterna con el odiado sargento, más aguardiente, después la hermana de alguien o una puta, y luego un sueño largo, largo, que pondría fin a la parte más vívida de la vida de un hombre y lo dejaría, después de despertarse tarde y crudo, frente a un futuro que rara vez resultaba como uno se lo había propuesto. Otros se encontraban con su futuro antes de emborracharse, y con poca fiesta. Para el séptimo de los chenes, el 11o. de Tekax, la Orden de la región fronteriza y el Constitución de Valladolid, la vuelta se efectuaba a través de campos de caña quemados, para llegar a aldeas saqueadas y desventradas; o, para los más afortunados, a una población fortificada con barricadas, ventanas tapiadas y huertos arrasados para dejar campo a los cañoneros; era la vuelta a la vida de guarnición. Para ellos, la reserva no era sedentaria. Para ellos, el hogar era un montón de cenizas, la esposa o los padres muertos, los hijos u otros miembros de la familia faltantes, reunidos para ir quién sabe adónde. Muchos de aquellos hombres de oriente se pusieron a buscar entre los campos de refugiados, pidiendo noticias, y nunca volvían al lugar donde nacieran.

Así como los mayas al retirarse habían sido un pueblo en migración hacia el este, ahora los yucatecos empezaban a desplazarse hacia el oeste, alejándose de la zona marginal. No se rendían puestos militares. Se trataba más bien de una familia aquí, un veterano allá que decidían que el precio era demasiado elevado, que el constante temor nocturno mientras trabajaban la milpa aislada era una carga demasiado onerosa. Gradualmente se fueron despoblando las provincias orientales y la zona fronteriza retrocedió de Chemax a Valladolid, de Kampocolché a Peto y Tekax. Los soldados que quedaban en aquel ejército reducido a tres brigadas definían su vacilante moral con nuevos desórdenes; en Valladolid arrestaron a trescientos, y seis de sus cabecillas fueron ahorcados.

La última acción de envergadura de la primavera había sido la incursión contra Chan Santa Cruz en mayo, y después hubo escaramuzas aisladas durante las lluvias. Cuando los caminos y las pistas empezaron a secarse se hicieron planes, se enviaron órdenes de movilizar las unidades locales de reserva, y los de la sedentaria tenían que ser inscritos y equipados. El general Vega salió en gira de inspección a mediados de diciembre de 1851, atravesó la parte septentrional del estado hasta Valladolid, y luego bajó hasta Tihosuco. No había reservas locales. No se habían hecho listas, ni se habían juntado provisiones; y las brigadas activas se hallaban en un estado de descomposición moral. Los veteranos de tres años de pelea en la manigua ya no aguantaban más. La amenaza de la pena capital únicamente los hacía salir del estado o seguir ocultos en la espesura; pero no lograba impedir que desertaran, única probabilidad que les quedaba de salvarse. Sin embargo, era necesario hacer algo, y los colonos de la zona marginal lo sabían. Si algún día habían de conocer la paz, de trabajar sus campos en seguridad y vivir sin miedo, era necesario aplastar a las últimas cuadrillas de salvajes. A regañadientes, lentamente, se iban reuniendo, persuadidos unos, compelidos otros; finalmente, Vega tuvo su ejército listo para la marcha el 19 de febrero de 1852, con dos meses de retraso, en Tihosuco. Aquello iba a ser una acción terminante, por el estilo de las del año anterior, y en territorio conocido. El teniente coronel Ruz, operando desde Valladolid, batiría la costa del nordeste. Los coroneles Ruiz, O'Horan y Baqueiro fueron enviados al sur, a Lochá, que se había convertido en nido de agitación bajo el jefe mestizo Pedro Encalada. Dejando a Ruiz trabajar en aquella región, los otros dos se llevaron sus batallones hasta Chichenhá. Aquellas maniobras eran más que incursiones o correrías; duraron varios meses, cubrieron centenares de kilómetros y merecen el término español de *entrada*, o invasión, que era una operación de amplitud y duración semejantes en tiempos de las guerras con los moros.

Dispuestos así los flancos, el general Vega dirigió su cuerpo principal, de 600 hombres, mandado por los coroneles Rosado, Novelo y Mezo, al puesto avanzado de Kampocolché. Allí se quedaron los soldados boquiabiertos ante las cruces cautivas, vestidas todavía de su triste atavío, y se agotaron cavando en busca de un tesoro: dieciséis ataques de los mayas, ejecutados con religioso fanatismo para obedecer a la orden directa de su Dios, habían sido explicados con el relato del tesoro de José María Barrera, que estaba oculto en algún lugar del pueblo. Sacaron manos ampolladas y riñones molidos, pero tesoro no. Después, con batidores enviados para prestar protección cauta y experta, las filas se juntaron, la disciplina volvió por necesidad, y tomaron la pista de Santa Cruz. Fue una marcha pacífica que duró dos días, y llegaron al pueblo rebelde el 24 de febrero; compañías de flanqueo se desplegaron para atajar a los fugitivos cuando las bombas de señales ordenaron la evacuación, y fue tomado el centro del pueblo después de una breve detención por las barricadas y el temor de los ladinos a las trampas disimuladas.

Había crecido Chan Santa Cruz desde el año anterior. Habían surgido nuevos grupos de chozas, que distaban varios centenares de metros unos de otros, lo cual reflejaba sus distintos orígenes; eran en total unas trescientas o cuatrocientas, y en la plaza se concentraban unas ocho o nueve para los jefes. Había también tres galerones de acuartelamiento, muy bien hechos, y la iglesia, donde al descubrirse el artificio del pozo y el barril, los supersticiosos soldados rieron y se sintieron aliviados. Estaba adornado el pueblo con arcos de palmas para las procesiones y fiestas religiosas, pero era un lugar de muerte. Cada racimo de chozas tenía su propio cementerio nuevo. Felipe de la Cámara Zavala ha contado cómo halló muerto a un muchacho en una senda, otro niño que todavía se movía un poco más allá cerca de una choza, y dentro de ésta, una figura fláccida en una hamaca, que hacía tiempo ya no veía por sus ojos abiertos de par en par. Nada había que temer en aquel lugar, sólo horror por el sufrimiento humano y, para quienes todavía podían sentir tal emoción, piedad por los rebeldes.

Todavía estaba al borde del cenote escondido el caobo en que había aparecido la primera cruz, la "Madre de las Cruces", y se decía que era impenetrable y capaz de embotar el filo de cualquier hacha. Había dado a luz varias series de cruces, las cuales habían quedado cautivas, y el general Vega determinó quitar la causa derribando el enorme árbol. Congregó sus 200 prisioneros para que presenciaran el hecho, para ver si embotaba su acero, y después les preguntó si no había caído como cualquier otro árbol. "Es posible, le contestaron, pero a las cruces no se les engaña." Se decía que con un indio no se puede discutir, pero no importaba; era evidente que aquel puñado de fanáticos estaba muerto de hambre, no valía la pena conservar aquellos prisioneros y Chan Santa Cruz se había acabado. Dio, pues, suelta a los prisioneros y se dirigió hacia el sur, el 1o. de abril, buscando alguien con quien pelear.

Dividiéndose en varias columnas, los yucatecos recogieron 300 cautivos, que costó más hallar que capturar, se volvieron a juntar en Bacalar un mes más tarde, y después se unieron a las fuerzas mandadas por Baqueiro en Chichenhá. Con anterioridad el coronel había sabido del quebrantamiento del tratado y había estado recogiendo prisioneros del modo acostumbrado. También había dejado guarniciones en el río Hondo y en Cacao y Agua Blanca, clausurando así la región fronteriza y poniendo un tope a todo comercio. En el norte, el teniente coronel Ruz había vivido más o menos la misma experiencia, fuera de Valladolid. Su campaña había sido más exploración que guerra, un juego de escondite con un enemigo hambriento e indefenso; los rebeldes habían lanzado unas pocas incursiones simbólicas contra guarniciones reducidas mientras las columnas estaban lejos, pero nada más. Cumplidos sus objetivos y vueltas las lluvias, el general Vega declaró terminada la temporada, recogió sus puestos adelantados y concentró sus dispersas unidades. El ejército regresó a sus cuarteles regulares y la reserva sedentaria volvió feliz a su casa. Después de dos meses sin noticias, Mérida manifestó su alivio con salvas de artillería, saludos de victoria de los cañones de San Benito.

Hubo alarmas y escaramuzas en la selva oriental durante la estación lluviosa de 1852, e incluso una incursión de represalias que llegó hasta Chan Santa Cruz, pero Yucatán ya estaba harto de la Guerra de Castas. Se hicieron muchas celebraciones de victoria, demasiadas, y demasiados gastos. En febrero de 1849 había salido ya un artículo en *El Fénix*, el periódico de Campeche, en el que se proponía que dejaran a los rebeldes pudrirse allá en sus soledades, que nunca podrían civilizarse, y que los ladinos dedicaran sus esfuerzos a occidente. La idea se extendió y ganó adeptos porque el presupuesto militar seguía paralizando al estado. El coronel Rosado, después de lo que había visto en las entradas primaverales de 1852, participó que la guerra había terminado y que todos los esfuerzos debían aplicarse a la restauración y la reconstrucción. La mayor parte de los mayas que primero habían tomado las armas estaban ahora domeñados, incluso muchos millares de tribeños huits orientales y sus familias; los habían establecido en nuevos poblados de sesenta o setenta chozas, cada uno con su encargado ladino y con su iglesia.

Las ciudades fortificadas empezaron a aflojar la guardia. Se descubrían las ventanas tapiadas para dejar paso a la luz, se quitaban las barricadas de los arcos, en algunos casos antes de tiempo, y en el lugar de las guarniciones se ponían reservas inactivas; apareció paja fresca en las construcciones destechadas y de las cenizas del pasado surgían chozas nuevas. Tuvo un símbolo esta restauración: la campana principal de la iglesia parroquial de San Gervasio de Valladolid, 214 kilos de hierro antiguo, había desaparecido cuando se reconquistó la ciudad. Se adelantó un maya a indicar dónde la habían enterrado. La sacaron, la llevaron en una carreta hasta la iglesia, la alzaron a su torre y volvió a quedar colgando; su resonante voz anunció la vuelta de la paz.

La destrucción y la pérdida de población habían sido más graves en los departamentos de Valladolid y Tekax que en los demás, y esto significaba la pérdida de los cultivos de subsistencia, así como el del azúcar y la ganadería. El azúcar y los productos del azúcar habían sido la principal exportación de Campeche, una de las más importantes fuentes de capital en que se basaban sus importaciones; su lento declinar se intensificó. Mérida, con ancho territorio, menos limitada al azúcar y el comercio, y con las grandes fortunas de las antiguas familias propietarias criollas para estimular el restablecimiento, no había sufrido tanto. Los refugiados cubrían las primeras pérdidas, y había trabajo bastante para todos. El maíz era el artículo de primera necesidad más importante, pero pronto se vio cómo hacía falta un cultivo que produjera dinero efectivo, y lo único que podía cultivarse en el pedregal norteño era el henequén. Su cultivo iba por buen camino antes de la guerra, en que producía más de trece por ciento del dinero ingresado por concepto de exportación, y la necesidad hizo que se fomentara e intensificara su desarrollo. Una vez mitigada la amenaza a Mérida, en 1848, los hacendados influyentes habían pedido y conseguido la exención para sus mozos de labranza y hasta para sus mulas, a pesar de la movilización total. Así, durante toda la guerra crecieron y se extendieron las hileras plantadas de henequén. Había trabajo esperando para los soldados licenciados y los hidalgos, en virtud de la antigua legislación de las deudas, y muchos mestizos arruinados se hallaron trabajando codo con codo con sus medio hermanos de sangre pura. Atraían a los miembros de la reserva sedentaria las grandes haciendas, donde el dueño podía impedir que los volvieran a llamar para el servicio activo, mientras el campesino que trabajaba por su cuenta no tenía defensa. Subrayada la importancia del henequén el gobierno del estado, que en 1852 ofreció una recompensa de 2 000 pesos a quien inventara una máquina eficaz para raspar, que reemplazara los toscos métodos de separación de la fibra a mano, pensaba en una máquina parecida a la desmontadora de algodón, que hiciera posible la explotación comercial en gran escala.

La guerra puede ser una medicina estimulante tomada en dosis no muy grandes, y después de la primera crisis, fueron muchos aquellos a quienes Mérida les parecía mucho más interesante que perseguir rebeldes por las espesuras orientales. La ciudad reemprendía e incrementaba su anterior y animada vida cultural. La rasa y fea Plaza de Armas recibió palmeras y laureles de la India, se trazaron paseos, se planearon jardines del mejor estilo europeo y se les pusieron muros con una verja de hierro forjado y puertas, para que no pudieran pasar las mulas ni los indígenas. Reconstruyeron el palacio municipal, con la hermosa fachada y la torre del reloj, en su forma definitiva, y en los suburbios surgían nuevos edificios. En abril de 1849 se fundó una Academia de Ciencias y Literatura, cuyo periódico literario, *El Mosaico*, dirigía Justo Sierra, el que fuera enviado a Washington, ahora de vuelta; Gabriel Gahona daba una clase de arte; se abrieron dos bibliotecas públicas con libros donados; se representaron nuevas obras de teatro y volvieron a darse conciertos.

Por desgracia también había política. En agosto de 1849 fue confirmado Barbachano por una elección sin oposición en el puesto que le había dejado Méndez. Después apareció la oposición entre los excluidos, y su intensidad seguía un movimiento inverso al de la amenaza india. En 1850, los disidentes hicieron una tentativa ilegal para que los suyos fueran elegidos a la Cámara de Diputados. Se ganaron también al comisario general, agente federal que cobraba impuestos y pagaba al ejército, es decir, distribuía la presa; con todo este poder, era un enemigo natural del gobernador. Después la oposición conquistó al general Díaz de la Vega y, por la cadena del mando, la parte del ejército que no estaba mandada por oficiales barbachanistas. Con ese apoyo, lo hicieron mejor en 1851: cinco diputados para Barbachano, tres para Méndez, dos amigos personales del general Vega y dos neutrales que consiguieron colarse. Pero esto era politiqueo de poca monta. Oliendo Méndez el viento de México, decidió ponerse al margen en la contienda gubernamental de 1852. El viejo caballo de guerra Antonio López de Santa Anna, desterrado desde 1848, estaba de vuelta, y otra vez se metía en la política mexicana con la insurrección de Jalisco. Una vez en el mando, distribuyó los gobiernos estatales a su antojo. Yucatán esperaba su turno. Sin oposición, Barbachano ganó su cuarto mandato, pero nadie esperaba que lo terminara.

La primera disensión llegó bajo un nombre sorprendente: el coronel Cetina, revolucionario congénito y durante mucho tiempo barbachanista, desencadenó una revuelta en la Plaza de Armas de Mérida. No está claro lo que pretendía exactamente, aparte de manifestar algún resentimiento personal con Barbachano, pero su movimiento fue absorbido en una excitación general. El consejo se declaró en favor de Santa Anna y ofreció el gobierno al general Vega; la legislatura se declaró por Santa Anna y Barbachano; y la guarnición de Mérida, con simplicidad militar, por el general Santa Anna, punto. Nadie hizo caso de Cetina. Hubo confusión en las calles, multitud de facciones con partidarios entre el pueblo y un torrente de blablablá (pulimento latino de los engranajes mediado el siglo, mientras el estado trataba de interpretar los cambios de poder de la capital mexicana). Barbachano y Vega conferenciaron con las diversas pandillas y leyeron los despachos de México; aunque el general dudaba y un interino de Barbachano ocupó el puesto cierto tiempo, don Miguel había terminado.

El general Vega tomó el cargo el 7 de agosto de 1853. Para entonces, la legislatura asustada había tramado una venganza; se rechazaron el voto directo y el amparo judicial y se aprobaron las restricciones a la prensa, a los derechos de reunión y de petición y a los negocios, junto con una severa ley contra las conspiraciones. El ejército se entretenía con nombres nuevos: guardia de granaderos, granaderos a caballo. Después de una larga tradición de liberalismo civil, Yucatán había cedido a los caudillos. Otra vez hubo aclamaciones, cohetes, tañer de campanas y orquestas en la plaza; pero había caras graves y lágrimas detrás de las persianas corridas.

Hasta ahí, la política había tenido poco efecto en los rescoldos aún no del todo apagados de la Guerra de Castas. La quiebra, la falta de alimentos y municiones, y la baja moral habían hecho que los partes fueran tristes durante todo el invierno de 1853. Los oficiales del frente se cuidaban más de los acontecimientos de Mérida, y se regían por las ideas políticas. Pero había algunas noticias buenas. Se comunicó que el archienemigo y traidor José María Barrera, el inventor de la Cruz Parlante, había sido muerto el día de fin de año de 1852. En una correría a la bahía de Ascensión habían capturado una goleta de contrabando y a varios jefes rebeldes. Finalmente, se oían rumores de una nueva paz con los mayas en Chichenhá, y el coronel Novelo juntaba tropas de refresco y pertrechos para Bacalar y salía para el sur con el fin de investigar.

José María Tzuc, sucesor de Angelino Itzá como batab de Chichenhá después de la última derrota por los soldados de la Cruz, pidió al superintendente Fancourt, de Belice, que le ayudara a lograr la paz. Hubo mensajes de Belice a Mérida y vuelta, y enviaron a Gregorio Cantón a negociar en nombre de Yucatán; tras varios días de conversación se firmó un tratado el 16 de septiembre de 1853 en la Casa de Gobierno de Belice. Cantón cedió en muchas cosas. Los mayas no pagarían impuestos, ni siquiera después de una moratoria de diez años; se les permitiría a los indios conservar sus armas; y hubo un perdón general que comprendía incluso a los odiados mestizos rebeldes y a los pocos blancos que habían chaqueteado. Se garantizaban los derechos civiles. Los mayas rebeldes podrían quedarse donde estuvieran o volver a sus antiguas aldeas para que los juzgaran los suyos como les pareciera. Esta declaración de *statu quo*, que no reportaba autoridad a Mérida, se concedió porque ya no se consideraba merecer el peligro ni el gasto la caza de los mayas. La primera de las condiciones de Cantón, sumisión insustancial, pero que cubría las apariencias, de los mayas a las autoridades mexicanas, valía por todo lo demás para los fatigados yucatecos. A los orgullosos caballeros de Mérida les costó algún tiempo comprenderlo, pero el tratado de 1853 resistió. Los de Chichenhá y otros grupos vecinos recibieron el nombre de *pacíficos del sur* y fueron sus batabob, por pura fórmula, funcionarios mexicanos. Una cláusula final del tratado logró lo que cinco años antes se intentara en Peto: enfrentar a rebelde contra rebelde. Chichenhá tendría 400 hombres armados para utilizarlos contra las gavillas, derrotadas pero todavía peligrosas, de rebeldes de Chan Santa Cruz.

Contento con estos resultados, el coronel Novelo, que había obrado entre bastidores desde Bacalar, recogió las tropas yucatecas que iba a relevar y se puso en marcha hacia el norte. La marcha se desarrolló sin incidentes y a los cuarenta días de campaña debió parecerle bien el relativo lujo de una parada temporal en el puesto fronterizo de Uaymax. Pero cuando llegó allí, halló el puesto vacante y saqueado. Hurgando los soldados entre las ruinas y preguntándose cómo habría sucedido aquello, los exploradores hallaron a un anciano oculto en la selva. Era de Sacalaca, y su relato fue espeluznante: guerra civil, enfermedades e indios. Había caído su pueblo, Sacalaca y todos los demás: Sabán, Dzonotchel, Chikindzonot, Ichmul, Tihosuco, Tixcacaltuyú, Santa María y hasta Yaxkabá. La región fronteriza se había hundido y los indios estaban por doquier.

Esto también era consecuencia de la política. El día antes de firmarse el tratado de Chichenhá, el coronel Molas, acosado en su mando por una multitud de agitadores que lo acusaban de barbachanista, se había pronunciado contra el general Vega y en favor de la vuelta al liberalismo en Yucatán. Era una nueva revolución. Molas sólo tenía treinta años, pero le habían alcanzado para pelear con Imán catorce años antes, por la misma causa, y al igual que Imán hizo su declaración en Tizimín. Se le adhirió el coronel Manuel Cepeda Peraza, de veinticuatro años de edad y con ocho años de servicio; había sido capitán antes de los veinte, llevaba dos años de coronel, y todo ese tiempo llevaba combatiendo. El régimen militarista de Mérida se atraía la oposición natural de miles de veteranos, que naturalmente sentían aversión por los oficiales; a aquellos veteranos se les unieron los barbachanistas y otros siempre dispuestos a atacar al gobierno, y todos atendieron el llamado de los coroneles jóvenes. No tardaron en dominar el nordeste, con Valladolid, y se lanzaron contra Mérida, según la norma clásica. El general Vega arrestó a Barbachano, junto con ocho de sus partidarios, en San Benito, y a continuación, como el peligro crecía, los envió a la fortaleza de San Juan de Ulúa.

Los llamados de Vega a todos los oficiales leales obtuvieron pronta respuesta. El coronel Rosado dejó su zona defensiva meridional fronteriza y el teniente coronel Oliver llegó apresuradamente de Campeche: dos mendecistas que libraban la antigua batalla. Al llegar hallaron a sus contrarios con una posición establecida en Mérida y avanzando hacia el centro de la ciudad cuadra a cuadra. Los atacaron por la retaguardia, y Molas y Cepeda se retiraron hacia Izamal en lo que luego se convirtió en derrota. Apareció entonces el Cuarto Jinete bajo la forma del cólera. La noticia viajó más aprisa que la retirada; las tropas derrotadas hallaron cerradas para ellos las puertas de Izamal, y la población seguía combatiendo la epidemia. Huyó Cepeda a la costa septentrional, tomó una embarcación para los Estados Unidos, y quedó para otra lucha. Molas se retrasó demasiado para ser un hombre cuya cabeza valía 500 pesos; capturado, le aplicaron la regla revisada del juego revolucionario, lo pusieron contra un paredón con varios de sus oficiales y los fusilaron. Era una victoria, pero vana, para los militaristas. El coronel Rosado (que al ejecutar a Manuel Antonio Ay había contribuido a desencadenar la Guerra de Castas y cuya impaciencia con José María Barrera la había perpetuado) sucumbió por el cólera en Izamal, donde su antiguo amigo el padre Vela lo enterró. También sucumbió su lugarteniente, y después los soldados, por pelotones y compañías, tanto allí como en Mérida, a centenares por día.

A continuación llegaron los indios. Estábase celebrando una fiesta en Tacdzibichén cuando sonó su hora: un solo superviviente alcanzó a llegar a Tixcacaltuyú. Pero después le tocó a esta población, y a continuación a Santa María, y después a Yaxkabá, ya muy dentro de los cocomes. La debilitada región fronteriza estaba cediendo, como en 1847. Pero esta vez había una diferencia. Las tropas enfermas de Izamal, convencidas de que lo mismo daba morir peleando, corrieron hacia el sur al mando del coronel Maldonado para unirse a los refuerzos de Mérida en Sotuta. El coronel León llegó a apoyar a la tenaz guarnición de Tiholop con bastantes efectivos, y siguió peleando firmemente en Xcabil. Esto detuvo la invasión, que fue sólo una correría oportunista en masa por el medio del frente y sin ningún apoyo, una algara realizada por indios que parecían esqueletos y se alimentaban de fe y fanatismo. León entró en Tihosuco sin más acción. Enviaron una guerrilla hacia Chan Santa Cruz, que volvió la espalda ante las noticias del cólera, que había llegado antes. La epidemia era ineludible. Prisioneros y guardianes caían por igual víctimas del vómito negro; el coronel León, el defensor de Valladolid, se derrumbó en camino y lo enterraron en una tumba somera cavada a toda prisa. Los buitres engordaban por doquier. Éste fue el relato que oyó Novelo al viejo refugiado de Uaymax.

Junto a esta desgracia general había otra particular. Habíase vuelto a vender indios esclavos, esta vez sin la anterior justificación de estar los campos de prisioneros atestados. Santa Anna concedió el monopolio de este comercio, último regalo suyo a Yucatán, a uno de sus amigotes, el coronel Manuel María Jiménez. La trata empezó ya en junio, inmediatamente después de la caída de Barbachano, y el superintendente Fancourt comunicó a sus superiores que un barco cubano, el *Alerta*, había sido detenido llevando 30 hombres y tres mujeres para venderlos en La Habana. El dueño de los esclavos compareció ante un juez inglés en Belice, y juzgado de acuerdo con la ley internacional, lo condenaron a cuatro años de trabajos forzados. Mejoraba la recogida el hecho de que no se andaba discriminando: lo mismo daba un rebelde maya que otro, y así enviaban prisioneros políticos tomados en la derrota de la revuelta de Molas y Cepeda (estos mayas eran mucho más fáciles de cazar que los salvajes de la manigua). Se suponía que el gobierno recibía veinticinco pesos por cabeza después de pagar al traficante; pero entre el contrabando, los registros falsificados y la libre empresa por parte de todos los que en ello tenían que ver (civiles, militares y funcionarios del gobierno) nunca salía así.

El ejército ladino entraba en campaña todos los años con algún retraso. En 1854, con demora debida a la debilidad y el desánimo, no se puso en marcha sino el 1o. de abril, cuando había acabado la cosecha, el tiempo más vulnerable. Aquel año, el teniente coronel Ruz dirigió sus fuerzas desde Tihosuco contra el santuario de Chan Santa Cruz. Se dijo que aplicaba la "columna volante", la última de las ideas del general Vega, que debía cumplir con pocos hombres y escaso costo lo que el general había sido incapaz de hacer con un ejército. En realidad, Ruz dirigía una guerrilla a la antigua, con la que llegó hasta Chan Santa Cruz por aquellos conocidos ochenta kilómetros, flanqueados, fortificados con barricadas, provistos de tiradores apostados a cada metro del camino por los mayas, que habían aprovechado el botín del desastre del otoño anterior con los cocomes. Después de una batalla final, muy reñida, llegó a su objetivo el 10 de abril. Eso no mejoraba nada. Muy acosado, resistió cuatro días de prolongada pelea a tiros y después, preocupado por las municiones, se abrió camino peleando de vuelta a la base.

No fue aquel el último año; los salvajes todavía no estaban maduros para el golpe de gracia. Se necesitarían campamentos permanentes; Ruz pensó al principio en poner tres de ellos, pero como sólo consiguió reclutar 350 hombres, desistió y no corrió el riesgo. Entonces se concentró en el santuario, contra el que volvió el 26 de mayo, para encontrarse nuevamente frente a una defensa bien armada y agresiva. Llegados a su primer objetivo, los sedientos soldados hallaron un pozo recién excavado en el centro del pueblo y junto a él, varios troncos ahuecados llenos de agua. Bebieron, les dieron mareos, y vomitaron y murieron; de las líneas de asedio de la floresta llegaron voces mayas preguntando si el agua de Chan Santa Cruz era fresca y saludable.

Haciendo un experimento de guerra biológica, los mayas habían contagiado un pozo especial con la ropa de víctimas del cólera. Si los efectos fisiológicos no fueron inmediatos, de todos modos fueron mortales; los psicológicos pueden imaginarse. Tratando de poner en cuarentena a los contaminados, Ruz dividió sus fuerzas, y dejó hombres suficientes en el campamento de los inficionados para proteger a los enfermos, llevándose al resto de sus hombres al otro cenote, que estaba a kilómetro y medio de allí. Si había solución, no era ésa. Los mayas atacaron primero un campo y después el otro, hasta que sólo quedaron 90 soldados capaces de tener las armas en la mano. Una semana después de su llegada, el jefe, desesperado, hizo preparar literas para enfermos y heridos, y como no tenía suficientes hombres para llevarlas, y no quería abandonar a los hombres al inevitable machete, se volvió. Los que no podían valerse fueron depositados mientras los que podían se defendían; cayeron todos junto con su jefe, salvo unos cuantos que lograron huir y relatarlo. Entusiasmados, los mayas corrieron contra Tihosuco. El general Vega se apresuró a mandar refuerzos: la reserva activa a Peto y un batallón mexicano a Valladolid; hubo mucha acción en junio, julio y agosto. En septiembre, una victoria local en Tituc animó a los mayas a emprenderla con Peto, pero tuvieron más éxito en la tarea, más propia para ellos, de hacer correrías por la región de los cocomes, que tenía poca guarnición, donde tomaron a Tixcacaltuyú y Yaxkabá, ambas por cuarta vez, y se volvieron con muchos prisioneros.

Vega envió en socorro sus columnas volantes: el coronel Novelo a bloquear la carretera de Bacalar, el coronel Pablo Antonio González al santuario; ambos salieron de Tihosuco a mediados de noviembre. Poco pudieron hacer por los prisioneros. En Chan Santa Cruz hallaron unos doscientos cadáveres recién sacrificados, más un número igual de esqueletos, los restos del teniente coronel Ruz y sus soldados. Después de la repugnante tarea de inhumarlos, González renunció a la idea de utilizar aquel punto como base y se trasladó a veinticuatro kilómetros hacia el sur, al cenote de Xpanhá, y de allí hacia el este, Yokdzonot, recogiendo prisioneros en camino y haciendo correrías en busca de maíz. Fue una dilatada operación para dominar el corazón de la tierra enemiga en todo el periodo de la cosecha, estrategia acomodada al ciclo agrícola. Pasó noviembre y llegó diciembre, y la Navidad de 1854 se celebró en la espesura; el mes de enero pasó con alguna que otra baja, con gran aumento de la lista de enfermos y mucha desmoralización. Para impedir las peleas, González se puso disciplinario y prohibió el juego; después se halló por breve espacio de tiempo prisionero de los oficiales amotinados y hubo de ejecutar a dos capitanes antes de recobrar el mando.

El coronel Novelo había estado ocupado en el sur. Después de su primera vuelta cerca del lago Bacalar instalado en el crucero de Pachmul, había sorprendido columnas mayas de aprovisionamiento y mulas y cargadores procedentes de los depósitos ingleses del Hondo, columnas que se habían creído a salvo después de dar un rodeo en torno a la guarnición de Bacalar. También había seguido la costumbre ya establecida de recoger prisioneros y hacer correrías para allegar maíz. Teniendo más fuerza y una posición estratégica mejor, atrajo una muchedumbre de indios, que se juntaron contra él desde los más remotos puntos. Habiéndolo sabido por sus prisioneros, Novelo envió mensajeros por la manigua hasta el campamento de González, a cosa de cuarenta kilómetros al nordeste, a pedir ayuda y concentración de fuerzas. Pero entre los jefes había animosidad y González repuso que ya tenía él solo bastantes problemas. Entonces, Novelo hizo volver a sus soldados, que andaban de correría, e inició la batalla contra el enemigo que se estaba juntando, atacando su campamento el 22 de febrero de 1855. El ataque se lanzó hacia adelante demasiado aprisa y los hombres, aislados, machacados, cuando volvieron a la base tenían muchas bajas. Inmediatamente reforzaron los mayas el asedio, y en los dos días que siguieron se combatió con ardor. El 25 de febrero el coronel hizo un esfuerzo final y lanzó 250 hombres en un solo asalto contra las barricadas, que fracasó. Era evidente que la temporada había acabado, y dos días después se ponía en marcha con sus unidades hacia el norte.

Como siempre, por estrecho que fuera su acoso, los mayas dejaron que los soldados salieran cuando quisieran, porque preferían seguirles la pista por la espesura, en espera de que la columna se fuera confiando al acercarse a su seguro. Entonces atacaban. Sorprendida y arrollada la retaguardia de Novelo, quedaron abandonados unos 200 enfermos y heridos; los supervivientes llegaron a Peto el 4 de marzo. El coronel González, inactivo durante todo aquello, y con poca presión contra sus líneas por estar los indios ocupados en otra parte, se retiró a los diez días, sin más bajas que muchos de sus prisioneros, que se dice dejó morir de hambre y sed.

Aquel año le había costado caro al ejército de Yucatán. En 1855, murieron en acción unos 1 000 hombres, que tal vez fueran la mitad de los que había en campaña, y sucumbrieron centenares de otros por el cólera, o quedaron heridos. Y a todo eso, la solución definitiva a la guerra, que pareciera tan inmediata, otra vez habíasele escapado de las manos. Por eso se decidió sencillamente que la rebelión llamada Guerra de Castas había terminado. En este punto sus principales historiadores, Serapio Baqueiro y Eligio

Ancona, ambos de la siguiente generación, dedican su atención a los líos políticos del occidente ladino y la apartan de la selva oriental. No había habido victoria, y quedaban años por pelear. Pero después de 1855 se consideró que era otra cosa: no una rebelión ni una Guerra de Castas sino más bien una contienda entre dos potencias soberanas: México y Chan Santa Cruz. De todas las rebeldías de los indígenas, desde que los araguacos dispararan sus flechas contra los marinos de Colón, ésta era la única que había tenido éxito. Y si no podía impedirse, el orgullo yucateco decretó que debía ignorarse.

TERCERA PARTE

LA CRUZ QUE HABLA

Los macehualob de Chan Santa Cruz habían bebido hasta las heces la copa del sufrimiento y se habían transformado en un nuevo pueblo, los *cruzob* (con el sufijo maya añadido a la palabra cruz). La cruz de José María Barrera era un símbolo que respondía bien a su necesidad, tanto que sobrevivió a la oscura muerte de su creador (en Yokdzonot, el 31 de diciembre de 1852). Era el mensaje, no el profeta, el que tenía vida social, y la nutría perfectamente la sangre de los mártires: Florentino Chan había muerto; Cosme Damián Pech murió en la destrucción del tratado de Chichenhá; Juan Justo Yam, muerto; Venancio Pec, muerto (no Venancio Puc, cuya carrera aún sería larga); y muchos miles de adeptos habían muerto también, por las balas, a machetazos, de hambre, de cólera y desesperación. Pero los cruzob sobrevivían. Habían luchado durante ocho años contra un enemigo superior, con trampas, con pozos envenenados, con engaños, con balas de tierra, aguantando descargas mortíferas por una oportunidad de llegar al alcance de los machetes, sembrando maíz para ver que se lo robaban, corriendo, corriendo siempre cuando no había modo de combatir, ocultándose en los pantanos, muriéndose de hambre en la selva cuando era evidente que no quedaba más solución que rendirse.

La prueba era demasiado fuerte para muchos: para los que buscaban refugio en Chichenhá; para las cuadrillas de Ixcanhá, Lochá y Mesapich, para los que huían a Guatemala o Belice, para las gavillas aisladas que atisbaban en la selva al oriente de Valladolid. Ninguno de ellos se rendía efectivamente, y se mantenían aparte de los ladinos; pero aceptaban un estado de hecho en que los desdeñaban y no les hacían ningún caso, los dejaban languidecer al margen de la sociedad, para que al final los reabsorbieran o se murieran.

Sólo los cruzob, con su posesión única, la Cruz Parlante, habían hecho algo positivo. La cruz era la máxima autoridad, necesaria en toda cultura, autoridad que faltaba irremediablemente en las demás tribus, lo cual las hacía sentirse inseguras y las llevaba a anhelar un cura, aunque fuera blanco, como se revela en todos los tratados que celebraron. La vida espiritual de las demás tribus estaba regida en gran parte por extraños: por el obispo, figura casi legendaria, que residía en el remotísimo T-hó y sacerdotes misioneros itinerantes. Conocían el dolor del aislamiento y de la pobreza espiritual. Por otra parte, el soldado de la cruz estaba entero. Su mundo se centraba en Chan Santa Cruz. Entre su aldea y el santuario había una relación armoniosa y plena, que daba seguridad, autoridad y orientación religiosa. No había necesidad de mirar más allá de su territorio, salvo para buscar armas y municiones; para ello, podía tratar con los ingleses en condiciones de igualdad. Esta integridad social había permitido a los soldados de la cruz sobrevivir a los terribles años de prueba; los mantenía en vida como fuerza militante, capaz de aprovechar la menor fisura, como cuando la revuelta de Molas y Cepeda, y les dio la fuerza de aguantar el cólera y de rechazar a las columnas de 1854 y 1855. Los cruzob habían conquistado el derecho de sobrevivir.

Llegó otra vez la estación de la siembra, la primera en ocho años en que no habría problemas. Quemaron los campos, cayeron las lluvias, se echó la simiente y salieron las mazorcas y maduraron, mientras el macehual esperaba en paz; y cuando llegó la cosecha, fue él y no los incursionistas dzulob el que la realizó, y con ella alimentó a su mujer y sus hijos. A su vida volvió en cierto modo la normalidad, y dio gracias por ello a la cruz que hablaba.

El prestigio y la autoridad de José María Barrera pasaron a su sucesor en el oficio de patrón de la cruz, prolongación de los santos patronos en las fiestas aldeanas. Lo solían llamar el *Tatich*, o Padre, pero también el *Nohoch Tata* (Gran Padre) o el *Ahkín* (sacerdote). Con los éxitos de los cruzob, el cargo empezó a evolucionar en el sentido de los tiempos precolombinos, transmitido por la vida de la aldea y muy cargado de tradiciones de la Iglesia católica española. Primordialmente, el Tatich era un sacerdote, un reemplazante necesario de los perdidos sacerdotes ladinos, que podía celebrar el sacramento de la misa, el bautismo y el matrimonio. Con el tiempo se convirtió en equivalente de un obispo, que delegaba sus poderes en otros y elevaba los maestros cantores legos a la categoría de sacerdotes. Heredero de su posición en una sucesión apostólica renovada basada en la cruz, intérprete de la voluntad de Dios en la tierra y autoridad suprema en cuestiones religiosas, podía comparársele con el Papa. No se sabe de fijo quién fue el sucesor de Barrera. Los informes ladinos, raros cuando mucho, a veces confunden patronos y generales, y suelen ser contradictorios. Uno de los presuntos es Juan de la Cruz Puc, entonces en actividad, que escribía cartas y las firmaba en nombre de la cruz, como hemos visto; pero el nieto de José María Barrera, Pedro Pascual, declaró que su padre, Agustín Barrera, había heredado el cargo.

Para ayudar al Tatich en el artificio de la Cruz Parlante, para disponer la sucesión y dar consejo, otros dos oficios institucionalizaron el papel del ventrílocuo, Manuel Nahuat: el *Tata Polín,* o intérprete de la cruz, y el órgano de la Divina Palabra, quien tal vez fuera el que se agazapaba en la fosa y proyectaba su voz a la cámara de resonancia del barril hundido. La reverencia que los macehualob tenían naturalmente por el hombre versado en el arte sacro de leer y escribir se reforzó cuando Juan de la Cruz empezó a poner en circulación cartas firmadas con tres cruces y su propio nombre o uno de sus varios alias ("Señor Jesucristo", "Creador de Cristianos", "Hijo de Dios"). Los escritos empezaron antes de inventar el barril, pero siguieron de complemento a la voz para las tareas a gran distancia; y aunque Juan de la Cruz utilizara oralmente o no, sus escritos en el cargo de Tatich, siempre hubo un tercer funcionario por debajo del Tatich, un secretario de la cruz, figura importante y respetada.

Después del Tatich y el triunvirato de la jerarquía venían los jefes militares, los generales. Era sólo teoría, porque en la realidad a veces usurpaban el poder asesinando o dominando al Tatich. Pero normalmente, el Tatich era supremo, y podía mandarlos al poste de flagelación como al más ínfimo de sus súbditos. Estaba por encima de toda crítica, y era personalmente santo e inviolable. Hacía de juez, daba órdenes a sus generales en la administración interna y, con el consejo de ellos, tenía el mando supremo en la guerra. El *Tata Chikiuc,* o general de la plaza, era el general de mayor graduación y vivía en una casa de la plaza comparable a la residencia del Tatich. Por debajo de él estaban todos los jefes y oficiales del ejército. Como no estaba familiarizado con coroneles y generales, el macehual adoptó el grado superior cuando los ladinos se pusieron a emplearlo, y dejó el grado de coronel; de general se bajaba a comandante, capitán, teniente, sargento, cabo y soldado. Su idea de la organización militar no iba más allá de la compañía: batallones y regimientos no existían como tales, y eran simplemente agrupaciones de compañías; un comandante era el que mandaba una compañía, por su graduación superior o su mayor antigüedad en el servicio. No había estado mayor ni tabla de organización. Sí había, sin embargo, una sección de inteligencia o espionaje militar, dirigida por el *Tata Nohoch Zul,* o Gran Padre Espía, quien tenía agentes regulares entre los ladinos y un ojo avizor para las ambiciones de los generales e informaba directamente al Tatich. A excepción del espía y el general de la plaza, todos los jefes y oficiales mandaban compañías. Los elegían el día de Año Nuevo, a la manera de la milicia, y las vacantes se llenaban de los escalones inferiores con el beneplácito del Tatich.

Al reemplazar la compañía del ejército a la aldea nativa como objeto de la lealtad macehual, el jefe de la compañía tomó el papel del batab pueblerino, que juzgaba los delitos menores, conservaba la disciplina y la moral pública. Las causas más graves pasaban a un consejo de jefes presidido por el general de la plaza, que era el cuerpo judicial y legislativo de los cruzob, y en última instancia ante el mismo Tatich. Esta lealtad a la compañía pasó también al servicio de la Cruz mediante la organización de la *Guardia* del santo. Era una combinación de la antigua guardia aldeana (impuesta por los ladinos para ejecutar el servicio de trabajo comunal bajo control del estado) y de diversas hermandades de legos. Nacida de la necesidad de ocultar el mecanismo de la Cruz a los ojos de los curiosos, la guardia adquirió mayor importancia por la necesidad militar de proteger la aldea santuario y se formalizó con una guarnición obligatoria de varias compañías, de cosa de 150 hombres cada una, que se turnaban durante todo el año; en realidad, era el ejército permanente de los cruzob. Se construyeron cuarteles para esas tropas en Chan Santa Cruz, y lo que vino a ser un mes de servicio al año para cada soldado se empleaba en hacer guardias, en labor social y, como las obligaciones religiosas se organizaban en compañías, en mucho orar. Aparte de su turno regular, casi todas las compañías se congregaban allí para las dos grandes fiestas, la de la Santa Cruz y la de la Virgen de la Concepción. Se exigía el servicio en la guardia a cada hombre sano de más de dieciséis años, y de este modo, cada uno de ellos pasaba considerable tiempo en Chan Santa Cruz, ligándose a la colectividad por su servicio y sus devociones a la Cruz. Estas normas y disposiciones se habían ido formando desde la aparición de la Cruz; florecieron con los triunfos militares y en la paz se arraigaron.

El año de 1856 fue de consolidación para los cruzob, y sólo hubo alguna que otra acción fronteriza para estímulo, y la estación de las secas de 1856-1857 también fue tranquila. Se sembró y creció una nueva cosecha. Engordaron rebaños de vacas capturadas, así como mulas y caballos, y los llevaron al Hondo para comerciar con ellos; las utilidades, junto con el botín de la incursión por los cocomes y los contratos con leñadores ingleses para la caoba de la selva meridional produjeron las mejores armas que los cruzob vieran jamás desde las primeras victorias. Fusiles nuevos, barriletes de pólvora, y balas; todo eso les inquietaba, mientras la cosecha ya en camino les daba confianza y la paz, agresividad. Después cesaron las correrías de los ladinos y se redujeron las guarniciones de las zonas fronterizas. Esto siempre significaba lo mismo, y el Gran Padre Espía envió a sus hijos hacia el oeste para averiguar, para colarse por los puestos avanzados, para mezclarse con los cautivos de su misma sangre en las plantaciones y las poblaciones, para preguntar y observar. Y volvieron en agosto de 1857 con interesantes noticias.

La política yucateca había estado trabajando a toda máquina. El general Vega había tenido que volver con su amo Santa Anna en noviembre de 1854. No tenía muchas ganas de ir, porque pensaba en su participación en la trata de esclavos, en los impuestos y los sobornos, pero las órdenes eran muy claras y hubo de dejar el sillón de gobernador a su subordinado, el general José Cadenas, al que pronto reemplazó un general mexicano, Pedro de Ampudia. La ciudad de México dictó según principios centralistas hasta que cayó Santa Anna definitivamente, en 1855; entonces triunfaron el liberalismo y el federalismo, y Yucatán buscó un líder del país y que no fuera militar. Se pensó en Barbachano. Había sufrido cárcel bajo Santa Anna; pero por desgracia para él, la lástima que inspiraba su encarcelamiento en San Juan de Ulúa se borró al circular un daguerrotipo en que aparecía con vistoso uniforme de consejero, puesto que había aceptado en los últimos días del régimen santanista. Eran muchas las personas que lo vieron, y eso puso fin a la carrera política de don Miguel, quien murió en Mérida el 17 de diciembre de 1859, a la edad de cincuenta y dos años.

Sin don Miguel, don Santiago era inevitable, y así fue nombrado y elegido Méndez, quien ocupó el puesto en noviembre de 1855. Limpiando sus lentes y ajustándoselos en la nariz, Méndez puso manos a la obra como un buen tenedor de libros, para poner orden en lo que habían hecho los años de revueltas, guerra civil, hundimiento del comercio y saqueo oficial. Los egresos anuales del estado eran de 408 000 pesos, de los que ochenta por ciento se necesitaban para que el ejército se mantuviera sobre una base defensiva; los ingresos por concepto de derechos de importación eran sólo de 250 000 pesos, y el gobierno tenía una deuda de 100 000. Teniendo en cuenta estas cifras hay que reconocerle a Méndez mucho mérito por haber resuelto el problema. Ajustó los impuestos sin rebelión, equilibró la relación entre importaciones y exportaciones y cuando, a los dos años, dejó el cargo, el estado sólo tenía deudas corrientes y en el tesoro había dinero. Hay que apuntar en honor suyo también que detuvo los embarques de esclavos a Cuba, organizados por sus tres antecesores militares, y ordenó una fianza de mil pesos por la entrega de pasaporte a los "sirvientes" personales que llevaban al extranjero. Y para gloria suya, ganó la última distinción que puede adornar a un político, latino o no: cuando murió, quince años después, era pobre.

Barbachano y Méndez cedían ahora el lugar a hombres de la nueva generación. El 26 de julio de 1857 elegían gobernador al coronel Pantaleón Barrera, editor, soldado a ratos, defensor de los chenes, campechano pero no estrictamente dedicado a los intereses sureños. Hubo de tener sus líos. Primero, una advertencia de la frontera: el coronel Novelo daba un parte de que Chikindzonot estaba saqueado y quemado, había 71 personas muertas, otras cautivas, con las tropas demasiado débiles para responder adecuadamente. Hubo una revuelta contra un cómputo fraudulento de votos, una leva impopular, y la inquietud general se concentró en Tekax. Después hubo una rebelión con proclamas. El coronel Cepeda Peraza, de vuelta del exilio después de la victoria liberal, dio un golpe contra el gobierno en unión del coronel Novelo. No se derramó sangre, pero quedó el encono.

El problema principal era Campeche. El orgullo de aquella "patria chica" había sufrido con la creciente prosperidad de Mérida, que destacaba con fuerte relieve junto al desastre meridional. Méndez, Barbachano, el nuevo gobernador Barrera, todos habían sido de Campeche; pero a todos los había seducido el dinero del norte, o así les parecía a los tristes comerciantes de aquel puerto. No les gustaba un juez nombrado desde Mérida, ni un principal de aduanas nombrado desde Mérida (este lucrativo puesto lo detentaba el hermano de Méndez), y todos querían la exención del servicio para sus marineros, así como la había para los henequeneros en el norte; y sobre todo, sentían fuerte antipatía por Mérida. Antes del último periodo de Méndez, una organización separatista había iniciado negociaciones en un nivel nacional, y como el gobernador no aceptara la idea de un Yucatán partido en dos, en su edad provecta hubo de ser un exiliado odiado.

Con la intención de negociar desde una posición de fuerza, el candidato meridional derrotado por Barrera en las elecciones, Liborio Irigoyen se apoderó del parque y las fortificaciones de Campeche y pidió el recuento. Mensajes iban y mensajes venían, y mientras tanto, en la ciudad hizo erupción un segundo movimiento, distinto del primero pero confundido con él, en que se hacían exigencias más explícitas; todas eran síntoma, no definición, de la enfermedad separatista. Cuando el adalid del segundo grupo, Pablo García, supo que ninguna otra parte del estado se había alzado en apoyo suyo, aclaró la atmósfera anunciando que el distrito de Campeche ya no podía vivir con el mismo gobierno que el resto de Yucatán y que era necesaria una separación jurídica, vista la incompatibilidad de las partes. Este modo de ver, que jamás había sido expresado, pero era una fuerza vital de la política yucateca desde la Independencia, salió al fin a la luz pública. Como el movimiento se ponía serio, aunque a regañadientes, Barrera juntó sus fuerzas. Despojando la región fronteriza, como de costumbre, envió a Cepeda Peraza a unirse con el coronel Baqueiro en Hecelchacán, para de allí ir hacia el sur y ponerse en contacto con la milicia de Campeche en Tenabo, a cuarenta kilómetros del puerto. No produjo eso mucho entusiasmo: el jefe enemigo era hermano de Cepeda Peraza, nadie había tomado nunca las murallas de Campeche, y nadie tenía ganas de morir cuando era inevitable que decidieran la cuestión unas negociaciones después de cuidadosa comparación de fuerzas y, tal vez, una escaramuza para quedar bien.

Esto, o parte esencial de ello, fue lo que le comunicaron al Gran Padre Espía. El general de la plaza y los jefes principales se reunieron en consejo con el Tatich, quemaron velas y oraron a la Cruz que hablaba. Habló ésta, y acabado su discurso salieron órdenes de que se reunieran las compañías aldeanas.

Y fue así como el 14 de septiembre, echando bravas la mayoría de los soldados ladinos de ambas facciones unos contra otros en el extremo sudoeste del estado, una columna de soldados se metió marchando en Tekax. Se acercaron por el sudoeste, por la carretera de Xul, marchando al paso, los fusiles en el hombro derecho, perfectamente uniformados según las normas militares locales, con cintas en el sombrero y chaquetillas rayadas de rojo y blanco. Según anunciaron los oficiales, eran tropas de Campeche, llegadas a librar a Tekax de los dictadores de Mérida. Los pocos ciudadanos que había por la carretera, acalorados todavía por su recién reprimida revuelta de un día, se les unieron al grito de: "¡Vivan Campeche e Irigoyen! ¡Mueran Mérida y Barrera!" Nada tenía de extraño el color tostado de aquellos soldados. A pesar de las lecciones anteriores, los hidalgos todavía formaban buena parte de la milicia. La guarnición de Tekax, una compañía de ochenta hombres, estaba compuesta principalmente de simpatizantes meridionales y su capitán, Onofre Bacelis, los había desarmado al saber de las tropas que se acercaban. No siendo campechano, y con órdenes de Mérida, se hizo fuerte con un pelotón de hombres de confianza en un edificio que dominaba la plaza, decidido a combatir contra los rebeldes sin peligro de motín. Al aparecer el primero de los enemigos, sus hombres rompieron el fuego, pero como seguían llegando a la plaza con los fusiles "a la funerala" y se formaban bajo los arcos, con un total de varios miles, los disparos cesaron desmañadamente, en forma inquietante. Los oficiales enemigos se descubrieron para saludar al capitán y su número convenció a Bacelis de que sus obligaciones militares habían terminado; entonces salió por la puerta trasera con sus hombres, se metió por la calle entre los soldados, dejándoles parte de su casaca en las manos, y escapó. Arreglados así diestramente los preliminares, Crescencio Poot, el Tata Chikiuc de Chan Santa Cruz, ordenó que empezara la matanza.

La gente de la ciudad había echado las contraventanas y atrancado las puertas, temerosa de que se produjera una escaramuza en las calles y le alcanzaran algunas balas perdidas. Pero ahora les abrieron las puertas a golpes de ariete, les treparon por las paredes, les penetraron por las ventanas. Los machetes eran más útiles de cerca que los rifles contra los inermes, y los amos de casa que tenían pistola o espada sólo podían diferir lo inevitable: los gemidos de los niños de pecho se interrumpían de repente; en las habitaciones traseras, donde intentaban esconderse, se oían ahogados gritos y maldiciones de hombres y mujeres; los mismos gritos y maldiciones resonaban fuertemente en los patios o las calles. Algunos, comprendiendo a tiempo el clamor, habían ganado el campo; otros se ocultaron en bodegas, en la pestilencia de las cloacas o en retretes situados fuera de las casas; y algunos se quedaron inmóviles entre los muertos, sufriendo en silencio inquisitivas patadas, culatazos o machetazos, mientras las moscas revoloteaban y se posaban en la sangre que se secaba. Más de un millar murieron.

El sargento Pedro Ruiz y unos quince o veinte hombres, parte al parecer de la guarnición desarmada, recobraron sus armas y se defendieron lo mejor que pudieron, pasando de casa en casa al amparo de la confusión, y al fin llegaron a un fuerte edificio de dos pisos que había en la plaza.[1] Distraídos por presas más fáciles, los cruzob no se habían dado cuenta de estos soldados, pero alrededor de las tres de la tarde, terminada la carnicería, los merodeadores trataron de hacerlos salir de su agujero, y les ofrecieron la vida si se rendían. Después de lo que había pasado en la última hora, eso no engañaba a nadie. Nada dispuestos a dar un asalto que les costaría caro, los cruzob esperaron hasta anochecido, amontonaron después muebles debajo de los balcones y les prendieron fuego. Quemándose los soportes y hundiéndose entre llamas los balcones, los soldados se retiraron a la parte pétrea del edificio e hicieron fuego contra la turbamulta a través de las llamas, con lo que dispersaron a los entusiastas. Hubo insultos, amenazas y tiros, pero asalto, no. Los soldados acecharon firmemente toda la noche, con la cara negra por el humo, demasiado soprendidos por lo que había sucedido para pensar en otra cosa que no fuera la necesidad de morir peleando. Desde su ruina a medio quemar vigilaban las fogatas del ejército de Poot, diseminadas por la plaza, y oían las canciones, el rasgueo de las guitarras y lo que hacían con las mujeres. Vieron al cura Marín, de setenta años, pasando de fuego en fuego, denunciando a los asesinos y los jefes sin que se alzara una mano contra él. El sargento Ruiz y sus hombres no se apartaron de sus armas hasta el alba, en que llegó socorro.

Hubo otros hombres blancos vivos en Tekax aquella noche. Al-

---

[1] Probablemente se trataba de aquel mismo edificio de donde nueve años antes habían arrojado los cuerpos de los indios prisioneros para hacerlos ensartarse en las bayonetas que los esperaban abajo.

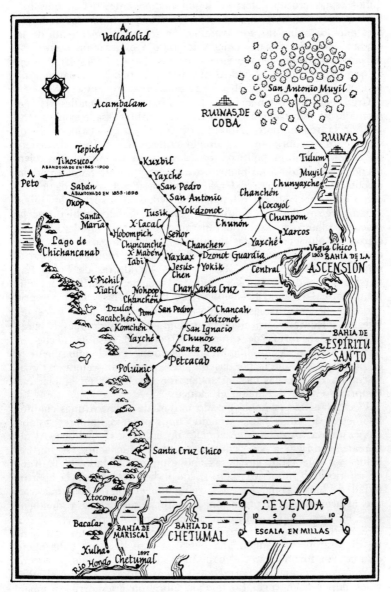

La zona de los cruzob en 1855-86.

gunos espías cruzob detenidos algún tiempo antes del ataque, habían quedado tirados en una celda para que se murieran de hambre, mas los había salvado Anselmo Duarte, un comerciante de la ciudad, quien les dio de comer y los puso a excavar un pozo para su jardín. Cuando llegó la hueste de los mayas, los espías dijeron lo que había hecho; la casa de Duarte y la tienda quedaron protegidos por centinelas, y él y su familia escaparon ilesos.

Crescencio Poot tenía poco tiempo para esos detalles. Había montado su estratagema a la perfección, había pasado con su tropa por la región poco habitada de los chenes, debajo de Peto, sin que los descubrieran, coordinado su llegada y su treta de acuerdo con los rumores políticos, basados en un espionaje muy bien hecho, y engañado a los blancos a tal punto que no habían podido ejecutar una verdadera defensa. Él había ido a matar dzulob, y como ellos, hacía pocas diferencias de edad ni sexo; de los niños salían luego soldados o madres de soldados. Sabía también que la reacción blanca no se haría esperar, y obró con rapidez. Se vaciaron los almacenes de las destilerías locales; cargaron centenares de barriles de aguardiente en caballos y mulas, que después arrearon a toda prisa por la pista del sur y las alturas de Puuc. Las tiendas se quedaron sin herramientas, machetes, hachas, marmitas, cacerolas y piezas de algodón; de las armerías y las casas privadas se llevaron armas y pólvora. El dinero, las joyas y los relojes se quedaron para el botín individual; irían después a parar a la Cruz en forma de ofrendas. El ejército pasó la noche en Tekax. Algunos de los hombres exageraron con el aguardiente y se pusieron a disputar por las mujeres, pero eran veteranos, y su disciplina en aquellas circunstancias fue excelente: en la mañana temprano estaba terminado el saqueo.

El capitán Bacelis había pasado muy mala noche a unos cuantos kilómetros de allí y había recogido unos ochenta hombres; estaba empezando a sospechar que aquello no era cosa de política. Al alborear se dirigió a su pequeña tropa: "Muchachos, si son rebeldes los que están en Tekax, no estamos obligados a batirnos en inferioridad numérica; pero si son indios, les ofrezco la oportunidad de hacer como yo." Un refugiado ensangrentado que vieron al acercarse a la población puso fin a sus dudas; y dividiéndose en tres grupos, entraron simultáneamente por tres lugares diferentes. Tocando cornetas hicieron como si fueran un regimiento, dispararon cada quien una descarga y se lanzaron a bayoneta calada. Por fortuna para el capitán y sus valientes, sólo se encontraron con rezagados, borrachos y depredadores desorganizados, y los pusieron en fuga. Lo que descubrieron era horrible: muertos mutilados, moribundos que pedían agua, mujeres desnudas tiradas donde las habían violado. Se llevaron cinco días para enterrar los muertos. Al capitán y al puñado de hombres que mandaba el sargento Ruiz les era imposible perseguir al enemigo, y no había ninguna otra fuerza cerca que pudiera ayudarles. Crescencio Poot pudo salir tranquilamente de allí. A mediados de diciembre había una concentración de cruzob en el Hondo, cambiando caballos, mulas y aguardiente por armas y pólvora con los comerciantes ladinos refugiados.

Al terminar el año hubo extraños rumores en Belice: se temía un ataque desde Chan Santa Cruz, un ataque desde Chichenhá, destinado a acabar con la población de refugiados de Corozal, que tenía más de 2 000 fugitivos de origen vario en 1857, muchos de ellos procedentes de Chichenhá. En algún momento del año habían lanzado los cruzob un segundo asalto contra la población, y si bien había sido repelido, había convencido a los pacíficos de que aquellos lugares no eran muy saludables. Unos huyeron por la frontera, otros se trasladaron al vecino lugar de Icaiché, más alejado de los soldados de la Cruz. Se dijo que había quinientos pacíficos movilizados a las órdenes de un oficial ladino a fines de año, pero no volvió a saberse nada del asunto.

El foco estaba entonces, aunque confuso, en el sur; era inevitable que después del saco de Tekax, que hizo comprender a los cruzob nuevamente su fuerza, la cruz volvería a hablar. En el Hondo aparecieron fuerzas cruzob el 15 de febrero, unos 1 500, con más caballos y mulas para trocar por un último incremento de municiones; y a hora más avanzada, en la noche del 20 de febrero, sorprendieron a Bacalar, y la tomaron en veinte minutos, mandados por Venancio Puc. La guarnición que allí había (300 soldados y 250 mujeres y niños) estaba desmoralizadísima por la falta de pertrechos y socorros, que se habían suspendido por la guerra civil; a pesar de los rumores que llevaban dos meses circulando y de conocerse la presencia de las fuerzas cruzob, los sorprendieron. Su jefe y algunos de los hombres huyeron al puesto avanzado del Chaac, atravesaron el río y entregaron sus fusiles cargados a cambio de la protección de la Corona británica. Los demás cometieron el error de rendirse, recordando que hacía diez años les habían permitido retirarse indemnes a Belice. Gran número de ellos fueron asesinados aquella misma noche.

El magistrado de Corozal, un tal Blake, que había tenido contactos comerciales con los cruzob, corrió a socorrer a los supervivientes. Ofreció 2 500 pesos de rescate a Venancio Puc, pero descubrió que tenía que tratar con una autoridad superior: la Cruz Parlante, o una que la sustituía, había llegado a gobernar la población capturada. Aquella noche, el inglés presenció cómo se congregaban los mayas delante de una casa en que se guardaba la cruz, escuchó las oraciones y la música militar hasta eso de las once, en que sacaron a los prisioneros (hombres, mujeres y niños) y los obligaron a arrodillarse en la calle. Dominando el griterío de los chiquillos oyó "un ruido chillón y silbante": la cruz quería 4 000 pesos.

Volvió Blake a Corozal por el dinero; el 1o. de marzo retornaba con el capitán Anderson y el segundo regimiento de las Indias Occidentales, amén de un mensaje del superintendente de Belice. Ni el mensaje ni el dinero produjeron el efecto deseado en la cruz, quien dio nuevas órdenes aquella noche. Así lo contó después Henry Fowler.

Fueron separados algunas mujeres y algunos niños de los demás, entre ellos una muchacha española muy conocida en los círculos de la buena sociedad. Después se formó una procesión que salió hacia la puerta oriental. Primero iba un fuerte cuerpo de tropas, a continuación, alternando en fila india, un prisionero varón y su verdugo, que le hacía avanzar con su machete y le tenía con una cuerda; luego iban las mujeres, treinta y cinco en total, impulsadas y sujetas de modo semejante; a continuación, otro grupo de soldados cerraba la marcha. A los ingleses no se les permitió seguir. La procesión se detuvo bajo un grupo de árboles, a cosa de ciento cincuenta metros, y pronto empezó la matazón; se oyeron gritos, pero en diez minutos todo había acabado.

De aquel baño de sangre fueron salvadas por los batabob varias jóvenes núbiles; también dejaron ocho niños. Una niña de siete años se ocultó en una bodeguita en medio de Bacalar durante cinco días, en que se alimentó de raíces, y en una noche de tormenta huyó hacia el río.[2]

Algunos ingleses estaban en el otro lado del río cuando los cruzob llegaron al sur, y Blake pidió que los soltaran. Puc ofreció canjearlos por el que fuera comandante de Bacalar, Perdomo. Al parecer habían llegado del otro lado del mundo noticias de una rebelión de otra clase de indios contra sus amos blancos y el general cruzob se mofó de los ingleses por su derrota a manos de los amotinados cipayos. Todo esto hizo que la parte norte de Belice resultara poco segura, ya que el Hondo era un río estrecho, y se pidió protección, que llegó en abril: 167 hombres del 2o. de las Indias Occidentales y 130 alguaciles locales. El esfuerzo para enrolar a los ladinos refugiados no dio resultado. Pero la Cruz era arrogante, mas no tonta. Si los ingleses se convertían en antagonistas, los pertrechos militares serían más difíciles de obtener;

[2] Se llamaba Herminia Robelo y la entrevistaron en 1935. Era la última superviviente de Bacalar.

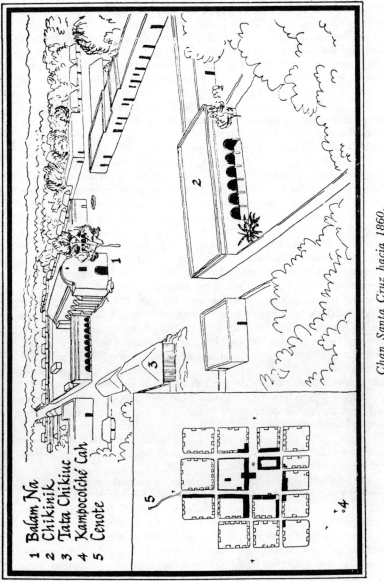

1 Balam Na
2 Chikinik
3 Tata Chikiuc
4 Kampocolché Cah
5 Cenote

Chan Santa Cruz hacia 1860.

173

por eso, después de cierto tiempo se volvió a comerciar y las relaciones, lentamente, empezaron a ser como antes.

En Bacalar no quedaba ya nada de valor, y el material había sido enviado a Chan Santa Cruz; la plaza se utilizaba solamente como base fortificada para proteger la vía comercial del Hondo. Con tal fin se abrió un camino desde el río hasta Bacalar y de allí, por el norte, hasta el santuario. Seguro el sur, algunos entusiastas intentaron por el norte y se abrieron camino en secreto hasta el lugar donde hacía sus ejercicios la guarnición de Valladolid, donde los agarraron cogiendo cañones. Fue un pequeño y sangriento combate, pero al parecer sólo se trataba de una incursión; los cruzob se retiraron sin perder, y a unos dieciséis kilómetros de allí dejaron de perseguirlos.

Las victorias gemelas de Tekax y Bacalar las había ordenado la Cruz Parlante y hubieran sido inconcebibles sin su mano protectora; al hacer los mayas sus ofrendas de agradecimiento a los dioses por las buenas cosechas, se pusieron a hacerlas en mayor escala. La primera residencia de la Cruz había sido un poste altar al aire libre en una ladera situada a cincuenta pasos al este de la gruta; la segunda fue una cabaña con techo de paja, de dos piezas, probablemente ubicada en el mismo lugar. Pero aquel hueco abrupto resultaba ya demasiado pequeño para las asambleas de los cruzob, y los oteros vecinos no eran propios para construir viviendas a una población creciente; por eso se decidió trasladar el santuario a un terreno más horizontal y menos abrupto, a cosa de 400 metros hacia el sudeste y a mitad de camino del cenote mayor. De todos modos, en el vallecito donde Dios había aparecido por primera vez a los mayas siguió habiendo un ambiente místico. Cerca del primer lugar donde estuvo la Cruz se erigió un oratorio o santuario de piedra, de unos siete metros y medio de alto, cerrado por tres lados y abierto hacia el oeste, de cara a la gruta. Allí se celebraron fiestas y se reunían los delincuentes ante el santuario para recibir los azotes ordenados por sus jefes. El lugar se ha llamado después *Chan Kiuic* (Placita) y también *Kampocolché Cah* (pueblo de Kampocolché), en recuerdo del solar de algún cruzob, que estaría por allí.

La iglesia nueva tenía una traza ambiciosa, de más de treinta metros de largo y dieciocho de ancho. En aquel duro terreno no eran necesarios cimientos, y bastaba nivelar un poco. Había piedras por doquier, y el mortero se obtenía fácilmente calentando la caliza en hornos al aire libre, procedimiento que no había cambiado desde hacía miles de años. Y empezaron a subir las paredes, macizas, con abundancia de mortero, por partes, con pausas para que el mortero se endureciera, flanqueadas por cinco contrafuertes de refuerzo a cada lado. Los contrafuertes sustentaban un número igual de arcos bajos, en que se colocaron hileras horizontales de palos que servían de molde para una capa delgada de mortero, y endurecida ésta, para nuevas capas, hasta que se formó una bóveda de concreto, pesada, sustentada por sí misma, de 12 metros de alto. A cada lado largo del techo corría un pasillo protegido, rasgo típico de las iglesias yucatecas. destinado a la defensa. Cuatro torres truncas, jamás terminadas, daban estabilidad a las esquinas, y en la del sudoeste pusieron las campanas tomadas a Bacalar. Un portal único en arco, y encima de él una puerta y un balcón horadaban la desnuda fachada y dejaban entrar en el interior una tenue luz, ayudados por puertass laterales. El Balam Ná (Casa de Dios), era algo sobrio, tosco e impresionante para ex siervos y mestizos de la clase más baja de la sociedad.[3]

Flanqueaban la iglesia a cada lado alas de un piso, cada una con una serie de habitaciones con arcos delante y detrás, que servirían de escuelas y cuarteles; por detrás había unas construcciones para distintos servicios, con altas bardas. La iglesia y las escuelas guarnecían la plaza por el este, plaza cuya rectangular configuración interrumpía un bloque de edificios en el sur, que formaba una plaza menor, realzada por una fuente de la que la leyenda haría un poste de flagelación. Era la plaza casi plana, pedregosa, sin árboles ni arbustos, salvo el tradicional zapotillo, centro de toda población maya...y en este caso, de ejecución. Al oeste estaba la residencia del Tatich, llamada *Chikinik,* o viento del oeste, edificio de unos treinta metros de largo, con arcadas delante y detrás, salas de guardia y de recepción y parte privada de residencia. Había también un palacio semejante para el general de la plaza, una casa del consejo, por lo menos siete barracones de acuartelamiento para las compañías que se turnaban, y una cárcel, todo alrededor de la plaza. Según la traza ladina, había dieciséis bloques regulares de casas, con el conjunto de la iglesia, anchas calles se cruzaban en ángulo recto, sobrepuesto todo ello a la norma del poblado maya, menos rigurosa. En torno a la plaza, y adyacentes, estaban los edificios públicos, de piedra con techo plano; lo demás eran chozas con techo de paja, alineadas siguiendo las calles o agrupadas dentro de los bloques, estando cada bloque cerrado por muros de piedras sin mezcla y lleno de

---

[3] Alfonso Villa Rojas ha escrito que la capilla del valle de Chan Kiuic se llamó también Balam Ná y fue la segunda iglesia de los cruzob, que reemplazó a la primera estructura con techo de paja. No parece probable; el edificio no tenía artificio para los efectos sonoros que requería la Cruz Parlante, ningún elemento misterioso, y el terreno subía en cuesta demasiado pronunciada enfrente para la adición de una nave con techo de paja. Balam Ná era la designación general de la iglesia en maya. La principal de Chan Santa Cruz fue llamada alguna vez Nohoch (Gran) Balam Ná.

árboles frutales y de sombra. Cinco montecillos naturales y pedregosos, de unos nueve metros de alto, estaban diseminados por la población y fortificados a la manera de los reductos de plazuela del sitio de Tihosuco; varias filas de muros de mampostería de piedras brutas ceñían los suburbios, provistas de puestos avanzados con el fin de impedir una sorpresa. Para la defensa espiritual había cuatro capillas con techo de paja, una en cada rumbo, y centinelas con órdenes de matar a todo animal doméstico que entrase en los sagrados confines de la población.

La pesada masa del Balam Ná dominaba muy a propósito la línea del horizonte y era una visión inesperada sobre las copas de los árboles después de días de recorrer el yermo. La población en sí era una ofrenda secundaria aunque vital en agradecimiento a la Cruz de las victorias, copia externa de una población ladina dispuesta por un Tatich a medio aculturar, regida por las compañías de la guardia, con látigos y cadenas para quienes no fueran suficientemente agradecidos. Y allí estaban los esclavos blancos. No se repetiría, con cruzob más confiados, la tremenda degollina de Bacalar. Según los cálculos de los ladinos, en 1859 se tomaron quinientos prisioneros, pero de ellos sólo fueron muertos doscientos. Las mujeres estaban guardadas en barracas con techo de paja dentro del conjunto de edificios de la iglesia y servían de criadas del Tatich y los jefes, y las más guapas servían además en las hamacas de más categoría. Los hombres se dividían para labrar los campos, cortar leña, quemar cal y llevar piedra para los edificios nuevos, así como para maestros de música, español, lectura y escritura. Los papeles habíanse invertido por completo: el amo se había vuelto esclavo y el esclavo amo, con látigo y pistola en mano. La mayoría de los prisioneros eran de clase baja, mestizos y colonos blancos pobres de la región fronteriza que no habían podido escapar al servicio militar; y muchos eran mayas (hidalgos, aldeanos sometidos o miembros de alguna gavilla rebelde enemiga). A veces trataban mejor a estos mayas que a los demás esclavos, y los niños de todas las razas se criaban libremente como ciudadanos de la colectividad. Pero había a veces miembros de la clase superior, hombres y mujeres, que sufrían mucho más que los otros y morían con facilidad, por el trabajo a que no estaban acostumbrados, la mala alimentación y la desesperación que sentían.

Enredado todavía en la política, Yucatán no podía hacer nada por los cautivos. Después de los desastres de Tekax y Bacalar, los destrozos de la región fronteriza quedaron sin desquite, al arraigar el interés por una solución parcial del problema de Campeche: formación de un nuevo estado, cuya frontera pasaría entre Maxcanú y Kalkiní, al sudoeste del centro de la península y después al sur, hasta Guatemala, comprendiendo El Carmen y Laguna de Términos. El gobernador Barrera había renunciado en favor de su jefe militar, el general Peraza, quien firmó el tratado de separación. Se expusieron claramente los detalles del divorcio: Campeche debía pagar un tercio de su ingreso anual para ayudar a cubrir los gastos de la guerra contra los mayas que, con su traspaís de los chenes neutralizado tiempo hacía, era problema exclusivo del Yucatán menor. Los derechos pagados eran iguales en El Carmen, Campeche y Sisal, con movimiento de mercancías libre de impuestos dentro de la península, y habría mutua extradición de desertores. O sea que se conservaba el statu quo, con algunas concesiones al control local, al orgullo local y a la política local de Campeche. Naturalmente, nada de eso se cumplió.

Como había bastantes personas que desaprobaban esta solución, rápidamente se produjeron dos rebeliones, una en Campeche, que fue sofocada, y una en Yucatán, mandada por el coronel Pedro Acereto, que tras poco combate y mucha política logró deponer al general Martín Peraza e instalar a Liborio Irigoyen en el puesto de gobernador. Irigoyen resultó ser un dictador de bolsillo, que quiso consolidar su poder con exilios a granel; y así expidió al general Peraza, al coronel Cepeda Peraza, que ya se estaba acostumbrando al viajecito, al ex gobernador Barrera y a otros muchos. Entre los desterrados los había que salían en las peores condiciones para La Habana, con un contrato de trabajo firmado por ellos y sin que en los campos de caña se les permitiera ninguna componenda. Barrera había reanimado la esclavitud, y Peraza le había seguido por ese camino, y así seguía atacando las filas del partido de oposición, maya o ladino. Como decía la ley que sólo los "rebeldes" podían ser agarrados, a los que estaban en el bando perdedor y sin relaciones influyentes se la aplicaban con todo rigor, y las utilidades pasaban al candidato triunfante y a sus corifeos.

Es difícil hallar cifras de la trata clandestina. Posteriormente acusaron a un tal Gerardo Tizón de haber embarcado a varios centenares de personas; ante el tribunal reconoció 374, pero allí la cosa no era moral, sino económica. Bajo el gobierno de Barrera, Tizón había logrado un préstamo cubano de 30 000 pesos y 500 fusiles, con uno por ciento de comisión por su trabajo, y la parte principal se rescataría con prisioneros mayas a 25 pesos por cabeza, niños gratis. El tráfico no se puso realmente en marcha sino cuando el general Peraza ocupó el puesto, y entonces el precio subió a 40 pesos por los hombres y 25 por las mujeres, con embarques desde pequeños puertos de río Lagartos, Dzilam y San Felipe, en la costa del norte. Irigoyen, con la materia prima política a mano y costos de producción reducidos, hizo subir el trato a

160 pesos por hombre y 120 por mujer y 80 por niños y niñas. Hubo muchos negocios privados cuando los hacendados pobres en tierra y siervos se pusieron a liquidar sus excedentes. El comercio se hizo más público, y el fuerte de Sisal servía de depósito para los remanentes: los barcos recogían el cargamento humano en Campeche, los convoyes se hicieron frecuentes por las carreteras, agarraban a los jóvenes de las mejores familias con sus sirvientes y los llevaban al puerto más cercano. Gabriel Gahona dibujó una caricatura titulada "Una Indiera", en que se veía a una mujer de posibles reclinada en unas jaulas de indios, cuya etiqueta indicaba que iban para La Habana.

Tenía Irigoyen la mano demasiado pesada. Se multiplicaron las rebeliones hasta que el coronel Acereto, quien había entronizado a Irigoyen, se cansó de sofocarlas e hizo una por su cuenta, en unión del viejo Cetina, llamado a escena desde Campeche. Esta vez el afortunado fue Pablo Castellanos, al parecer un hombre bueno, que detuvo la trata de esclavos; pero pronto dejó el puesto. Después, el coronel Acereto puso en el poder a su padre, Agustín Acereto, que, siguiendo a Irigoyen, fue muy bien acogido. Los principios invocados en todas esas maniobras apenas merecen que uno los mencione. Era politiquería de la especie más flagrantemente personal, que acusaba un total y trágico hundimiento de la vida cívica; era el reino de caudillejos que aspiraban al botín, secundados por gente acostumbrada a la guerra, y un exceso de coroneles aburridos que no se atrevían a combatir contra los indios pero sí eran capaces de entregarse a los más muelles deleites de la vida castrense. Anarquía. Los Aceretos, padre e hijo, habían obtenido un respiro, y se dispusieron a hacer lo que sus antecesores habían pregonado pero nunca logrado: vengar a Tekax y Bacalar.

Se reunieron pertrechos y se enrolaron tropas, que fueron armadas, ejercitadas y congregadas en Valladolid, con un total de 2 200 soldados y 650 hidalgos del cuerpo de trabajo; y todos se arrodillaron en la plaza principal para oír una misa colectiva final en la mañana del 2 de enero de 1860. Iba al mando el coronel Pedro Acereto, vencedor de muchas contiendas civiles; su segundo era el coronel Virgilio, y tenía dos coroneles y un comandante por cada una de sus tres secciones. Brava vista formaban las fuerzas aquella mañana, la hueste más grande que hasta entonces se había logrado lanzar de una vez contra los cruzob, y desfilaba arrogante y confiada por la plaza al son de cornetas y tambores, ante los ojos de su jefe y del gobernador, su padre. Marcharon hacia el sur hasta Tihosuco durante dos días, lo cual resultaba buen tiempo, ya que la mayoría de los combatientes eran veteranos de una generación de lucha, y después se internaron en la espesura hostil, con los exploradores desplegados, listo el fusil, por todas las pistas. Tardaron ocho días en llegar al centro de la superstición y el fanatismo, Chan Santa Cruz, pero sólo tuvieron alguno que otro encuentro pasajero con los salvajes, que al parecer eran invencibles. ¿Dónde estaban? Se quedaron con la boca abierta ante el nuevo templo, los arcos en torno a la plaza, las casas del Tatich y el General de la Plaza, el poste de flagelación y el árbol de las ejecuciones; luego decidieron que aquel legendario lugar no era para tanto, después de todo, y se preguntaron qué habría sido de los cruzob.

Tal vez fuera falla de los espías, la sorprendente rapidez y magnitud de la fuerza invasora, o lo más probable, un plan intencional; en todo caso, las compañías fronterizas de cruzob habían retrocedido, retrasándoles un poco con algún tirador apostado, habían formado columnas debidamente y se habían presentado a dar parte. Entonces, Crescencio Poot había reunido a su gente. Desde la guarnición meridional de Bacalar, las compañías activas vecinas a Peto, la guardia de la capital, desde todas las aldeas y todos los poblados, llegaban, cada quien asiendo un fusil, pólvora y balas, un machete, una calabaza con agua, un saquito de harina de maíz, todos formándose por unidades y compañías, y se dirigían hacia el santuario. No era la indiferente dispersión de tribus aisladas que habían sufrido una invasión, sino un cuerpo social unificado, cuyo corazón se había visto en peligro; cuando un mensajero llegaba anhelante a un montón de chozas, llevaba un anuncio más que una orden. Poot no se comprometía a poquitos. Cuando se lanzaron los cruzob, lo hicieron todos a una. Una compañía montada de batidores ladinos tuvo la mala suerte de establecer el primer contacto, varios días después de la ocupación de Chan Santa Cruz; sufrieron una emboscada y a duras penas lograron volver al ejército, batiéndose a pie con grandes pérdidas. Inmediatamente, hubo un asalto general de todas partes, sin escasez de fusiles ni de parque; y el monstruoso fragor de aquellas descargas inmediatamente convenció a los más inexpertos oficiales de que era hora de salir de allí. Con un poder de fuego igual o superior y una convicción y un espíritu incuestionablemente superiores bajo las balas, los cruzob lanzaron ataque tras ataque sobre los cadáveres de los caídos, y la resistencia organizada de los ladinos se derrumbó.

A los pocos días llegaba a la frontera el ruido de la derrota, con grupitos de rezagados muy malparados. El gobernador, inquieto mandó reforzar Tihosuco para dominar la vía de escape y envió una fuerza expedicionaria por mar a la bahía de la Ascensión con órdenes de buscar a su hijo y socorrerlo. Terminaron las dudas y se justificaron los peores miedos cuando el coronel en persona apareció ante las barricadas de Tihosuco con los 600 supervivientes de su ejército. Había perdido 1 500 hombres, 2 500 rifles, toda la artillería con el parque, 300 mulas, gran cantidad de pertrechos y la banda militar, que había sido capturada intacta, junto con los instrumentos; sus miembros estaban ya enseñando música a los jóvenes estudiantes cruzob. Son difíciles de obtener los detalles de las derrotas ladinas; el combate que siguió a aquella primera arremetida contra el campamento, el mes antes de la vuelta de Acereto, las aventuras de la partida expedicionaria, todo parece perdido para la historia. Como otros muchos antes que él, el coronel había comprendido que sus campañas de las pequeñas revueltas del oeste no tenían significado ni aplicación contra los cruzob, y ni él ni los suyos querían hablar de lo que habían pasado. Para remate, con más armas y sintiendo su fuerza, los cruzob tomaron Chichenhá, acabaron con los pacíficos y llevaron marchando las mujeres y los niños a Bacalar.

También estaba el problema de los prisioneros. El gobernador Acereto había seguido con el préstamo de Cuba para poner en campaña su ejército, y había vendido lo futuro esperando la victoria. Al cambiar su suerte en la guerra, hizo como los precedentes, y saldó su contrato con mayas pacíficos de las aldeas norteñas y alguno que otro mestizo. Éste fue el último embarque grande de esclavos. La prosperidad en los campos de henequén y la escasez de mano de obra acabaron con la trata. A las anteriores peticiones de que se librara a la península de diez mil salvajes sucedían ahora las quejas de los ricos de Mérida de que sus obreros (y, cosa harto indignante, hasta los endeudados) eran seducidos o robados, y que pronto las haciendas se quedarían sin brazos, las familias sin criados, los sacerdotes sin congregaciones, los padres sin hijos. Entonces el gran Benito Juárez, humanista, liberal, redactor de la Constitución e indio también, resultó electo a la presidencia de México. En marzo de 1861 envió una comisión para detener la trata, dar con los culpables y llevarlos ante los tribunales. No hay constancia de castigos; en los altos puestos había muchos implicados, entre ellos cinco gobernadores; nadie recordaba ningún detalle; no pudieron hallarse cifras concretas. En un informe de la Oficina norteamericana del Censo, en 1899, se decía que sólo hubo en Cuba 755 mayas en cualquier momento, en contraste con los muchos millares que se decían embarcados. En el momento del informe, 38 años después de cesar aquel comercio, sólo pudo localizarse un esclavo, oculto en un tremedal.

La derrota del ejército del coronel Acereto hizo renunciar por largo tiempo a toda esperanza de reconquista ladina. Al año siguiente se produjo una serie de erupciones fronterizas. Atacaron a Ekpedz y Sacalacá quedó totalmente destruida. En Dzonotchel, los habitantes se ocultaron en la rectoría, que era de piedra, con puertas y ventanas atrancadas, para esperar que pasara la incursión; pero los cruzob cortaron las vigas que sustentaban el macizo techo de cemento de cal y los aplastaron a todos. Repitiendo su engaño de Tekax, Crescencio Poot introdujo un ejército más allá de las patrullas fronterizas, lo hizo marchar en secreto por los cocomes hasta la carretera de Mérida y después ejecutó un paseo militar hasta Tunkás desde el oeste. Gracias a la anarquía militar, que continuaba, atrajo poca atención otra columna más; bloqueadas todas las calles por destacamentos, la población residente entera, de unas 600 personas, hubo de caminar hacia la cautividad. Dice una leyenda que los invasores se dividieron en Chichén Itzá, repartiéndose el botín y los prisioneros y ahorcando a los indeseables en el arco de la entrada de lo que se ha llegado a conocer por Hacienda de Thompson. Así se perdieron 600 personas, cada cual con su vida, sus planes, sus esperanzas propias. Una de ellas era la joven esposa de un coronel de la milicia, quien pasó años en Valladolid y en los campos avanzados en el intento, que logró tras muchos años, de convenir su rescate. Los demás, en su mayoría, acabaron la vida, rápidamente o aguantando mucho, de esclavos.

Estas correrías aclaraban la región fronteriza y dejaron una zona tope de selva deshabitada. Las poblaciones de Ichmul, Ekpedz, Sabán, Sacalacá y otras muchas quedaron abandonadas; las calles se llenaron de vegetación, primeramente de hierbas esteparias, después de arbustos, luego de árboles, hasta que las cubrió una densa selva, quedando ocultas entre la espesura plazas y arcadas. Las imágenes de las que fueran soberbias iglesias estaban a la intemperie en sus nichos, contemplando el verdeante cascajo de un techo hundido, sufriendo los asaltos del sol y la lluvia, olvidadas por todos salvo algún cazador de paso, que tal vez se detuviera a orar. Los San Pedros y los San Sebastianes se convirtieron en algo parecido a los Guardianes del Yermo, compartiendo la devoción con otros dioses que pasaran por allí, a la manera como aquellos edificios compartían la selva con otras ruinas, mucho más antiguas. Y las ciudades sobrevivientes sufrían la epidemia del miedo, que acababa con toda esperanza de desarrollo. Peto padeció ataques esporádicos, frecuentes tiroteos y raptos; en Tihosuco y Tixcacalcupul sólo vivían soldados; Valladolid se estancaba; y sobre Yaxkabá, Sotuta, la ensangrentada Tekax y la desventurada Tunkás se cernía un inquietante temor. Los cruzob habían asegurado su posición, aniquilado todas las fuerzas lanzadas contra ellos, matado o capturado más de 4 000 personas en los tres últimos años, tomado innumerables rifles y otro botín, aplastado a sus rivales indígenas y abierto la vía comercial con Belice. La Cruz había hablado bien.

Hubo una serie de incidentes menores en el Hondo (tiroteo por una y otra parte, robo de ganado y raptos) debidos al hecho de que el norte de Belice estaba rebosante de refugiados ladinos y la provocación era inevitable. A las quejas de los ingleses dictó la Cruz una carta de explicación y dio a Puc y a tres de sus jefes la orden de añadir sus firmas. Uno de los militantes se negó, demostrando que la fe no se extendía hasta los que estaban en el secreto; entonces, la Cruz dio una nueva orden: cincuenta latigazos al recalcitrante. Realizado este acto de disciplina, añadida la firma del delincuente al documento y entregado éste, hubo nuevos incidentes; entonces, el superintendente inglés escribió una nota mucho más enérgica, y el 14 de marzo de 1861, comisionó al teniente Plumridge, del 3o. de las Indias Occidentales, y al teniente Twigge, de los Ingenieros Reales, para que la entregaran. Se les dijo que no tuvieran nada que ver con la Cruz que hablaba ni con ninguna otra tontería por el estilo, cosa fácil de dictar en la seguridad de la Government House. Los dos tenientes, muy penetrados de su dignidad, bizarramente ataviados, con la espada al costado, cruzaron el Hondo y dejaron detrás la autoridad británica; cuando entraron en los dominios del Dios macehual, empezó la diversión. El jefe que mandaba Bacalar, borracho e impertinente, les entretuvo sin necesidad. Ellos aprovecharon la espera para contratar a un intérprete, un ladino llamado José María Trejo, dedicado al negocio corriente entre refugiados de vender armas a los indios. No se cuidaron de decirle los detalles de su recado. Horrorizado, Trejo los descubrió después de la primera jornada de viaje, en el pueblecito de Santa Cruz Chico, en el extremo meridional del lago Bacalar. Sabiendo lo arrebatado que era Venancio Puc con el machete, declaró sin rodeos que los matarían a todos si entregaban la carta. Después de discutir un rato siguieron su camino, decidiendo cada uno que él sabía más. Hubo nuevas dilaciones viajando por el norte, por la carretera recién abierta, después de los pueblos de Petcacab y Chunox; los que guardaban los puestos avanzados les detuvieron e hicieron esperar órdenes superiores; pero después de una semana de viaje llegaron a Chan Santa Cruz y los condujeron ante Puc.

Por mediación de Trejo explicaron que eran representantes del gobierno de Su Majestad británica y habían ido a negociar las diferencias con el superior de los mayas de la Santa Cruz, y le entregaron la carta del superintendente. Puc les dijo que tendrían que hablar con Dios, que él no podía hacer nada. Los oficiales accedieron a regañadientes, declarando de todos modos que no esperarían más de dos días. Puc se encogió de hombros: Dios sólo hablaba cuando estaba dispuesto a hacerlo. Desarmados Plumridge y Twigge, incluida la espada, que ellos decían era parte de su uniforme, los escoltaron hasta una choza de acuartelamiento. Habían llegado a las ocho de la mañana y tenían el día entero para recordar todos los relatos oídos de salvajes sedientos de sangre, de sacrificios humanos delante de los ídolos. A medianoche los sacaron de su alojamiento y los llevaron, atravesando una gran muchedumbre que llenaba la plaza, al templo de la Cruz que hablaba. El edificio estaba atestado de mayas, que cantaban y oraban completamente a oscuras. Conducidos ante un punto del altar, los obligaron a arrodillarse. Detrás del altar había una cortina. Como contó Plumridge:

En aquel momento cesaron la suave música y los cantos que hasta entonces habían henchido el edificio y se produjo un ruido prolongado y ensordecedor semejante al del trueno oído a distancia. Esto también cesó, y en medio del silencio que siguió se oyó una voz bastante débil que parecía salir del medio del aire y hablaba en maya.

Había mejorado la escenificación. Trejo tradujo nerviosamente en un bajo murmurio:

Díganme, ¿a qué han venido? ¿Han venido por la carta que me enviaron? Esa carta era muy insultante. Si han venido a hacerme pagar por el ganado, díganmelo. Han venido a pelearse conmigo; la carta dice que la Reina enviará tropas contra mí. Si los ingleses quieren pelea, que vengan; a millares si quieren. Si tal es el caso, díganlo, y en seguida dispondré lo que debe hacerse con ustedes.

Los tenientes dijeron a Trejo que respondiera que habían ido en paz con un mensaje y que pedían una respuesta pacífica para su jefe. Traducido esto, la Voz de Dios dijo enojada que no daría respuesta, ni pacífica ni de ninguna otra clase, y repitió: "Díganlo de una vez, ¿han venido por esa carta?" Entonces José María Trejo, nada dispuesto a suicidarse, se encargó de responder por su cuenta. En el maya más humilde que pudo dijo a Dios que habían ido a hacer la paz y convenir el comercio. Dios pidió mil barriles de pólvora al precio acostumbrado, a lo cual respondió Trejo que era hacedero. Cuando los ingleses descubrieron cómo iban las cosas protestaron y mandaron a Trejo decir tan sólo que llevarían el mensaje a Belice, nada más. Olvidada la carta, el intérprete pasó a prometer que la pólvora sería entregada en seis semanas, y la entrevista se acabó. No había salido como la planearan en el lado inglés. Entre los dos intérpretes (uno de la Cruz y otro de

Plumridge y Twigge) hubo malos entendimientos que tardarían mucho tiempo en enderezarse.

No habían acabado los trabajos de los emisarios. Puc dispuso una fiesta para ellos al día siguiente, y Twigge contó que el borracho de Puc le había obligado a tragarse una cucharada de pimienta de Cayena. Trejo lo contó de diferente manera; según él, el teniente había ofrecido un paté con muchas especias al indígena, que no se lo esperaba, y lo de la pimienta vino después. Una vez la fiesta en marcha, era difícil detenerla. A Puc no le pareció bien la actitud de los ingleses y amenazó con matarlos si no les agradaba su hospitalidad. A Plumridge le metieron semillas de anís hasta hacerle vomitar; y, olvidados por completo de los pensamientos de dignidad, los tenientes, borrachos, abrazaron y besaron a sus borrachos anfitriones, cantando y bailando en medio de la alegría general. Pasaron tres días así antes de que dejaran a los maltratados ingleses ponerse en camino, con advertencias de que la pólvora "prometida" llegara cuanto antes, porque si no... Jamás olvidarían Plumridge y Twigge su entrevista con Dios.

Cuando el superintendente leyó el informe le pareció muy mal. El país se llenó de pánico; en las calles de Corozal se alzaron barricadas, se esparcieron rumores y cesó todo comercio. Esto duró lo suficiente para que los comerciantes ladinos descubrieran que los cruzob no tenían ninguna intención de invadir, que les preocupaba mucho la interrupción del comercio y que a ellos también les había equivocado la falsa traducción de Trejo. El superintendente escribió, pues, una segunda carta a Puc, pidiéndole que presentara excusas por la humillación infligida a sus emisarios y concediéndole paso libre por el territorio de Su Majestad para tal fin. En los archivos de Honduras Británica no hay constancia de quién debía llevar esa carta ni siquiera de si la llevó alguien, ni tampoco de que Venancio Puc presentara excusa alguna.

La siguiente ofensiva contra la Cruz la lanzó, aunque de un modo indirecto, José María Gutiérrez de Estrada, nacido en Campeche, ciudadano del mundo, aristócrata y diplomático, que remató la obra de su vida inclinándose ante un archiduque austriaco, y así fue el primero en prestar obediencia al nuevo emperador de México. Fue el 3 de octubre de 1863, en la sala de recepción del palacio de Miramar, en la costa adriática, cerca de Trieste. Desde aquel momento de gloria, Gutiérrez pudo mirar hacia atrás por sobre dos décadas de lucha y exilio por un ideal. Había visto su país destrozado por una sucesión de ávidos caudillos, saqueado, despojado, debilitado y reducido a la anarquía. Le parecía que si tantos generales se conducían como reyes, tal vez fuera mejor para México tener un monarca de verdad; creía que había más libertad bajo una monarquía pacífica que en una república de bandidos políticos. Cuando publicó estas ideas en la ciudad de México probó la libertad de prensa; en 1840, tuvo la suerte de trocar su prisión en una celda de administración liberal por el exilio en Europa. Y los caudillos prosiguieron alegremente a su manera, con los resultados que él había predicho. Presidente, Excelencia, Alteza Serenísima, sus títulos eran cada vez más impresionantes, a medida que iban pasando uno tras otro por el antiguo palacio de Cortés; y lo que eso costó fueron dos importantes rebeliones de indios, la de los yaquis y la de los mayas, dos invasiones extranjeras y la pérdida de la mitad del territorio nacional a manos de los Estados Unidos, con la visible perspectiva de caer ante la expansión del coloso del norte. Bajo la ponderosidad de todo esto, algunos recordaron a Gutiérrez y se preguntaron si quizá no tendría razón; al fin convinieron en que sí y le enviaron el encargo de buscar un candidato.

No podían haber dado con mejor representante. Gutiérrez no había sufrido en el destierro. Casado dos veces, ambas con condesas, ambas con dinero, se encontraba perfectamente entre la alta aristocracia, y tenía los modos y los medios de hacer que lo escucharan. España fue el primer terreno, y el más natural, donde buscó, pero no habiendo encontrado nada, recurrió al *Almanaque de Gotha*, donde halló un varón del más elevado rango, sin nada que hacer y dueño de la energía y el romanticismo necesarios para pensar en la fundación de una nueva dinastía: Fernando Maximiliano, archiduque de Austria. Tendidas las antenas, convenida una entrevista, Gutiérrez contó a Su Alteza Imperial los volcanes coronados de nieve, las guitarras que rasgueaban en la noche, las mujeres de oscuros ojos (todo lo cual era perfectamente cierto) y, con menos verdad, la alegría con que México le recibiría de monarca. Aceptó Maximiliano. Pero eso no era todo. Los Estados Unidos nunca permitirían que Europa interviniera, aunque también ellos tenían su problema: la guerra civil. Algunos fanáticos liberales y gentuza por el estilo tal vez no supieran lo que le convenía a México; en realidad, hacía falta un ejército, y una flota para transportarlo. Inglaterra, Francia y España emprenderían la tarea de proporcionárselo; tenían deudas que cobrarse y pensaban tomarse un poco más por gastos de cobro. Así quedó convenido. Gutiérrez fue a Roma con Maximiliano, y allí gozó de la ocasión única de convidar a comer a un Papa y un emperador... lo cual no estaba mal para un chico de Campeche. Banquetes, fuegos artificiales, fiestas, todo estaba muy bien, pero Gutiérrez, recordando las duras realidades de la política mexicana, empezó a preocuparse por el hombre tranquilo y nada realista que iba a enviar allá. Después de haber escuchado una declaración del pensamiento político de Fernando dijo, con intención mayor que la convencional, "Dios proteja al emperador". Entre ellos pronto nació una frialdad; Gutiérrez se negó a aceptar ningún puesto en el nuevo régimen y se quedó en Europa.

Cuando la flota francesa echó el ancla frente a Campeche, halló a los yucatecos peleando entre ellos, como de costumbre, y las tropas de Mérida asediando los muros del puerto. La división política de la península no había resuelto nada; las costumbres estaban demasiado afincadas y los rebeldes iban para arriba y para abajo como solían. En cuatro años había habido ocho gobernadores, y con el tesoro agotado, el ejército desmoralizado y mal pertrechado, las carreteras todavía cortadas por las barricadas de la Guerra de Castas o invadidas por la selva, los yucatecos estaban maduros para la medicina de Gutiérrez. México ya se había sometido. El gobernador Navarrete, del estado de Yucatán, se declaró por los intervencionistas cuando su comercio de henequén fue detenido por el bloqueo de Sisal. El gobernador García, de Campeche, no tenía otro remedio. El 22 de enero de 1864, Yucatán se convirtió en parte del Imperio. Navarrete fue prefecto político y militar de toda la península hasta la llegada de Maximiliano a la ciudad de México, en junio, en que fue enviado José Salazar Ilarregui en calidad de comisario imperial.

Tres años antes el presidente Juárez había enviado una comisión a estudiar los problemas de Yucatán y había recomendado la reunificación de los dos estados y el envío de un gobernador imparcial y honesto, no yucateco, con tropas nacionales para apoyarle y restaurar el orden. Ahora, con una administración muy diferente, se hab'an realizado esos puntos. Ilarregui, matemático e ingeniero sin prejuicios locales ni enemigos, se puso a trabajar. Abolió la tan maltratada Guardia Nacional y organizó en lugar suyo batallones de reserva bajo el control imperial; suprimió todas las exenciones del servicio militar y llamó a todos los exiliados políticos, entre ellos tres gobernadores y el coronel Cepeda Peraza, y restableció el necesario oficio colonial de protector de los indios. Ésta fue la luna de miel imperial, en que prevaleció la lógica y el prestigio todavía sin empañar del emperador, y parecía haber amanecido un nuevo y glorioso futuro.

Los mayas encabezaban la lista de los problemas insolutos de Yucatán. En los últimos días de 1864, los periódicos de Mérida anunciaron la llegada de algunos exóticos pájaros de paso: el edecán Boleslawski, el capitán Kaptistynski y el teniente Waldherr, del estado mayor general del emperador. Estos notables iban a examinar métodos y modos con Ilarregui. Los ciudadanos más importantes y los militares locales se congregaron en el palacio del gobernador para relacionar a los extranjeros con la situación. Eran entonces las siguientes las posiciones militares:

Un "frente del sur", con el cuartel general en Tekax, que tenía el camino real del sudeste y guarniciones en Peto, Dzonotchel, Ichmul y Tihosuco. Un "frente del este", con el cuartel general en Valladolid y que defendía esta ciudad, Espita, Tizimín y probablemente Tixcacalcupul. La arteria vital de Valladolid, el camino real septentrional, estaba protegida por el "frente del centro", con su cuartel general en Izamal y destacamentos hasta Motul y Cacalchén y hasta Tunkás y las ruinas de Chichén Itzá. El cuerpo de oriente se componía de un batallón permanente de 500 hombres, mandado anteriormente por el coronel Manuel Cepeda Peraza; sus tropas estaban mejor equipadas y más disciplinadas que las de la milicia, pero no se consideraban tan buenas para pelear en la manigua. Se reclutaba la milicia por todo el estado y servía un mes entero por sueldos de real y medio al día.

Mientras los puestos avanzados como Tihosuco e Ichmul eran estrictamente campamentos militares, las otras poblaciones mencionadas tenían habitantes, eran *colonias,* y eso constituía parte importante de la fuerza defensiva. Se mantenían de un modo nada formal, pero muy efectivo, con la mitad de los hombres bajo las armas en todo momento, vigías en los puntos de observación más altos y patrullas regulares recorriendo sus distritos en busca de algún indicio de invasión. Tenían centinelas diseminados por toda la selva en puntos estratégicos, y cuando descubrían algún movimiento enemigo, prendían el fusible de una bomba casera de señales y se escurrían antes de que estallara. Esas bombas, utilizadas con el mismo fin por ambos bandos, se hacían con piel de toro sin curtir, fuertemente cordada con fibra de henequén, y podían oírse a una distancia de cerca de cinco kilómetros.

Los colonos eran valientes y tenían confianza en sí mismos. Así debía de ser porque, con tanta regularidad como las estaciones, los mílites profesionales se dedicaban a la tarea, más agradable para ellos, de la política militar, y dejaban a los colonos bastante abandonados a sus propias fuerzas. Como la zona fronteriza era ancha, no podía tenerse una línea continua defensiva; nada podía impedir que los cruzob se colaran más adentro de los campamentos avanzados y atacaran profundamente, en las ciudades y aldeas menos defendidas, como Tunkás y Tixcacaltuyú. Casi todas las poblaciones yucatecas eran islotes de gente en medio de la maleza o la manigua, y esto significaba que una vez que habían atacado los cruzob era casi imposible agarrarlos antes de que se perdieran otra vez en su selva nativa.

Aquel otoño había habido una incursión de 600 mayas en el distrito de Peto, donde mataron a 39 personas e hirieron a 11 el 28 y 29 de noviembre. El pueblecito de Dzonotchel, tercamente repoblado después de cada matanza, era el objetivo principal, pero un pelotón de 25 milicianos y los colonos, advertidos a tiempo, conservaron su sangre fría y se sostuvieron gracias a una defensa bien organizada. Raramente dispuestos a pagar lo que costaba un asalto de frente, los cruzob saqueaban y quemaban en pequeña escala (el maíz estaba maduro para la cosecha). Pero estas cosas hacían casi imposible el trabajo en el campo, lo cual significaba que habría de abandonarse la colonia, y nadie sabía dónde acabaría aquel desgaste. El simple incremento de las guarniciones aldeanas no cambiaría la cosa, y todos convenían en la necesidad de una ofensiva. En Mérida se nombró una comisión para estudiar el problema y proponer una estrategia.

Se hablaba de un partido pro paz entre los rebeldes, los indios bravos, como los llamaban, y se hizo un esfuerzo con la idea de entrar en contacto con él. También se dio propaganda y provisiones a los pacíficos, que ya no estaban asentados en Chichenhá. Algunos de ellos se habían establecido en un lugar llamado Icaiché, más al sur, más alejado de las correrías de los cruzob; y después del tercero y sangriento ataque a Chichenhá, en marzo de 1863, los supervivientes dejaron el lugar definitivamente para irse a reunir con sus parientes a Icaiché. Los animaron a afirmarse en los disputados territorios del norte de Belice, cortando así la afluencia de mercancías inglesas a los cruzob. (Una proclamación imperial había incluido a Belice en el Imperio Mexicano.) Se enviaron agentes ladinos a operar por el Hondo para lograr tal fin. Esto en cuanto al flanco derecho. El esfuerzo central y principal se pensaba realizar por la antigua carretera de entrada, al sudeste de Tihosuco, utilizando Valladolid como base de aprovisionamiento. Maximiliano prometió tropas y dinero, 60 000 pesos al mes, más la construcción de nuevos cuarteles y campamentos avanzados. Por todo esto, los negocios y el ejército no podían sino sonreír y dar las gracias a su gentil emperador. Las promesas empezaron a cumplirse cuando el general José María Gálvez desembarcó en Sisal con un batallón en febrero, y el nuevo jefe de la región, general de división Severo de Castillo, tomó el cargo a fines de abril.[1] Ya para entonces se habían aprontado las provisiones y el equipo, se había llamado a los reservistas y el general Gálvez había trasladado su cuartel general a Valladolid. Se envió un batallón de apoyo a Tihosuco con órdenes de empezar a abrir un camino hacia el sudeste por la selva, labor iniciada el 1o. de mayo de 1865.

En el bando maya faltaba el antiguo bebedor de sangre, Venancio Puc. Dos años antes, el 23 de diciembre de 1863, lo había depuesto una votación por mayoría de machetes, encabezada por un nuevo general, el mestizo Dionisio Zapata Santos. Era suyo el partido pro paz antes mencionado. Se dijo que intentaba repoblar la abandonada Bacalar y arreglar un tratado con Yucatán, y que trataba a los prisioneros blancos con humanidad. Nadie esperaba conservar el poder mucho tiempo con semejante política. Los contrarios de Zapata lo desacreditaron entre los combatientes, esperaron a que la guardia del santuario estuviera borracha después de su turno de vigilancia, y lo mataron, junto con los prisioneros sospechosos de tramar la rebelión. Fueron los nuevos jefes el general Crescencio Poot, Bernabé Cen y el eterno Bonifacio Novelo, quien quedó de Tatich, con Poot de general de la plaza. Estaban perfectamente dispuestos a pelear; y cuando los zapadores ladinos empezaron su labor en la región fronteriza cerca de Tihosuco, se lanzó la llamada, se movilizaron las compañías y se puso en cam-

---

[1] Varios años después, al girar la fortuna política en mal sentido para él, Severo de Castillo, preso en la fortaleza de San Juan de Ulúa, se halló con mucho tiempo de sobra, y lo aprovechó escribiendo un libro (medio historia, medio melodrama) titulado *Cecilio Chi*. Publicado en 1869, fue el primer estudio histórico de la guerra, ya que apareció unos nueve años antes que la historia de Baqueiro, y si los datos no son enteramente satisfactorios, interesa por la atmósfera y las actitudes sociales que describe. El héroe de Severo, un joven ladino llamado Raimundo, se casa con María Chi, creyéndola hija del jefe rebelde Cecilio. María resulta pupila, no hija, de Cecilio, y en realidad, es nieta de Jacinto Canek, y por lo tanto "reina" de Yucatán. Tras de muchas dificultades, la pareja huye a Belice, y Severo de Castillo resuelve su futuro, y de paso expresa en esta fantasía su modo de sentir para con México, haciendo que se vayan a Europa para siempre.

paña una poderosa hueste maya.

Estaba encargado de la construcción del camino el coronel Francisco Cantón, y el 4 de mayo hizo una visita de inspección a la obra, que había avanzado un poco más allá de Kampocolché. Consciente de la presión que se estaba formando, despachó apresuradamente sus obreros a la retaguardia, al pozo de Yokdzonot, y se atrincheró a toda prisa. Disciplinadas descargas desde atrás de las improvisadas barricadas detuvieron el primer ataque, pero sus patrullas descubrieron que los cruzob habían llegado para quedarse; estaban instalando líneas de asedio, empezando por oriente, y después de la llegada de refuerzos mandados por el coronel Anacleto Sandoval, siguieron por el norte y el oeste, separando al destacamento de la región fronteriza. Todo el mes de mayo hubo escaramuzas, enconadas pero no decisivas. El general Gálvez llegó en persona para ver qué pasaba, junto con 400 hombres, y vio que pasaba mucho. Oyó Cantón hablar de su avance por la espesura y envió un grupo de soldados a ayudarlo, y, detenido éste, otro en que iban la mayoría de sus mejores combatientes; logró así lo que se proponía, pero le costó muy caro, incluso parte de la artillería del general. Para el 10 de junio, otro combatiente de apaches decidió que aquello no era Sonora; pareciéndole a Gálvez que los mayas estaban demasiado bien armados y que no se les acababa nunca la pólvora ni el valor, mandó regresar al ejército del emperador. Y casi lo lograron. A nueve y medio kilómetros de Tihosuco fue atacada y puesta en derrota la retaguardia, mandada por el coronel Sandoval. Queriendo ayudar, el cuerpo principal, mandado por Gálvez, fue también atraído al desastre y destrozado, perdiendo rifles, bagajes y artillería y abandonando enfermos y heridos a la suerte acostumbrada. Esto le costó al general la degradación y el envío a la patria, y lo reemplazó el coronel Daniel Traconis, veterano de la manigua. Los agentes del Hondo lograron desviar un cargamento de pólvora de los mayas, se apoderaron de 600 libras y huyeron de la ley inglesa en una goleta que iba rumbo a Sisal, pero eso era una partida insignificante del floreciente negocio. Los pacíficos de Icaiché, en lugar de hacer una incursión por la vital vía de los cruzob, habían huido y buscado su seguridad en las selvas del Petén.

Se produjo después una pausa en la guerra y las muertes. El 22 de noviembre de 1865 llegaba a Sisal, a bordo del vapor *Tabasco*, María Carlota Amalia, emperatriz de México, y a la mañana siguiente hacía una alegre entrada en Mérida, al tronar el saludo de 101 cañones de San Benito, con repicar de campanas de las iglesias y aclamaciones de la plebe que le daba la bienvenida. Se celebró un Te Deum en la catedral, y en la noche una serenata, realzada por fuegos artificiales e iluminaciones. Fue éste el comienzo de un torbellino de once días en que la enérgica y pequeña belga recorrió la ciudad visitando hospitales, conventos, escuelas, la fortaleza de San Benito, mercados, tiendas y fábricas, contemplando los fuegos de artificio y recibiendo más serenatas. Se dieron tres bailes: uno del comisario Ilarregui para la emperatriz, uno de la emperatriz para la sociedad de Mérida, y uno para los mestizos en los arcos de la plaza de armas. Hubo para todos los niveles de la escala social. A diversos ciudadanos ricos se les hizo chambelanes del emperador, damas de palacio, consejeros honorarios del Estado u oficiales y caballeros de Guadalupe. Miembros destacados de la clase obrera y militar recibieron medallas de oro, plata y bronce. A los que estaban encarcelados se les dieron buenos consejos. Hasta se recordó a los mayas, e Ilarregui publicó una proclama en nombre del emperador en que se invitaba a los de Chan Santa Cruz y otros grupos a ir a Mérida a hacer la paz, con garantía de su seguridad personal. (Al fin convencieron a unos cuantos indígenas de que fueran hasta la ciudad de México para firmar el tratado, pero no representaban a nadie más que a sí mismos, y aunque eran del grupo de los pacíficos, a su vuelta los mataron sus compañeros de tribu.)

Cuando Carlota se puso en camino hacia el sur dejaba a Mérida cansada, encantada y muy leal, y llevaba todavía resonando en los oídos otros 101 cañonazos; la escoltaban jóvenes de las mejores familias. Fue ella uno de los primeros, y con toda seguridad de los más prominentes, turistas que visitaron las ruinas de Uxmal, y pasó dos días admirando aquel esplendido lugar. Quiso Campeche hacer más que su rival del norte, y por lo menos lo consiguió con sus cañones de fortaleza. En seis días cupieron más bailes, serenatas, visitas y concesión de honores a los ciudadanos importantes. La emperatriz se fue por calles adornadas con flores, colgaduras y gallardetes, y al pasar por un arco triunfal a la entrada del puerto, le soltaron una cascada de flores, versos y palomas blancas, al mismo tiempo que redoblaban las campanas de las iglesias. En los malos días que la esperaban, ella recordaría a Yucatán y Yucatán la recordaría a ella. No pudo Maximiliano tener mejor representante.

Acabados los festejos, había que volver al trabajo. Al comisario imperial, Ilarregui, lo mandaron llamar para un puesto de gabinete a la ciudad de México, y en su lugar quedó Domingo Bureau. A primeros de abril llegó un nuevo jefe de distrito, el general Francisco G. Casanova; y al jefe de operaciones lo enviaron a Tihosuco, que sería la comandancia más adelantada, con los regulares del 9o. batallón. Hubo poca actividad allí durante el principio del verano, sólo alguna escaramuza y un ligero asedio; pero los mayas empezaron a asomar en número importante hacia fines de julio, después de terminada la siembra. El 3 de agosto de 1866, una patrulla de 200 hombres caía en una trampa y tenía 85 bajas. El coronel Cantón condujo un segundo grupo por la misma pista que llevaba a la vecina población de Majas, y sufrió una derrota aún más fuerte el 14 de agosto. Desde entonces, Tihosuco quedó aislado de todo socorro del exterior, bajo estricto y duro asedio, con el perímetro de defensa reducido a la plaza, la iglesia, el edificio de gobernación y la dominante altura de la pirámide. Las provisiones eran pocas, y los soldados se vieron obligados a comer caballo, mula y perro antes de que aquello acabara. Tenían los yucatecos una preocupación que no habían sentido durante muchos años. Se presentaron voluntarios, 150 de Calotmul y 300 de las cercanías de Cansahcab. De la misma Mérida llegaron 200 jóvenes de la clase de la "gente decente" que hacía tiempo había dejado la lucha a los soldados profesionales y a los pobres que no podían permitirse comprar su licencia. La reciente visita de la emperatriz había inflamado su sentido del deber, a lo cual se sumó la oratoria de la Oficina del Comisario y los "versos inspirados y vivos" de una poetisa local, Gertrudis Tenorio Zavala, la lectura de los cuales siguió a las palabras del comisario en la revista celebrada en la Alameda de Mérida el día de su salida para el este.

El general Navarrete, que tenía su segunda brigada en Majas, supo el peligro de Tihosuco y oyó al cañoneo de las dos derrotas en agosto, pero fue necesario el entusiasmo de los voluntarios para moverle a obrar. Uno de los enrolados, el cabo Pina, se encargó de la tarea suicida de deslizarse por entre los cruzob para llevar el mensaje de la llegada de socorro a Tihosuco; se mezcló con el enemigo hasta que logró correr a las barricadas de la defensa, gritando que era amigo, y arriesgándose a recibir balas de las dos partes, consiguió llegar. El 2 de septiembre, unos 400 hombres con alimento y municiones salieron de Majas al mando de dos capitanes. Hubieron de batirse casi todo el camino y cuando llegaron a Tihosuco, al día siguiente, los cruzob maniobraron para hacer que quedaran expuestos al fuego de la guarnición, lo cual causó algunas bajas mientras se aclaraba la confusión. Su ayuda era muy necesaria. El ataque principal llegó el 15 de septiembre, en una proporción que según los cálculos de los ladinos era de seis a uno, y que en todo caso fue ejecutado por miles de mayas que habían sufrido repetidas invasiones desde la base de Tihosuco y estaban decididos a tomar la plaza. No era aquel su día, ni el asalto masivo y abierto su mejor táctica. Con suficiente parque y la moral restaurada, la guarnición y los refuerzos los rechazaron, y en aquella victoria salieron de sus propias líneas para tomar las barricadas del enemigo, al que persiguieron y dispersaron, y le quemaron y saquearon sus campamentos. El general Prieto y la primera brigada de Ichmul no habían hecho nada en todo aquel tiempo por ayudar a los sitiados; y cuando el general vio las columnas de humo que se alzaban por el nordeste, supuso que la ciudad había caído. Ocho días después de su derrota, los mayas abandonaban definitivamente el asedio, y el coronel Traconis y sus hombres fueron relevados.

Se celebraron dos desfiles de victoria, uno por el coronel el 4 de noviembre y otro por los soldados el 12, con los edificios que había en el recorrido desde los suburbios a la plaza adornados con flores, gallardetes y arcos triunfales, los hombres con la bayoneta calada al hombro, y en ella una corona de flores. La poetisa Zavala tuvo muchos competidores, y la oratoria estuvo larga y barroca; pero la comida fue buena en el banquete al aire libre que se dio en la Alameda, las mujeres eran hermosas, y con tanto patriotismo y galantería en el cálido aire de la noche, todo fue poco para los "héroes de Tihosuco". No es nada contra su indiscutible valor, pero un hecho no se tomó en cuenta: que como Tihosuco estaba en posición demasiado arriesgada para la defensa, lo abandonaron, y sus ruinas llenas de vegetación pasaron a formar parte de la faja de territorio disputado que separaba a los cruzob de Yucatán, y el frente se trasladó a Peto.

El mismo Imperio tenía ahora sus problemas. El ejército francés, principal apoyo de Maximiliano, había sido retirado por Napoleón III en vista de la presión de los Estados Unidos, donde la Guerra de Secesión había terminado, y Washington estaba ahora en condiciones de ponerle dientes a la doctrina de Monroe. Tenían los Estados Unidos el ejército mayor y más moderno del mundo, y fuerzas de la Unión fueron enviadas en forma amenazadora al río Bravo. Las combinaciones que habían hecho posible el Imperio se estaban desanudando. El presidente fugitivo, Benito Juárez, cada vez tenía más apoyo, y sus pequeñas partidas se convertían en ejércitos que bajaban marchando de las tierras altas. El movimiento republicano llegó a Yucatán desde Tabasco, cuyo gobernador proporcionó al ex gobernador García hombres y material de guerra, con que García se dirigió a Campeche. Para hacer frente a esta amenaza se desguarnecieron las líneas orientales y el coronel Traconis se embarcó el 19 de diciembre en Sisal con su 9o. batallón. No era el batallón entero; una compañía había desertado en Hunucmá el día antes de llegar a Sisal, y aclamado la República. Se dirigió hacia el sur para establecer contacto con García, rechazó tropas enviadas en su persecución y declaró al coronel Cepeda Peraza jefe de la revolución en Yucatán. El coronel, jefe frecuentemente exiliado de la República, que llevaba veinte años combatiendo a los indios y los reaccionarios, vivía retirado e inactivo en Mérida. Salió tranquilamente de la ciudad y se unió a la pequeña cuadrilla de rebeldes en Calkiní, el 17 de enero de 1867. Después de la acción del coronel, las autoridades de Mérida realizaron cierto número de detenciones entre simpatizantes conocidos de la República, a los que enviaron a reunirse con otros disidentes en la colonia penitenciaria establecida en la isla de Cozumel frente a la costa oriental.[2]

Ilarregui, otra vez comisario imperial en Yucatán, era como un hombre que tratara de extinguir una docena de incendios con una cubeta llena de agujeros. Las tropas que mandaba el coronel Traconis, que él había enviado por mar a Campeche, tuvieron que sofocar un alzamiento en Isla del Carmen, correr después a auxiliar a Campeche, cuyas murallas se veían nuevamente asediadas, y a continuación las mandaron volver por los crecientes éxitos de Cepeda Peraza en el norte. Había éste tomado sus pertrechos y provisiones del ejército imperial, primero en encuentros a escala de compañías y después en operaciones más amplias, pero hubo de rehuir el combate cuando volvió Traconis en busca suya con 1 800 hombres. Habiendo montado Traconis un tibio asedio a una parte de las fuerzas rebeldes acampadas en una hacienda cercana a Ticul, Cepeda atacó. Tomando un batallón, atravesó las fuerzas asediantes y lanzó una incursión nocturna a Mérida, donde libertó a prisioneros políticos, se apoderó de gran cantidad de armas y municiones y escapó antes de que la reacción pudiera echarle el guante. Tres días después, el 18 de marzo, sorprendió por la retaguardia con mucho éxito, a las fuerzas que le asediaban, y Traconis fue retrocediendo gradualmente hasta la zona de Mérida. El éxito hizo una bola de nieve de las fuerzas de Cepeda, y se le adhirieron Tecoh, Izamal y el puerto de Sisal; con 2 500 hombres a sus órdenes ahora, puso sitio a la capital del estado.

Las guerras civiles de Yucatán solían resolverse sin mucho derramamiento de sangre, pero no así esta vez. Mérida pagó ahora el verdadero costo de la visita de Carlota, de las Órdenes de Guadalupe, de las medallas de oro, plata y bronce, de las sonrisas de Su Majestad Imperial. Esta vez se calentó todo el mundo, no solamente la imaginación de los jefes y oficiales revolucionarios. Era el Imperio contra la República, y los hombres estaban dispuestos a morir por sus principios. El coronel Traconis, héroe de los cincuenta días de sitio de Tihosuco, con los ojos de todo el mundo encima de él, estaba dispuesto a sobrepasarse, y así lo hizo: el asedio de Mérida duró cincuenta y cinco días, con luchas casa por

---

[2] En este lugar y en la vecina Isla Mujeres se habían asentado fugitivos en los primeros días de la Guerra de Castas, contando con que los cruzob no fueran marineros del océano. Isla Mujeres está a menos de 4.8 kilómetros de la tierra firme.

casa y manzana por manzana y pérdida de más de 500 hombres por cada lado. Sin duda sabía el coronel que se había planeado llevar la capital del Imperio a Yucatán si las cosas se ponían demasiado difíciles en México, y Yucatán sería el eje de un nuevo Imperio que absorbería los inestables estados de la América Central; y estaba decidido a resistir en su puesto. Al coronel Cantón se le había hecho responsable de resistir frente a los cruzob, pero con su causa gravemente turbada, alzó quinientos o seiscientos hombres y los dirigió contra Cepeda Peraza, primero en Izamal y después, atravesando por la fuerza las líneas de asedio, hasta Mérida, con lo cual no hizo sino aumentar el número de bocas de aquella mal abastecida ciudad.

En aquel momento hizo una breve aparición en Sisal un personaje histórico: López de Santa Anna, deportado una vez más de México, ahora por Juárez vencedor, llegó en un vapor, y el anciano general, oyendo decir que un "Peraza" asediaba a Mérida, creyó que sería el general Martín Peraza, su antiguo compañero de centralismo, y le envió un mensaje a tierra con un plan de cooperación. Era un error. El comandante del puerto envió dos botes de aduanas al vapor, que era norteamericano, el *Virginia,* y Santa Anna fue aprehendido y llevado a la cárcel de Sisal. Cuando supo Cepeda Peraza que tenía en su poder al archienemigo de la libertad y de Yucatán, mandó fusilarlo, y solamente lo disuadieron a última hora por la consideración de que habían sacado a Santa Anna de bajo la protección de los Estados Unidos, y la ejecución podía tener complicaciones internas. Entonces lo envió de vuelta a que se careara con Juárez.

Mientras los soldados se tiroteaban desde los techos de Mérida, se acometían breve y sangrientamente a través de las calles descubiertas y aplastaban las obras de arquitectura a cañonazos, en Querétaro capturaban a Maximiliano, el 15 de mayo. Aunque reducido el Imperio a unas cuantas manzanas de casas en una capital de provincia, los defensores de Mérida se negaban a creer que su causa estaba perdida y siguieron peleando: había que solventar problemas locales de orgullo y odio. Pero el fin hubo de llegar. La población civil se moría de hambre, la munición se consumía, y ya no podía negarse la caída del emperador. El general Navarrete reemplazó en la comandancia al coronel Traconis, y así le ahorró la humillante tarea de pedir condiciones, según instrucciones del comisario imperial, Ilarregui. Respondió Cepeda garantizando la vida, la libertad y la propiedad personal, de acuerdo con los dictados del gobierno central, y paso libre para salir del estado a los jefes del partido imperial. Bastaba eso, y el 15 de junio de 1867 se firmaba el tratado. Tuvieron suerte de rendirse a Cepeda Peraza, porque el general García, que mientras tanto había tomado a Campeche, fusiló a sus prisioneros, entre ellos al general Espejo, y envió primero una comisión pidiendo la muerte de Ilarregui y después un escuadrón para interceptarlo en aguas de Sisal. Para Cepeda Peraza, ahora gobernador, aquello era una cuestión de honor, y declaró a los campechanos que defendería a sus prisioneros por la fuerza si era necesario. Ilarregui salió en barco para Nueva York, y el general Navarrete y los coroneles Cantón y Villafaña para La Habana. Al embarcarse ellos terminaba el sueño de Fernando Maximiliano, con la descarga del pelotón de ejecución en el cerro de las Campanas. Pronto entraría Carlota en su sueño de cincuenta años de tardes grises, esperamos que atenuado por la locura, en las silentes salas del castillo de Bouchout, en Bélgica. El creador de aquello, José María Gutiérrez de Estrada, se libró de las últimas y tristes páginas, ya que murió de vejez, a fines de marzo de aquel año, en Francia.

EL IMPERIO DE LA CRUZ [1867-1900]

Era mucho antes del alba cuando el maestro de la compañía de guardia se tiró de la hamaca y atravesó la plaza desde los cuarteles a la iglesia, que a esta hora estaba desierta, con tan sólo el centinela que hacía perpetua guardia ante la Santísima. En el altar goteaban las velas e iluminaban cierto número de crucecitas, algunas de ellas vestidas de huipiles, otras adornadas con espejitos, papeles de color, cintas y conchas marinas. La propia Santísima estaba oculta en un cofre de madera. Sobre el altar había un baldaquín de seda roja. Los acólitos, o "ángeles", bostezaban. Unos cuantos soldados de la guardia, entre ellos los que pagaban el servicio, se apiñaban con sus anchos sombreros de paja al pecho, la cabeza inclinada, arrodillados en el suelo desnudo, en la parte de la iglesia destinada al público. El maestro cantor empezó la misa, la "chan" o misa pequeña, canturreando en latín lo mejor que podía, sin que le preocupara el que muchas palabras para él no fueran más que sonidos, porque aquel era el lenguaje de Dios, y Él entiende. Era la hostia una gruesa tortilla de maíz y miel. Decía la misa en la forma regular católica, con el Padrenuestro, el Salve, el Credo, la Confesión General y el Acto de Contrición, todo cuidadosa y correctamente recordado por los que fueran acólitos o sacristanes de sacerdotes dzules de la anterior generación, y ellos se lo habían enseñado a sus niños. Muy poco era lo que se había perdido del ritual.

Después del servicio, el maestro cantor y los soldados volvieron a los cuarteles, donde les estaban preparando el desayuno. Para los soldados, era el comienzo de un día largo y perezoso. A eso de las ocho de la mañana oirían otra misa, en que la banda tocaría en honor de Dios varias piezas sacras, polcas o lo que supieran, y por la noche, el rosario. Era posible que los mandaran a recados, pero la mayor parte del día la pasarían tumbados en las hamacas, haciendo cuerda de henequén, tejiendo bolsas o alguna cosa por el estilo para pasar el tiempo. Lo principal que harían sería charlar, murmurar y recordar las aventuras de su última correría. Poco a poco, la ciudad volvía a la vida. Había el pat pat pat de las manos femeninas que hacían tortillas, y el raca raca de las manos de metate que molían el maíz para hacer harina. La mayoría de las sirvientas de los cuarteles eran esclavas dzules, una tal vez fuera antes querida de un rico hacendado, otra la esposa de un coronel, la de más allá, la guapa del pueblo, la que escuchaba el tañer de las guitarras a su ventana en las noches, preguntándose a cuál de sus pretendientes escogería. Ahora no había dónde escoger. Con el rostro ennegrecido por la lumbre del fogón y los músculos fatigados por las pesadas cubetas de agua, compartían la hamaca del oficial a quien estaban asignadas. Después cantaron los gallos, contestaron las aves del bosque, blanqueóse el cielo y el alba alumbró Chan Santa Cruz.

Para entonces el Tatich, cuando no había oficiado en la misa temprana, había terminado sus devociones en su capilla privada ante una cruz pesadamente adornada con oro y joyas. Y el Tatich no era otro que el indestructible mestizo Bonifacio Novelo. Veinte años antes había sido un refugiado en fuga, "el asesino de Valladolid". Ahora, en el otro extremo del orden moral y social, dirigía una nación independiente, dominaba un ejército y mucha riqueza y era el sumo sacerdote, el papa de su pueblo.

Es un hombre de unos sesenta años de edad, inmensamente corpulento y de tez un poco más clara que la generalidad de los indios. La expresión de su apostura es decididamente agradable. Estaba vestido con un paño multicolor de manufactura india. Pantalones sueltos de algodón blanco, guarnecidos ricamente de las rodillas abajo, huaraches de cuero bordado y una mascada, también hecha por indios, en torno a su cintura, mientras al cuello llevaba una cadena de oro macizo con una cruz colgando.

Esta descripción se la debemos a John Carmichael, quien viajó hasta la ciudad santuario desde Belice en el otoño de 1867. Cuando los yucatecos estaban aclamando a Traconis y sus tropas, Carmichael halló a los cruzob, con más justificación, en plena celebración de una victoria. Un piquete los detuvo a él y a los seis guardias que el comandante de Bacalar le había puesto de escolta en las inmediaciones de Chan Santa Cruz, donde los tuvieron una hora, y después los acompañó a la ciudad José Crescencio Poot, con una compañía de doscientos soldados y una banda de música de treinta hombres. Se erigieron sobre las calles arcos de triunfo como para una fiesta, centinelas bien equipados presentaban armas en cada esquina, y en la plaza había amasados un millar de hombres de guerra. El inglés estaba muy impresionado por todo cuanto veía, y sobre todo por Bonifacio Novelo. El Patrón le preguntó si no había sentido temor de hacer aquel viaje, y siguió diciendo:

Los yucatecos nos han puesto mala fama de traidores y crueles, pero cualquiera que sea nuestra conducta para con ellos, yo le puedo asegurar que para los ingleses sólo tenemos amistad, y tiempo vendrá en que les demos una prueba de nuestra sinceridad.

Novelo reclamaba todo Yucatán (con la excepción diplomática de Belice), pretendía dominar un ejército de 11 000 personas, con las tribus aliadas, y poseer un tesoro de 200 000 pesos, más joyas y adornos de oro de gran valor. Había algo de exageración en esto, pero era evidente que el Patrón tenía una preocupación y aprovechó la ocasión de esta visita de fuera para averiguar cómo era esa reina Victoria, cuáles eran "sus relaciones con sus súbditos, y cuáles la ley y el castigo en Inglaterra". Dijo que el empleo del ventriloquismo para hacer hablar a la Cruz era obra de hombres malos y cosa del pasado, y que su pueblo adoraba a Dios por medio de la Cruz. Hacía tiempo que Novelo ya no tomaba parte activa en las campañas, pero pasaba mucho tiempo en el palacio o la iglesia, apartado de su pueblo, como harían a imitación suya otros Patronos después. El capitán Carmichael le dio el crédito que se merecía, donde se lo merecía. Él no era Plumridge ni Twigge, y Novelo tampoco era Venancio Puc.

La misión tenía varios fines. Con la victoria de los cruzob sobre el emperador de México, el gobernador de Belice quería tranquilizarse acerca de la amistad entre mayas e ingleses. En segundo lugar, Belice había padecido por la agitación mexicana de los pacíficos de Icaiché. Luciano Zuc, el batab de Icaiché, murió en diciembre de 1864 y le sucedió Marcos Canul, después del traslado de Chichenhá a Icaiché. Canul seguía la política de los impuestos a los madereros ingleses y las incursiones al otro lado del río Hondo. En mayo de 1866 sorprendió la colonia de Qualm Hill, en Honduras Británica, mató a dos personas que hicieron resistencia y se llevó 79 prisioneros; sus efectivos eran solamente de 125. Un prusiano, Gustav von Ohlaffen, osó el riesgo de rescatar a esas personas, abatió el precio de 12 000 dólares a 3 000 y se los llevó a salvo a Corozalito el 1o. de julio.

En la selva occidental de Belice se habían establecido mayas refugiados después de las diversas derrotas de los pacíficos a manos de los cruzob, y habían fundado cierto número de aldeas nuevas, la principal llamada San Pedro. Ya en mayo de 1863, su principal, Ascensión Ek, había pedido al gobernador armas y municiones para defender la comarca contra Chichenhá, pero fueron necesarios tres años y la invasión de Canul en 1866 para que se concediera la aprobación y se enviaran las armas. Habiendo sabido que Canul se dirigía a San Pedro, una patrulla fronteriza mandada por el capitán Delamere fue para allá, y descubrió lo que se había temido: Ek los estaba engañando, y las armas no eran contra los pacíficos sino en alianza con ellos. Advirtió Ek a Delamere que se fuera de allí, y éste, viendo que llevaba las de perder, así lo hizo. Canul bajó entonces a San Pedro, y enviaron a cortarle la retirada 42 hombres del 4o. regimiento de Indias Occidentales. El 21 de diciembre de 1866 entraron en contacto en un sendero a kilómetro y medio de San Pedro; tras treinta minutos de combate, con cinco muertos y dieciséis heridos, los ingleses huyeron con su jefe, el comandante MacKay, hasta la ciudad de Belice.

En enero del año siguiente, los mayas de San Pedro e Icaiché se adentraron más en la colonia y tomaron el pueblo de Indian Church, que había sido evacuado y confiado a la guardia de siete policías. Les habían dejado ron envenenado de regalo a los merodeadores, pero éstos no eran ingenuos en esas materias; hicieron beber primero a uno de los prisioneros, y se les quitó la sed al ver su expresión. Dejaron cartas pidiendo la renta no sólo por los distritos fronterizos en litigio sino además por Orange Walk, Corozal y el mismo Belice, antigua reclamación yucateca, con un total de 19 000 pesos al año, y la alternativa sería la destrucción total. El pánico se apoderó de la colonia de la Corona. El gobernador tuvo su barca lista día y noche para hacerse a la mar, y un enjambre de refugiados acudió a la ciudad de Belice. Habiendo oído ruido un negro entre la maleza, disparó su fusil contra un buey que pastaba y voceó: "¡Indios!", con lo cual puso a todo el mundo a correr en dirección del puerto, con cuanto tenían de valor y los niños en la mano; y las caras rojas se vieron luego. Pero se habían puesto fuerzas en movimiento; salieron llamamientos de ayuda a Jamaica y Cuba para que mandaran barcos en caso de que fuera necesaria la evacuación y se organizó, armó y envió al norte una milicia para ayudar al regimiento de Indias Occidentales. Una columna punitiva de 313 hombres atacaba a San Pedro el 9 de febrero; además de los hombres tenían un tubo lanzacohetes que enviaba proyectiles incendiarios a los techos de paja del pueblo, y aquella pirotecnia pronto hizo que los mayas volvieran a respetar las leyes de Su Majestad. Después se aplicó la guerra con cohetes a San José, Santa Teresa, Chorro y otras aldehuelas, siempre con resultados satisfactorios. Fueron pocas las personas heridas, las chozas eran fáciles de rehacer, y la zona quedó tan pacificada que en abril despidieron a la milicia.

Esto sirvió para los mayas de San Pedro, pero no para Marcos Canul, protegido por sus ciento cuarenta y cinco kilómetros de selva y pantano. Así fue Carmichael a Chan Santa Cruz a buscar apoyo de los cruzob, y Bonifacio Novelo se lo prometió. En una carta fechada el 30 de octubre de 1867 advertía Novelo al gobernador que guardara a Corozal, le prometía bloquear las sendas de Icaiché o por lo menos dar la alarma, le pedía permiso para perseguir furiosamente al enemigo hasta el territorio de Belice, y decía que entregaría a Canul si lo agarraba.

El batab de Icaiché negó que tuviera ninguna intención de invadir a Corozal, pero cuando retiraron las tropas de la frontera, volvieron a reanudarse las correrías, sobre todo que un deslinde de la frontera, que seguía una rama septentrional del Hondo, pasaba a catorce kilómetros de su pueblo y absorbía 388 kilómetros cuadrados de lo que él consideraba territorio de Icaiché. Hubo continuas protestas inglesas en Campeche acerca de las actividades de Canul, que por fórmula era funcionario de Campeche, y sólo produjeron seguridades no muy animosas de que vencerían a Canul (cuando en realidad Campeche no tenía ningún poder sobre él) y fútiles comentarios relativos a la ilegalidad de Belice y a las 100 000 personas muertas con las armas vendidas por los ingleses a los mayas. Así siguieron las cosas hasta el 18 de abril de 1870, en que Canul con 116 hombres ocupó Corozal al grito de "¡Viva México!" Vivían aproximadamente 5 000 personas en Corozal, principalmente refugiados, ladinos y mayas, ninguno de ellos con ganas de pelear, y por eso no había ni muertos ni prisioneros. Los hombres de Icaiché dijeron que andaban buscando cruzob y como no hallaron a nadie, se retiraron, con lo que la gente de la población, que no fuera capaz de defenderse, presentó fantásticas reclamaciones por sus pérdidas al gobierno que no los había defendido. Un año después se presentaba en la misma comarca Marcos Canul, pero esta vez los cruzob estaban listos. En dos o tres días, 500 de ellos se habían reunido en su ribera del Hondo, dispuestos a la acción, y se les prometieron 5 000 más si era necesario. Cincuenta de ellos cruzaron y pasaron a Corozal para entenderse con el jefe de la plaza, pero la vista de los indios ponía nerviosos a los ingleses, y les ordenaron bruscamente que se marcharan. Unos cuantos barriles de pólvora y las gracias por su ayuda tan necesaria hubieran estado más indicados, y aquel antidiplomático comportamiento fue causa de una frialdad en las relaciones.

Marcos Canul efectuó una última incursión cruzando el Hondo cerca de Corozalito el 1o. de septiembre de 1872 y atacó el pueblo de Orange Walk. Asediada la guarnición de aquel lugar, que era de 37 hombres y un oficial, en un acuartelamiento de una sola pieza, donde los pacíficos la tiroteaban detrás de pilas de leños cortados y trataron de quemarla, llegó ayuda de unos colonos norteamericanos (varios centenares de ex confederados que, prefiriendo la carga del blanco a los politicastros del norte, se habían trasladado a la colonia después de la Guerra de Secesión con la intención de crear un nuevo Dixie, un nuevo Sur estadounidense); acudieron, sorprendieron a los mayas por la retaguardia y los rechazaron con fuertes pérdidas, entre ellos Canul, quien vivió apenas para volver a pasar el río Hondo en brazos de los suyos. Su sucesor, el general Rafael Chan, escribió esto al gobernador y le explicó que él, Chan, siempre había estado contra las incursiones y pedía perdón a "nuestra reina, que tanta razón tiene de estar enojada".

Pero no anticipemos y volvamos al segundo punto de la misión que llevó al capitán Carmichael a Chan Santa Cruz en 1867. En junio de 1866, el vapor *Linght of the Ages* había desembarcado en Belice 480 culíes de Amoy, contratados para trabajar en los campos de tala de árboles. El más emprendedor de aquellos chinos no tardó en tomar las de villadiego. Después de ver el trabajo que les esperaba, las condiciones del lugar, la mala alimentación y la ausencia de arroz, un centenar de ellos huyeron al norte. Su suerte no fue muy buena entre los cruzob, quienes los trataron como a esclavos y los repartieron entre los oficiales de campaña como ayudantes. Pero los temores iniciales estaban justificados. La mitad de los que quedaron en Belice murieron de fiebre en tres años, y la mayor parte de los fugitivos sobrevivieron y alcanzaron una edad provecta; y como Novelo se negó a la extradición, pasaron la vida en las selvas yucatecas, unieron su sangre con la de los mayas y reforzaron en ellos la mancha mongólica. Tal fue el destino de todos menos cuatro de ellos, que siguieron corriendo hasta Mérida, donde abrieron una lavandería.

La extradición tenía otro aspecto. Un número considerable de cruzob pensaba que la Cruz era demasiado exigente (trabajos pesados, servicio militar y tiranía de los generales) y resolvió el problema atravesando el río Hondo por el sur. Estas personas poblaron Pach Chakán y otros varios pueblos cercanos a Corozal; había en la colonia unos 10 000 mayas de todas las denominaciones. A partir de 1860, la Santísima envió agentes y realizó correrías para recobrar a esos delincuentes, y las protestas sirvieron de poco. Había además madereros irresponsables que celebraban contratos privados con la Cruz por los derechos de la madera y una vez en territorio inglés se negaban a pagar... lo cual implicaba nuevos raptos, nuevas protestas y nuevas excusas. Era el Hondo un río de selva plácido y angosto, muy fácil de cruzar. Estos eran algunos de los problemas de política extranjera a que se enfrentaba la Cruz, reconocida de facto como nación por los ingleses y a veces como aliado del Imperio inglés.

Hemos oído algo de la segunda vecina, Icaiché, establecimiento fugitivo de los supervivientes de Chichenhá, con sus guerritas, un ejército de 150 hombres y una población de tal vez 1 700 almas. La población estaba en lo alto de un cerro de 120 metros de alto,

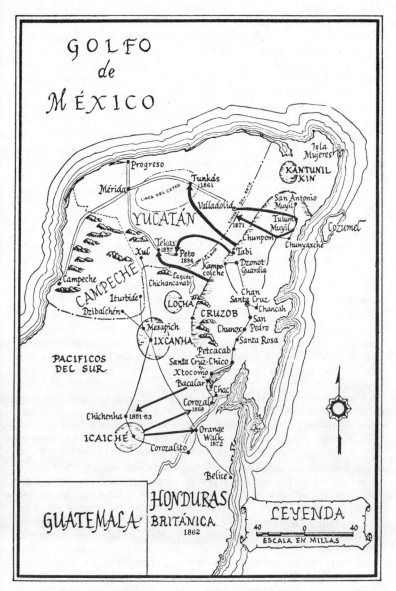

GOLFO de MÉXICO

Isla Mujeres

KANTUNIL-KIN

Progreso

Mérida

LÍNEA DEL CETRO

Tunkás 1861

Valladolid

San Antonio Muyil

YUCATÁN

Cozumel

Tulum Muyil

LÍNEA DEL ESTE

LÍNEA DEL ESTE 1871

Chunpom

Chunyaxche

Tekax 1857

Xul

Peto 1886

Tabi

Dzonot Guardia

LÍNEA DEL SUR

Campeche

CAMPECHE

Lagode Chichancanab

Kampocolche

Iturbide

Dzibalchén

LOCHÁ

CRUZOB

Chan Santa Cruz

Chancah

San Pedro

Mesapich

IXCANHÁ

Chunox

Santa Rosa

Petcacab

PACÍFICOS DEL SUR

Santa Cruz-Chico

Xtocomó

Bacalar

Chac

Corozal 1868

Chichenhá 1851-53

ICAICHÉ

Orange Walk 1872

Corozalito

Belice

HONDURAS BRITÁNICA 1862

GUATEMALA

LEYENDA

40   0   40
ESCALA EN MILLAS

Los grupos mayas independientes, las líneas de defensa yucatecas y las principales acciones militares en 1853-86.

protegida por una valla de bambúes plantados, con entrada por el este y el oeste, pero la protegía con más eficacia su aislamiento, por los pantanos donde no había agua potable y por una densa selva. La senda que llevaba a Belice en algunos puntos parecía túnel. En lugar de piedra se usaba madera, a manera de bardas para separar los lotes, y las calles eran anchas, con chozas bien alineadas. Entre los edificios públicos había una iglesia (una choza como las demás) y un cuartel o casa de guarda, donde había armas cargadas para utilizarlas en cualquier momento. El sistema militar de esos colonos era semejante al de los cruzob: las compañías se basaban en la vieja milicia yucateca (la escuela donde habían estudiado todos los rebeldes, con sus oficiales elegidos de las filas) y el jefe que las mandaba era un general que hacía de jefe de tribu y juez y disponía del látigo o el pelotón de ejecución, arreglaba el comercio con Campeche o Belice y era reconocido como líder independiente por el gobierno mexicano. Su vida religiosa continuaba en la combinación de catolicismo popular y creencias paganas que se había conocido antes de la rebelión, con los servicios a cargo de los maestros cantores, y en muy raras ocasiones, de algún sacerdote visitante. Despreciaban a sus enemigos cruzob por no ser cristianos.

Ixcanhá, el grupo mayor después de Chan Santa Cruz, concentrado en el pueblo homónimo, se extendía por una zona de aproximadamente 20 kilómetros de ancho y 72 de largo, rodeada por el yermo. Se había adherido al tratado de Chichenhá y era uno de los *pacíficos del sur* cuyo jefe recibía el nombramiento honorario de México como jefe político, y un sello oficial para su correspondencia. Había más de 11 000 mayas dispersos por el distrito, incluyendo la población de Mesapich, a veces considerada entidad distinta o incluso la capital, y Chunchintok, después cedida pacíficamente al estado de Campeche. El general Arana, mestizo, era el batab. Lo reemplazó su hermano, el general Eugenio Arana, con ayuda de las tropas ladinas en 1869, y sobrevivió en el puesto hasta por lo menos 1894... lo cual constituía un récord. Como no tenía historia de sangre, podía decirse del de Ixcanhá que era el más afortunado de los grupos rebeldes. Sus miembros tenían lo que querían, que era que los dejaran solos: México estaba satisfecho con la relación de estado a cliente, y la distancia los ponía a salvo de los cruzob. Abrieron un sendero hasta Santa Cruz de Hondo, que llevaba a Orange Walk, en Belice, pero raramente lo utilizaban por el peligro de Bacalar y porque no había gran cosa con que comerciar. Campeche estaba más cerca. No había en Ixcanhá nada más que chozas cubiertas de paja: las construcciones españolas de adobe y piedra de la región estaban abandonadas y las dejaban caer en ruinas.

La religión era la mescolanza popular que dirigían los maestros cantores y los h-menob. Por allí eran los huites los que estaban, que se bastaban a sí mismos salvo en pólvora y armas, cultivaban su maíz, sus frijoles, criaban puercos, gallinas y ganado vacuno y comerciaban con los poblamientos fronterizos de Campeche para obtener lo que les faltaba, y la necesidad de hacer trato reducía al mínimo la animosidad.

No se sabe mucho del grupo de Locha, situado en la zona neutra, entre Ixcanhá y Chan Santa Cruz. Otro mestizo, el combatiente de la Guerra de Castas Pedro Encalada, mandaba unas 6 000 almas. Tenía el reconocimiento de Campeche, que hacía de él un pacífico; pero estaba aliado con los cruzob y sus tropas contaban en el ejército de éstos. Operaba con la Cruz contra Icaiché y podía comerciar con Belice por una pista que dominaba su vecino, más poderoso. Hubo asomos de conflicto por la cesión de los derechos de cortar madera, pero nada más. Bonifacio Novelo tenía por aliada de Chan Santa Cruz en su lista una segunda subtribu, Macanché, sin ubicar, pero más o menos por aquella comarca. Había también un pequeño grupo aislado en el rincón nordeste de la península, cuyo centro estaba en Kantunil-Kín; en 1860 se le consideraba pacífico, cuando se tomaron injustamente prisioneros para el comercio de esclavos, y en 1871, el coronel Traconis temía que cayera bajo la dominación de la Cruz.

Las correrías por la zona fronteriza de los cruzob contra los puestos avanzados blancos se habían convertido casi en acción refleja (eran como una norma de política extranjera para asegurarse cierta libertad de movimiento en aquel rumbo) y en 1870 se realizaron dos, una en agosto y otra en diciembre. La respuesta de los ladinos llegó en un breve interludio de la paz civil, el 21 de enero de 1871, en que mil guardias nacionales y 300 hidalgos salieron de Valladolid mandados por el coronel Traconis. A los dos días de marcha habían dejado el territorio que les era familiar. Hacía muchos años que no se trababan combates en aquellas espesuras norteñas, la selva se desarrollaba rápidamente (y se dejaba con toda intención que hiciera desaparecer las pistas) y el ejército se convirtió en una cuadrilla de exploración, abriéndole paso a machetazos los auxiliares indígenas. Al otro lado del yermo hallaron pistas y por el norte, muy lejos de lo que se había considerado territorio cruzob, sorprendieron una aldea. Traconis siguió el rosario de nuevos poblamientos hasta Tulum, recogió a unos cuantos rezagados pero no logró sorprender a lo que se había convertido en Santa Cah Tulum (Sagrado Pueblo de Tulum), donde, rara excepción entre los mayas, había una sacerdotisa. Después se dirigieron hacia el sur, y las aldeas seguían evacuándose delante de ellos. La única resistencia era la de tiradores apostados hasta que llegaron a Chunpom, que tomaron tras una lucha a tiros que duró varias horas. Hasta allí fue donde llegaron. Por razones desconocidas, sea porque se lo impusieran las órdenes o porque temiera un ataque en gran escala, Traconis dio media vuelta sin penetrar en el corazón del territorio de los cruzob. Varias veces montó emboscadas en su retaguardia durante la marcha de vuelta, basándose en la tradición enemiga de asaltar a las columnas inmediatamente antes de salir del bosque, pero nadie mordió el anzuelo, y llegó a Valladolid sin nada nuevo que contar. Ante el gobernador, el coronel hizo resaltar el temple de sus hombres en contraste con la cobardía que había sido cosa corriente en los últimos años, y declaró que ahora los salvajes sabían que no podían hacer incursiones impunemente y que su selva no era protección. Reconoció francamente la falta de resultados materiales (prisioneros y botín) y advirtió que había que detener la expansión de los cruzob por el norte antes de que llevaran a sus filas a los pacíficos de Kantunil-Kín. Le parecía que esa labor había sido ya iniciada. En realidad, se trató de una patrulla de reconocimiento de 1 300 hombres, y no tuvo continuación. El poblamiento más septentrional conocido de los cruzob fue San Antonio Muyil, a ciento y pico de kilómetros del santuario, con actividad patrullera y cazadora, y es probable que los poblados con campos de maíz se extendieran hasta cincuenta kilómetros más allá.

Vistos en perspectiva, había mucha semejanza entre los cruzob y los otros grupos mayas que vivían fuera del palio ladino. Todos ellos tenían jefes que se llamaban a sí mismos generales y solían ser mestizos y hasta criollos; todos tenían un sistema militar basado en la práctica de la milicia, vivían en pueblos diseminados y proseguían con sus prácticas religiosas especiales, de espaldas al mundo de los blancos. Su diferencia, naturalmente, era la Cruz, que sustentaba un orden social basado en la denegación de toda clase de paz y tenía autoridad suficiente para contener la tendencia a la dispersión de los diseminados pueblecitos agrícolas; de ella salió la única ciudad digna de tal nombre, la única reacción creadora del maya rebelde contra el ataque a su manera de ver el mundo. Los demás grupos eran incompletos. Empleaban sacerdotes blancos cuando podían hacerlo, y tenían conciencia de su pobreza espiritual. Chan Santa Cruz había satisfecho esta necesidad y en lo espiritual se bastaba a sí misma. La conmoción de la guerra, la derrota y el aislamiento forzoso habían dado nacimiento a una nueva religión; las victorias parciales les proporcionaban vigor e incremento, y el tiempo, autoridad. La creación y realización del culto de la Cruz es un caso único de síntesis cultural indohispana. Otras tribus del norte y el sur de América adaptaron las creencias cristianas y las maneras occidentales a sus propias normas, pero siempre lo hicieron así más o menos bajo la vista del amo; sus iniciativas en ese sentido se toleraban nada más hasta ahí, y en su evolución política eran coartadas. Sólo los cruzob obraron de un modo lo suficientemente independiente, y en escala lo suficientemente grande para darnos un cuadro completo de una verdadera síntesis en algo más que el nivel aldeano.

Es tentador el acentuar lo exótico, buscar en antiguas fuentes paganas las costumbres extrañas o insólitas, pero debemos dejar bien sentado que la mayoría de las manifestaciones, títulos y organizaciones de los cruzob tenían un antecedente hispano. El nombre de "cruzob", naturalmente, es una corrupción de maya y español. "Tatich" y "tata" vienen del español "taita". Las compañías militares, la graduación, las hermandades religiosas, los maestros cantores, los secretarios de aldea y la mayoría de sus oraciones venían del otro lado del océano, junto con la adivinación Xoc-Kín, las danzas de la conquista y las ideas de enfermedad. Estas formas e ideas reemplazaron a sus equivalentes precolombinos de una vez y para siempre; no hubo ni podía haber un resurgimiento verdadero. Los cruzob miraban al mundo de sus padres y abuelos, no al de aquellos sus distantes antepasados que llevaban plumas, pintaban jeroglíficos y estudiaban las estrellas. La cultura española había resultado superior a la maya por el hecho de la conquista, y el pueblo derrotado había aceptado lo que le enseñaron. Tan sólo en el campo de la agricultura, donde los extranjeros no podían mejorar los procedimientos indígenas, y en cosas de estructura familiar y aldeana, continuaron las prácticas antiguas, junto con los dioses y ritos a ellas asociadas.

Dentro de estos límites, la evolución de las jerarquías sociales precolombinas, coloniales y de los cruzob demuestra que las categorías sociales se desplazaron o alteraron y que los cruzob, tomando de cuatrocientos años de síntesis colonial, construyeron libremente su propio mundo. (Ver la gráfica de la pág. 209.)

Los mayas habían tenido esclavos en los tiempos precolombinos, principalmente para fines sacrificiales, pero también por razones económicas. Una persona podía hacerse esclava por nacimiento, por un castigo legal, por orfandad o por ser prisionera de guerra. Bajo la dominación española desapareció la distinción entre indio libre y esclavo, que se fundieron en una sola clase explotada; pero con el empleo posterior del peonaje por deudas volvieron a aparecer diferentes formas de trabajo forzoso. Un maya podía otra vez hallarse en lo que venía siendo esclavitud al quedar huérfano, por una deuda heredada o como castigo jurídico por no pagar impuestos o multas. La esclavitud declarada resucitó con la Guerra de Castas después de 1847, en que ambos bandos dejaron de matar prisioneros y los pusieron a trabajar, se los vendieron a Cuba o los conservaron para entregarlos a cambio de un rescate. El macehual corriente de Chan Santa Cruz hallaba entonces un grupo servil por debajo de él en la escala social, ya fuera blanco, mestizo, maya pacífico o chino refugiado. La esclavitud no logró cristalizar. Los cautivos más jóvenes y los nacidos en cautividad fueron considerados miembros libres de la nación.

La mayoría de los mayas no había sufrido en lo social con la llegada de los españoles. Antes habían trabajado para mantenerse en la milpa, y para tener un excedente con que alimentar a los sacerdotes y los nobles, habían sudado el quilo para construir las pirámides y los templos, y ahora hacían lo mismo para los extranjeros, para hacer iglesias, monasterios y carreteras. Fue la clase superior, la de los almehenob ("los que tenían padres y abuelos"), la que cayó de sus alturas. Un batab que antes había gobernado todo un distrito o una provincia, con autoridad total sobre los que le estaban sometidos, y con todos los lujos que permitiera la tierra, ahora se hallaba reducido a la condición de jefe de aldea, sólo podía juzgar en los delitos menores, y estaba por debajo del más bajo de los blancos. Sus diputados y consejeros también quedaron reducidos a la condición de campesinos y por cierto tiempo, a la de funcionarios secundarios, que distribuían la tierra comunal en calidad de alcalde col o mantenían la casa de los huéspedes en calidad de alcalde mesón. Sobrevivía cierto respeto por la aristocracia indígena, y entre los cruzob, esa clase tuvo espacio para desarrollarse. Los jefes del ejército, o comandantes, eran lo más parecido a los batabob precolombinos, y a veces lograban una independencia considerable respecto de Chan Santa Cruz, señoreaban cierto número de pueblos y mandaban a los comandantes de compañía y a los tenientes y sargentos que eran sus representantes por desconfianza de la autoridad del Tatich y del reglamento que ordenaba que ningún jefe debía mandar a los soldados de otra compañía, independientemente de su graduación. Sus cargos eran electivos, no hereditarios, aunque los hijos de oficiales solían llegar a oficiales. La tradición y la pobreza general les impedían alcanzar un nivel superior de vida. Solían trabajar sus propias milpas y lo único que los distinguía era un arete de oro que llevaban en la oreja izquierda.

Si los batabob quedaron muy rebajados por la conquista, el sacerdote indígena, el ah-kín, desapareció. Los jefes podían ser útiles para mantener el orden o recoger los impuestos, pero no había lugar para los predicadores de Satán, para los cuales no tenían tolerancia los españoles. Los templos fueron destruidos o

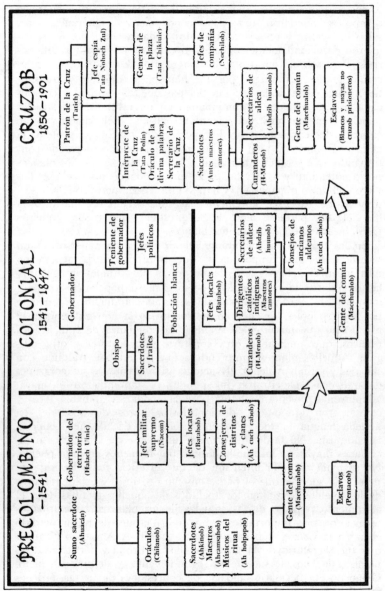

Organización social de los mayas de Yucatán en tres períodos.

se apoderaron de ellos para la nueva religión; derribaron los ídolos y quemaron los libros jeroglíficos, de modo que en poco tiempo se olvidaron todos sus conocimientos, ignorancia que, salvo las fechas y unos cuantos glifos, todavía continúa. Se reprimieron despiadadamente todos los intentos de celebrar los antiguos ritos. Pero sobrevivieron algunos fragmentos. Los h-men, tolerados como simples curanderos por los blancos, recogieron y transmitieron una parte de la religión del pasado, tan especial y complicada. En sus rituales se combinaban en un nivel simplificado los papeles generalizados del sacerdote, ah-kín, del maestro o ah camsah, del cantante o ah hol pop y del oráculo o profeta, el chilam. Eran los h-men una suerte torpe de sacerdotes de contrabando, que sobrevivían gracias a la oscuridad, a que los blancos no lo entendían y a su vital papel en la vida de sus pueblos. Tuvieron el mismo papel en Chan Santa Cruz, pero con la oportunidad de expresar libremente las ideas religiosas mayas a la luz del día, perdióse algo de su prestigio, que pasó a quienes reemplazaban a los sacerdotes blancos.

En los tiempos precolombinos, el ah camsah o maestro era un sacerdote de gran importancia, que transmitía a la generación más joven el arte sagrado de las letras, los rituales indígenas y las leyendas y la historia del pueblo. Era su papel decisivo para mantener la ética de la sociedad, hecho claramente reconocido por los españoles, quienes no se conformaron con exterminar el oficio sino que pusieron en su lugar la enseñanza de franciscanos blancos, que empleaban otra escritura, otra historia y otra religión. Aquellos monjes comprendían que no estaban tratando con salvajes y ansiaban llenar el vacío de sus cerebros y sus corazones de indígenas. Descifraron los jeroglíficos, aprendieron el maya, adaptaron o inventaron letras para acomodarlas al habla local y compusieron gramáticas, diccionarios y libros de oraciones en aquella lengua... todo ello en la primera década que siguió a la conquista. No tardó en formarse una clase de secretarios o escribanos mayas, de los que hubo uno por lo menos en cada pueblo. No se tenía ninguna intención de que el oficio fuese hereditario, pero solía suceder que el padre enseñara al hijo, y en los registros de los pueblos se repiten los apellidos de aquellos escribas. Con el aislamiento respecto de las escuelas de los blancos, los escribanos se hicieron más importantes, sobre todo después de haber perdido el habla la Cruz y haberse puesto a escribir. A Anastasio Caamal, que fue secretario de la Cruz en 1887 y firmaba documentos en nombre de Dios, le sucedió su segundogénito, y después un nieto. Como no era necesario cuidarse de concesiones de tierras, órdenes oficiales, testamentos ni registro de causantes (que habían sido otrora las principales actividades de los secretarios), podían dedicarse a las cuestiones de índole religiosa, el aspecto de su saber más consonante con su carácter, y eran tratados como personas sagradas, que comían con los oficiales y con ellos convivían. También aconsejaban el tiempo de sembrar y cosechar, basándose en un almanaque impreso en Mérida, que a causa de su valor siempre lograba abrirse paso por la vigilada zona fronteriza.

Había una función del ah camsah que se fundía con la del ah hol pop, o cantor principal, maestro e instructor de los importantísimos cantos rituales. Las escuelas misioneras formaron rápidamente coros indígenas, que cantaban la misa y hacían el servicio con gran destreza. De sus filas salieron los maestros de capilla mayas, y los maestros cantores, ayudantes legos de los sacerdotes. La escasez de sacerdotes, al principio como después, hizo del maestro cantor el único dirigente católico de muchos pueblos. Varios de ellos intentaron arrogarse el papel de sus maestros en los turbulentos días de la Guerra de Castas, pero no lo lograron mientras no les dio autoridad la Cruz que hablaba. Entonces tuvieron acceso a todas las facultades del sacerdocio: bautizar, casar, decir misa. El Tatich les daba el nombramiento después de largos años de aprendizaje y estudio, en que a veces entraba también la preparación para h-men, ya que no se advertía contradicción ninguna entre esas dos especialidades. Cada compañía militar debía tener dos maestros cantores, y en la compañía servían todos los varones adultos. La pobreza general no permitía una vida muy buena, y si recibían un número considerable de comidas gratis como pago parcial por sus servicios, sin hablar del necesario aguardiente, de todos modos se veían obligados a cultivar el maíz como cada quién. El prestigio y la satisfacción religiosa eran su principal recompensa. No practicaban el celibato, por estar ausente de su tradición propia y por lo general no tenían ejemplo blanco de él.

El chilam o profeta nos retrotrae al problema de las voces misteriosas en tanto que ejemplo de supervivencia o recurrencia cultural. La práctica de interpretar las voces divinas continuó por lo menos sesenta años después de la Conquista; incluso antes de la Guerra de Castas se rumoreaba la existencia de una cruz parlante en Chan Santa Cruz; y en la Guerra de Castas de Chiapas hubo una "Voz de Dios" que, al parecer, no tenía ninguna relación con la otra. Debe considerarse probable, pero no probada, la supervivencia de una costumbre precolombina. El chilam era evidentemente el prototipo del tata polin. Ambos recibían mensajes mediante un artificio y se los transmitían a los adeptos. Se ha traducido tata polin (literalmente "Padre del objeto de madera") como "Intérprete de la Cruz". El tata polin llamaba a su dios con el silbato, igual que hacían los h-menob con los dioses de la lluvia. Hay un curioso paralelo que establecer aquí con el sonar de la campanilla durante la elevación de la hostia en la misa católica, que los cruzob conocían muy bien, y que podría haber contribuido a conservar esta costumbre pagana. Se hizo todo cuanto era posible para añadir misterio y esplendor al servicio de la Cruz Parlante. Según todos los datos que se tienen, cada entrevista con la Cruz se anunciaba en la tarde tañendo campanas y tocando la banda militar. El trabajo normal se interrumpía enteramente. Las oraciones católicas y los cantos mantenían el entusiasmo religioso durante toda la tarde y la noche, mientras los cruzob se congregaban en el templo y fuera de él. A medianoche, llegando la emoción al colmo, sonaba el silbato, seguido de un profundo silencio. Dios había bajado.

El tercer funcionario de la Cruz Parlante era el "Órgano de la Divina Palabra".[1] O sea el hombre que pronunciaba las palabras. El hecho de que se reconociera su existencia al cabo de un año, cuando todavía hablaba la Cruz, parece indicar que los cruzob no creían realmente que fuera la Cruz la que hablara, sino más bien que las palabras de Dios se transmitían por mediación de un hombre poseído. Esto nos lleva más allá de las tretas de ventriloquía, a una idea genuinamente religiosa. Variación de la cámara resonante y la palabra hablada era el empleo del silbato para simular la voz de Dios, que a continuación interpretaba el tata polin.

Pero el engaño intencional, cualquiera que fuera el procedimiento, inquietaba todavía a algunos jefes. Hay muchos informes de primera mano relativos a entrevistas realizadas con la Cruz desde el tiempo de su invención, en 1850, hasta 1864. Se dice que en 1867 habló Bonifacio Novelo en calidad de Tatich y dijo que la ventriloquia era obra de hombres malos y cosa del pasado, y después de esa fecha no se tienen relatos directos del rito parlado. Se supo de una cruz que hablaba en Tulum en 1871, y hay otras pruebas de que no cedió fácilmente la costumbre; poco más es lo que se sabe, porque los mayas actuales se niegan a tratar ese asunto. La Cruz siguió escribiendo cartas, manteniendo correspondencia con Honduras Británica y dictando sermones que los secretarios conservaban. También se dijo que podía apagar la candela puesta en su altar por un suplicante indigno.

Para los mayas no había separación entre los aspectos religiosos de la vida y los seculares. Los actos de orden práctico tenían un significado espiritual, y la religión era cosa práctica. La enfermedad y la mala cosecha eran consecuencia de la impiedad; la piedad, no el triunfo ni el éxito, era la medida del prestigio y los

---

[1] No se sabe el nombre que darían los mayas a este empleo; es posible que fuera Tata Iktán Thán o Tata Kuem Thán.

dos elementos se fundían de un modo que a las mentes occidentales les resulta difícil de entender. En este sentido es casi una abstracción hablar de jerarquía política y sacerdotal en el Yucatán precolombino. El batab tenía muchas obligaciones de tipo religioso, y el ah-kin las tenía de tipo político; el jefe de guerra vivía una casta vida circundada por leyes rituales mientras ocupaba el cargo, y él y sus guerreros peleaban principalmente por razones religiosas, y recogían prisioneros para los sacrificios humanos. Y cuando alcanzamos la cima de la antigua clase dirigente, el sumo sacerdote o Ahuacán (Señor Serpiente) y el dirigente temporal o Halach Uinic (Hombre Verdadero), hallamos una mezcla semejante de responsabilidades. El Ahuacán podía declarar la guerra. El Halach Uinic podía llegar a ser algo tan sagrado que a sus súbditos no les fuera permitido contemplarlo, y como sacerdote intervenía en muchas cosas; en el diccionario de Motul primeramente se tradujo su título como "obispo" y después como "gobernador". El obispo y el gobernador españoles reemplazaron a esos cargos. La ambición maya se limitaba al nivel pueblerino, donde continuaron rigiendo las normas antiguas. Un hombre destacaba entre los suyos perteneciendo a las hermandades religiosas, introducidas por los extranjeros pero con paralelos locales; el batab debía ser devoto, solitario y nada venal. Por eso, cuando los macehuales pudieron crear su propia jerarquía, combinaron la dirección política y la espiritual en un solo hombre. Éste se apartó de su pueblo. Se dice que Bonifacio Novelo "trató de mandar en el claustro por la influencia supersticiosa más que de un modo abierto con sus colegas en campaña y en su despacho", y de sus sucesores se dijeron cosas semejantes. A pesar de que el Tatich fuera a veces despuesto o desobedecido por sus jefes militares, se decía que: "No puede haber jefe superior al Nohoch Tata [variante posterior de Tatich]; su poder procede de Dios, no del hombre."

No sólo en la estructura social podemos hallar reflejos del pasado lejano. En torno al santuario de Chan Santa Cruz habían surgido ciento y pico de pueblos y aldeas, y hubo allí siempre un cenote y un trecho de buena tierra. Sus nombres, como en Yucatán, tenían relación con el abastecimiento de agua; hubo varios Chan Chenes (Pozos Pequeños), un Jesús Chen y por lo menos tres Yokdzonot (al pie del cenote). También honraban en ellos a los santos, con nombres como Santa Rosa, San José, San Diego y Santa Clara. La importancia de esos lugares, cuya población oscilaba de cincuenta a mil habitantes, era grande, pues allí estaban los hogares normales de la mayoría de los cruzob; en Chan Santa Cruz se siguió otra norma: la del centro ceremonial precolombino.

Los antiguos lugares mayas de Yucatán, Chichén Itzá y Uxmal no eran ciudades en el sentido moderno y tenían relativamente pocos edificios de vivienda. En lugar de ello había santuarios y lugares sagrados que atraían enormes multitudes en las grandes festividades, pero estaban desiertos casi todo el resto del año. Tenían mercados y algunas funciones políticas, allí preparaban seguramente a los sacerdotes, y allí acudían las cuadrillas de obreros a construir los templos, pero todo eso sobre una base de tiempo parcial; la población vivía en pueblos o aldeas diseminados por el territorio. Hubo dos quebrantamientos de esta norma. El primero procedente de México, donde sí hubo ciudades; bajo la dominación mexicana se construyó Mayapán para capital de Yucatán. Derribado y arrasado Mayapán por la revolución, los yucatecos volvieron a su anterior modo de vida, se dispersaron por todo el país y formaron poblados de no más de quinientas casas, y muchos más pequeños. El segundo quebrantamiento lo causaron los conquistadores, quienes después de la Conquista obligaron a los mayas a abandonar sus aldeas y a concentrarse en ciudades, y durante años, los españoles edificaron las ciudades a su manera. Mas durante el periodo colonial, las necesidades económicas y los deseos de los mayas fueron contra los planes de los dominadores, y en 1847 todavía se estaban "aboliendo" aldeas. En la medida en que esta dispersión se logró, sobre todo entre los huits de la zona fronteriza oriental, los mayas pudieron conservar las costumbres que se extenderían con el advenimiento de la libertad bajo la Cruz Parlante.

Los deseos españoles ayudaron también de otros modos a la conservación de la costumbre tradicional. Los mayas fueron excluidos del centro de las poblaciones nuevas y relegados a los villorrios suburbanos, que a veces estaban a kilómetros de distancia y en gran parte se gobernaban solos. Como las ciudades tenían sacerdotes e iglesias, ejercían fuerte atracción para los piadosos mayas, y así hacían de centros ceremoniales. En prueba de ello, el curato de Peto, pequeña ciudad provinciana, valía 14 000 pesos al año, mientras el sueldo del obispo era de 8 000 pesos. Esos pesos procedían de los emolumentos por los casamientos, los bautismos y las misas, pagados por los mayas que iban a Peto desde el interior. Aunque es verdad que los sacerdotes debían recorrer sus parroquias, hay pruebas contemporáneas de que raramente lo hacían. En grado menor, la costumbre de los peregrinajes conservaba la idea de una capital religiosa. Bien conocidos son los antecedentes europeos, mientras que el centro cultural de Chichén Itzá llevaba fieles hasta de Guatemala, y los santuarios del "Sagrado Cozumel" servían a peregrinos de más allá de Laguna de Términos. En 1847 se instituyeron ferias de peregrinaje en Tizimín, Izamal y Halachó. Así se transmitió la norma del poblamiento precolombino a través de todo el periodo colonial y se conservó hasta el tiempo de los cruzob.

La Cruz reforzó la pauta. Así como las cruces de vario linaje necesitaban chozas santuarios especiales para estar apartadas de la vida cotidiana, la Santísima necesitó una ciudad sagrada en que la gente no viviera de ordinario. Las cuatro cruces que separaban cada pueblo del yermo fueron muy elaboradas en Chan Santa Cruz, donde les dieron albergue en capillas con techo de paja, y aquellas cruces marcaban el terreno sacro. Caballos, mulas y ganado vacuno no podían entrar en el recinto. Se edificó Chan Santa Cruz según la traza de una población ladina, pero no para recibir habitantes ni para desempeñar la función citadina de una cooperación económica. El Tatich y unos cuantos de sus funcionarios eran las únicas excepciones del trabajo viril normal en la milpa y, en años posteriores por lo menos, fueron los únicos habitantes permanentes de la ciudad santuario, mientras los demás lo eran por rotación.[2] Los demás (generales, capitanes, maestros cantores, etc.) eran profesionales de tiempo parcial, y todos cultivaban el maíz. Los generales Aniceto Dzul, Román Pec y Crescencio Puc dejaban su "palacio" de piedra del santuario por la atracción, más fuerte, de sus pueblos, salvo en los días de fiesta o de revista. Los edificios de piedra eran para prestigio, y a los cruzob no les gustaban verdaderamente, tampoco utilizaban las muchas haciendas ni las pocas ciudades que tenían en su dominio. En Bacalar erigían chozas de paja en lugar de vivir en casas perfectamente buenas; llenaban la iglesia con los cuerpos de sus antiguos habitantes y construían una capilla para su propio uso.

Esta dispersión aldeana explica parcialmente las muchas entradas que se hicieron hasta Chan Santa Cruz sin oposición, que no se hacían hasta una capital normal ni un centro de población, y cómo necesitaban tiempo los cruzob para juntarse después de haber sido ocupada la ciudad santuario. El pueblo o la aldea era la unidad fundamental, con su propio jefe, que era el capitán de la compañía local, su propio sacerdote o maestro cantor, su propia iglesia, copia a escala menor y con techo de paja del templo en que estaba la Cruz Parlante, con una habitación separada y sagrada, llamada la Gloria, para la cruz del pueblo. El culto de la cruz del linaje había seguido los lineamientos de antes de

[2] Podría buscarse el paralelo entre los cuarteles de la Guardia de Chan Santa Cruz, uno para cada pueblo o grupo de pueblos de los cruzob, y algunos de los edificios "residenciales" de los antiguos lugares mayas. Los cuarteles desempeñan muchas de las funciones de la "Casa de los Hombres" de tiempos de la Conquista, salvo en que estaban concentrados en el santuario en lugar de estar dispersos por las aldeas, y tal sería también el caso en el periodo clásico maya.

la Guerra de Castas; cada hombre tenía la suya, como cada familia y cada pueblo, y así sucesivamente hasta "El Más Sagrado" de todos los cruzob. Las cruces se guardaban, como antes, en Chan Iglesias (iglesias pequeñas), y las más importantes, en la iglesia del pueblo. Algunas de aquellas cruces alcanzaron considerable santidad, hasta compararse casi a la misma Santísima.

Función inherente de la norma de centro ceremonial es el ejercicio de cierta forma de control sobre la dispersa población, la organización del servicio con los pueblos autosuficientes. Entraba aquí el apoyo de los sacerdotes, la conservación y construcción de los edificios, el adoctrinamiento de los jóvenes y el mantenimiento de la lealtad de los adultos. La religión es el impulso principal, pero hay que dirigirlo y centrarlo mediante la práctica cotidiana. Entre los cruzob, el sistema de compañías obraba contra cualquier movimiento de cruces rivales o de independencia aldeana. Cuando los miembros de una compañía vivían en distintos pueblos, era la compañía la que mantenía la lealtad básica, la que organizaba el servicio religioso; los que peleaban juntos oraban juntos. Las compañías administraban la justicia. Los asuntos de importancia menor, las riñas, los robos, el incumplimiento de las deudas, el pegar a la esposa, la vagancia, la mentira, la embriaguez de costumbre, la falta de devoción religiosa se castigaban en la compañía con el látigo y el cepo. La negativa a trabajar en servicio de la Cruz pasaba ante los comandantes, que aplicaban una dosis más fuerte del mismo castigo. En los delitos capitales (asesinato, brujería y asociación con los dzulob) entendía el Tatich; a los reos los condenaban a morir a machetazos por mano de varios ejecutores (para que el acto fuese común y no suscitara venganzas privadas) bajo el zapotillo de la plaza del santuario, centro del mundo de los cruzob.

Hallamos, pues, fuerte parecido familiar entre el mundo de los cruzob y el de los mayas precolombinos, a pesar del abismo de cuatrocientos años, la interposición de manifestaciones extrañas y la formación de una cultura nueva, compuesta, que La Farge llamó "india reciente". Este facsímil borroso de modelos antiguos puede esbozarse del siguiente modo: 1] una representación hablante de Dios; 2] un sistema social basado en la divina sanción, en que se funden lo espiritual y lo político en todos los órdenes, desde el sumo sacerdote hasta el esclavo; 3] la norma de establecimiento del centro ceremonial y 4] la organización de grupos aldeanos para la construcción y la conservación del centro ceremonial por rotación.

Variaban los detalles, pero la estructura básica era precolombina. Esto no es prueba de memoria del pueblo, de una teoría junguiana ni de una imperativa exigencia racial, ni mucho menos de una vuelta al estado salvaje y el paganismo, como aducían sobradamente los escritores ladinos del tiempo. Era la restauración de las antiguas normas de vida aldeana, en que el pasado se fosilizó en un nivel reducido y circunscrito; Chan Santa Cruz era una proyección viva de aquella mentalidad aldeana. Los cruzob formaban una sociedad defensiva y su cruz los hacía los más afortunados de todos los mayas que de uno u otro modo habían resistido al ataque cultural de los ladinos, iniciado en 1830 y tantos. Conservadores y reaccionarios, aquellos mayas luchaban para conservar o reconquistar la cultura de sus padres, y en el proceso sacaron a la superficie moldes antiguos, normas perdidas o escondidas ante los extranjeros. Los logros artísticos e intelectuales de los antiguos mayas, que se habían producido en un mundo aldeano semejante, ya habían desaparecido irremediablemente; pero sus ideas religiosas y morales, incorporadas en costumbres que eran la figura misma de su vida, habían resistido y volvían a retoñar.

Dejamos a Bonifacio Novelo en la culminación de su poder de gobernador, juez, general y papa. Por falta de información exacta podemos suponer que murió de muerte natural a edad avanzada, alrededor de 1870 y con toda seguridad antes de 1880. No se sabe a ciencia cierta quién sucedería al Tatich. Como ya dijimos, el nieto de José María Barrera, que también fue Tatich, declaraba que el cargo lo había heredado directamente su padre, Agustín Barrera, de su abuelo, a quien había pasado de Novelo. Sabemos que no fue así por cierto número de visitantes de Chan Santa Cruz; y después de la muerte de Novelo, el hombre que seguramente tomaría el cargo, según documentos conservados por los cruzob, fue Juan de la Cruz, el primer secretario de la Cruz. Los jefes militares eran más importantes a los ojos del mundo exterior, y de ellos tenemos relaciones más completas. Al general Bernal Cen sucedió en el cargo de comandante de la plaza Crescencio Poot, vencedor de Tekax, y su nombre aparece por primera vez en la correspondencia del gobernador de Honduras Británica en 1883. Al año siguiente, Poot dio el sorprendente paso de abrir negociaciones para un tratado. No hay constancia de escaramuzas, mala cosecha ni epidemias en aquel tiempo; quizá se tratara sencillamente de otro mílite viejo que estaba dispuesto a hacer la paz. En todo caso, los delegados, Aniceto Dzul y Juan Chuc, no iban a firmar otra cosa que el reconocimiento del statu quo. Las condiciones eran las siguientes:

José Crescencio Poot seguirá de gobernador de Chan Santa Cruz hasta su muerte.

A la muerte de Poot se concederá a Chan Santa Cruz un nuevo gobernador, sometido a la aprobación del gobierno de Yucatán.

El gobierno de Yucatán no enviará ningún funcionario a gobernar Chan Santa Cruz sin consentimiento de los habitantes. Extradición mutua de los delincuentes. Con las condiciones arriba expuestas, el pueblo de Chan Santa Cruz reconoce al gobierno de México.

Concebido según los lineamientos del tratado de Chichenha, este documento formalizaría la paz existente, y los cruzob trocaban la sumisión por una garantía contra la invasión, y conservaban toda la autoridad local. Así fue firmado el 11 de enero de 1884 por Juan Chuc y el general Teodosio Canto, vicegobernador de Yucatán, en la Government House de Belice, y a continuación, los delegados se sentaron juntos para que les tomaron una fotografía. Todo eso estaba muy bien, y era un tributo a los años de negociaciones del general Canto; pero después hubo palabras desdichadas y el 30 de enero, Poot escribió al administrador de la Corona que Canto se había embriagado y había insultado a sus delegados, y que el tratado quedaba cancelado. Considerando lo que siguió a esto, más parece obra de Dzul que de Canto.

El 22 de agosto de 1885, Aniceto Dzul montó un golpe de Estado, mató a su superior, Crescencio Poot, junto con Juan Bautista Chuc, otros dos generales, dos comandantes y sesenta y siete soldados, y se nombró Tata Chikiuc. Ante esta matanza huyó Leandro Poot a las cercanías de Chichén Itzá y la selva neutral, temeroso de sus enemigos de ambas razas, y sobrevivió varios años; E. H. Thompson lo entrevistó, y a él le hizo la relación citada de las guerras de su padre.

Y después de diez años de tregua no oficial, otra vez se volvió a pelear en la zona fronteriza. De paso por Valladolid oyó decir Désiré Charnay que "los salvajes habían vuelto a empezar la guerra de exterminio". Según Thompson, los disturbios se debían a chicleros o individuos fuera de la ley (sinónimos en aquellos días) que habían atacado un poblado cruzob y violado a las mujeres mientras los maridos estaban en el campo. El 6 de febrero de 1886 se comunicó que cuatrocientos o quinientos mayas habían quemado el pueblo de Tixhualahtún, y los colonos que lo defendían se habían retirado a Peto, a cosa de once kilómetros hacia el sur. Los cruzob prosiguieron con Tekom, otro poblado suburbano, y a continuación atacaron el puesto avanzado de Dzonotchel, que tantas veces había sido aniquilado; pero esta vez les falló, porque se encontraron con colonos decididos y reforzados y después de un tiroteo de varias horas con bajas por ambas partes, volvieron a la selva. Dejaron la pista llena de trampas formadas por vástagos provistos de espinas que habían estado en el cadáver en descomposición de un zorro, encorvados y tendidos mediante un cordel por encima del sendero. Al soltarse se clavaban en la pierna de la víctima y le causaban una pequeña herida que supuraba meses enteros y resistía al tratamiento de la época. Hablando del empleo de esta trampa, E. H. Thompson recordaba su propia experiencia, porque a él lo habían envenenado así cerca de Dzonotchel y casi pierde la pierna.

Hubo escaramuzas por la zona fronteriza durante varios meses, y en ellas, los soldados blancos recibieron un trato muy rudo; por todo Yucatán se difundió la alarma, cuando ya la Guerra de Castas parecía haber pasado a la historia. El Congreso autorizó la compra de 1 000 rifles de percusión para la milicia, que estaba utilizando antiguos fusiles de chispa contra los Lee-Enfields proporcionados por los ingleses. Otra vez sacaron de la cama a Charnay en plena noche los gritos de las mujeres vallisoletanas, presas de pánico. Se había disparado una bomba de señales, sonó el toque de a las armas, y con unos tristes centenares de milicianos malamente armados, la población esperaba una segunda carnicería. Una muchedumbre huyó a la iglesia parroquial en busca de protección. Al alborear se descubrió que el rumor lo había propagado un soldado ebrio; pero en aquel ambiente, Charnay renunció a la esperanza de visitar las ruinas de la selva oriental. El coronel Daniel Traconis, que mandó en la zona fronteriza durante veinte años, le había prometido una escolta, pero ahora tenía otros cuidados, ya que pasó unos cuantos meses mandando pesadas patrullas de exploración. Don Anis, como llamaban a Aniceto Dzul, ya no hizo más movimientos, y la frontera volvió a su paz anterior, desasosegada y vigilante.

No se sabe con certeza cuál sería la posición del Tatich durante estos acontecimientos. En un sermón que escribió dos años después del golpe contra Poot, habla Juan de la Cruz del asesinato de su ayudante, Juan Bautista Chi (probablemente un error, en lugar de Chuc), pero el "su" podía significar "de Dios" o "de la Cruz". Si de lo que se trataba era de partido de la paz contra partido de la guerra, como parece probable, en la fecha del sermón el Tatich estaba decididamente por la guerra. Y aún le faltaba el apoyo de Don Anis; se dice que posteriormente declaró que allí iban pocos generales, porque ninguno de ellos creía en sus disposiciones, y los generales decían que en sus órdenes no había nada de verdad. Más o menos por entonces dijo también:

¿Acaso hay otro Dios? Díganmenlo, porque yo soy el Dueño del cielo y de la tierra, porque, hijos míos, tal vez puedan posponer el juicio que sobre ustedes se pronunciará en el mundo, el día último, el del Juicio Final, [en que] yo elevaré a aquellos a quienes di vida y ustedes pueden elevar a aquellos a quienes deseen juzgar, ¡oh, creaturas del mundo!

La voz del Tatich, quejosa y amenazante, nos cuenta el quebranto de la antigua autoridad. Don Anis se había trasladado a su pueblo de San Pedro, a unos diecinueve kilómetros al sur de Chan Santa Cruz, rodeado de sus secuaces, mientras su lugarteniente, el general Román Pec, vivía en Chunox. Ya no era la Santísima el símbolo nacional sin disputa: en Tulum había aparecido otra cruz. Fue la única que estuvo controlada por una mujer, María Uicab, que se dice era llamada Reina y Santa Patrona, hacía hablar a la cruz y la interpretaba a su pueblo. Las mujeres siempre habían tenido un papel secundario en la religión de los mayas, y estaban excluidas de todos los servicios de origen pagano; debe haberse tratado en este caso de una personalidad desusadamente fuerte, que en tiempos agitados lograría quebrantar la tradición. A cerca de cinco kilómetros más allá de las ruinas del mismo nombre, Tulum era un pueblo del norte, apartado del centro de la población cruzob, pero gozaba fama de particular santidad. En los libros de Chilam Balam se le llamaba la entrada a un túnel que llevaba bajo el mar, refugio del Rey Rojo de Chichén Itzá, y por ello fue lugar de peregrinaje en tiempos antiguos como modernos. Las primeras noticias de la sacerdotisa llegaron con la incursión de Traconis de 1871, y William Miller, visitando Chan Santa Cruz en 1888, oyó decir que era aquella cruz y no la Santísima la que tenía autoridad para nombrar jefes militares, y que ella había ordenado la ejecución de un sacerdote misionero que había desembarcado en la costa oriental. Naturalmente, en esto no estaba sola María Uicab. El gobernador de Belice dirigió cartas al comandante de Tulum, un tal Luciano Pech, y al parecer le daba el mismo título que a Aniceto Dzul.

Éste tenía otros problemas. Se quedó ciego de un ojo, mandó ejecutar a un hombre y a una mujer que según él eran una pareja de brujos que le habían echado la maldición, y la cosa parece que le ayudó algo. Hubo en aquel tiempo otro adepto, más exótico, de las negras artes en territorio de los cruzob, un *obeah-man* vudú, un trabajador negro de Belice que añadía los demonios del África al de los cristianos, más los vientos mayas y otras desagradables creaturas de la noche. Como era súbdito inglés, en lugar de matar al doctor brujo lo deportaron. Al reemplazar el gobierno teocrático por el militarista, Dzul se quedaba sin apoyo divino. Juan de la Cruz había puntualizado que nadie tenía por qué servir sin paga a los generales, mientras para el servicio de Dios no se trataba para nada de pago, aun cuando el servicio lo dirigiera un general. Así como Crescencio Poot se había dirigido a Yucatán en busca de ayuda, Dzul pidió en 1887, sin éxito, que lo admitieran en el Imperio británico. En esto se evidenciaba la decadencia, la falta de fe en la Santísima, clave del sistema de los cruzob, y la inevitable contienda intestina entre jefecillos supersticiosos y tiránicos.

Tal vez fuera la geografía la principal culpable de aquella disolución. Los agricultores mayas habían labrado el magro suelo de Yucatán durante dos mil años por lo menos, adaptándose a las condiciones locales y triunfando lo mismo en los abrasados chenes que en el erial del norte; pero era digno de nota que los antiguos no habían dejado ruinas grandes ni pequeñas en lo que después fue el territorio de los cruzob. Las pirámides de Cobá dominaban la disputada selva a sólo veinticuatro kilómetros de la guarnición blanca de Chemax, y el otro lugar utilizable, la amurallada Tulum, se había mantenido por la pesca y el comercio más que por la fertilidad de su suelo. Había multitud de pueblecitos de pescadores diseminados por la costa oriental en la época de la conquista, pero el interior de lo que habían sido las provincias de Uaymil y Ecab meridional, a excepción de unas cuantas aldeas, estaba deshabitado. Dominaba allí la selva y las sabanas abiertas, o herbazales, azotadas por el viento, donde anidaba el flamenco; matorrales con resistentes plantas herbáceas debajo; manglares y pantanos salados que se extendían desde Ascensión hasta la bahía de Chetumal; lagos de agua potable desde Chicancanab hasta Bacalar, que por falta de avenamiento se unían con sus vecinos y formaban un tremedal continuo, una región desolada llamada "huesos de caballo" por los animales que allí se habían perdido. Toda aquella región era buena para ocultarse, no para vivir de ella. Las ciudades de la Conquista, Bacalar y Chetumal, situadas cerca de la desembocadura del río Hondo, hacían de cargueros e intermediarios para el importante comercio de Honduras. Entre esas plazas y las poblaciones de las fértiles Cochuah, Chunhuhub, Kampocolché y Tabi, se decía que el territorio estaba desierto.

Los cruzob procedían de agricultores de tierra adentro. Sabían poco del océano, y no era buen lugar para aprender una peligrosa costa de sotavento. Los colonos blancos de Isla Mujeres, a cerca de cinco kilómetros de la costa, se sentían seguros cuando veían fogatas en la noche en la tierra firme. Se habían realizado unas cuantas expediciones anfibias contra los cruzob, y los barcos mexicanos alguna que otra vez cruzaban por allí, por lo tanto no había pueblecitos costeros. El moderno poblamiento de Tulum estaba cerca de cinco kilómetros tierra adentro de las antiguas ruinas. Se pescaba algo allí en canoas. El pueblo de Muyil, más abajo de Tulum, se mantenía de este modo en los lagos interiores y las vías acuáticas de la región; los trechos más protegidos de las tres bahías (Ascensión, Espíritu Santo y Chetumal) se explotaban a veces, y en el lago Bacalar siempre había tráfico de canoas. Se comerciaba con Belice, pero sin regularidad, y con intervención de la Cruz, con soldados como cargueros, sin dejar espacio para el intermediario al norte del Hondo, mientras en el sur hacía ese servicio Corozal.

El único medio de vida de los cruzob era la agricultura. Sabían los macehuales que las ruinas de los Antiguos señalaban los lugares de tierra buena, y tomaban lo mejor que podían. El norteño Uaymil tiene cierto número de pequeñas ruinas, una de ellas en el mismo santuario de los cruzob; y así se copiaban las normas de los antiguos poblamientos, y los pueblos se disponían en torno a Chan Santa Cruz, se extendían por el norte hasta San Antonio Muyil, por el sur hasta Petacab y por el oeste hasta Tabi, donde lindaban con el enemigo. Aquella era su heredad, su tierra prometida, una tierra bastante dura. Vivían para subsistir, a merced de un año seco, de los hongos del maíz, del granizo y de los huracanes, sin reservas a que acudir y bajo el azote recurrente de la viruela, el cólera y la tos ferina.

Los 40 000 supervivientes que se calculaban de la Guerra de Castas quedaron reducidos a la mitad de ese número al cabo de quince años, y a pesar de la paz otra vez quedaron en la mitad, más o menos 10 000, en la última década del siglo. Se hicieron esfuerzos para detener aquella declinación. La edad para casarse se redujo de los dieciséis a los trece para las muchachas, de los dieciocho a los quince para los muchachos, por orden del general; y a los solteros y los viudos no se les permitía seguir por mucho tiempo en ese estado. En el Hondo se mantenía estricta vigilancia para impedir la fuga de refugiados hacia Belice y se hacían incursiones para traérselos otra vez, sin tomar en cuenta lo que los ingleses pudieran decir. En lo militar, esto significaba una guarnición de sesenta hombres acampada en las ruinas cubiertas de vegetación de Bacalar, en el santuario sólo quedaban ciento cincuenta. Las regiones fronterizas estaban muy débilmente guardadas. En 1891 exploró Theobert Maler a Cobá sin incidente, y E. H. Thompson viajó aproximadamente por entonces hasta el lago Chichancanab. En lo social, significaba que la Cruz estaba fracasando.

El interés de Dzul en unirse al Imperio británico complicaba los problemas de contrabando de armas y disputas fronterizas que se elevaban entre Londres y la ciudad de México. El Foreign Office estaba en excelentes relaciones con el régimen de Díaz. Había en México grandes y provechosas inversiones inglesas, y Whitehall ansiaba resolver lo que para ellos era un oscuro lío fronterizo. Pero cualquier solución definitiva tenía que implicar una acción militar mexicana contra los cruzob, y como esto podía tener por consecuencia represalias contra los súbitos ingleses de Belice, la oficina colonial inglesa resultaba parte interesada en las negociaciones, si bien la menos entusiasta. Además estaba la dificultad de las aguas territoriales. Los navíos mexicanos podían entrar en la bahía de Chetumal únicamente cruzando por aguas inglesas, cosa que los ingleses permitían como una cortesía pero que no estaban dispuestos a aceptar como precedente que les obligara. Dado el orgullo mexicano y en vista de las demandas de la oficina colonial para que se resolviera pacíficamente el conflicto, el tratado avanzaba poco.

Un guardacostas de la aduana mexicana aparecía temporalmente en el río, donde obstaculizaba el comercio; y a las quejas de los mayas, el gobernador de Belice no podía reponer sino que él no tenía poder para detener la acción legítima de una potencia amiga, y aconsejaba a los cruzob que evitaran los conflictos con los yucatecos. Aún quedaba algo peor por suceder. El 8 de julio de 1893, se firmaba el tratado Spencer-Mariscal entre México y la Gran Bretaña, y se enviaban emisarios para avisar a los mayas. Hacía varios años que Dzul se había salvado de estos problemas por la muerte (al parecer, por causa natural, ya que nadie se alabó de ella). Era su sucesor Román Pec, que vivía en el pueblo de Chanquec, al norte de Chan Santa Cruz. El general Pec no podía hacer gran cosa. Seguramente comprendió que lo estaban acorralando, y que si los ingleses le negaban las armas y las balas, quedaría a merced de los yucatecos. Pero no tenía intenciones de rendirse. En el sermón escrito en 1887 había advertido la Santísima que los había llamado uno por uno para castigarlos con cincuenta latigazos porque hablaban de mezclarse con el enemigo; aunque veían cómo el enemigo la agotaba decían que él no les haría daño; pero ella les advertía a sus hijos que no dijeran eso; eso era lo que el enemigo decía, y ellos también, porque el enemigo tenía dinero, pero no lo que decía el verdadero Señor. . . .de todos modos, ella no dejaría a sus hijos en manos del enemigo.

Habiendo invitado Crescencio Puc, su lugarteniente, a un obispo católico a Chan Santa Cruz, Román Pec hizo volver al obispo a Bacalar y ejecutó a Puc. Dos de sus funcionarios fueron muertos por sospechas de que trataran de paz con las autoridades mexicanas de Belice. Trató de alejar con el machete a su pueblo de la tentación de la regalada vida civilizada, y por el machete lo abatieron en diciembre de 1895: otro golpe de Estado; y Felipe Yama se convirtió en general. Un breve periodo de gracia hizo que hubiera provisiones inglesas. El gobierno del estado yucateco se negó a aceptar la frontera del tratado Spencer-Mariscal; no lo ratificó sino en junio de 1895, y el contrabando continuó. Después, el 22 de enero de 1898, una barquilla rechoncha fue remolcada por el río Hondo desde un vapor y a las tres de la tarde echaba el ancla a varios centenares de metros de la orilla mexicana, frente a un punto llamado Cayo Obispo. El vapor se alejó, dejó la barca y el Hondo quedó interceptado. Y por el oeste hubo alguna agitación en la larga frontera silente. Soldados ladinos ocuparon las ruinas de Ichmul y se pusieron a penetrar en la selva neutral con cautelosas patrullas.

Estas señales de la tormenta que avanzaba estruendosamente por el horizonte añadieron intensidad a la gran fiesta de la Santa Cruz el 3 de mayo de 1900; ante la inquietud común se olvidaban las disensiones, la piedad común las enterraba, y con el temor volvía la solidaridad. Las compañías se juntaban con sus ofrendas y sus familias y se lanzaban en la complicada serie de ritos entrelazados, dirigidas por el Tatich, Pedro Pascual Barrera, en alabanza y acción de gracias a la Santísima. Se expuso la comida tradicional ante la copia de la Cruz, y una vez ofrecida, la emplearon en la fiesta; después fueron las danzas religiosas y seculares, las corridas de toros, las misas y las novenas. El última día, a la puesta del sol, sacaron del templo la copia de la Cruz que hablaba, y detrás de ella se formó una procesión: el Tatich, el general Felipe May y sus jefes y oficiales, los escribas, los maestros cantores, las esposas de los sacerdotes, los oficiales y soldados, unos 3 000 en total. Desde la plaza se dirigieron a cada una de las cuatro capillas donde estaban las cruces limítrofes, y de allí fueron a la quinta dirección, el centro de Chan Santa Cruz, el templo de la Cruz Parlante, para arrodillarse y orar. Fue el último saludo.

A mediados de octubre de 1899 desembarcaba en el muelle de Progreso un hombre de setenta años, de poca estatura, con un bigote lacio blanco y una mirada fría. Era Ignacio Bravo, general del ejército mexicano y amigo íntimo del dictador Díaz. A pesar de su edad y aspecto lo habían enviado a hacer lo que tantos generales habían intentado sin conseguirlo: vencer a los mayas rebeldes y silenciar a la Cruz Parlante. Era un hombre paciente, metódico y decidido.

Había habido muchos cambios en Yucatán en los treinta y dos años transcurridos desde que Cepeda Peraza acabara con los restos del Imperio de Maximiliano en las destrozadas calles de Mérida, cambios pasmosos, debidos todos a dos causas: el henequén y Díaz. Cepeda Peraza sólo sobrevivió dos años a su victoria, y no fueron años pacíficos: fue necesario aplastar una revuelta reaccionaria; hubo que hallar liberales honrados e inteligentes para llevar el gobierno. Fundó un instituto literario, una escuela normal y una biblioteca, y tenía muchos proyectos para el futuro. Pero todas aquellas guerras y aquellos años le habían dejado su marca, y murió el 3 de marzo de 1869. Lo que a continuación sucedió no es nada heroico. Fue gobernador interino un hermano suyo, el coronel José Cepeda Peraza, y le siguió un liberal electo, Manuel Cirerol, que cumplió su mandato de dos años, pero después fue derribado por los que habían quedado fuera del poder, mandados por el coronel Francisco Cantón. El presidente Juárez envió una brigada a aplastar esa revuelta. Habiendo descubierto el que la mandaba que era solamente una pendencia local, no una intentona contra el régimen, nombró general a Cantón y le dio el mando de la Brigada Oriental, mientras él, el general Vicente Mariscal, quedaba de gobernador, hasta poder asentar a los candidatos supervivientes que todavía quisieran empleo. Cuando se fue, Cantón volvió a ponerse en marcha, y fue necesario un segundo general mexicano, Guillermo Palomino, para volver a restablecer el orden. Y así los yucatecos seguían jugando su juego favorito de politiquería, anarquía y guerritas, y fue notable el año de 1875 porque transcurrió sin una sola revuelta. Otro tanto pasaba en México, sobre todo después de la muerte de Juárez; y lo que aquella exhausta nación deseaba se lo proporcionó un hombre fuerte, don Porfirio Díaz, cuyo partido se ganó a Yucatán a fines de

1876.. Ya no se toleraron politiquerías a base de manifiestos, los revolucionarios se arriesgaban a que los fusilaran, "cuando intentaban fugarse", en virtud de la *ley fuga,* no escrita pero muy bien entendida, y al fin hubo paz.

A partir de entonces, los gobernadores yucatecos se sucedieron tranquilamente cada cuatro años, con elecciones decorosas bien arregladas, sin derramamiento de sangre ni emociones innecesarias: José María Iturralde de 1877 a 1878; Manuel Romero Ancona de 1878 a 1882; después los ameritados generales Octavio Rosado y Guillermo Palomino de 1882 a 1890; el antiguo héroe de Tihosuco, coronel Daniel Traconis, de 1890 a 1894; el intelectual Carlos Peón de 1894 a 1898 y finalmente el antiguo alborotador, general Francisco Cantón, de 1898 a 1902. Si es verdad que un país feliz no tiene historia, Yucatán fue feliz entonces, y ciertamente lo era la gente decente, cómodamente sentada ante la perspectiva de un buen futuro de henequén.

La Guerra de Castas había acabado con las plantaciones de caña de azúcar en el sur. Las incursiones de los indios hacían de la reconstrucción un negocio riesgoso, y los hacendados se quedaron en el seco, yermo y pedregoso noroeste de la península. Pedregoso, pero ideal para el henequén. En el extranjero se estaban abriendo nuevos campos mercantiles y agrícolas, las flotas de las naciones crecían tan aprisa como podían lanzar barcos los astilleros, y para todo eso se necesitaban cuerdas y sogas. Entonces se plantó henequén, hilera tras hilera, campo tras campo, distrito tras distrito, hasta convertir el estado en una vasta plantación despejada. Hasta las milpas desaparecieron, y un país cuya economía se había consagrado principalmente al cultivo del maíz se veía ahora obligado a importar ese grano para alimentar a su pueblo. Estaban resueltos los antiguos problemas. Después de muchos intentos se inventaron máquinas que reemplazaban los antiguos raspadores de madera manejados a mano. La máquina (cuyos inventores pelearon larga y dolorosamente por las patentes, los beneficios y el honor) hizo por Yucatán lo que la desmotadora de algodón hizo por el sur de los Estados Unidos. Los bueyes reemplazaban a los brazos humanos, y después el vapor, y la fibra salía de las hojas con rapidez y baratura. El segundo problema, que era fundamental, el del dinero para cubrir los gastos mientras pasaban los siete largos años que era necesario esperar antes de poder cortar las hojas, lo resolvió un banco de Nueva York, al nueve por ciento, por mediación de un agente que tenía en Mérida. Díaz había logrado la paz, y la industria florecía, doblando o triplicando la producción cada cinco años; las exportaciones subieron de menos de seis millones de kilos en 1875 a cuarenta y tres millones en 1885 y a ochenta y uno en 1900.

Allá por 1880, el mercado estaba abarrotado, pero una nueva máquina creó entonces nueva demanda. En los Estados Unidos había tenido mucho éxito la segadora mecánica de McCormick, y se abrían otras posibilidades más con la adición de un dispositivo de gavillado, que ataba las gavillas de trigo con alambre. Pero el alambre se rompía a veces en la máquina y dejaba ganchos que iban al pienso y mataban al ganado. La solución era la cuerda de sisal, y para Yucatán, el horizonte era ilimitado. Mas no todo era vida y dulzura. Los primeros agentes, siguiendo una antigua costumbre yucateca, habían descubierto el modo de hacer beneficios por partida doble: vendían la maquinaria necesaria a los hacendados y cobraban en henequén (al precio que ellos ponían) y después se lo vendían a los Estados Unidos. Había entonces un hacendado de hacendados. El peonaje por deudas se había convertido en cosa de alta finanza, y los verdaderos amos se sentaban a la mesa de conferencias de Thebaud Brothers, banqueros neoyorquinos. Pero en esto tenía más suerte Yucatán que el resto de México, y las haciendas seguían en manos locales. El monopolio prosiguió, con oposición de vez en cuando, pero al irse expandiendo continuamente el mercado, había utilidades suficientes para todos, o por lo menos para quienes hacían las leyes.

Y las utilidades eran grandes. De 1895 a 1900 se exportó henequén por valor de más de setenta y tres millones de pesos, y en el último año solamente, 22 616 432. Yucatán, que había sido una de las provincias más pobres de México, se hizo una de las más ricas. La gente decente que iba tímidamente a La Habana en 1850-1860, podía ahora codearse con los peruanos de la plata, los argentinos del ganado y los norteamericanos del acero en las mesas de juego de San Remo. En Mérida eran cosa corriente las lecciones de francés, según se veía anunciado en los periódicos, y en una columna de temas sociales se describía con regularidad la alegre vida que se llevaba en el extranjero. En aquella época, el obispo iba en su nuevo carruaje, que al parecer era una delicada y exquisita obra de arte, chapada de oro, incrustada con joyas, hecha por un orfebre parisino a imitación de la carroza que regalara el zar al papa León XIII, con un costo de 35 000 francos. Mérida florecía. Las calles, pavimentadas con macadán, de noche estaban iluminadas con luz eléctrica, y las atravesaban tranvías tirados por caballos, numerados con criterio científico... todo ello antes que México. En el extremo septentrional de la Calle 69 surgió una fila de vistosas mansiones victorianas a medida que iban emigrando de la plaza las antiguas familias, ahora ricas. Ya no se construyeron más iglesias; en lugar de ellas se construía para el gobierno. Se arregló y renovó el Palacio de Gobierno y se erigió un Palacio Federal así como, última palabra del progreso, una prisión de acuerdo con las teorías científicas, y se le puso el nombre de Juárez.

Allá por 1880 y tantos había 20 767 registrados en calidad de servidores endeudados; en unión de sus familias eran más de 100 000, o sea un tercio de la población. La descomposición por distritos de los mantenidos en peonaje reflejaba los índices de producción del henequén: más altos en el noroeste, más bajos a lo largo de la zona fronteriza. Valladolid tenía 974 "sirvientes" y Peto 321, mientras en Acancéh eran 2 564 y en Hunucmá 2 036; estos dos últimos pueblos no habían tenido anteriomente ninguna importancia, pero ahora se hallaban en plena zona henequenera. Tres factores entraban aquí: el henequén se daba mejor en el oeste, había una disminución demográfica en general al este y la región fronteriza no era un lugar donde se pudiera retener al maya contra su voluntad. Otro hecho interesante mostrado por los documentos del censo es la redistribución geográfica del equilibrio demográfico entre ladinos y mayas. Los mayas quedaron reducidos del setenta y cinco al sesenta por ciento de la población por la Guerra de Castas, y su máxima concentración había estado en el este y el sudeste. Por razones de economía y seguridad, ahora sucedía a la inversa. La antigua región maya que circundaba Valladolid, Peto y Tekax tenía ahora más ladinos que indígenas, mientras las necesidades de las haciendas en el noroeste mantenían la antigua proporción de tres a uno. En este distrito habían sido menores las pérdidas en favor de los rebeldes, y la demanda de mano de obra atraía y conservaba a refugiados y prisioneros de guerra. Como dice el historiador Baqueiro, todo el estado era para el henequén, y fuera del henequén no había nada. "Fuera" se refería a la zona fronteriza, donde seguían haciéndose los mismos cultivos que antes en tierras impropias para el henequén; el veintitrés por ciento del terreno del estado dedicado al maíz y los frijoles; el cuatro por ciento del azúcar, en 1881, lo producían un dieciocho por ciento restante de la población... lo cual explica por qué era necesario importar maíz, y por qué una comida de hotel en Mérida podía costar el equivalente de diez a veinte días de salario de un bracero.

Y no había suficientes trabajadores. Cierto número de familias alemanas se establecieron en los alrededores de Santa Elena durante el Imperio, pero no tardaron en trasladarse a Mérida, donde estaba el dinero. Se probó un cargamento de italianos, pero fracasó. Llegaron portorriqueños y formosanos, así como inmigrantes cubanos. Se invirtió la historia con la llegada de indios rebeldes yaquis de Sonora, que fueron transportados y vendidos a los hacendados; seguían siendo ciudadanos de la República Mexicana, no esclavos; pero su contrato era tan categórico como si lo fueran, y su destierro, su cambio de clima, lengua y hogar, más completo de lo que había sido el de los mayas en Cuba. La mayoría de aquellas personas, prisioneras o libres, aprendieron pronto el sistema de deudas. Los hombres estaban guardados en barracas, los hacían marchar al trabajo guardas montados, los animaban los mayordomos con sus látigos, los hacían marchar de vuelta y por la noche los volvían a encerrar. Los descuidados días del pasado no volverían. Todo el encanto que pudo haber tenido la vida de la hacienda había desaparecido. Eran aquellos lugares vastas factorías agrícolas con decenas de miles de hectáreas cultivadas, manejados con métodos científicos y montadas para un rendimiento total. Mil hojas de henequén, la cosecha de un día de diez horas, valían de cincuenta a setenta y cinco centavos al trabajador. Era buen mayordomo el que obtenía la máxima producción con un gasto mínimo.

Los pequeños raíles Decauville que se colocaban entre las hileras de henequén habían hecho anticuadas las pesadas y rechinantes carretas de bueyes; plataformas con trole arrastradas por mulas transportaban las hojas cortadas hasta la máquina de raspar y llevaban paquetes de la fibra extraída a los terrenos de secado, a la prensa y al ferrocarril local. Los ferrocarriles también tienen su historia. Tanto los de vía ancha como los de vía estrecha se construyeron tras innumerables reveses y bancarrotas, empezando desde Progreso hasta Mérida, de allí a Ticul y después a Tecoh y Motul. Se concedieron monopolios que después fueron anulados, las líneas competidoras fueron compradas por agentes de International Harvester como un látigo más sobre los hacendados independientes, y al fin llegaron a Peto, Valladolid y Campeche, siguiendo las antiguas rutas del camino real. Hicieron posible la producción en grande facilitando transporte barato de la cosecha hasta los muelles de Progreso, que fue fundado, directamente al norte de Mérida, en el litoral, en 1870, porque resultaba más conveniente que Sisal, al que reemplazó. Los pasajeros eran algo secundario en relación con las balas de henequén.

Adjunto necesario del ferrocarril era el telégrafo, cuyas líneas seguían la vía, y para mayor facilidad de comunicación había en Mérida una red telefónica. Se instalaron molinos de viento modernos, el primero de ellos en Progreso, donde la brisa marina llamó la atención de un alemán, y después se extendieron rápidamente por todo el país; velas de muchas paletas montadas en torres de acero bombeaban el agua subterránea y la echaban en cisternas y tanques para el ganado, en reemplazo de los antiguos elevadores de agua movidos por bueyes y del aguador humano. Un millar de máquinas de raspar, muchas de ellas movidas a vapor, entregaban la fibra de henequén, y prensas mejoradas reducían el bulto de los paquetes para su embarque... todo lo cual eliminaba la mano de obra humana y la dejaba libre para los trabajos que no podían mecanizarse, como el cultivo y el corte en los campos.

No se habían olvidado por completo la Guerra de Castas y los cruzob. Después de los trastornos de 1887, cuando la legislatura del estado había comprado un millar de rifles nuevos de percusión, se declaró día de fiesta el 30 de julio en memoria de las víctimas de Tepich. Y se formó una Sociedad Patriótica Yucateca para fomentar una nueva campaña contra los cruzob, insistir en la antigua frontera con Belice y rescatar a los prisioneros.[1] Por desgracia, con tanto dinero que ganar, no eran muchos los que se preocupaban, siempre tenían que estar reorganizándose y les resultaba difícil recoger fondos. Tenía la sociedad una espada de Toledo con una vaina de plata labrada, entregada por el general Meijueiro en 1878: era la espada de honor para el futuro conquistador de Chan Santa Cruz. Se formaban leyendas acerca de aquel nido de barbarie y superstición; se decía que la propia Cruz Parlante era de oro y plata y estaba tachonada de esmeraldas, que había sido regalada al primer obispo de Yucatán por la catedral de Toledo.

Al fin se hizo algo concreto. En 1895, el gobierno del estado votó fondos para sostener una fuerza militar si el gobierno federal decidía emprender una campaña; y aquel año, el general Lorenzo García ocupaba Dzonotchel con dos batallones de regulares y tres compañías de guardias nacionales. Las cosas quedaron así durante tres años, y les dio nuevo impulso la ocupación y fortificación de las ruinas, hacía tanto tiempo abandonadas, que fueran Ichmul, Tihosuco y Sacalacá. Se pusieron en esas plazas guarniciones de ciento cincuenta hombres, enlazadas por patrullas regulares; pero no hubo acción agresiva. Se ha achacado esto a la inercia, el peculado y la timidez, y otras veces se ha alabado como un intento de conquistarse a los cruzob gradual y pacíficamente. Cualquiera que fuera la razón o las razones, el caso es que se acumularon pertrechos, se construyeron carreteras, se hizo acopio de experiencia y se puso una base firme para futuras operaciones.

Pareja a esta presión sobre el lado occidental de la selva rebelde era la penetración por la costa septentrional y oriental. Se habían otorgado concesiones a dos organizaciones, la Compañía

---

[1] El 15 de noviembre de 1878, J. Antonio Alayón, secretario de la sociedad, publicaba un cartel para recoger dinero con que rescatar a los prisioneros que tenían los cruzob. Había una lista de cincuenta y siete nombres (13 varones y 44 hembras) de prisioneros, proporción que indica que las mujeres y las muchachas tenían más probabilidades de sobrevivir. Ninguno de los nombres puede relacionarse con figuras militares conocidas.

Agrícola y la Compañía Colonizadora, para explotar la inmensa extensión de selva deshabitada que estaba al norte del territorio de los cruzob. A la primera se le dio la costa que va desde el solitario mojón piramidal de El Cuyo al este de Cabo Catoche, que contenía opulentos depósitos de sal; a la segunda, dependiente del Banco de Londres y México, se le dieron cosa de 10 360 kilómetros cudrados, desde el cabo hasta muy cerca de Tulum. Esas magníficas concesiones se hicieron sin tomar en cuenta para nada a los mayas pacíficos que estaban diseminados por aquellas tierras, creyendo que los guardas de la compañía bastarían a resolver el problema. Los cruzob eran otra cosa. En abril de 1899, unos mayas armados advirtieron a una cuadrilla de la Compañía Colonizadora que no tendieran una vía desde su base de Puerto Morelos hasta el interior. Se construyó un pequeño fortín, y en los años siguientes se utilizaron tres veces las antiguas murallas de Tulum para su antiguo fin defensivo. Pero los promotores siguieron adelante con sus planes. Al cabo de un año había 1 000 obreros en Puerto Morelos (negros, coreanos, mexicanos, mandados por cubanos desplazados por la Guerra Hispanoamericana) y la Compañía Agrícola empleaba otros tantos, más o menos, en plantaciones de algodón, plátano, caña de azúcar y en la recolección de cacao, chicle y sal.

Fue enviada la marina de guerra mexicana para garantía de la inversión y con el fin de preparar el golpe final contra Chan Santa Cruz. El capitán de navío José María de la Vega, con la categoría de general de brigada para las operaciones en tierra, la mandaba; se prepararon instalaciones portuarias y desembarcaron destacamentos en Puerto Morelos, en el extremo de un banco de arena en Bahía de la Ascensión (campamento General Vega) y en un lugar llamado Xcalak, en la desierta península que formaba la bahía de Chetumal, cerca de la frontera inglesa. Formaba parte de esta actividad naval el envío de órdenes a un joven oficial, Othón Blanco, que estaba en un buque escuela en el Pacífico, para que se presentara en el Estado Mayor General, en la ciudad de México. Allí se le dieron instrucciones de preparar planes para la construcción de un fuerte en la desembocadura del río Hondo. Siendo oficial de marina, la idea de una barcaza armada le parecía más interesante, tanto para fines de defensa como contra los contrabandistas fluviales, y se la aprobaron. La barcaza, llamada *Chetumal* por la bahía, fue construida en Nueva Orleáns según sus especificaciones: 20 metros de largo, 7.3 de ancho, 0.75 de calado, desplazando noventa toneladas; era una cosa gorda, rechoncha, con un solo mástil que sostenía una cofa armada para la vigía y tenía el puente protegido por un baluarte, cañoneras y una ametralladora. Llevaron el *Chetumal* hasta Campeche, como navío de la armada mexicana y, con Blanco al mando, contornearon la península de Belice remolcándolo; durante un alto en Isla Mujeres se completó la tripulación, que era de trece hombres. Mientras se le hacían reparaciones de cala seca al *Chetumal* en la capital de la colonia inglesa, Blanco realizaba pinitos diplomáticos, explicaba su papel de funcionario aduanal y la inspección armada que debía realizar por el río, que taladores y comerciantes habían considerado durante mucho tiempo su vía personal de comercio, pero que ahora había vuelto a ser una línea internacional. No era una misión muy agradable, pero parece que Blanco se las compuso bien y logró que un vapor inglés llevara al *Chetumal* arrastrando en el último trecho de su viaje de sentido único. A las tres treinta de la tarde del 22 de enero de 1898 se hundía el áncora a cosa de trescientos metros de la orilla mexicana del río Hondo, cerca del punto donde el río se junta con la bahía. El *Chetumal* quedaría allí hasta haber terminado su labor, y allí está todavía, mostrando el costillar de sus restos por encima del agua a marea baja.

Aparte de vigilar las canoas que llevaban río arriba una cantidad anormal de armas y munición y de contar las almadías de troncos de caoba que se deslizaban río abajo (la mayoría de cuyos troncos le constaba habían sido robados de territorio mexicano) Blanco tenía orden de reunir toda la información que pudiera relativa a las diversas tribus. Aprovechó el ofrecimiento del gobernador inglés para ir con una visita de inspección por el Hondo y se quedó en su cabina hasta que hubieron pasado los puestos de observación de los cruzob en Chac y Santa Lucía. El itinerario del gobernador terminaba en la cabecera de navegación, Agua Blanca, pero el oficial mexicano, en contra de buenos consejos, decidió continuar por tierra y visitar el pueblo de Icaiché, que era de los pacíficos. Acompañado por un guía, siguió una vía estrecha utilizada para transportar troncos de caoba y después un sendero que atravesaba las tierras más ásperas y fragosas que jamás viera, donde la única fuente de agua eran unos pantanos espumosos, llenos de horrura y malas hierbas. Comprendió que no había más camino para entrar o salir y que nunca volvería a encontrarlo. Pacíficos o no, los mayas le dieron bastante quehacer hasta la llegada de su jefe, el general Tamay. En conferencia, Blanco consiguió convencerlos de que los movimientos de tropas al norte no iban contra Icaiché, y escuchó su versión acerca de las quejas inglesas de incursiones: sencillamente, ellos defendían su tierra. El comandante volvió al río con una escolta, libre de la ansiedad que sintiera al llegar y con la promesa de Tamay de visitarle en la barcaza, lo cual produciría un nuevo tratado y una garantía de paz para el futuro.

Habiendo oído repetidas amenazas de ataque de los cruzob contra su embarcación, Blanco decidió efectuar una segunda y más peligrosa operación de reconocimiento. Haciéndose pasar por comerciante, llevóse de intérprete a su comisario y fuese remando hasta Santa Rosa en una canoa llena de mercancía. La guarnición local los tomó por lo que ellos querían y los dejó pasar a Chac, y de allí por el tremedal hasta el lago y atravesar lo que había sido la ciudad de Bacalar. No queriendo apresurarse ni parecer demasiado curioso, Blanco se quedó en su canoa mientras el intérprete vagaba por las ruinas y volvía para comunicarle que la mayoría de los habitantes habían sido llamados a Chan Santa Cruz para reforzar las compañías que Yucatán estaba atacando. Rápidamente se deshicieron de sus mercancías y se volvieron. Con su tez clara y sus ojos azules, Blanco pasó por inglés, lo cual explicaba que no supiera hablar maya. Fue trazando un mapa de cuanto veía, señalando los tres cañones emplazados en Chac y otras fortificaciones. Hizo también cuanto pudo por tranquilizar a los cruzob acerca de que la barca no era hostil y de que el río quedaba abierto al paso, siguiendo la política de persuasión pacífica del jefe de la armada, general Vega. Su superior tenía razones para estar contento con la labor del comandante Blanco, que en su día llegaría también a almirante.

A todo esto, la tripulación del *Chetumal* se había dedicado a despejar la orilla en las inmediaciones de su anclaje y habían montado un parapeto defensivo con troncos a la orilla del agua. Al cabo de cierto tiempo les dieron permiso para visitar la vecina población inglesa de Corozal, ver a sus paisanos exiliados desde hacía tanto tiempo y cortejar a las muchachas del lugar. Animados por Blanco, algunos de aquellos ex yucatecos se establecieron en el claro ubicado al norte del río Hondo, bajo la protección de las armas de la barcaza. La colonia fue denominada Cayo Obispo, y fue creciendo hasta convertirse en la capital de un territorio nuevo con su nombre actual de Chetumal.

He aquí, pues, los antecedentes militares a que se enfrentaba el general Bravo: los cruzob habían quedado rodeados más o menos pacíficamente por el mar, aislados del aprovisionamiento inglés y bajo la presión del oeste. El plan consistía en lanzar un golpe doble: la ocupación de Bacalar por fuerzas dirigidas por el contraalmirante Ángel Ortiz Monasterio y un ataque central hasta Chan Santa Cruz, dirigido por Bravo. Unos seis meses después de su llegada a Yucatán estaba Bravo en el campamento adelantado de Okop, inspeccionando y preparando su primer movimiento. Este lugar había sido el foco del ataque de los cruzob, pero actualmente había una calma, un periodo de negociación, que duró de junio a octubre de 1900. Esperaba Bravo una solución pacífica, los mayas, el rescate de prisioneros. Había otras dos razones para esperar. El 15 de septiembre, el gobernador de Yucatán, Francisco Cantón, y varios notables madrugaron para tomar el primer tren de Mérida a Peto, ciento sesenta kilómetros de vía y veinte años en construcción. Después de llegar los funcionarios oficiales a Peto, de inaugurar la nueva estación y hundir la última alcayata, el general Bravo tomó el mazo y clavó la primera alcayata de los proyectados Ferrocarriles Sudorientales de Yucatán, que debían atravesar directamente la manigua cruzob de la bahía de la Ascensión. El periodo de tregua era también la estación lluviosa, mala para pelear e imposible para construir carreteras.

Se había hablado mucho de corrupción bajo el general García: quejas por el tocino rancio, el maíz podrido con soborno para los encargados, la ineficiencia y las enfermedades que hubieran podido prevenirse; y si la mayoría de estas condiciones iban a continuar con Bravo, por lo menos la ineficiencia había terminado. Encargándose de los campamentos de su predecesor, formó abastos en Sabán; y allá por octubre de 1900, al amainar las lluvias y empezar a secarse el suelo, dio un salto desde Okop en dirección sudeste. No era como una de las entradas del pasado, una marcha de cinco días con una guerrilla de rifleros y acémilas, un combate, un incendio y vuelta a casa. Bravo iba a quedarse. Casi era secundaria la invasión respecto de la construcción de lo que se tenía la intención que fuera un derecho de paso para el ferrocarril. Había cuatro batallones federales (el 1o., el 6o., el 22o. y el 28o.), unidades de la guardia nacional yucateca y cinco cañones de retrocarga; pero más que obrar en sentido táctico, formaban una guardia de corps excelente para los ingenieros, los vigilantes y los 400 obreros. En todo octubre y noviembre aquellos hombres avanzaron hacia el sudeste, derribando y quemando árboles, desbrozando los matorrales, nivelando el terreno, adelantando unos quince kilómetros al mes. Los soldados estaban casi en campamento permanente, viviendo detrás de defensas regulares, patrullando la vía, en contacto con su base por la línea telegráfica que seguía su avance. Aquella masa de poderío no presentaba ningún punto flaco a los cruzob, que tiroteaban y esperaban el momento, evitando, según su tradicional sistema, la batalla abierta. Intentaron una maniobra de diversión. Los cruzob de San Antonio Muyil consiguieron la ayuda de una de las tribus pacíficas no aliadas del norte, desde el pueblo de Yokdzonot, y se pusieron a matar e incendiar en torno a Tizimín. Fue un intento pequeño y fracasado, que aplastó fácilmente la guardia nacional de la localidad.

Durante los meses de diciembre, enero y febrero, la vía siguió avanzando. De Santa María a Hobompich, ocho kilómetros, dos barricadas tomadas fácilmente; desde Hobompich a Tabi, dieciséis kilómetros, tres barricadas; los modernos rifles de repetición contra los fusiles que se cargaban por la boca; el fragor de su tiroteo acallaba un fuego defensivo balbuciente. Aquel nuevo modo de guerrear horrorizaba a los cruzob; no podían hacer frente a aquel lento y deliberado movimiento, a aquella vía rasa que apuntaba a la ciudad santuario, atravesando ancha y recta una selva que nadie tocara en cuarenta años. Entre Tabi y Nohpop, una distancia de dieciséis kilómetros, defendieron veintidós barricadas peleando del único modo que sabían y con las armas que tenían; por primera vez les apuntaron los cañones de campaña, el schrapnell destrozaba las barricadas y la carne; había llegado el fin. Lleváronse a rastras los heridos y los muertos a la espesura y se dispersaron. Al empezar la campaña se había calculado su número de 3 000 a 1 500; ahora se decía que no eran más de 800 los que obedecían a los generales Pat, May y Ek; 200 hombres habían caído en el combate y los demás habían desertado. Los prisioneros se morían de hambre. El golpe final fue una epidemia de paperas, y los cruzob dejaron de resistir. El general Bravo siguió haciendo de ingeniero sin tomar en cuenta la falta de resistencia como no había tomado en cuenta los ataques. La última escaramuza se libró el 23 de marzo, y aunque sabía que estaba a veinticuatro kilómetros de Chan Santa Cruz, no hizo ningún movimiento inmediato para tomar posesión de la plaza. Siguió pacientemente con su ruta por los pueblos de Nohpop, Sabacché y Chankik. El 17 de abril, un arriero pasó buscando una mula perdida, dato que revela la confianza que entonces se sentía, y topóse con algunas casas en el bosque; poco a poco, a medida que avanzaba por una calle desierta hasta llegar a una plaza, fue comprendiendo que estaba en el legendario santuario. Se lo comunicó a su jefe, pero Bravo no era hombre apresurado; llevó a cabo su entrada formal dos semanas después, el cuatro o el cinco de mayo de 1901. El 5 de mayo era fiesta nacional; el 3, el día de la Santa Cruz.

Más o menos por el tiempo en que Bravo partía de Sabán, una flota de cuatro vapores había salido de Veracruz con varios batallones de infantería que, junto con elementos de Progreso, se unieron a las fuerzas del general y contraalmirante Ángel Ortiz Monasterio. Apoyadas por las diversas bases de la costa oriental, esas tropas desembarcaron en la desembocadura del Hondo el 10 de marzo, y así pusieron fin a la solitaria vigilancia de Blanco; cuando estuvieron en la playa, buscaron canoas y navegaron río arriba. Los cañones coloniales tomados de las murallas de Bacalar para defender a Chac no fueron utilizados contra ellos, porque los cruzob habían oído hablar de ametralladoras; y aquella guarnición quedó expuesta al fuego cuando huía a la orilla meridional del río. Monasterio envió sus fuerzas por el Chaac hasta el lago y atravesó Bacalar el 21 de marzo. Los soldados hallaron un solo indígena que custodiaba un santo en una choza de paja. Se habían logrado los objetivos gemelos de generaciones de generales, y la Guerra de Castas había terminado.

Cuando el telegrafista de Mérida descifró la buena nueva con la increíble fecha que señalaba la victoria, el 5 de mayo, el congreso del estado agradecido votó la erección de una estatua al presidente Díaz en acción de gracias por su ayuda; al general Bravo se le concedió la ciudadanía honoraria, y el santuario recibió el nombre de Santa Cruz de Bravo. Bacalar se convirtió en Bacalar de Cetina. La Sociedad Patriótica Yucateca, de memoria más duradera que la mayoría, esperó cuatro años, para ver si la victoria se mantenía, antes de entregar la espada de honor tanto tiempo guardada al general. El gobernador Cantón tomó el tren de Peto y de allí fue a caballo por la nueva vía, con una escolta de un centenar de hombres, para ofrecer congratulaciones personales en Santa Cruz. Las tropas desfilaron delante de él, y un fotógrafo trepó al techo del templo para conmemorar la escena: los pelotones, compañías y batallones, la artillería de campaña con trenes de mulas, la banda, los soldados de uniforme oscuro con todo su equipo de campaña, los oficiales de blanco. A un lado, un contingente de obreros mayas. En otra foto, los miembros del estado mayor de Bravo posando delante de Balam Ná; aquel día dos ancianos, generales ambos y más allá de la edad de la vanidad militar, estaban vestidos de civil y tocados con sombrero panamá. Aquel grupo de fotografías, las primeras que jamás se hubieran tomado del santuario, revelaban detalles nunca descritos: el descuido y la decadencia, las ruinas de la plaza, cubiertas de vegetación, la selva que volvía a dominar, árboles y bejucos creciendo en el templo de la Cruz. También se veía en ellas que los soldados de Bravo habían estado activos en el único mes de ocupación: retechando un edificio que había quedado sin paja, plantando árboles de sombra y ornato en la plaza, señales de que el santuario pagano no tardaría en convertirse en una ciudad digna del siglo veinte. Todo eso hubiera debido convencer a los escépticos de que la civilización había ido allí para quedarse. Fuertes patrullas batían los senderos en busca del enemigo, y raramente hallaban otra cosa que enfermos, moribundos e inanes. Establecieron contacto con las unidades de Campamento General Vega, en la bahía de la Ascensión, y con las fuerzas de Monasterio en Bacalar, y pusieron una línea telefónica con el campamento meridional. En noviembre, Bravo tuvo la suficiente confianza para dejar su ejército y volver a México.

Para los cruzob, había sido un desastre. Reducido su número por las bajas, las epidemias y ahora por el hambre, separados de las armas y las municiones inglesas, incapaces de resistir al poderío dzul, habían retrocedido desesperados y rabiosos ante el avance. Los pueblos por donde pasaba el avance de Bravo (Tabi, Nohpop, Sabacché y el mismo Chan Santa Cruz) eran evacuados y los refugiados huían al norte o al sur, para volver a huir cuando llegaban las patrullas, y muchos se encaminaban al seguro de la Corona inglesa. Felipe May, que al perecer era el general de la plaza, fue una víctima postrera del partido de la guerra y cayó asesinado en abril por sus subordinados militantes. Los generales supervivientes Pat y Ek sólo dirigían pequeñas bandas y no tenían autoridad central; estaban desmoralizados y desesperanzados. Contra los fusiles de un solo tiro que se cargaban por la boca podía emplearse el machete, si uno estaba dispuesto a aceptar muchas bajas, pero contra los rifles de repetición, era suicidarse. No podían pelear pero no querían rendirse, y se ocultaron en los lugares más inaccesibles, en los pantanos, sin dejar huellas que llevaran al lugar donde se asentaban; mataban a los gallos para que no los descubriese su canto. Acorralados y desesperados, pero todavía peligrosos, oraban a Dios y a su Cruz refugiada.

El viaje de Bravo a México no se debía a razones de sociedad. El 4 de noviembre de 1901, el presidente Díaz había enviado al Congreso federal una proposición de que se creara un territorio federal, en la parte oriental de Yucatán, que se llamaría Quintana Roo. En Yucatán se alzó un griterío indescriptible; los ciudadanos recordaban haber gastado más de medio millón de pesos e incontables vidas en reconquistar aquella tierra, habían perdido ciudades grandes y chicas y, sobre todo, habían sido humillados por los mayas orientales. En la capital necesitaban al general Bravo, y el almirante de la Vega pasó por Mérida el 11 de noviembre camino de Santa Cruz para reemplazarle. Eran angustiosos los tratos para impedir que se creara el nuevo territorio. El gobernador Cantón escribió a Díaz una serie de cartas en que pedía por lo menos la costa situada al norte de Tulum, pero al fin se vio obligado a decir que el general Díaz había tomado su resolución y era imposible oponerse a ella. Los senadores yucatecos en el Congreso federal y los representantes del Congreso estatal dieron su aprobación unánime sin más averiguación, condoliéndose del caso por pura fórmula, y el 24 de noviembre de 1902 la resolución se hacía ley. Hubo muchos yucatecos importantes que no hicieron críticas, y en la lista de los que recibieron vastas concesiones de selva oriental estaban los Peón, los Molina y los Sierra Méndez. El principio invocado en apoyo de la separación era que Yucatán no tenía medios suficientes para hacer prosperar y pacificar la región; el verdadero objetivo era el control federal más estricto sobre las utilidades que se esperaban.

Los dos años de mando de Vega en Santa Cruz de Bravo se emplearon en la construcción de un canal, el "Zaragoza", entre el Caribe y la bahía de Chetumal, para acortar las vías marítimas hasta la bahía y eliminar la necesidad de pasar por aguas territoriales inglesas; en mejorar el cercano puerto de Xcalak; y en un esfuerzo para calmar a los cruzob hostiles por medios pacíficos. Bravo volvió en diciembre de 1903, y por el momento se dejaron esos proyectos y el foco de actividad se desplazó hacia el norte. El general tenía planes para su nuevo territorio, y había mucho que hacer. Nadie que estuviera en sus cabales hubiera ido a Quintana Roo sin buena participación en las utilidades, que ya se habían dividido los amigos de Díaz en México y Mérida; pero el general Bravo tenía el ejército para emplearlo en los trabajos necesarios, y se las arregló para que le enviaran disidentes políticos condenados a ayudarle. Esta última clase de gente siempre abundaba en el régimen de Díaz y para el caso, el servicio militar era la única alternativa ante la prisión. Aquellos hombres no eran excelentes colonos, pero la disciplina curaba a los incurables que sobrevivían, y de disciplina sabía mucho el general Bravo.

Su primer problema era el de las comunicaciones, el de hallar el medio de hacer llegar al mercado los productos de la selva. No había olvidado su vía, sus Ferrocarriles Sudorientales de Yucatán. Como aquello ya no era Yucatán, sería una nueva compañía, los Ferrocarriles Norte de Quintana Roo. Y como Santa Cruz estaba tan sólo a cincuenta y ocho kilómetros del mar, mientras hasta la cabecera de vía de Peto había ciento cuarenta y cinco, decidió no hacer caso de la vía abierta y empezar por la rama oriental. Escogido un nuevo emplazamiento en la bahía de la Ascensión, lo denominaron Vigía Chico; debía servir de puerto, a cosa de quince kilómetros de Campamento General Vega, que había sido abandonado por estar demasiado expuesto a los huracanes de aquel litoral. Era Vigía Chico una colección de cuarteles, lupanares, un hotel de tablas de chilla con un balcón corrido y miserables encerraderos, para la mano de obra de delincuentes convictos, desparramados por la playa, todo alrededor de un muelle de considerables dimensiones. A pesar de la vía y del telégrafo a Santa Cruz, así como de algunas visitas de barcos, era aquel un lugar aislado y odiado. La vista principal era el casco herrumbroso de la cañonera encallada *Independencia*. Indica lo que sería la vida allí la presencia de pisos de vidrio en varios de los edificios, pisos que se hacían hundiendo en la arena botellas de ron con el fondo hacia arriba.

Se empezó la vía desde Vigía Chico, con el coronel Aureliano

Blanquet, que había salido con Bravo de capitán y estaba destinado a ser general, contrarrevolucionario y, por breve tiempo, presidente de México; sus paisanos lo conocerían por *el chacal.* Movía mucho la pistola, pero con eficacia; la línea avanzaba rápidamente hacia el oeste y después hacia el sudoeste, rodeando el pantano; las plataformas tiradas por mulas y las locomotoras de vapor llevaban del puerto los carriles de vía estrecha, y la vía se montaba sobre sí misma. Los ex coroneles, ex políticos, ex periodistas y ex negociantes recuerdan con amargura aquellos días; poco acostumbrados a la mala alimentación y al trabajo manual bajo el sol tropical, temerosos de las serpientes, del paludismo sin medicamentos y de los salvajes, eran humillados, por capataces malvados, azotados, abatidos "cuando intentaban escapar". La dinamita empleada para volar el firme del camino les sonaba a advertencia a los derrotados cruzob: les estaba remachando los clavos de su ataúd, y habiéndose repuesto un poco, gracias al pacifismo mal comprendido de Vega, volvieron a la actividad militar. Se añadió una barraca para la guardia al taller de reparaciones en el punto llamado Central por su ubicación. Cerca de allí hay un árbol que se conoce por "El Indio Triste", llamado así por un tirador apostado que varias veces se apuntara miembros de la guarnición desde gran distancia, hasta que fue descubierto y le aplicó el mismo tratamiento un sargento tirador cuyo máuser tenía mira telescópica. Continuaron los ataques después de terminada la línea y, a fuerza de sudor, también se desbrozó la manigua varios centenares de metros a cada lado, para prevenir las emboscadas. Se organizó la defensa en torno a un vagón cubierto acoplado delante de una locomotora, con costados de hierro fundido y techo corrugado, y que tenía capacidad para un pelotón de soldados y una ametralladora. Pero los pacientes macehualob se contentaban con lo que podían agarrar: pequeñas cuadrillas de trabajadores, carritos de mano y plataformas tiradas por mulas. En el kilómetro veintinueve hubo uno de esos encuentros; la primera descarga mató a tres de los seis hombres que iban a descubierto en el carrito de mano o zorra de vía e hirió a dos, y los supervivientes aguantaron debajo de su aparato hasta que llegó auxilio.

Una segunda vía Decauville se lanzó tierra adentro desde Puerto Morelos hasta Santa María, cuartel general de la Compañía Colonizadora, que presumía con su pretensiosa casa de dos pisos con tablas de chilla para el capataz y una colección de miserables chozas para los madereros y chicleros. El chicle, base de la goma de mascar, se estaba transformando en un artículo valioso. La Compañía Agrícola inició también el tendido de una vía desde El Cuyo y Solferino, y llevaban sus productos hasta el mar para allí embarcarlos. Ambas compañías eran ejemplo de la explotación tropical en su peor aspecto: fortunas para los distantes accionistas y directores y para el socio comanditario, general Bravo, y enfermedad, pobreza y trabajos y muerte para los trabajadores. El establecimiento de Cayo Obispo apenas sobrevivió cuando la mayoría de sus habitantes siguieron a las tropas a Bacalar, donde se empezó a limpiar las ruinas y a reparar alguna de las mejores casas. Aquel batallón federal 21o. fue enviado a su tierra en octubre de 1902 y lo reemplazó el 7o.; también fue destinado a México el 22o., que había servido a las órdenes de García Bravo y Vega durante cuatro años en la selva, y el batallón 16o. ocupó su lugar en Santa Cruz. Al cabo de varios años se reemprendió asimismo la obra del canal de Zaragoza. Se calculan en treinta millones de pesos los gastos del proyecto, gran parte de ellos absorbidos por contratistas deshonestos y funcionarios corruptos y, naturalmente, por el general Bravo. Nunca se terminó, y sus monumentos son la maquinaria cubierta de moho y una draga abandonada.

El centro nervioso de todas aquellas empresas, Santa Cruz de Bravo, capital de Quintana Roo, era una población distinta y llena de ajetreo. A los edificios de piedra de un piso de los cruzob habían añadido los nuevos habitantes un segundo piso de madera, con techos de lámina de hierro corrugada y balcones. Bravo trasladó su cuartel general y su vivienda de la residencia del Tatich a un gran edificio, situado en el ángulo nordeste de la plaza, que ocupaba toda una cuadra, con un balcón corrido a todo lo largo de las fachadas exteriores; la residencia del Tatich se convirtió en hospital. Las escuelas que flanqueaban la iglesia se hicieron cuarteles, con plaza de armas ceñida en la parte de atrás por edificios techados de paja; almacenes y tiendas bordeaban la plaza, en que habían plantado naranjos y que ostentaba una verja, paseos, bancos y una fuente de piedra. Para el telégrafo y la luz eléctrica habíase instalado un generador; una bomba llevaba agua del cenote a un depósito de concreto; se construían almacenes o bodegas y talleres. Por indiferencia o por no recordar malos momentos no se utilizó la iglesia tal y como estaba. Le tapiaron la entrada principal e hicieron de ella una cárcel para los convictos obreros, varones y hembras, a los que encerraban juntos y dejaban abandonados para noches de fornicio o asesinato. No hubieran podido profanarla más. Ciertamente, la civilización había llegado. Había unas 4 000 personas viviendo en Santa Cruz de Bravo, y pocas de ellas por su gusto.

Se ha acusado de muchas cosas al general Bravo. Se decía que había asesinado a los cruzob después de haber intentado Vega la persuasión amistosa; que condenó a sus propios soldados a muerte haciéndolos marchar con la recámara del rifle abierta; que castigaba a quienes disparaban contra los indígenas; se ha dicho que tenía un pacto secreto en virtud del cual los mayas jamás atacaban cuando mandaba él en persona, y a cambio de ello les ofrecía tratados, regalos y paso libre a Belice, y que prolongó intencionalmente la lucha para mantenerse en el poder. Eran ciertos por lo menos los relatos acerca de su concusión, ya que él mismo se alababa de ello y se llamaba socio comanditario de todos los comerciantes del estado. Al hospital de Santa Cruz se le había asignado una buena suma de dinero, pero nunca tuvo medicamentos ni vendas. Él se llevaba su tajada del fiasco del canal, de los contratistas de chicle y madera que le pedían protección y licencias, de los abarroteros que le aprovisionaban, del ferrocarril que transportaba las mercancías, de los derechos portuarios y hasta tenía intereses en las líneas navieras. Estaba bien cubierto. Como vivían en campamentos forestales pequeños y aislados, los madereros y chicleros, en su mayor parte penados y prisioneros políticos, junto con negros de Belice, estaban muy expuestos a la venganza de los cruzob. Y sus muertos se añadían, en el renglón de salidas del libro del general, a los que llevaban el correo, a los peones camineros, a los empleados de telégrafos y a los soldados incautos de las patrullas. Los delincuentes políticos, los vagos y los ladrones cuestan a los concesionarios veinticinco pesos, f.a.b. Veracruz. Los asesinatos seguían la salvaje tradición; quemaban indios vivos, castraban y torturaban a los blancos hasta que murieran. Los rumores de entonces, sin duda grandemente exagerados, decían que en aquellos años· habían muerto miles de personas; en todo caso, era tal el temor a los ataques que cuando retiraron el 7o. batallón federal de Bacalar, en 1907, los habitantes abandonaron la ciudad y se trasladaron a Cayo Obispo, donde bastaba atravesar el río para llegar al seguro de Honduras Británica.

En febrero de 1906, el general fue a Mérida para asistir a una recepción que se daba al presidente de la República, don Porfirio Díaz. Yucatán no había visto nada igual desde la visita de la emperatriz Carlota. En unión de Justo Sierra Méndez, primer ministro de Educación en México, que acababa de llegar para preparar el camino al presidente y descubrir una estatua de su padre, Justo Sierra O'Reilly, dio Bravo la bienvenida a su jefe. Trenes especiales llevaron la compañía a las afueras de Mérida, donde esperaban un carruaje y una escolta de caballería; se hizo una entrada triunfal por las calles engalanadas con banderas, bajo una serie de complicados arcos, con aplauso general de la población, que para entonces había ya olvidado el robo de Quintana Roo. En los cuatro días siguientes todo fueron banquetes "a la hora del champaña", algunos de hasta doscientos invitados; desfiles con antorchas y uno con carrozas que representaban escenas de la historia provincial y al final un busto de Díaz coronado de laurel por una bella de la localidad; bailes, fuegos artificiales, consagraciones, visitas a las obras públicas; y una fiesta en un formal jardín inglés que contenía una réplica del Partenón: imitación de rutina en un país de ruinas. Y hubo una visita a la hacienda Chunchucmil, donde don Porfirio pudo ver la fuente de toda aquella riqueza. Dio una vuelta por los campos de henequén, la planta de raspado, el secadero, el taller de máquinas y la planta de energía, el hospital, la tienda y ocho chozas de obreros, donde halló indígenas felices, contentos, bien lavados, vestidos impecablemente, propietarios de cosas tan lujosas como una máquina de coser. En el inevitable banquete, comunicó sus impresiones:

Según él, algunos escritores que no conocían el país, que no habían visto como Díaz a los trabajadores, habían declarado que la esclavitud afeaba a Yucatán. Sus declaraciones eran la calumnia más grosera, como lo probaban los rostros mismos de los trabajadores por su tranquila felicidad. Los esclavos necesariamente tenían otro aspecto muy distinto del que el general había visto en Yucatán.

Potiomkin hubiera podido tomar lecciones de los hacendados henequeneros. Aquella visita presidencial costaba millones de pesos, y los banquetes eran de cincuenta y sesenta por persona. Fue la edad de oro de la gente decente.

El general Bravo volvió a sus obligaciones. Al acercarse a su fin la primera década del nuevo siglo, había en el aire señales de tormenta. El régimen de Díaz no podía durar eternamente. En Mérida denunciaban la reelección, los ánimos estaban contra el gobernador Muñoz, y después de unos treinta años de paz civil, los yucatecos volvían otra vez a la rebelión armada. Valladolid era el centro de la rebelión; los civiles mataron al jefe político y tomaron la ciudad. De Veracruz se envió a toda prisa un batallón federal, Bravo salió de Quntana Roo y derrotó a los 1 500 rebeldes en una breve pero violenta batalla; los líderes capturados fueron fusilados y los hombres sentenciados a trabajos forzados o al servicio militar a las órdenes de Bravo. Pero no hubo paz. Estallaron disturbios en Peto, Temax y Yaxkabá, síntomas de la revolución de Madero, que azotaba a México, y sólo terminaron cuando llegó la noticia de que Porfirio Díaz había salido del país.

Aquellos distantes acontecimientos se reflejaron en Santa Cruz de Bravo cuando, en septiembre de 1912, el general Bravo supo que había desembarcado en Vigía Chico un representante del nuevo presidente, Francisco Madero. Era el general Manuel Sánchez Rivera, con cincuenta hombres. Tenía Bravo dos batallones, pero ya pasaba de los ochenta años, y se inclinó ante lo inevitable, dando su palabra de honor de presentarse a las autoridades de la ciudad de México. Llamaron a Santa Cruz a los prisioneros políticos de los diversos campos, y el Día de la Independencia, 16 de septiembre, les entregaron su pasaporte, su pasaje y dinero. Aquella noche celebraron un banquete en la plaza los ex convictos que habían sufrido toda clase de humillaciones y sobrevivido a la crueldad del general Bravo; y en su euforia, recordando lo que habían pasado, pensaban en la venganza. Sánchez Rivera había dado su palabra; detuvo a la muchedumbre linchadora, y custodió al anciano general hasta que pudo salir para Vigía Chico al día siguiente, para desde allí dirigirse a Veracruz. De este modo sacaron al vencedor Ignacio Bravo, por una derrota que no era suya, de la capital de su pequeño reino, temeroso por su vida, arruinado y con sólo unos cuantos años por vivir. Ni siquiera para él era bueno el país de los cruzob.

La primera obligación que se le planteaba al nuevo gobernador de Quintana Roo era la de hacer la paz con los mayas. Sánchez Rivero logró negociar con el general maya Máximo Cauich, pero eso no podía disipar las generaciones de odio o sufrimiento de los últimos once años. Se convino una tregua, pero eso fue todo. Los cruzob sencillamente se encerraron en sí mismos, evitaron su antigua ciudad santuario y se negaron a la integración con los dzules. El territorio le fue asignado a un nuevo gobernador, el general Arturo Garcilazo, a quien se le dieron órdenes de velar porque sus tropas produjeran y se bastaran a sí mismas. Mandó llevar obreros de México, cincuenta sastres, grupos de carpinteros y mecánicos para reparar y conservar la vía, que se estaba estropeando. Terminó el mercado público de Santa Cruz, empezado por su antecesor, construyó un nuevo muelle en Vigía Chico y compró dos botecitos para regular el tránsito por el litoral. El general Garcilazo tuvo poco tiempo para esas buenas obras. Se decidió por el lado perdedor, o a lo sumo permaneció neutral frente a la contrarrevolución yucateca; confió en la fama de generosidad del vencedor federal, general Salvador Alvarado y obedeció a su orden de presentarse en Mérida en mayo de 1915. Esta decisión le llevó a la prisión, a la tortura, a un intento de suicidio y ante el pelotón de ejecución, amarrado a una silla por estar demasiado débil para tenerse en pie. Su ejecutor, revolucionario de austero idealismo, dijo que la revolución se había hecho para los oprimidos, y entre éstos estaban los ex rebeldes de Quintana Roo. Como los mayas no habían aceptado la presencia de los blancos, decidió que los blancos debían irse; además, no le interesaba dejar batallones potencialmente hostiles tan lejos de su control.

Y de este modo, Santa Cruz de Bravo fue otra vez Chan Santa

Cruz. Se les entregó la ciudad, formal pero apresuradamente, a los generales Lupe Tun y Sil May, en unión de la selva circundante; los obreros, comerciantes, concesionarios y soldados hicieron sus equipajes, tomaron el tren de Vigía Chico y después se embarcaron. Sorprendidos por aquella repentina y fantástica mudanza, los cruzob se acercaron no muy tranquilos a la ciudad dzul que otrora fuera su santuario, entraron en ella y, cayendo de rodillas, dieron gracias a Dios por aquella victoria final de la Cruz Parlante.

Los cruzob no volvieron a Chan Santa Cruz. El dzul se había ido, pero sus malos vientos quedaban. Durante cierto tiempo estuvieron contemplando fijamente sus transformaciones y después pusieron manos a la obra con la flama purificadora, el hacha y la dinamita. Quemaron las locomotoras, los coches y las plataformas, destrozaron la vía en diversos lugares y tiraron los pedazos a la selva, cortaron las líneas telegráficas, dinamitaron el nuevo mercado, la bomba de agua y el depósito, y prendieron fuego a lo que, flanqueando el templo, fueran escuelas, que habían servido de cuarteles. Actos de infantil venganza, sí, pero también eran la seguridad de que el enemigo no cambiaba. El mismo templo, misterioso centro de la fe tribal, el Santo de los Santos, no podía ya purificarse. El haber servido de cuadra para los animales, de mancebía y defecadero para los convictos, las cuchilladas en la casa de Dios, eran cosas que no podían olvidarse, y la Cruz no volvería a su hogar. Por lo tanto, después de la destrucción volvieron los cruzob a sus aldeas.

Si Dios odiaba a los dzules y los había echado de allí, todavía tenía una cuenta pendiente con sus hijos por haber permitido que sucedieran tales cosas, y les envió una epidemia de viruela. Los líderes y los ancianos, los que habían tratado con el enemigo, fueron los primeros en caer, y después les siguieron los niños, familias enteras, pueblos enteros. Los habitantes de aldeas vecinas acudían a enterrar los muertos y agarraban a su vez la enfermedad. La gente moría de sed y de hambre sin nadie que los atendiera; los perros merodeaban a voluntad y los buitres entraban en las casas para comerse a las víctimas, como estaba escrito en los libros de Chilam Balam. Muchos se salvaron sólo para volverse locos y huyeron gritando a la selva. Aquella fatal susceptibilidad del indio americano a las enfermedades europeas, que desde los tiempos de Cortés y del capitán John Smith mató más que las balas, en proporción de cien a uno, todavía producía efecto. De unos ocho o diez mil que eran, se calcula que la viruela redujo a los cruzob a unos cinco mil. No había más defensa contra aquel silente matador que un baño y un trago de jugo de maíz, y orar; corría más de lo que podía correr un hombre, derribaba a los más fuertes y transformaba en cobardes a los más bravos. Llegaba en silencio y en silencio se fue, al fin, de la selva.

Los supervivientes, cautelosamente, fueron recobrando la esperanza, estableciendo contacto, pueblo por pueblo, contando los vivos e incorporando a los huérfanos a familias adoptivas. Los generales Cauich, Tun y May habían muerto, y surgieron nuevos líderes. El sargento Francisco May, hijastro del general Felipe Yama, con el prestigio que eso le diera y con su propia naturaleza audaz, se ascendió a general. Juan Bautista Vega, ladino de Cozumel por nacimiento y capturado de niño después de matar los cruzob a su padre, había sido uno de los agentes tribales en 1915 y después secretario de la Cruz, y también reclamó la autoridad de general. Cuando cesó de existir Chan Santa Cruz, dentro de su marco religioso obraron fuerzas centrífugas que dividieron a los cruzob en dos grupos: Francisco May y su pueblo tuvieron su cuartel general en Yokdzonot y Vega se estableció en lo que ahora era el pueblo sagrado de Chunpom, en la zona septentrional que comprendía a Tulum. Uno y otro volvieron a su organización por compañías y tuvieron guardia cada uno en su santuario, cada quien con su cruz. Pero el pueblo de May, que con mucho era el mayor, seguía adorando a la verdadera, la que hablaba. Escondida durante la persecución de los soldados de Bravo, la llevaron de punto en punto en un cofre de madera, y ahora ornaba el altar de la iglesia techada de paja de Yokdzonot, iglesia con una Gloria interior y una sala pública exterior, en humilde imitación del gran templo y semejante al primer lugar de su culto. Y en legítima sucesión apostólica el Tatich, ahora llamado comúnmente Nohoch Tata o Gran Padre, era Pedro Pascual Barrera, nieto del fundador. No había fricción entre los dos grupos, mantenían correspondencia, pero preferían vivir separados, y otorgaban su lealtad a sus respectivos líderes, cada cual con su santuario.

Los antiguos mayas habían quemado el chicle, gomorresina del chicozapote, a manera de incienso, como el copal y el caucho; es posible que lo mascaran también, como hacían los aztecas. Para el siglo veinte, el mundo, sobre todo y tradicionalmente los norteamericanos, había adquirido la costumbre, y el gusto de mascar goma creó una demanda que enviaba a los blancos por las selvas de los cruzob. Al principio, los chicleros extranjeros murieron a manos de los mayas, o se dieron por contentos con escapar aliviados de sus mulas y su equipo; pero en 1917, un dzul llamado Julio Martín hizo su aparición en la desierta Chan Santa Cruz y se puso en contacto con el general May. Se ofrecieron regalos de aguardiente y armas y se discutieron las posibilidades. Francisco May comprendió que se le presentaba algo bueno y autorizó a la casa Martín y Martínez a instalarse. El general Octaviano Solís, que había estado de preso político en Santa Cruz y ahora era gobernador de Quintana Roo en la nueva capital de Cayo Obispo, intervino también, y arregló a May un viaje a la ciudad de México para que viera al presidente, como paso preliminar a la incorporación de los mayas a la vida nacional. Pancho May se puso, pues, en viaje, y fue el primer cruzob en salir voluntariamente de sus bosques. Era el presidente don Venustiano Carranza, alto, de blanca barba, el perfecto gran padre blanco, que hizo su papel y reconoció a Pancho la graduación de general, le. regaló una espada y un uniforme y le impresionó con una revista de la naciente fuerza aérea mexicana. Pero el humilde indígena sacó lo que quería: autoridad sobre veinte mil hectáreas de selva libre de impuestos, más dinero y el derecho de utilizar el ferrocarril, la propiedad de los difuntos Ferrocarriles Norte de Quintana Roo. Había en la capital otros atractivos. El general se encontró con una dama que superaba a todos sus sueños forestales (en una casa donde había otras damas igualmente amistosas) y no contento con una breve relación, decidió llevársela a casa. Llegó la dama hasta Vigía Chico, donde los súbditos del general le dieron una acogida nada cariñosa; y a pesar de las demandas de Pancho al gobernador para que le enviara tropas con que aplacar aquella rebeldía contra la autoridad debidamente constituida, los cruzob estaban decididos y el general tuvo que dejarla ir. La gran aventura de Pancho había acabado. Se desciñó la espada ceremonial, se quitó el uniforme de general y machete en mano, se puso a cortar las malas hierbas de su milpa.

La compañía de Martín y Martínez instituyó puntos de recolección de chicle en Santa Cruz y Central, y con plataformas tiradas por mulas y utilizando la vía reparada, lo llevaba al puerto para embarcarlo. El chicle es un látex y se colecta de forma muy parecida al caucho. Se hace una serie de cortes diagonales en el tronco del zapotillo, cada corte unido al de más arriba en ángulo recto, de modo que la savia vaya cayendo en un saco de tela. El chiclero trepa hasta cien o ciento treinta metros para dar esos cortes, con una cuerda alrededor del tronco y pasada por su espalda, afianzándose con los pies desnudos. La savia se hierve después en una caldera, se deja enfriar algo y se vierte en moldes de madera para formar bloques de fácil transporte. De julio a enero, en la estación lluviosa, es cuando mana la savia. Era una vida peligrosa, insana y solitaria, pero se ganaba bastante, y una vez abierto el camino, los chicleros afluyeron al bosque y se dispersaron en pequeños campamentos; en un solo año llegaron casi 6 000. El chicle no había presentado ningún interés para los cruzob, y su explotación no les quitaba nada; por eso aceptaron la nueva invasión y rápidamente aprendieron los sencillos procedimientos y se hicieron chicleros ellos también. El general May, en lugar de los

247

impuestos a su propio pueblo, se conformaba con la renta que le pagaban los diversos concesionarios, que era muy buena. En 1925 sacó 40 000 pesos, toda su propiedad personal, más los ingresos producidos por el monopolio del aguardiente y otros ingresos auxiliares. Estas cosas provocaron la imitación; el general Vega se puso a alquilar su selva, y los propios subordinados de May, el capitán Cituk de X-Mabén y el teniente Sulub de Dzulá hicieron otro tanto, lo cual fue motivo de impuestos dobles, fricciones y correrías.

Multiplicóse la producción, que pasó de 45 000 kilos en 1917, a más de un millón en 1925 y la culminación, de más o menos dos millones, fue en 1929. Durante este periodo, un obrero de los cruzob podía ganar más de trescientos pesos al mes durante la estación, que era un semestre; además, no tenía por qué llevar la dura vida de trasterrado de los chicleros extranjeros y sencillamente trabajaba los árboles de las cercanías en el tiempo que le dejaba su milpa. En la práctica, su sociedad había sido siempre de trueque, sin dinero; en sus anchos calzones blancos no había bolsillos, la gente no tenía costumbre de ahorrar, y el dinero no les duraba mucho. De boca en boca corrieron las buenas nuevas, y aquellos mercantes libaneses y chinos que se hallan por doquier en Latinoamérica cargaron sus acémilas y se dirigieron a la selva. Al principio ofrecían mercancías tradicionales, con escopetas, pistolas y parque; a continuación llevaron cosas de lujo, como whiskey, artículos enlatados, cigarrillos, camisas de seda y joyería; y después novedades de los tiempos nuevos: máquinas de coser, linternas eléctricas, fonógrafos, todo lo que pudiera cautivar la imaginación de los indígenas, al precio que fuera. Si las linternas perdían su luz, los discos se rompían y las máquinas de coser se oxidaban a tal punto que resultara imposible repararlas, no importaba; siempre podían comprar otros. Aquello era Jauja. Los extranjeros eran bien recibidos y viajaban con seguridad por la selva. La compañía Wrigley, de los Estados Unidos, hizo lo que generaciones de soldados ladinos no pudieron hacer.

Después de 1929, año en que culminó la producción chiclera y la riqueza de Quintana Roo, que fue de gran prosperidad por todo el mundo, vino el desastre. En 1929, una bala de chicle curado se vendía por cincuenta pesos; en 1930, los compradores ofrecían treinta y en 1932, diecisiete pesos cincuenta centavos. Los mayas estaban furiosos. Como no entendían de teorías económicas, pero recordando las traiciones de los dzules, dejaron de recolectar, de modo que la producción bajó a la mitad, y después a la mitad de la mitad. Añadíase a esto una segunda causa, más grave, de alarma. En agosto de 1929, temiendo la acción hostil de los cruzob y decidido a proteger la lucrativa industria del chicle, el secretario de Guerra mexicano envió el batallón federal 36o. a Quintana Roo. Embarcado hasta Cozumel, se fragmentó allí en pequeños destacamentos que ocuparon Cayo Obispo, Santa Cruz, Puerto Morelos, Vigía Chico, Santa María y Kantunil-Kín. Habían terminado las concesiones al general May, y sus impuestos; la ley, el orden y el peculado los administrarían ahora los políticos blancos, reforzados por soldados blancos. La independencia de los cruzob había desaparecido para siempre. En años anteriores, la reacción hubiera sido sangrienta, pero ahora, incluso los más atrevidos comprendían su debilidad. Manifestaron su hostilidad deponiendo, pero no matando, al general May. Las compañías más conservadoras se retiraron del grupo central, que montaba la guardia en Chanacah y pasaron a un nuevo lugar del noroeste de Santa Cruz, llamado X-Cacal. La Santísima fue con ellos bajo la custodia del Tatich, Pedro Pascual Barrera, con el mando militar del comandante Eulalio Can y del capitán Cituk. Eran unos setecientos, que se llamaban a sí mismos Los Separados, despreciaban a los demás por considerarlos irreligiosos y tenían conciencia de ser los únicos que conservaban enteras las legítimas tradiciones del pasado.

Huérfano y capturado de chiquillo por los cruzob, nacido en Peto, Sóstenes Méndez había sido sargento en la lucha contra Bravo y ahora continuaba la tradición de la jefatura mestiza convirtiéndose en general de la mayoría de Chancah. De aspecto puramente maya, nunca había pensado en volver con su familia ahora que era posible, y compartía con los demás el odio común a la raza blanca. Pero ese odio se había reducido mucho. El contacto constante con los dzules en la vecina Santa Cruz y la supeditación al mercado del chicle había hecho entrar más o menos a los mayas en la nación mexicana. Cuando los jóvenes maestros de escuela, ansiosos de llevar el mensaje y los frutos de la revolución a los miembros más atrasados de la República, empezaron a irradiar desde Santa Cruz, encontraron poca resistencia de Méndez; y comprado Vega con una pensión, aceptaron también las escuelas. Sólo los separatistas de X-Cacal resistían.

En abril de 1933, el teniente Evaristo Sulub de Dzulá, aldea del grupo de Chancah, fue acusado de planear la muerte de un maya, un hombre que estaba bajo su autoridad de jefe aldeano; habiéndolo sabido, el gobierno decidió llevar a cabo una demostración de fuerzas, para hacer ver que esas prácticas ya no se toleraban. Las patrullas de los batallones 36o. y 42o., enviadas a arrestar a Sulub, hallaron resistencia y en la escaramuza murieron cinco mayas, otros resultaron heridos, y se perdieron dos soldados. A continuación saquearon y quemaron a Dzulá. Una oleada de miedo recorrió la zona indígena: salieron a relucir los rifles y se juntó munición; pero no hubo más acción. Sulub y los antiguos habitantes de Dzulá se establecieron en el santuario de X-Cacal, se unieron a Los Separados y reforzaron su odio y su temor de los soldados dzules, a quienes identificaban con los judíos que habían perseguido a Cristo. Decían que eran como cerdos, que no tenían cruces y no oían misa. Se creía que dejaban malos vientos tras de sí, que causaban epidemias; y como la resistencia activa era imposible, estos mayas recurrían a procedimientos pasivos y se negaban a contestar a las preguntas o a vender comida a ningún blanco.

En esta atmósfera hostil, un joven comerciante dzul pasó por los pueblos de X-Cacal en el intento de acabar con la superstición y ponerse en contacto con los indígenas. Los arqueólogos norteamericanos habían estado ocupados en la vecina Chichén Itzá y en respuesta a su amistoso trato, los cruzob los consideraban aliados y posibles fuentes de armamento para seguir la rebelión. Aprovechando esta amistad, el comerciante, que se llamaba Alfonso Villa Rojas y había sido en otro tiempo maestro de escuela y estudiado a fondo el maya, pudo establecerse en Tusik, patria chica del capitán Cituk, y realizar un estudio intensivo de aquella cultura. Sus afanes ayudaron a la tribu a acomodarse con mayor facilidad a lo inevitable y a aceptar escuelas y ayuda del gobierno.

La segunda Guerra Mundial ocasionó un ligero aumento en los precios del chicle, con lo cual los miembros de la familia maya pudieron contar con un cerdo y unas cuantas gallinas más, si bien ya no fue la deleitosa abundancia de los veintes. En 1942 penetró una nueva influencia en el territorio: los norteamericanos Maryknoll Fathers pusieron misiones en Bacalar, Santa Cruz, Tihosuco y Cozumel y colaboraron con los ladinos nominalmente católicos de aquellas localidades en el intento de hacer volver a los cruzob a una forma más ortodoxa de cristianismo. El hecho de que fueran norteamericanos les daba cierto prestigio por ambas partes, ya que siempre mantenían una actitud imparcial en los conflictos entre ladinos y mayas. Pronto empezaron varias sectas protestantes norteamericanas a hacer prosélitos en los pueblos, con disgusto por parte de los dirigentes católicos como de los cruzob. Pero el cambio mayor se produjo a la verdadera llegada del siglo veinte, con los buldózers o palas de empuje recto, los tractores y las máquinas para graduar, y con la terminación de la carretera general que pasaba por Peto, Santa Cruz, Bacalar y Chetumal en 1958. La nueva carretera corre al sur de la antigua ruta de las entradas, toca el extremo meridional del lago Chichancanab en la aldea de Esmeralda y enlaza la reocupada Polyuc y una docena de colonias y de campamentos de obreros con la civilización. Por la carretera pasan el chicle y la caoba con los artículos alimenticios, y a un costo que hace económica su explotación, los camiones hacen dos veces al día la ruta de Mérida a Chetumal y paran en Santa Cruz. La carretera ha favorecido la migración a oriente, que ya había empezado en Tihosuco e Ichmul; Quintana Roo se está convirtiendo en parte de la nación mexicana y se rumorea que la reabsorberá Yucatán.

Hay una extraña familiaridad en los acontecimientos posrevolucionarios de Yucatán, como si fueran la repetición contemporánea de acciones de hace un siglo, una obra con personajes nuevos en papeles viejos. Como en la Independencia respecto de España, la Revolución Mexicana llegó a la península con un mínimo de trastornos; y como entonces, aquel tranquilo comienzo sólo fue el aplazamiento de la revolución, un reguero de pólvora encendido, que estallaría cuando se hubiera entendido lo que significaba la nueva era. Pino Suárez, el primer gobernador de Yucatán bajo la nueva República, fue según parece un hombre honesto y un idealista. Decretó un salario mínimo de setenta y cinco centavos por doce horas de trabajo al sol; sentía compasión por los mayas, pero dejó el peonaje como estaba; después fue elegido vicepresidente de la República y lo asesinaron con Madero los generales de la reacción. Aplastada la contrarrevolución por Venustiano Carranza, enviaron al mayor Eleuterio Ávila a poner en orden a Yucatán, y así lo hizo con un ejército que no encontró resistencia, pero que disgustó fuertemente a los yucatecos. Y después de leer Ávila una proclama en que anunciaba el fin del peonaje por deudas, aún gustó menos a la "gente decente". Aquel documento llenó de horror a los hacendados; hubo angustiadas reuniones de los henequeneros y discusiones con los agentes de International Harvester; se enviaron delegaciones al gobernador y se aplicaron presiones de distintas suertes, incluso la compra de armas al extranjero. Se le recordó al gobernador que Yucatán era el estado más próspero de México; que el contrarrevolucionario Huerta había logrado sacar de allí ocho millones para sus batallas; y que sería tonto destruir aquella fuente de riqueza, que naturalmente, dependía de que se hiciera trabajar a los flojos indígenas. Preocupado por las intrigas, Avila consideró que no eran tan disparatados los argumentos y no aplicó el decreto. Los hacendados volvieron a respirar, pero no olvidaron el decreto, que aunque fuera letra muerta, seguía siendo la ley.

Temeroso Carranza por la obediencia de los estados, ordenó que el batallón de la milicia estatal Cepeda Peraza fuera enviado a Veracruz y lo reemplazara una unidad federal, y que su jefe, el coronel Patricio Mendoza, que había sido partidario de Díaz, fuera licenciado. Trató Ávila de suavizar el golpe, pero Mendoza no aceptó paliativos y mandó su batallón en abierta rebeldía contra el campamento oficial. Sus tropas fueron derrotadas por los soldados leales, la policía, la milicia y los obreros ferrocarrileros, y huyó a oriente. Eran los batallones yucatecos, primero yucatecos y después mexicanos, aun cuando como en este caso estuvieran reclutados ante todo entre los yaquis deportados; y como ya hacía mucho tiempo descubriera Santa Anna, no podía mandárseles ir de acá para allá impunemente. La inquietud de Carranza se comunicó al gobernador Ávila, quien bonitamente dimitió y volvió a México, dejando en su lugar al general Toribio de los Santos. Deseando este general sacar al jefe militar, Ortiz Argumedo, de Mérida, lo mandó con un destacamento en persecución de los supervivientes del batallón Cepeda Peraza, que habían ido a parar al antiguo nido de revolucionarios derrotados, la manigua del nordeste, más allá de Temax. En lugar de combatir, Ortiz Argumedo se unió al coronel Mendoza, volvió sobre sus pasos y tomó a Mérida. Toribio de los Santos huyó mientras la población aclamaba a su muchacho local vuelto bueno.

Así como había habido reacción yucateca durante el régimen de Huerta, así había ahora reacción con una venganza. Los préstamos forzosos del gobierno central, los insultos de las tropas mexicanas, el empleo que se planeaba de soldados yucatecos en ultramar, el anticlericalismo y sobre todo la amenaza de terminar con la mano de obra endeudada... ésas eran las razones de las aclamaciones meridanas. Ortiz Argumedo cablegrafió al gobierno de Campeche que él no estaba contra el actual gobierno mexicano y que su movimiento tenía sencillamente por objeto expulsar a los elementos que ofendían a la sociedad yucateca. Al mismo tiempo enviaba una comisión a los Estados Unidos declarando la soberanía de Yucatán sin reclamar la independencia respecto de México. Esas familiares contradicciones yucatecas aún fueron más allá por el rumor popular; como en los días de Méndez y Barbachano, se hablaba de anexión por los Estados Unidos.

La respuesta de México a ese resurgimiento de regionalismo fue el general Salvador Alvarado, jefe militar del sudoeste, con su cuartel general en Carmen. Inmediatamente se embarcó el general para Campeche y añadió sus 6 000 soldados a la brigada de 900 hombres mandado por el coronel Joaquín Mucel, quien era además gobernador de Campeche. Aquel ejército se puso en marcha por el ferrocarril, aplastó a los rebeldes en una hacienda llamada Blanca Flor y los aisló en Halachó, donde la lucha duró todo el día, casa por casa, con destacamentos que resistían hasta ser aniquilados. Al entrar los vencedores en lo que creyeron una iglesia abandonada, los recibieron con una última descarga de fusilería:

después de capturados los reductos, pusieron unos 100 prisioneros contra los muros de la iglesia y organizaron pelotones de fusilamiento. El coronel Mucel y el general Alvarado llegaron después de empezadas las ejecuciones, y fue necesario que el propio general se pusiera en la línea de fuego para detener a sus enfurecidas tropas. En otras partes de la ciudad había incendios, tiros y ahorcamientos. Aquello fue el fin de la revolución. Ortiz Argumedo abordó una goleta cubana después de saquear el Banco Peninsular Mexicano por valor de un millón cien mil pesos, cinco millones del trust del henequén y todo cuanto pudo hallar en la tesorería del estado. Dos días después, el 19 de marzo de 1915, entraba sin resistencia Alvarado en Mérida, con la población amedrentada y oculta en sus casas.

Todo el mundo había oído contar las atrocidades revolucionarias de México, las ejecuciones en masa y los kilómetros de vía en que cada poste telegráfico era una horca, y los yucatecos se sentían culpables, pero con el nuevo régimen todo fue orden y tranquilidad en Mérida. No hubo saqueos, incendios ni represalias, y las únicas ejecuciones fueron las de soldados convictos de la fuerza invasora. Gradualmente, los ricos fueron volviendo de las haciendas adonde habían huido, para ver al general, que tenía un aspecto benigno; lo hallaron inteligente, nada malo, en realidad una excelente persona, y se rieron de sus temores de anarquía y bolchevismo. Verdad es que el general Garcilazo, jefe militar de Quintana Roo, que se rindió en aquel momento de amnistía general, fue encarcelado y después fusilado por estar implicado con Argumedo; pero así era la política, y nadie más había sufrido. Durante la primavera y el verano de 1915, Alvarado restauró el orden, designó nuevos jueces y jefes políticos, estudió con sus quevedos la situación local y nombró una comisión que recomendara reformas. La producción de henequén estaba ligeramente baja debido a los trastornos y, cosa más seria, los precios también habían bajado; pero esto ya había sucedido antes, y los hacendados estaban encantados de poder preocuparse de cosas tan familiares para ellos. El 15 de septiembre hubo un decreto por el que se cerraban todas las iglesias. Era un reflejo del anticlericalismo revolucionario y una respuesta a las bandas de "cristeros", que habían estado combatiendo al gobierno en nombre de la Iglesia, aunque ni uno ni otro bando fuera jamás muy numeroso en Yucatán. Una semana después, una muchedumbre de ferrocarrileros y agitadores mexicanos invadía la catedral, quemaba el órgano y el altar mayor y destruía muchas imágenes famosas. Estaba la catedral a sólo unos pasos del Palacio de Gobierno y del cuartel de policía, en la playa, pero nadie estorbó a los vándalos. Volvieron el temor por el orden establecido y las dudas acerca del nuevo gobernador. Pero faltaba lo peor.

Con los datos que tenía y la información recogida, el general Alvarado estaba listo para obrar.

A fines de septiembre empezaron a salir los decretos, uno tras otro. La ley olvidada que cancelaba la mano de obra endeudada se puso en vigor, seis mil mayas con sus familias quedaban en libertad y la esclavitud de trescientos cincuenta años había terminado. Esto se aplicaba por igual a los domésticos de las ciudades, que habían trabajado por la comida y el techo durante generaciones, y a las esclavas de diferente género, a quienes se aconsejaba buscar un trabajo decente de costureras o criadas. La inflexible moralidad de Alvarado tenía la intención de barrer con todo, de reformar una cultura como una economía, porque consideraba ambas cosas inseparablemente unidas; y con la prostitución fueron las rifas, las loterías, las peleas de gallos, las corridas de toros y el alcohol. A cambio de ello se crearían mil escuelas y un centenar de bibliotecas. Había llegado la Revolución.

Estaba claro de dónde procedía la riqueza de Yucatán y a dónde iba a parar, y para un socialista, la solución tampoco ofrecía duda. Alvarado encontró ya hecho el instrumento que necesitaba: la Comisión Reguladora del Mercado del Henequén. Debemos volver al principio del siglo para comprender que pudiera existir una organización de ese tipo entre gente tan individualista como los hacendados: era en el momento en que un grupo de compañías exportadoras empezó a negociar con los diversos consumidores norteamericanos, a adelantar dinero a los hacendados para los gastos normales y de desarrollo, tomando como garantía el futuro henequén, a su propio precio. En 1903, Pierpont Morgan formó con McCormick, Deering y otros varios fabricantes de cosechadoras, un trust, la International Harvester Company, cuya necesidad de cordel para atar absorbería cuatro quintos de la cosecha yucateca. Anteriormente había habido cierto número de compradores de henequén que licitaban unos contra otros, pero ahora había fundamentalmente uno solo, y Morgan sabía manejar el dólar. Sus agentes escogieron a uno de los exportadores de Mérida, O. Molina y Cía., y firmaron con él un contrato, con el fin explícito de hacer bajar el precio del henequén lo más posible. Molina debía poner a precios inferiores a los corrientes diez mil balas en el mercado, y le compensaría la pérdida la International, que en adelante trataría exclusivamente con Molina, garantizándole que ningún otro comprador pagaría precios más altos.[1] La trama salió

---

[1] Algunos años después, *La Revista de Yucatán* publicó un artículo en que se exponía el contrato, que al parecer empezaba así:

"Queda entendido que Molina & Co. usarán cuantos esfuerzos estén en su poder para deprimir el precio de la fibra de sisal, y que pagarán solamente aquellos precios que de tiempo en tiempo serán dictados por la International Harvester Company."

como se había planeado. En 1902 se había vendido el henequén a casi diez centavos de dólar por libra, en 1903 bajó a ocho centavos y en 1911 hasta el fondo, a tres, y ya ni Morgan pudo ir más allá sin arruinar a las haciendas. Se ha dicho en defensa de Molina que quería un gran volumen de producción a precio bajo para impedir la competencia extranjera y ensanchar el mercado, pero la producción no aumentó materialmente y la competencia extranjera con henequén trasplantado todavía tenía años por esperar. Es un misterio el que los meridanos no lincharan a aquel hombre.

En 1906, se formó para combatir al sucesor de Molina, Avelino Montes, una asociación llamada la Cámara de Agricultura. Logró el permiso de tomar prestado del Banco Nacional de Yucatán con el henequén como garantía, para con las cantidades amparadas mantener a los hacendados en actividad, y recoger las balas de fibra del mercado mientras no se ofreciera un precio decente. Todo fue bien hasta que tuvieron almacenado un sexto de la cosecha anual, cuando se les dijo que el banco habían mandado vender su garantía al precio bajo que prevalecía. Indignados los negociantes, acusaron al secretario de la tesorería del estado, quien en una carta abierta negó tener relación ninguna con el banco que estaba bajo su control. Era el secretario Olegario Molina. Varias compañías privadas dieron un respingo, pero eran pigmeos contra Morgan y, comprendiendo su propia debilidad, pidieron un organismo oficial; les dieron gusto y les pusieron la Comisión Reguladora del Mercado del Henequén, que después llamarían el caballo de Troya del socialismo.

Fundada en 1912, la Comisión se encargó del stock de henequén de las empresas privadas y llenó sus almacenes con 100 000 balas, que retuvo mientras subía la demanda mundial. Nuevamente operó el trust de Morgan mediante sus lacayos del Banco Nacional, que tenían letras de uno de los organismos privados que habían hecho su aportación al stock de la Comisión; y cuando el precio subió a siete centavos, hubo otra venta forzosa, esta vez no sólo de la parte conservada como garantía sino del total, y la Comisión se retiró del mercado. Nuevamente se clamó que había habido escándalo y soborno, y se pidió un director honrado para la Comisión, un hombre independiente del gobernador, que no pudiera comprar el dinero de Morgan. Se había creado un impuesto sobre el henequén para beneficio de la Comisión, que debía utilizarlo a manera de tesoro de guerra. En lugar de eso, los políticos en el poder hicieron como si pudieran disponer libremente de él: Huerta tomó dos millones de pesos para su contrarrevolución, Carranza sacó más de seis millones para la pacificación y Argumedo se embolsó abiertamente cinco millones.

Ésta era la historia de la Comisión cuando el general Alvarado se hizo cargo de ella. Los hacendados habían pedido un director que no se dejara comprar; ahora tenían uno. Primeramente, el general preparó una reunión con ellos y habló de una cooperativa, cosa que fue bien recibida; pero sus ideas acerca de una cooperativa eran muy distintas de las de ellos. En adelante, decretó, todo el henequén lo compraría y vendería la Comisión como único agente. Las compañías de Montes y Peabody fueron expulsadas del estado. Los hacendados que la lógica no podía convencer no tenían más que considerar la suerte de los diversos enemigos de la Revolución para ayudarles a tomar decisiones adecuadas. No que tuvieran nada de qué quejarse. La primera Guerra Mundial había creado una demanda imperiosa y creciente de henequén y los compradores norteamericanos, en vista de la inestabilidad política de México, decidieron acumular. Aquellas favorables condiciones permitieron a la Comisión discutir los precios y lograron hacerlos pasar de seis centavos por libra en 1915 a más de 23 centavos en 1918. A pesar de una cosecha reducida, las ganancias se duplicaron y más en aquellos tres años, y llegaron a noventa y un millones de pesos en 1918.

Con tales utilidades, los más alocados sueños de Alvarado se hacían posibles. El henequén dio para aquellas cien bibliotecas y aquellas mil escuelas; proporcionó capital para una compañía de mejoras que volvió a poner en marcha y modernizó una planta para la fibra y replanteó el proyecto del ferrocarril de la península a México; compró una flota de cinco vapores para transportar la cosecha en aquellos tiempos en que había escasez de embarcaciones; y financió un fútil intento de hallar petróleo más allá de la caliza de Yucatán. Incluso pensó Alvarado en hacer un canal que convertiría a Mérida en puerto de mar.

Quizás su empresa más duradera fuera la nueva constitución del estado. Promulgada en 1918 como base para sus diversas leyes nuevas, fue la más avanzada de su tiempo en materia de justicia social. Pensando que el bienestar social incumbía directamente al Estado, dispuso la instrucción obligatoria, las pensiones oficiales, la regulación de las condiciones de trabajo, los límites de edad, el seguro contra accidentes y los contratos de trabajo fijos. Otro monumento fue que incluso sus enemigos jamás lo acusaron de deshonesto ni de sacar indebidamente fondos del mayor tesoro que el estado jamás conociera.

Y después vino la caída. Obedeciendo a regañadientes a una constitución que no le permitía sucederse a sí mismo, el general dejó el puesto a Carlos Castro Morales, hombre de partido y ex ferrocarrilero. Era en 1918, y al acabar la contienda mundial, el mercado del henequén se derrumbó. Desde su posición no oficial,

Alvarado instaba a bajar los precios y a disminuir los gastos oficiales para prepararse para el golpe y asimilarlo, pero su sucesor no fue capaz de tomar medidas tan impopulares y lo perdió todo. El henequén invendido se acumulaba en las cuentas de la Comisión cuando el precio bajó a seis centavos y medio; se tomó prestado dinero de bancos norteamericanos para que las haciendas pudieran seguir funcionando, y fracasado esto, la falta de pago causó grave devaluación del papel moneda en circulación. Reuniones públicas y disturbios fueron el final. Se revocó el monopolio de la Comisión y se reinstituyó el mercado abierto, pero eso no bastaba. Quedaban todavía 800 000 balas por pagar, y no con dinero sin valor. En octubre de 1919 se suprimía la Comisión y se liquidaban sus bienes. La flota, la maquinaria, el equipo de ferrocarril y todos sus haberes disponibles se emplearon en hacer frente a la deuda.

Como con un tigre capturado, era más fácil de agarrar que de soltar la cola. Todavía quedaban por satisfacer los bancos norteamericanos, y lo hicieron tomando su garantía de henequén a 8.33 dólares por bala, arreglándoselas para que en lo futuro Yucatán y Campeche se vieran obligados a vender toda su cosecha a los agentes de aquéllos, y además para que la proporción se restringiera mientras no pudiera absorberse el excedente. Pagados los bancos, impusieron el precio a cuatro centavos y medio, el antiguo precio de Morgan de 1912. Aquellas cosas no podían negociarse mediante un solo organismo, y se reorganizó la Comisión en forma de Comisión Exportadora de Yucatán, reemplazada temporalmente por una cooperativa y resucitada una vez más bajo la forma de Henequeneros de Yucatán. Los ricos hacendados siempre estaban contra la organización, cualquiera que fuera su forma, pero los cultivadores menores la apoyaban por ser su única fuente de crédito, y la organización sobrevivió. Herederos de la política de mantener los precios lo más altos posible, Henequeneros de Yucatán siguió con una restricción lógica de la producción; es decir, lógica siendo Yucatán el único productor. En realidad, ese método lo único que logró fue fomentar las plantaciones extranjeras de Java y el África inglesa y en 1930 el rendimiento de éstas fue mayor que el de Yucatán, con lo que quedó destruido el monopolio para siempre. Además, la planta de henequén, cultivada de modo científico en suelos más ricos, se modificó para producir fibras más largas, de mayor resistencia a la tracción. Por desgracia, reimportadas aquellas plantas y plantadas en su pedregoso habitat natural, volvían a su estado natural, menos valioso. La baja calidad, la mala administración y la depresión mundial redujeron el terreno plantado de henequén a la mitad, y el precio bajó más que nunca, a 1.9 centavos por libra. El estado de Yu-

257

catán, que había sido uno de los más prósperos de México, se veía frente a la bancarrota.

Los antiguos libros mayas, los almanaques con que profetizaban los h-menob, eran pesimistas, estaban llenos de malos presagios, de malos días, de malos años. Con el cultivo del maíz en claros quemados en el bosque, el hombre había logrado un equilibrio precario en aquella yerma península, un pequeño excedente cuando las lluvias eran buenas, un desastre cuando eran malas. Pero el henequén había reemplazado al maíz (que ahora se importaba), y tenía enemigos peores que la lluvia, la langosta y la podredumbre, enemigos que los balamob no conocieran, creados por el hombre, dificultades en que el Cha-Chaac no podía nada. El henequén no había reemplazado al maíz en el corazón del maya. Aunque había perdido su tierra en beneficio de las plantaciones, siempre le quedaba una parcelita que trabajar y con qué cumplir sus deberes religiosos, aunque no le bastaba para sobrevivir. Ahora formaba parte de una economía monetaria y necesitaba un salario mínimo del hacendado para comprar lo que no podía cultivar; y con el henequén a menos de dos centavos por libra y los campos productores reducidos a la mitad, el hacendado no tenía empleos que ofrecer. Los años de 1930 a 1934 fueron fatales para los mayas, los años de hambre que antes habían sido cíclicos, pero desconocidos ahora desde la prosperidad del henequén. Como en los días del pasado, patéticas columnas de hombres daban vueltas por las haciendas y las poblaciones y andaban arrastrando los pies por Mérida, mendigando trabajo y alimento. Antes, habían vendido su tierra comunal y hasta sus propias personas. Ahora que no tenían tierra, la servidumbre por deudas era ilegal y de todos modos, nadie pedía servidumbre. Ésa era la libertad de la Revolución.

Pero la Revolución estaba lejos de haber terminado. Todo México sufría por la depresión, y la demanda popular de cumplimiento de las antiguas promesas empezó a adquirir un tono belicoso. Para hacerle frente, el partido oficial dio la presidencia al general Lázaro Cárdenas, que anteriormente fue gobernador de Michoacán, y tenía un historial de integridad personal e interés por el bien social. Empezó su régimen negándose a ocupar el palacio presidencial edificado por Maximiliano en la loma de Chapultepec, y con frecuencia se dijo "la revolución actual" refiriéndose a la labor de sus primeros años. De todas sus promesas, la más importante era la relativa a la tierra. El programa de reforma agraria, que fuera ley durante cierto número de años, apenas había tocado a México ni a Yucatán. Cárdenas mandó que ese programa se hiciera realidad e, impacientado por las excusas yucatecas de que la tierra estaba organizada para el henequén y no para el maíz, replicó que los peones cultivarían el henequén por sí solos. La forma tradicional del *ejido*, o tierra comunal aldeana, típica del México colonial y el de antes, institución que se habían aplicado a suprimir Barbachano, Méndez, Juárez y Díaz, por motivos diferentes, revivía. Los topógrafos invadieron las haciendas y trazaron nuevos deslindes de propiedad; se organizó un banco especial para dar crédito a grupos nuevos, y se repartió el veinticinco por ciento de la tierra de henequén entre los mayas.

Los hacendados no estaban dispuestos a aceptar pacíficamente este desposeimiento. Exageraron los errores reales o imaginarios del programa y naturalmente, tenían mucha tela de donde cortar. El gobierno había asignado algunos ejidos que se componían únicamente de plantas tiernas o viejas, que en los años venideros no podrían bastarse a sí mismas, mientras a otros les dio plantaciones productivas que tenían un valor inmediato injustamente elevado pero pasarían un periodo difícil cuando el terreno envejeciera. Las haciendas se habían formado como unidades económicas que mantenían un equilibrio apropiado entre el número de plantas nuevas, productivas y senescentes, y así se garantizaba la continuidad de la producción. Además, se habían agrupado de modo natural en torno a una planta central de raspado, de donde irradiaban los trenes Decauville, pero con el reparto se había perdido esa organización. Y el hecho de que el gobierno mexicano no hiciera distinción entre el agricultor granjero y el habitante de ciudad o pueblo también fue causa de problemas; a los comerciantes y artesanos que jamás habían trabajado la tierra se les dio como a los demás, con gran resentimiento de los agricultores. Sirviéndose de su autoridad tradicional para movilizar el descontento, los hacendados lograron ganar peones para su causa y los armaron en la lucha contra el ejido y la mano de obra sindicada. Su posesión de la maquinaria de raspado era otra arma, y podían negarse a tratar henequén de los ejidos, o cobrar más caro su servicio.

Antes habían ido revolucionarios a Yucatán, y había modos tradicionales de manejarlos. Primeramente, compraron a los dirigentes del partido socialista. No pudiendo comprar al gobernador, consiguieron su remoción fomentando huelgas; su sucesor, un reformista agrario aún más decidido, salió de igual modo por el escándalo de una huelga, que la infusión de dinero y alcohol de la reacción había transformado en matanza, en la plaza de Mérida. Se enfrentaron clase contra clase, interés contra interés; y en medio del descontento general por la depresión iba a la ciudad de México comisión tras comisión con nuevos estudios y planes de reforma para hacer frente a las especiales condiciones de Yucatán. Los hacendados tenían su lógica. Decían ellos que el ejido se había ideado para los que cultivaban el maíz, grano que se daba mal en un Yucatán seco y yermo y sólo tenía una parte del valor del henequén. Pero los mayas querían sus milpas: estaba bien, había tierra mejor y muy abundante fuera de la zona henequenera. Mas el maya estaba unido a su aldea de un modo que el cosmopolita no entendía. Por eso, los henequeneros discutían mientras empleaban el ejército para acabar con los disturbios y a sus peones para matar huelguistas.

Finalmente, el presidente Cárdenas se hartó y realizó un viaje a Mérida en agosto de 1937 con un cargamento de ingenieros, apeadores, expertos agrícolas y burócratas. Su sistema con los terratenientes y capitalistas mexicanos había sido empezar negociando, y si se encontraba con mucha oposición al pensamiento derecho, expropiar. Así lo hizo con los henequeneros. Se confiscarían todas las tierras de las haciendas, a excepción de un núcleo de 150 hectáreas en que entrarían los edificios de cada una, y se las entregarían a la gente en calidad de ejidos, a empezar por las más grandes. Esta vez, los hacendados no dijeron nada. Además de esto, el gobierno proporcionaría dinero para el desarrollo, la investigación, la industrialización, el mejoramiento de los transportes, y hospitales y escuelas, haciendo eco a Alvarado. Por desgracia, esta parte del plan no dio gran cosa. Después de resolver el problema de este modo, Cárdenas volvió a México y los terratenientes desposeídos se pusieron a ver qué podrían salvar de las ruinas. Entre otras cosas crearon una conciencia social de floración tardía: deploraban el hecho de que los ejidos estuvieran mal repartidos y de que su propietario o *ejidatario,* en teoría su propio dueño, ya no estuviera protegido por las leyes laborales, no pudiera ponerse en huelga y fuera simplemente un peón del Banco Ejidal... todo lo cual era cierto. Y siguieron sirviéndose de sus molinos de raspado para conservar el dominio. El nuevo gobernador, Canto Echeverría, quien sintió como sus predecesores el tremendo poder de los patronos y las ocasiones que los directores del Banco Ejidal tenían de lucrarse, resolvió dos de esos problemas. Los 272 ejidos, decretó, debían hacerse iguales fundiéndose en un Gran Ejido (fiscalizado por él) y la misma autoridad confiscaría las plantas de raspado. Esto dejaba a los antiguos dominadores de Yucatán a elegir entre ingresar en la burocracia o irse de taxistas a La Habana.

Todo lo que podía hacerse sobre el papel estaba hecho. Los mayas tenían su propia tierra, podían cultivar maíz o henequén, según prefirieran, y tenían a su disposición el equipo de procesamiento y el organismo vendedor. Se había consumado la Revolución. Pero seguían muriéndose de hambre. Habían pasado de un amo a muchos, y los nuevos amos, no teniendo el interés del terrateniente por el futuro de sus posesiones, se cuidaban únicamente de llenarse los bolsillos mientras estaban en el cargo. Los inspectores locales mentían acerca del número de plantas de henequén en cultivo, y retenían el pago; sus superiores, en connivencia, recibían su parte y le servían al público las declaraciones oficiales. Los jefes políticos concedían licencias a las cantinas y vendían alcohol en contra de los principios de la Revolución. El auditor del Ejido decía: "Robar a los ejidatarios no es robar, porque ellos también son ladrones." De la pobreza relativa, este hombre llegó pronto a ser uno de los principales propietarios de Mérida, y como había construido una iglesia le llamaban "el buen ladrón". Coronaban la jerarquía de la corrupción los gobernadores, cuyas hazañas iban desde las pólizas de seguros y las compañías tenedoras de acciones hasta el sencillo apoderamiento de haciendas y almacenes de henequén. Incluso gobernadores cuya reputación era, por lo demás, relativamente buena, aceptaban comisiones sobre la venta de la cosecha ejidal... comisiones para los difíciles arreglos entre un productor solo y un consumidor solo.

Poco a poco, la clase de los hacendados fue llegando a un entendimiento con las cosas nuevas; como dijo uno de sus dirigentes, "la Revolución me ha dado más de lo que me quitó". Se infiltraron en todos los órdenes de la burocracia ejidal, incluso el nivel ejecutivo, para lo cual los capacitaba su mejor conocimiento de aquella industria; y cuando, en 1942, recobraron las plantas de raspado confiscadas, se llenaron de alegría. No sin razón: libres de los gastos y las preocupaciones del cultivo del henequén, se concedieron a sí mismos cincuenta y dos por ciento del precio de la fibra por el servicio de tratarla. Los ejidatarios, que en teoría eran propietarios del setenta por ciento de la tierra, estaban en la conocida condición de sus padres y sus abuelos. Según las cifras de Miguel Ángel Menéndez, la división aproximada de las utilidades procuradas por el henequén en 1942 era la siguiente: hacendados (500 familias), 31 por ciento; burócratas, 25 por ciento; ejidatarios, 24 por ciento; impuestos, 19 por ciento.

La segunda Guerra Mundial aumentó la demanda, detuvo la competencia del Lejano Oriente y de África y produjo la suficiente ganancia para impedir que los trabajadores se murieran de hambre. Los estaban robando en gran escala, pero esto no era nuevo, y por lo menos ahora estaban mejor que en los años de la depresión. Durante la guerra aumentó la producción cincuenta por ciento, y llegó a la mitad de la máxima, que fue la de 1916. Los precios subieron a nueve centavos por libra desde dos, que era lo más bajo; y los que estaban encargados de poner los precios evitaron el error del periodo de la primera Guerra Mundial y no se enajenaron el mercado en tiempo de escasez poniéndolos demasiado altos.

Si el periodo de Cárdenas fue de revolución, sus sucesores se inclinaron hacia el reajuste o la reacción (según el modo de ver de cada quién), la menor hostilidad hacia el capital extranjero y la expansión industrial intensiva. Naturalmente, esto producía un peculado colosal, y la candidatura de Ruiz Cortines se le presentó al pueblo como una reforma destinada a la administración honesta. Con este motivo se quitó de las espaldas de los mayas el peso de los funcionarios parásitos. El 9 de febrero de 1955 se disolvía el Gran Ejido y volvían los ejidos al control local. Es significativo que el Gran Ejido, atacado como comunista diecisiete años antes por los hacendados, ahora se veía ardientemente defendido por los mismos, que se declaraban partidarios de los ideales de la reforma agraria y del antiguo principio de la soberanía estatal. Se resistían, como habían hecho sus padres, a perder un dinero ganado con tanta facilidad, y se negaron a tratar el henequén de los ejidos libres. Esta actitud y la confusión del cambio ocasionaron la declinación de los embarques en 1955; pero al año siguiente volvió a subir la producción, y ahora se acepta la transferencia. El futuro depende de contratos razonables entre los ejidos y los propietarios de la maquinaria de raspado, o de que los ejidos tengan la propiedad de la maquinaria. En la actualidad hay un mercado libre, pero el ejido individual es todavía una organización débil. La clase superior ha dado pruebas de habilidad en adaptarse a todas las organizaciones revolucionarias para sobresalir. La lucha de los mayas está todavía lejos de la victoria final.

El henequén ha dominado la vida de Yucatán en el siglo veinte, pero ha habido otros cambios. La población de la península ha superado la antigua culminación de los cuarentas (1847) y el crecimiento demográfico ha tenido un índice acelerado. Para 1960 había en Yucatán 622 500 habitantes, en Campeche 160 700 y en Quintana Roo 41 000, lo cual representa aumentos de porcentaje en la última década de 20.8, 32.2 y 52.0 respectivamente. En lo futuro, esto puede plantear verdaderos problemas; más de la mitad de esas personas hablan maya, y para unas 50 mil de ellas, ésa es la única lengua. La península ya no está aislada del resto de la República. El sueño de Alvarado se ha hecho realidad, con grandes gastos. Las vías de ferrocarril han penetrado la selva y el pantano del istmo de Tehuantepec, y ahora se les ha unido una carretera principal. Caminos pavimentados enlazan a Mérida con Campeche, Valladolid y Peto; otros caminos de grava prosiguen hasta Chan Santa Cruz, Bacalar y Chetumal, mientras una nueva carretera se extiende hasta más allá de Valladolid, hasta una población nueva, Puerto Juárez, en la costa que hace frente a Isla Mujeres. Los vuelos internacionales aterrizan diariamente en Mérida y las aerolíneas locales comunican la ciudad con Campeche, Chetumal y Cozumel. Gran parte de esos viajes se basan en una industria nueva, el turismo, atraído por las playas y por las ruinas excavadas y restauradas de los antiguos mayas en Chichén Itzá y Uxmal. En el comercio turístico predomina la casa Barbachano, regida por el nieto y el biznieto del gobernador. Hay hoy otros nombres conocidos en Mérida, como Rosado, Guitérrez, Ruz; todavía rodea la plaza el mismo racimo de mansiones coloniales, y todavía están en pie la Casa Montejo y la catedral. Solamente la fortaleza de San Benito ha desaparecido, y compensan su pérdida unos cuantos rascacielos. El pasado está muy cerca de la superficie de Mérida.

14
EPÍLOGO [1959]

El autobús salió de la selva, dejó atrás unas cuantas chozas, traqueteó calle abajo, dio vuelta en la plaza y se detuvo. El chofer anunció la hora del "lonch" y comprendí que estaba en Felipe Carrillo Puerto, antes Santa Cruz de Bravo y antes Chan Santa Cruz. Al bajar del autobús y ver la Plaza, típicamente yucateca pero extrañamente familiar, me hallaba a siete horas de Mérida y a tres días de las nieves de mi tierra de Saint Louis, y estaba terminando los tres años de estudio que se habían centrado en gran parte en aquella pequeña población. Lo primero que necesitaba era comer, porque llevábamos retraso, y con el pollo en mole y la cerveza traté de explicar a dos europeos compañeros de viaje el interés que tenía por aquel lugar. Sin duda no era la primera vez que se encontraban con algún chiflado, pero eran muy bien educados; de todos modos, creo que se sintieron aliviados cuando hubimos de volver al autobús y ponernos en marcha para Chetumal y Belice. Los vendedores de naranjas, tamales, tortillas y soda lanzaron el último ataque contra los pasajeros y el chofer llamó al segundo chofer, que estaba cortejando a una camarera. Los pasajeros que llegaban tarde acudieron corriendo, subieron los nuevos equipajes a lo alto, junto con un huacal de pollos y tres guajolotes. Hubo un falso arranque, el autobús se detuvo para que bajaran los amigos que estaban despidiéndose, después un nuevo arranque, explosiones en el tubo de escape, más ruido de claxon, y polvareda; a continuación, la plaza volvió a quedar en paz.

Hice mis arreglos en el único hotel (anteriormente la casa chiclera Martín y Martínez, y antes, cuartel de la compañía de la Guardia) que estaba en un rincón frente a la iglesia. Como no había llevado hamaca me vi obligado a utilizar una indígena de sisal, con ásperas fibras destinadas a impedir el sueño. Eran las horas muertas de la tarde; arreglé mis bártulos cerca de la hamaca, puse en orden mis notas y me recosté. Luego me despertó el ruido de los chiquillos que jugaban en la pequeña plaza, que contemplé desde el balcón, convertida ahora en campo de fútbol, con todo y su fuente; el edificio que flanqueaba el Balam Ná servía todavía de escuela de internos para los niños de pueblecitos lejanos e inaccesibles. La población volvía a la vida, y empecé mis averiguaciones visitando a las autoridades civiles en el Palacio del Patrón.

que compartían con la guarnición del lugar. Un sargento me llevó ante el oficial encargado. Le expliqué mi interés, hice unas cuantas preguntas y no saqué nada. Era nuevo allí y le interesaba exclusivamente la población ladina y la nueva carretera que llegaba hasta Peto y de allí bajaba a Bacalar y Chetumal. El mapa que yo poseía de los pueblos de la región era mejor que nada de lo que él tuviera a su alcance. Él confirmaba la autoridad de sub-delegados de los jefes aldeanos, enviaba maestros de escuela y mantenía el orden; eso era todo lo que tenía que hacer en relación con los mayas. No se había hecho censo, ni siquiera en la población, a la que se le calculaban unos tres mil habitantes. Individuo agradable, y deseoso de compensar su incapacidad de responder a mis preguntas, insistió en que visitara el último puesto donde él había estado, Isla Mujeres, que tenía ruinas antiquísimas, muy hermosas e interesantes.

Me puse de guía a un muchachito para que me llevara a la casa del misionero de Maryknoll, padre Frank Collins, de Filadelfia. Ya tenía yo conocimiento anterior de la amabilidad de sus colegas, sobre todo del padre Norbert Verhagen, que estaba en Tihosuco y antes había estado en Bacalar; siempre habían sido generosos y útiles conmigo, y ahora no encontré ninguna excepción. La parroquia del padre Collins era el ex territorio cruzob, y su iglesia el Balam Ná, que me dijo había sido sucesivamente tienda, cine y logia masónica antes de serles entregado a los padres de Maryknoll en 1942. Conocía bien el pasado y tenía un ejemplar del libro de Alfonso Villa, para seguir la pista de lo que en realidad era su competencia. Dio a entender que la otra religión todavía presentaba interés.

La labor no había sido fácil. Un misionero llegado a un pueblo había descubierto que la antigua iglesia de piedra era la iglesia "india", mientras la católica era un jacalito con techo de paja. Habiéndo regañado a los mayas porque no daban de comer a su mula, le replicaron: "Padre, nosotros no le dijimos que viniera." Otro sacerdote, que se negó a celebrar una fiesta durante la Cuaresma, se encontró excluido de su propia iglesia. Esos sacerdotes nuevos, si bien no tienen el prejuicio racial de sus antecesores ladinos, no son tolerantes con las costumbres indígenas, y están tratando de suprimir no sólo los ritos cruzob sino también las ceremonias agrícolas paganas de que en el periodo colonial no se hizo ningún caso. En su afán de impedir las ceremonias de Chaac en las milpas, y comprendiendo que no era posible visitarlos a todos, un sacerdote pidió a sus feligreses que le llevaran un poco de tierra de cada campo para bendecirla en una ceremonia especial. Al parecer, en lugar de reemplazar al antiguo ritual esto ha venido a complementarlo.

Pregunté al padre Collins si había sabido de la existencia de una iglesia anterior en Chan Santa Cruz; poniéndose unos zapatos más fuertes, me llevó paseando fuera de la ciudad y por los bosques hasta Chan Kiuic, donde primero estuviera la Cruz que hablaba. El vallecito hace ahora de patio para una choza cuyos habitantes utilizan el cenote sagrado con fines domésticos; no parece haber recuerdo ni conocimiento de su anterior santidad. Solamente después de confrontar las descripciones históricas y de comparar la disposición de este cenote con la del otro (donde quedan unidos de modo aproximado los restos de una bomba hidráulica, la tubería y el depósito destruidos por la dinamita del general May) pudo hacerse la identificación. El santuario, construcción abierta y abovedada, estaba en lo alto del cerro, al otro lado de un muro de piedra bruta, abandonado y cubierto de vegetación. Habían pintado una gran cruz azul en la pared interior y dos pequeñas en las exteriores, flanqueantes. Había un montículo de cascajo caído de la plataforma, obra de un comerciante yucateco que, con información secreta, excavó allí una noche y salió antes de la mañana con el tesoro de los cruzob... por lo menos eso cuentan. Más allá, el rastro era débil; el sacerdote no podía decirme más de la enigmática estructura. Salimos a una choza de las cercanías, donde el padre Collins conocía a alguien que podía servirme de guía e intérprete.

Raimundo Canul, llamado Mundo, de unos treinta y cinco años, nacido en Tulum, dijo que con gusto lo haría, y le mandé alquilar mulas para el día siguiente. Sentado en la plaza aquella noche, viendo jugar a los niños alrededor del kiosco, y hacer ejercicios a un pelotón de soldados, oyendo un altavoz que anunciaba una película con ritmo de chachachá (haciéndole competencia a la misa nocturna), me parecía estar muy lejos de Chan Santa Cruz; podía haber estado en cualquier pueblo grande centroamericano, sin color ni trajes locales. Adquirí una cerveza en un restorán bar, escuché conversaciones acerca de los elevados precios que regían en Nueva Orleáns y de cuánto bebían las *gringas*, y caminando descubrí que la película anunciada era para la noche siguiente. Vi algo compensador: un maya, parado fuera de la iglesia, llevaba el huit, el taparrabos de que había leído pero que jamás viera en Yucatán. Después, Mundo surgió de las tinieblas para decirme que ya había contratado las mulas y que saldríamos muy temprano. Por hablar, pero sin esperar gran cosa, le pregunté si sabía algo del Nohoch Tata.

—Hace cien años que murió, patrón. Si quiere saber esas cosas debería preguntarle al general May.

—¿Todavía vive?

—Sí. A la mejor tiene cien años. (Descubrí que los viejos tenían siempre sea cincuenta, sea cien años.)

—¿Dónde vive?

—Cerca de aquí. Lo llevaré si quiere. Allí vivía —y Mundo señalaba el palacio—, en el Chikinik, pero ahora vive en una casita como las demás.

La idea de ver al general, figura histórica, a quien suponía muerto hacía mucho, me dejó estupefacto. Al fin, pensé, en lugar de la ignorancia y el desinterés de los ladinos por el pasado de los cruzob iba a hallar información genuina, y en lugar de andar adivinando tendría datos reales; y me preguntaba por dónde empezaría para acabar con las sospechas que ya esperaba. Mas no fue así. Caminamos una cuadra y media hasta el extremo de la ciudad, donde la brillante luz lunar reemplazaba a la luz eléctrica de la plaza, hasta un callejón de chozas sueltas; allí nos dijeron que el anciano estaba en su milpa, a cosa de cincuenta y ocho kilómetros. Volví al día siguiente, y varias veces durante mi estancia en Carrillo Puerto, pero sin éxito. Todo cuanto pude añadir a su biografía es que todavía tiene su pensión del gobierno, una pensión pequeña, y que los mayas lo respetan y lo consideran rico, porque posee treinta mulas.

Mi salida para Chancah fue menos digna. Las mulas yucatecas son diminutas, pero a mí me había tocado un macho, y decidí montar la burra que Mundo se había reservado para él; por la emoción, logré conservarme en la silla, pero la cincha, que estaba podrida, se rompió, y allá fuimos el animal y yo por el resbaladizo pavimento, con gran regocijo de los primeros vagos mañaneros y los niños de la escuela. Me relegaron a la "burracita", cambio al que no me opuse; porque si no iba a caer lejos, siempre podía dar en alguna piedra de las muchas que había; y me pasé el resto del día en competencia de ingenio con el amoroso burro, maniobrando para lograr que fuera adelante.

Nuestro camino pasaba por la pista aérea y la carretera de Chetumal. Es difícil describir lo que la carretera significa para Quintana Roo. En el autobús que bajaba de Mérida, el polvo y el detestable firme lo hacían parecer un mal necesario nada más, un triste deterioro de las carreteras pavimentadas de Yucatán. Pero el hecho de que se pudiera tomar un autobús a Carrillo Puerto y hacer el viaje en unas cuantas horas en lugar de cinco días, de que un enfermo pudiera ser llevado a Peto en busca de un médico en lugar de morir, de que se pudiera llevar alimentos durante una mala cosecha de maíz, de que el campesino que se moría de hambre pudiera trasladarse uno o dos centenares de kilómetros más allá en busca de trabajo... todo eso explica bastante. Físicamente, la carretera es ajena a la selva. Va recta y plana hasta donde alcanza la vista, con la maleza y los matorrales talados y quemados hasta treinta metros a cada lado; más allá está la interminable espesura con senderos ondulantes, angostos, pedregosos, donde raramente puede abarcarse con la vista más de nueve metros por ningún lado, siempre cubiertos por el follaje, y debe uno examinar cuidadosamente por dónde pasa, contorneando los árboles caídos y las brechas. Vuelto a salir a la carretera, uno comparte el espanto de los campesinos que ve esperando el autobús, en cuclillas, inquietos y desconfiados ante esa civilización más rápida y ruidosa.

Cuando íbamos por la ancha calzada y dimos vuelta en la pista de Chancah interrogué a Mundo. Nos pusimos a estudiar los animales que por allí había, y yo le pregunté por la sirena de las frondas, la X-tabay. Me dijo que las había en Yucatán, pero allí no.

—¿Y los aluxob?

—De ésos sí tenemos. Muchas veces los he oído. Silban para espantar los venados, golpean con palos los troncos de los árboles. ¡pam, pam!, para espantar los venados, cuando uno va de caza. Les damos maíz, carne, agua, y no nos molestan.

Roto el hielo, me lancé:

—¿Y balamob?

—Sí, pero ésos no se ven nunca.

En las aldeas todavía practican las ceremonias de los primeros frutos y las que hacen caer la lluvia. Como Mundo era de Tulum, le pregunté por Bautista Vega, de la vecina Chunpom, y me dijo que todavía vive el antiguo dirigente.

—Don Bautista es un hombre muy inteligente. Tiene un libro muy grande escrito en maya, donde se dice todo. Don Bautista sabe leer. En ese libro se habla de los aeroplanos y de las carreteras. A la gente le asustan esas cosas, pero él sabe. ¿Son ustedes como los ingleses?

—Sí —le dije para que no se me distrajera.

—Los libros dicen que un día los ingleses nos darán armas y la gente irá a la guerra para expulsar a los yucatecos. La señal será cuando el dinero desaparezca de las manos, el dinero mexicano; ése será el balance del año, el fin del mundo.

—¿Cuándo será eso, Mundo?

—Nadie sabe si será este año o dentro de mil años. Será el balance del año. En las antiguas paredes de piedra de un lugar que está al sur de aquí hay un escrito. Ninguno de los blancos sabe leerlo. Un día lo copiaré, lo dibujaré, y se lo llevaré a Don Bautista. Tal vez allí diga cuándo será el fin del mundo.

Me dijo otras cosas. Hay tres libros, tres biblias, que guardaban los secretarios de la Santa Cruz, así como había tres cruces y tres pueblos: Chancah, Chunpom y X-Cacal. Lorenzo Be, que fuera secretario de X-Cacal, ha llegado al puesto de Nohoch Tata, pero los demás grupos no lo reconocen superior a sus propios sacerdotes; Paulino Yama es allí el comandante, Bautista Vega ejerce la autoridad civil y religiosa en Chunpom, mientras en Chancah el patrón es Norberto Yeh y el comandante, Román Cruz. No pude obtener cifras exactas de la población de cruzob supervivientes; los cálculos locales eran de mil a mil quinientos para cada una de las tres subtribus, con doscientos o menos viviendo en los tres pueblos santuarios.

Era una hermosa mañana, fresca, con la luz solar que se filtraba entre los árboles, llena de voces de papagayos, oropéndolas, canarios y mirlos. A medida que pasábamos íbamos hablando a gritos, y Mundo corregía mi pronunciación maya, a la que faltaban precisión y rudeza. No eran los árboles los gigantes del Petén, pero impresionaban bastante comparados con el bosque bajo del Yucatán occidental... a cada bifurcación eran chaparrones de plantas aéreas, orquídeas, aves del paraíso y lianas parásitas, todo ello rodeando los troncos en abrazo tentacular. Las fuertes lluvias explican ese crecimiento exuberante, ya que el suelo es igualmente delgado por toda la península. Las raíces se extienden muy a lo lejos por la superficie, por las peñas, en busca de alimento; cuando cae un árbol puede verse, por la ausencia de raíces verticales cuán somera era su penetración. En aquella manigua era fácil imaginar las emboscadas, los acechos no descubiertos y la imposibilidad de la persecución. En dos días había hecho cuatro mil kilómetros y ahora iba a viajar 24 kilómetros por día, lo mismo que hacen el misionero, el comerciante y el funcionario del gobierno en aquella zona. La selva empieza a pocos metros de Felipe Carrillo Puerto. Una vez en ella, se abre uno paso por un océano de árboles que abarca miles de kilómetros cuadrados, donde no hay más hombres que los de algún claro, que forma un islote aldeano. Es la selva una barrera que aísla a aquellos campesinos, que les permite vivir aparte y en el pasado, un pasado que en Mundo estaba yo descubriendo todavía vivo. Mi desánimo del día anterior había desaparecido. Si la metrópoli de los cruzob era como un poblacho yucateco cualquiera, con el bosque visible por todas partes desde la plaza, inmediatamente debajo de la superficie estaba lo que tenía de extraordinario. Mundo decía que en Carrillo Puerto había muchos hombres que podían contar las cosas antiguas, pero que nunca hablaban por temor de los insultos y tal vez el castigo de los blancos. La mente de aquella gente había creado la Cruz Parlante y le había prestado voz. En su mente era donde yo podía hallar lo que buscaba.

Tres leguas de pista habían sido la promesa y, cosa sorprendente, al cabo de tres horas salimos de la selva y llegamos a un santuario con techo de paja, más allá del cual estaba el pueblo. Dejamos atrás tres altarcitos precolombinos (no mencionados en la literatura, pero que tal vez expliquen el nombre de Chancah o "población pequeña", y amarramos nuestros animales en un lugar apartado y seguro, un bosquecillo de naranjos. Mundo preguntó por el Patrón y nos condujeron a su choza; habiéndonos enterado de que estaba todavía en su milpa, pero no tardaría en regresar, dimos una rápida vuelta por el pueblo. En un afloramiento roqueño había una iglesia de piedra con techo de paja en el centro de un gran claro irregular, rodeada por cuatro chozas de la Guardia, cada una sobre su propia eminencia, con paredes parecidas a empalizadas de tan sólo 1.20 m de alto, que dejaban un espacio libre debajo del techado. Tres de las chozas de la Guardia pertenecían a Chancah, Kopchén y Chasil y la cuarta la compartían otros dos pueblos. Sólo había un hombre de servicio en el edificio de Kopchén, acostado en su hamaca. Un hueco formado por lomitas al este de la iglesia servía de plaza y tenía un poste al que sujetaban el toro para la corrida de estilo local durante las fiestas. Al borde de la selva, unas cuantas chozas dispersas completaban el pueblo. El Patrón todavía estaba fuera cuando volvimos a su casa, y nos dieron un almuerzo de agua en una calabaza y un *macal,* planta tuberosa parecida a una papa, asada en las cenizas del fuego del desayuno. A eso de las dos y media volvió al fin; era un anciano, con un hijo adulto, y ambos llevaban pesadas cestas de maíz, sujetas por cuerdas que les pasaban por la frente. Preguntó si era yo misionero o del gobierno, y Mundo le explicó quién era, en una larga introducción de la que sólo pude entender las palabras "San Luis". Nos estrechamos la mano y don Norberto Yeh dijo que tendría mucho gusto en hablar conmigo después de lavarse y vestirse más decentemente.

Empecé preguntándole por la cosecha y el tiempo, que dijo había sido malo, y por su edad, que declaró de unos cincuenta años; parecía más viejo, con sus ojos pacientes de pesados párpados, su bigote y barba grises, su arrugado rostro, y a pesar de los perros, los pollos, los cochinitos y los niños que, junto con curiosos adultos, se habían amontonado en la choza, su porte era digno. Hablaba en voz baja y suave y me miraba más a mí que a Mundo, esperando tal vez que lo comprendiera por los ojos y la expresión. Estaba sentado en una hamaca, Mundo y yo en taburetes de tres patas. A mi siguiente pregunta, de que si recordaba la época del general Bravo, soltó una larga y enérgica diatriba (y el lenguaje maya es capaz de mucha energía), cuya traducción fue: "El Señor dice que sí." En su juventud, don Norberto había huido de una aldea situada al oeste de Santa Cruz ante el avance de las tropas del general, había errado por los bosques con sus padres, debilitado por el hambre y la sed, mientras muchos caían víctimas de la intemperie y las enfermedades. Después dijo que estaba muy contento de hablar conmigo y, con una sonrisa tímida, como si me participara un secreto, explicó que los antiguos libros habían profetizado que un *Chachac-mac* (norteamericano) iría a hacer preguntas y a ver las aldeas. Me preguntó si iría a todas y si me mandaba el jefe de San Luis. "Ya no podemos ir a Belice —añadió—, y por eso no podemos comprar las cosas que necesitamos."

Una cosa es leer en los libros cosas de cultos y profecías, aceptar el hecho de que todavía cree en ellas la gente de un remoto país, las cosas fuera de nuestra experiencia, como tantas cosas impresas, y otra descubrir que uno mismo desempeña un papel en esa creencia. Don Norberto creía que yo era el emisario prometido en los libros de Chilam Balam, uno de los chachac-macob u hombres rojos que viven actualmente en América del Norte, que otrora edificaron las antiguas ciudades y que volverán un día para ayudar a los mayas. Estaba cometiendo el error corriente de confundir a los norteamericanos con los antiguos bienhechores de su pueblo, los ingleses del sur del Hondo, y le pregunté qué clase de cosas quería comprar en Belice.

—Carabinas —dijo. Y la palabra no necesitaba traducción La entrevista se desarrollaba como él quería, no según mi idea, y volví a un terreno más seguro, para preguntarle por los días del pasado. El nombre completo de la ciudad santuario es Nohoch Santa Cruz Balam Ná, en que Nohoch ha reemplazado a Chan, porque de pequeña se ha hecho grande, y así se diferencia de Santa Cruz Chico, en la cabecera del lago Bacalar. Don Norberto habló de los servicios, los santuarios, los cuarteles, y dijo: "Lo que ve usted aquí lo hicimos nosotros, no los dzulob; es nuestra ciudad." Hablando de los cuarteles de Guardia mencionó a los misioneros protestantes de Santa Cruz y los legos yucatecos que iban por los pueblos convirtiendo mayas, disuadiéndoles de que hicieran su servicio de Guardia en Chancah. "¿Por qué vienen a nosotros? —preguntaba—. Nosotros no vamos a las ciudades a decirles cómo adorar a Dios. Ésta es nuestra tierra y nosotros la conocemos mejor que ellos." Le pregunté por el Chan Kiuic, y si era allí el valle donde la Cruz hizo su primera aparición, pero dijo que no sabía. En cuanto a si la Cruz podía hablar dijo también que no sabía: "Los dzules cuentan muchas mentiras de nuestro pueblo y de la Cruz." Yo repliqué que precisamente por eso quería saber la verdad, la verdad de los mayas, para poderla decir, pero no conseguí nada. A pesar de mi condición de Chachac-mac no se me podía comunicar mayor conocimiento. El mejor medio que conozco de hacerse amigos a pesar de la barrera del lenguaje es una cámara fotográfica polaroid que entrega fotos inmediatas, y le di a don Norberto un retrato suyo. Su esposa, que había aceptado tímidamente un cigarrillo pero se había negado tímidamente a fumarlo delante de mí, ahora tímida pero firmemente quería un retrato de ella, cosa que se realizó tras de mucho dudar y mucho reírse a medias, y salimos para que el Patrón pudiera hacer su comida, tan largamente diferida.

Don Román Cruz, el comandante y subdelegado de Chancah, ya avisado, nos esperaba con limpios pantalones y camisa blancos. También de "unos cincuenta años", era mucho más urbano y menos sencillo. Habiendo huido a Corozal de pequeño ante las patrullas de Bravo, recordaba cuán alta era la selva y cuán enormes eran los troncos en aquel tiempo, y cómo se habían reducido cuando volvió de joven. Nombrado comandante en tiempo de Cárdenas, había ido a la ciudad de México con otros dirigentes indígenas, y había vuelto en aeroplano. ¿Le había gustado la ciudad? Era muy bonita, decía, pero allí no había lugar para él, y todo era muy caro. Mundo me dijo que don Román era rico, que tenía veinte cabezas de ganado. Tenía también un tumor en el pecho y necesitaba una operación, para la cual debía ir con un doctor ladino. Ni él ni Mundo parecían tener mucha fe en los h-menob y se reían de cómo les fallaban los pronósticos, pero ambos creían en las profecías de los Libros Santos. El apellido de don Román indica que tiene sangre blanca, pero aparece como maya puro. Recordaba a Sóstenes Méndez, el que fuera comandante de Chancah, que murió hace unos años en otro pueblo, pero la línea de sucesión no era directa ni clara.

Cuando salíamos de casa de don Román en busca de nuestras mulas, el patrón atravesó la plaza para impedir que nos fuéramos. Desnudo hasta la cintura, con pantalones blancos a la antigua, cortados en forma de media luna por las caderas, debajo del cinturón, pasado por bastillas para ceñir bien, como se ve en los dibujos de Catherwood; llevaba un delgado bastón, más bien una varita, y le seguía una caterva de hombres y muchachos... como un sacerdote maya de miles de años antes. Tenía más cosas que decirme. Siguiendo su ejemplo, todos nos sentamos en algunas piedras que había sombreadas por los árboles a que estaban sujetas las mulas. Sin la camisa parecía más pequeño y más viejo, más maya. Mundo tradujo:

—El libro prometió que su pueblo vendría y prestaría ayuda a los macehuales.

—¿Qué clase de ayuda necesitan?

—Rifles y hombres para ayudarnos a sacar a los mexicanos. ¿Cuándo sucederá? ¿Debo enviar una delegación a San Luis para arreglar el asunto?

Esto era lo que yo había evitado antes y lo que sabía que él esperaba, y me lo decía tan claramente que no había evasiva posible. Yo había ido en busca de recuerdos de la Guerra de Castas y ahora me invitaban a enrolarme. La investigación histórica había dejado el lugar a la realidad humana; lo que para mí era una nota al margen era para él la fe y la esperanza de toda una vida; yo tenía la obligación de contestarle honradamente, y le dije que eso ya no era posible. Traducidas mis palabras, los otros hombres asintieron con la cabeza, cual si la realidad fuera algo que ya habían aceptado, mas sin perder el respeto a su sacerdote ni la fe en las profecías, que ocupaban en su cerebro compartimentos diferentes. Proseguí diciendo que la única ayuda que podíamos dar era económica, y mencioné un grupo de católicos seglares que en Bacalar había plantado platanares y daba crédito en forma de cooperativa, así como al sacerdote misionero de Santa Cruz. Volvieron a asentir los otros, pero don Norberto no seguía el juego. Hablan, prometen, pero no hacen nada por nosotros —dijo—. "Quieren que tengamos una iglesia *libre*. Quieren acabar con la Guardia." Allí estaba el quid, la rendición que él, por su parte, jamás efectuaría; las derrotas y humillaciones acumuladas durante un siglo no habían acabado con su fe en la legendaria promesa de ayuda o en el destino de todos cuando llegara el fin del mundo.

A continuación, en tono diferente y mirándome, dijo que le gustaría un relicario para el Santo de su iglesia. Le di unos cuantos pesos que llevaba encima. Se puso en pie, me dio las gracias con dignidad y se puso a atravesar la plaza, alejándose, frágil figurilla parda. Mundo y yo montamos nuestras bestias, y al pasar al filo del bosque me pregunté si se volvería para vernos ir. Siguió caminando sin volver la cabeza.

APÉNDICES

GLOSARIO DE VOCES MAYAS QUE APARECEN EN EL TEXTO

Ah-kin   Sacerdote maya. (Literalmente: despertar del sol.)

Ahuacán   Gran sacerdote maya.

Almehenob   Aristocracia maya. (Literalmente: los hijos de los hijos.)

Alux   Especie de gnomo. Espíritu maya del monte.

Balam   Tigre. Cualidad divina de los tigres.

Balamob   Especie de dioses mayas. Dioses-tigres.

Balam Ná   Casa de Dios o casa del Dios-tigre. Iglesia de la Cruz Parlante en Chan Santa Cruz.

Batab   Líder, jefe (de menor jerarquía).

Canché   Banco de tres patas.

Cocomes   Área en el centro-oeste de Yucatán. Sus habitantes son también llamados así por valientes, invencibles. El último *Tatich* conquistado fue el de Sotuta, llamado Nachi-Cocom.

Cruzob   El grupo rebelde maya gobernado por el *Tatich* y la Cruz Parlante.

Chaac   Dios maya de la lluvia. En general, lluvia. Arroyo que nace del lago Bacalar.

Cha-Chaac   Ceremonia maya de la lluvia. (Literalmente: recoger agua.)

Chachac-Mac   Hombre rojo. Nombre maya para el norteamericano. En plural, un pueblo que retornará algún día para ayudar a los mayas.

Chan   Pequeño, pequeña. Usada también con varias palabras españolas: Chan Iglesia (iglesita), Chan Santa Cruz (Santa Crucecita).

Chan Kiuic   Placita, mercado. Región al oeste de Chan Santa Cruz, donde la Cruz Parlante fue vista y escuchada por primera vez.

Chen   Solo. Por derivación: "bueno".

Chikinik   Viento del oeste, viento malo, que trae en-

	fermedades y muerte; probablemente enviado como castigo por el sol, *Kin.* También palacio del *Tatich* en Chan Santa Cruz.
Chilam Balam	Profeta de Dios, legendario autor de los *Libros de Chilam Balam.*
Chilam	Profeta.
Dzul	Hombre blanco, extranjero.
Halach Uinic	Hombre verdadero, alto jefe. Casa del gobernador. Casa u oficina del gobierno, durante la época anterior a la conquista de los mayas.
H-men	Brujo, curandero, herborista.
Huipil	Vestido femenino maya.
Huites	Taparrabos. Por extensión: salvajes. Se refiere también a la vida primitiva maya fuera de la influencia blanca en Yucatán antes de 1847.
Itzá	Grupo maya-tolteca, que durante su dominio edificó la tercera y última ciudad en Chichén Itzá.
Kampocolché Cah	Aldea kampocolché, nombre dado a un vallecito al oeste de Chan Santa Cruz; también llamado Chan Kiuic.
Kaz-Dzul	Malo, defectuoso, falso. Falso blanco; en consecuencia un mestizo.
Kuilob Kaaxob	Espíritus mayas, protectores del monte.
Macehual o Mazehual	Nativo, hijo del pueblo. Generalmente usado en sentido despectivo, respecto a los campesinos sedentarios.
Nohoch	Grande, como en Nohoch Tata (Gran Padre, otro nombre del *Tatich.*
Tamén	Estado de armonía entre un maya y sus dioses.
Tata Nohoch Zul	Espía cruzob. (Literalmente: Gran Padre Espía.)
Tata Polín	Intérprete de la Cruz Parlante.
Tatich	Jefe importante de los cruzob.
Tata Chikiuic	Jefe militar de los cruzob. (Literalmente: jefe de la boca o entrada de la plaza.)
Tunkul	Instrumento musical de percusión, especie de tambor cilíndrico, de madera, con ranuras laterales.

278

U-Hanli Col	Banquete ceremonial del primer fruto.
Xoc-Kin	Cuenta de los días (de los soles). Técnica maya para predecir el futuro, de origen español.
X-Tol	Danza maya, que representa la Conquista.

DIRIGENTES MAYAS

Manuel Antonio Ay, ejecutado en Valladolid, 26 de julio de 1847.

Cecilio Chi, jefe del norte; vencedor en Valladolid e Izamal; asesinado por su secretario en mayo de 1849.

Jacinto Pat, jefe del sur; vencedor en Peto, Tekax y Ticul; asesinado por sus rivales en septiembre de 1849.

SUCESORES DE CECILIO CHI

Venancio Pec, jefe del norte; muerto en combate a fines de 1852.

Florentino Chan, jefe del sur; muerto en 1852.

CRUZOB

José María Barrera, mestizo y uno de los primeros conspiradores; creador de la Cruz Parlante; muerto en 1852.

Manuel Nahuat, ventrílocuo de la Cruz; muerto en combate el 23 de marzo de 1851.

Agustín Barrera, hijo de José María; Tatich; asesinado en 1863, probablemente por Venancio Puc.

Leandro Santos, general mestizo; miembro del partido de la paz; asesinado en 1863, junto con Barrera, probablemente por Puc.

Dionisio Zapata, general mestizo; miembro del partido de la paz; asesinado en 1863, junto con Barrera, probablemente por Puc.

Venancio Puc, general que tomó Bacalar; derribado y muerto por Crescencio Poot en 1864.

Crescencio Poot, general que tomó Tekax; derribado y muerto por Aniceto Dzul en 1886.

Juan de la Cruz Puc, secretario de la Cruz; Tatich; estuvo en actividad desde 1851 hasta más o menos, 1887.

Bonifacio Novelo, uno de los primeros conspiradores y combatiente; Tatich en 1867.

Aniceto Dzul, general; jefe militar desde 1886 hasta, más o menos, 1890.

Román Pec, general y sucesor de Dzul; asesinado en 1895 o 1896.

Felipe Yama, general; sucesor de Pec; muerto en enero de 1899.

Felipe May, general y sucesor de Yama; asesinado en abril de 1901.

Francisco May, general en Dzonot Guardia y Chan Santa Cruz; vivía aún en 1959.

Juan Vega, general en Chunpom; vivía todavía en 1959.

Sóstenes Méndez, general en Chancah; murió allá por 1935.

Román Cruz, subdelegado en Chancah; vivía aún en 1959.

Norberto Yeh, patrón de Chancah; vivía aún en 1959.

Pedro Pascual Barrera, nieto de José María y Tatich.

Eulalio Can, comandante en X-Cacal.

Concepción Cituk, capitán en X-Cacal.

Paulino Yama, comandante; jefe en X-Cacal en 1959.

Lorenzo Be, Tatich en X-Cacal en 1959.

PACÍFICOS DE CHICHENHÁ

José María Tzuc, jefe en 1852-1864.

Marcos Canul, general; jefe en 1964-1872; se trasladó a Icaiché en 1866.

Rafael Chan, general; jefe en 1872-1879.

Santiago Pech, general y sucesor de Chan.

Gabriel Tamay, general; jefe en 1894.

PACÍFICOS DE IXCANHÁ Y MESAPICH

General Arana, suprimido por las fuerzas yucatecas en 1869.

General Eugenio Arana, hermano; mandaba todavía en 1894.

SUBTRIBU DE LOCHÁ

Pedro Encalada, combatiente en la Guerra de Castas; jefe, por lo menos, hasta 1861.

CRONOLOGÍA

1519-1846

1519-46: Conquista de Yucatán por los españoles. 1697: Conquista del Itzá en Tayasal. 1761: Rebelión de Jacinto Canek en Cisteil. 1821: México independiente de España. 1838: Rebelión de Imán contra el centralismo mexicano. 1840: Yucatán se separa de México. 1842: Fallida invasión mexicana en Yucatán. 1843: Reunificación de Yucatán con México. 1845: Segunda separación de Yucatán. 1846: Guerra entre México y los Estados Unidos; Campeche se subleva en favor de la neutralidad.

1847

Enero: Los mayas hacen una matanza en Valladolid; triunfa la rebelión neutralista. *Febrero:* Fracasa la revuelta de Mérida; Barbachano exiliado. *18 de julio:* Primer informe de la rebelión que planean los mayas. *26 de julio:* Ejecución de Manuel Antonio Ay; el coronel Cetina inicia una rebelión. *30 de julio:* Tepich atacado por los mayas; comienzo oficial de la Guerra de Castas. *Octubre:* Toma Cetina a Mérida, saca de la región fronteriza tropas de Méndez y deja que los rebeldes refuercen su posición con la toma de Tihosuco y diversos pueblos. *Diciembre:* Fracasa un contraataque ladino e Ichmul cae en poder de los mayas.

1848

Enero: Los cocomes se rebelan; Peto y Valladolid, sitiados. *Febrero:* Los ladinos abandonan a Peto y Yaxkabá. *Marzo:* Caen Valladolid y Sotuta; ofrece Méndez la soberanía de Yucatán a tres potencias, y después se retira en favor de Barbachano. *Abril:* Los ladinos concluyen un tratado con Jacinto Pat, que nulifica Cecilio Chi, y abandonan Tekax. *Mayo:* Ticul, Izamal y Bacalar caen en poder de los mayas. *Junio:* Contraataque de los ladinos; el ejército maya deja el campo por la plantación de primavera; se reconquista Izamal. *Julio-septiembre:* Reconquista de Tekax; patrullas ladinas avanzadas en el norte; intensos combates en el centro. *Noviembre:* Ofensiva de Peto. *Diciembre:* Valladolid, Ichmul y Tihosuco son recobrados y los mayas rechazados a la selva; asesinato de Chi.

1849

Abril: Sitian los mayas a Tihosuco y Sabán. *Mayo:* Toma a Bacalar una fuerza expedicionaria de los ladinos; empieza la trata de esclavos, pero la detienen las autoridades mexicanas. *Septiembre:* Muere Pat asesinado; las patrullas ladinas penetran profundamente en territorio enemigo. *Octubre:* El superintendente Fancourt, de Belice, se entrevista con los dirigentes mayas, en la bahía de la Ascensión.

1850

El general Micheltorena reemplaza a López de Llergo en febrero; en los meses de la primavera se ejecutan profundas entradas, que culminan en la marcha de O'Horan por tierras de Bacalar en julio. Los combates continúan en la estación lluviosa, y se hacen muchos prisioneros. El campo de refugiados de Chan Santa Cruz adquiere importancia, al irse acabando el año, con la primera aparición de la Cruz Parlante.

1851

Los cruzob lanzan su primer ataque contra Kampocolché, y los ladinos descubren el nuevo culto en enero. El coronel Novelo lanza una incursión contra el santuario en marzo, y el coronel González otra en mayo, pero no impiden su crecimiento. Reemplaza Díaz de la Vega a Micheltorena en mayo y se reduce el ejército; la mayoría de los soldados pasa a la reserva inactiva. Se celebra un tratado con los rebeldes de Chichenhá, después atacados por los cruzob.

1852

Se llama a los reservistas ladinos y se envían columnas a Bacalar y Chan Santa Cruz en febrero y mayo. A pesar del hambre, los cruzob realizan incursiones de represalias en la zona fronteriza. José María Barrera muere en diciembre.

1853

Cede Barbachano el gobierno del estado al general Díaz de la Vega en respuesta a la victoria centralista de Santa Anna en México. Aplastamiento de la rebelión de Molas y Cepeda en septiembre. Hace irrupción el cólera y los cruzob lanzan una masiva y victoriosa incursión por los cocomes. Una columna ladina de persecución va a Chan Santa Cruz. Revive el comercio de esclavos.

1854

En abril se hace una entrada hasta el santuario, y otra en mayo, atacada por el cólera y que los mayas terminan en degüello; otra entrada en noviembre, en que los ladinos descubren la nueva iglesia. Hasta fin de año se conservan dos bases ladinas en territorio de los cruzob.

1855

Después de intensos combates se evacuan las bases en febrero; degüello de una de las guarniciones a su vuelta. Cae Santa Anna y es electo Méndez gobernador de Yucatán. Fin oficial de la Guerra de Castas.

1857

Sucede Barrera a Méndez. Varias rebeliones en Campeche, que sirven de pretexto a la matanza de cruzob y el saqueo de Tekax en septiembre. Atacan los cruzob a Chichenhá, cuyos habitantes se trasladan a un nuevo lugar, llamado Icaiché. Reemplaza Peraza a Barrera en la gubernatura.

1858

Campeche y Yucatán separados; García gobernador de Campeche; pero la lucha continúa entre diversas fuerzas en los estados rivales. Cae Bacalar en manos de los cruzob. Irigoyen, gobernador. Empiezan el Balam Ná en Chan Santa Cruz.

1859-61

1859: Cede Irigoyen la gubernatura a Castellanos, quien es derribado por Agustín Acereto. 1860: Se ejecuta una expedición a Chan Santa Cruz, mandada por Pedro Acereto, pero al final es un fiasco, con muchas bajas. Derribado Acereto el mayor, le sucede Vargas, y a éste Cano. 1861: Recobra Acereto el gobierno, pero se lo quita Irigoyen; lo detienen y lo fusilan. Toman y saquean los cruzob a Tunkás.

1863-65

1863: Navarrete, elegido gobernador. Guerra civil en Yucatán y Campeche, bloqueada ésta por la armada francesa. La causa imperial triunfa en Yucatán. 1864: Vuelven a unirse Campeche y Yucatán, y reemplaza a Navarrete el comisario imperial Ilarregui. Derriba Crescencio Poot a Venancio Puc. 1865: Lanza un ataque contra los cruzob el general Gálvez, con poco éxito y fuertes pérdidas. Reemplaza a Gálvez el coronel Traconis. Visita a Yucatán la emperatriz Carlota.

1866-70

1866: Se desarrolla en la zona fronteriza una segunda campaña, con prolongado asedio de Tihosuco, que resiste, pero es abandonada después por estar demasiado descubierta. Las fuerzas republicanas entran en actividad en Yucatán. 1867: Cae el Imperio y Cepeda Peraza pone un esforzado y victorioso sitio a Mérida y llega a gobernador de la parte yucateca de la península nuevamente dividida. Los mayas de Icaiché invaden la parte occidental de Belice. 1870: A la muerte de Cepeda llena el interinato su hermano, al que sucede Manuel Cirerol.

1871-73

1871: Realiza Traconis una expedición contra Tulum y la zona septentrional de los cruzob. 1872: El coronel Cantón se subleva y apodera de Mérida. Llega de México un ejército federal mandado por el general Mariscal, quien después de negociaciones pacíficas queda de gobernador y deja a Cantón al mando de las fuerzas orientales. 1873: Reemplaza a Mariscal el general Alatorre, que preside una reñida elección en que sale triunfante Castellanos. Desencadena Cantón otra revuelta.

1874-76

1874: Anarquía; Eligio Ancona nombrado gobernador. 1875: Pasa el año sin una sola revolución. 1876: Victoria del partido de Porfirio Díaz en Yucatán, con lo que se pone fin a decenios de anarquía.

1884-86

1884: Firma del tratado Poot-Cantón, que nunca se llevó a efecto. 1886: Derriba y mata Aniceto Dzul a Poot, con nuevas escaramuzas al año siguiente, después de diez años de tranquilidad.

1893-99

1893: Firma del tratado Spencer-Mariscal. 1897: Cierra la barcaza *Chetumal* la navegación por el río Hondo. 1899: Vuélvese a ocupar Ichmul y empieza la explotación comercial del litoral norte y este.

1901-12

1901: El general Bravo toma a Chan Santa Cruz y las tropas ladinas ocupan Bacalar. Separación de Yucatán de la región de los cruzob, que se transforma en territorio federal de Quintana Roo. 1912: Vence en México el partido de Madero y hacen volver al general Bravo.

1915-37

1915: Estalla la guerra civil; llega a Yucatán el general Alvarado; evacuan los ladinos Chan Santa Cruz. 1929: Culminación del auge del chicle y restablecimiento de la autoridad militar en Quintana Roo. 1937: Aplica Cárdenas reformas agrarias en Yucatán.

DATOS BIBLIOGRÁFICOS

Es ésta una bibliografía selecta en que sólo constan las fuentes que más valiosas resultaron en mi investigación; para otras fuentes relativas a la Guerra de Castas ruego al lector consulte la obra de Howard F. Cline de 1945. Las obras mencionadas por nombre de autor y fecha en las siguientes observaciones preliminares se encuentran con su referencia completa en la lista alfabética.

Mi conocimiento general de los antecedentes relativos al Yucatán de antes de la Guerra de Castas se basa en las obras de Baqueiro (1878), Ancona, Molina Solís, Acereto (1904) y Aznar Pérez. Los diversos estudios de Cline me fueron muy útiles por su explicación de las tendencias sociales y económicas en las décadas inmediatamente anteriores a la guerra.

Para detalles de historia militar, en particular del periodo 1847-1853, tomé mucho de Baqueiro (1878). Aunque era un liberal anticlerical de la facción meridana, Baqueiro no se aparta mucho de la realidad. Sin duda escribía teniendo a la vista los informes oficiales, porque con mucha frecuencia apunta pocas bajas entre muertos y heridos y especifica los prisioneros y los rifles tomados por las fuerzas ladinas. Escribía en un tiempo en que todavía vivían muchos veteranos de la Guerra de Castas, y en sus datos no he hallado contradicción.

Aunque fuera extenso el conocimiento que tenía Baqueiro del lado de los ladinos en la Guerra de Castas, es mucho menos de fiar en lo relativo al lado de los mayas. Muchos de sus datos y cifras acerca de los mayas se deben a funcionarios ladinos ansiosos de disculpar sus derrotas y agrandar sus victorias. De todos modos, con sus datos acerca de las decenas de miles de mayas capturados, de los prisioneros ladinos salvados y de los mensajes interceptados, es posible reconstruir un cuadro general de lo que sucedía en el lado rebelde. Fuente semejante es Ancona (1889), quien toma mucho de Baqueiro pero proporciona algunos datos más, y de tiempo posterior. Estas dos obras contienen gran riqueza de documentación, con muchas cartas, órdenes y tratados traducidos del maya.

Otra fuente importante (que los yucatecos contemporáneos no tuvieron a su disposición) son los archivos de Honduras Británica, presentados en una edición de Burdon (1935). Como los documentos verdaderos de Belice estaban guardados, y la clasificación de Burdon no me parecía clara, hube de contentarme con poner los nombres y las fechas como los hallé. Útiles para los años de la guerra, esos archivos lo son más para periodos posteriores, sobre todo para datos relativos a Chan Santa Cruz entre 1853 y 1901. Entre los documentos hay informes relativos a visitas al santuario, entre ellos cierto número de entrevistas con la Cruz, cartas escritas por la Cruz a los gobernadores de Belice y Honduras Británica, en maya o español con traducciones al inglés, y cartas de o a varios dirigentes de los cruzob, que arrojan luz sobre la sucesión del Tatich y otros muchos interesantes detalles. Se duda de la existencia actual de los archivos. La Government House, el edificio de madera en que se guardaban, fue destruida por un huracán en 1960, con pérdida de muchas vidas. Según los periódicos, se piensa trasladar la ciudad de Belice a un emplazamiento nuevo, más seguro.

La mejor fuente acerca del origen y la naturaleza de la sociedad de los cruzob es *The Maya of East Central Quintana Roo*, por Villa R. (1945). Trata de cuestiones tan importantes como la organización de las compañías de la Guardia y la mezcla de ritos paganos y católicos, presenta información relativa a la sociedad de los cruzob en este siglo y contiene el valioso texto del sermón de la Cruz Parlante. *Chan Kom*, por Redfield y Villa R. (1934) contribuye a definir los rasgos comunes a todos los mayas antes de la guerra y a distinguir lo que los cruzob innovaron. Los puntos de etnología maya se basan principalmente en estas dos obras.

Acereto (1947) esboza la política general de Yucatán y México después de la Guerra de Castas y es particularmente útil por la cantidad de nombres y fechas. En los años posteriores a Díaz, la obra de Acereto se vuelve más partidista, por eso he tratado de compensar sus interpretaciones consultando las obras de liberales y otros escritores que criticaron al régimen, de modo especial Carlos R. Menéndez, Molina y Benítez. En los archivos del *Diario de Yucatán*, formados por su director, Carlos R. Menéndez, pueden hallarse muchos datos importantes e interesante propaganda política, sobre todo del siglo xx; otro tanto puede decirse de la Librería Cepeda Peraza, también en Mérida. En Gabriel Menéndez (1936) puede hallarse asimismo mucha información relativa al estado de Quintana Roo, con útiles fotografías y mapas.

Como muchas poblaciones grandes y chicas citadas en los informes de la época han dejado de existir, y como a fines del siglo pasado muchos poblados mayas desaparecieron o cambiaron de lugar (a veces conservando el mismo nombre), fue necesario investigar mucho para construir los mapas presentados en el texto. Los detalles de nombres y ubicaciones se tomaron principalmente de

Stephens (1841 y 1843), Norman (1843), Aznar Pérez, Berendt (1867), Sapper (1904), Miller (1889), Villa R. (1945), Pacheco Cruz (1934) y Menéndez ('1936). El plano y el dibujo de Chan Santa Cruz son míos y se basan en la observación personal; las calles y los edificios de piedra podían ubicarse con seguridad, pero no intenté determinar la ubicación de las chozas ni de los solares de la parte interior, ya que muchas veces han cambiado después de aquel periodo.

BIBLIOGRAFÍA*

Acereto, Albino, *Evolución histórica de las relaciones políticas entre México y Yucatán.* Ed. Imprenta Muller, México, 1907.
"Historia política desde el descubrimiento europeo hasta 1920." *Enciclopedia Yucatanense.* Edición oficial del Gobierno de Yucatán, México, 1944, t. III.
Adherre, F., "Los indios de Yucatán". *Boletín* de la Sociedad de Geografía y Estadística de la República Mexicana, México, 1860, ép. II, t. I, pp. 73-8.
Ancona, Eligio, *Historia de Yucatán desde la época más remota hasta nuestros días.* Edición del Gobierno del Estado de Yucatán, Mérida, 1917.
Arnold, Channing, y Frederick J. T. Frost, *The American Egypt: A Record of Travel in Yucatan.* New York, 1909.
Aznar Mendoza, Enrique, "Historia de la industria henequenera desde 1919 hasta nuestros días". *Enciclopedia Yucatanense.* Edición oficial del Gobierno de Yucatán, México, 1944, t. III.
Aznar Pérez, Alonso, y Rafael Pedrera, *Colección de leyes, decretos y órdenes o acuerdos de tenencia general del poder legislativo del estado libre y soberano de Yucatán.* México, 1849, 3 vol.
Baqueiro, Serapio, *Ensayo histórico sobre las revoluciones de Yucatán desde el año 1840 hasta 1864.* Ed. Imprenta de Manuel Heredia Argüelles, Mérida, 1878-79.
Reseña geográfico-histórica y estadística del estado de Yucatán. México, 1907.
Baranda, Joaquín, *Recordaciones históricas.* Ed. La Europea y Tipografía Económica, México, 1907-13, 2 vol.
Barrera Vázquez, Alfredo, *El libro de los libros de Chilam Balam,* con introducciones y notas. Ed. Fondo de Cultura Económica, México, 1948.
"Contrato de un maya de Yucatán, escrito en su lengua materna, para servir en Cuba, en 1849." *Estudios de cultura maya,* México, 1961, pp. 199-211.
Benítez, Fernando, *Ki, el drama de un pueblo y de una planta.* Ed. Fondo de Cultura Económica, México, 1956.
Berendt, Carl H., "Report of Exploration in Central América", en el informe anual de la Smithsonian Institution para 1867. Washington, D. C., pp. 220-6.
Berkeley [?], *Informe al gobernador de Honduras Británica,* en A.B.H.,** 1864.
Berzunza Pinto, Ramón, *Desde el fondo de los siglos. Exégesis histórica de la guerra de castas.* México, 1949.
Blake, William, Diversos informes al gobernador de Honduras Británica (1858), en A.B.H.

* Hasta donde ha sido posible, se incluyeron precisiones bibliográficas de los títulos recogidos por el autor. [E.]
** Archivos de Honduras Británica.

Burdon, John, Archivos de Honduras Británica. Londres, 1935, 3 vol.

Calcott, W. H., *Santa Anna*. Ed. Norman, Oklahoma, 1936.

Cámara Zavala, Felipe de la, "Memorias de Don Felipe de la Cámara Zavala" (1871). Ediciones dominicales del *Diario de Yucatán*. Mérida, agosto y septiembre de 1928.

Cámara Zavala, Gonzalo, "Historia de la industria henequenera hasta 1919". *Enciclopedia Yucatanense*. Edición oficial del Gobierno de Yucatán, 1944, t. III.

Campos, Domingo, "Relación que hace el doctor Don Domingo Campos de su viaje a Yucatán, y cuenta que da al público de su piadosa comisión". México, 1849.

Canto López, Antonio, *El territorio de Quintana Roo y Yucatán*. Mérida, 1954.

Canto, Gregorio, "Report on Affairs at Chan Santa Cruz" (1885), en Ancona, op. cit., t. IV, pp. 432-4.

Chamberlain, Robert S., *The Conquest and Colonization of Yucatan, 1517-1550*. Publ. 582 de la Carnegie Institution of Washington, 1948.

Charnay, Désiré, *Les anciennes villes du Nouveau Monde: voyages d'exploration au Mexique et dans l'Amérique Centrale, 1857-1882*. París, 1882. *Ma dernière expédition au Yucatan* (1887). (Traducida al español con el título de *Viaje a Yucatán* por Francisco Cantón Rosado. Mérida, 1933.)

Clegern, Wayne M., "British Honduras and the Pacification of Yucatan". *The Americas*, n. 18, 1962, pp. 243-54.

Cline, Howard F., "Remarks on a Selected Bibliography of the Caste War and Allied Tropics". Apéndice C en Villa Rojas, op. cit. "The 'Aurora Yucateca' and the Spirit of Enterprise in Yucatan, 1821-1847." *Hispanic American Historical Review*, 1947, vol. XXVII, n. 1. "The Sugar Episode in Yucatan, 1825-1850." *Inter-American Economic Affairs*, vol. I, n. 4, pp. 79-100. *Related Studies in Early Nineteenth Century Yucatecan Social History*, en la colección de micropelículas de manuscritos relativos a la antropología cultural mesoamericana, n. XXXII. Biblioteca de la Universidad de Chicago: "War of the Castes and the Independent Indian States of Yucatan" (1941); "War of the Castes and its Consequences" (1945); "Regionalism and Society in Yucatan, 1825-1847" (1947).

Diario de Yucatán. Archivos de C. R. Menéndez, Mérida, 1907-10.

Echánove Trujillo, Carlos, "Manuel Crescencio Rejón". *Enciclopedia Yucatanense*. Edición oficial del Gobierno de Yucatán, México, 1944, t. VII.

Ferrer de Mendiolea, Gabriel, "Justo Sierra O'Reilly". *Enciclopedia Yucatanense*. Edición oficial del Gobierno de Yucatán, t. VII. "Justo Sierra Méndez." *Enciclopedia Yucatanense*. Edición oficial del Gobierno de Yucatán, México, 1944, t. VII. "Historia de las comunicaciones." *Enciclopedia Yucatanense*. Edición oficial del Gobierno de Yucatán, México, 1944, t. III.

Foster, George, *Culture and Conquest. America's Spanish Heritage*. Ed. Viking Fund Publications in Anthropology, New York, 1960, n. 27.

Fowler, Henry, "A Narrative of a Journey across the Unexplored Portion of British Honduras, with a Short Sketch of the History and Resources of the Colony". Belice, 1879.

Gann, Thomas W. F., "The Maya of Southern Yucatan and Northern British Honduras". *Boletín* de la Oficina de Etnología Americana, Washington, D. C., 1918, n. 64. *In an Unknown Land*. New York, 1924.

García Guiot, Silvano, "Pedro Sáinz de Baranda". *Enciclopedia Yucatanense.* Edición oficial del Gobierno de Yucatán, México, 1944, t. VII.

García Preciat, José, "Historia de la arquitectura". *Enciclopedia Yucatanense.* Edición oficial del Gobierno de Yucatán, 1944, t. IV.

Heller, Carl B., *Reisen in Mexiko in den Jahren 1845-48.* Leipzig, 1853.

Hernández, Juan José, "Costumbres de los indios de Yucatán". *Registro Yucateco,* n. 3, pp. 290-8.

Hernández Fajardo, José, "Historia de las artes menores". *Enciclopedia Yucatanense.* Edición oficial del Gobierno de Yucatán, México, 1944, t. IV.

La Farge, Oliver, y Douglas S. Beyers, "The Yearbearer's People", en *Middle American Research Series,* n. 3. New Orleans, 1931.
"Maya Ethnology: the Sequence of Cultures." *The Maya and their Neighbors.* Salt Lake City, 1940.

Lothrop, Samuel K., *Tulum, an Archaeological Study of the East Coast of Yucatan.* Carnegie Institution Publication 355. Washington, D. C., 1924.

Madariaga, Salvador de, *El ocaso del Imperio Español en América.* Ed. Sudamericana, Buenos Aires, 1964, 2ª ed.

Manzanilla, Yanuario, *Recuerdos de la campaña de los republicanos contra el Imperio en el estado de Yucatán.* Mérida, 1888.

Mason, Gregory, *Silver Cities of Yucatan.* New York, 1927.

Méndez, Santiago, "The Maya Indians of Yucatan in 1861", en Saville (1921).

Menéndez, Carlos R., *Historia del infame y vergonzoso comercio de indios vendidos a los esclavistas de Cuba por los políticos yucatecos desde 1848 hasta 1861. Justificación de la revolución indígena de 1847. Documentos irrefutables que lo comprueban.* Ed. Talleres Gráficos de la *Revista de Yucatán,* Mérida, 1923.
90 años de historia de Yucatán. Ed. Cía. Tipográfica Yucateca, Mérida, 1937.

Menéndez, Gabriel Antonio, *Quintana Roo,* álbum monográfico. Ed. Partido Nacional Revolucionario, México, 1936.

Miller, William, "The Indians of Santa Cruz", *Proceedings of the Royal Geographic Society,* N. S., II, Londres, 1889, pp. 23-8.

Molina Font, Gustavo, *La tragedia de Yucatán.* Ed. Jus, México, 1941.

Molina Solís, Juan Francisco, *Historia de Yucatán desde la independencia de España hasta la época actual.* Mérida, 1921-7, 2 vol.

Norman, B. H., *Rambles in Yucatan, or Notes of Travel through the Peninsula including a Visit to the Remarkable Ruins of Chichen, Kabah, Zayi and Uxmal.* New York, 1843.

Pacheco Cruz, Santiago, *Estudio etnográfico de los mayas del ex territorio Quintana Roo.* Mérida, 1934.
Diccionario de etimologías toponímicas maya. Ed. Imprenta Oriente, Chetumal, 1953.

Palma Cámara, Fernando, "Historia de la legislación desde la conquista europea". *Enciclopedia Yucatanense.* Edición oficial del Gobierno de Yucatán, México, 1944, t. III.

Pérez, Gregorio, *El ahorcado de 1848.* Mérida 1906.

Pineda, Vicente, *Historia de las sublevaciones indígenas habidas en el estado de Chiapas.* Chiapas, 1888.

Plumridge [teniente], *Report of a visit to Chan Santa Cruz,* 12 de abril de 1861, en A.B.H.

Redfield, Robert, *The Folk Culture of Yucatan.* Ed. University of Chicago Press, 1941.

—y Alfonso Villa R., *Chan Kom, a Maya Village* (1934). Publ. 488 de la Carnegie Institution of Washington. University of Chicago Press, 1962.

Regil, José María, y Alonzo Manuel Peón, "Estadística de Yucatán" (1853). *Boletín* de la Sociedad Mexicana de Geografía y Estadística, n. 3, pp. 237-40.

Rosado, José Hilario, "Informe de los asuntos de Chan Santa Cruz". *Diario de Yucatán*, Mérida, 11 de enero de 1889.

Roys, Ralph L., *The Book of Chilam Balam of Chumayel*. Publ. 438 de la Carnegie Institution of Washington, 1933.
The Titles of Ebtun. Publ. 505 de la Carnegie Institution of Washington, 1939.
The Indian Background of Colonial Yucatan. Publ. 548 de la Carnegie Institution of Washington, 1943.
Political Geography of the Yucatecan Maya. Publ. 613 de la Carnegie Institution of Washington, 1957.

Sapper, Karl, "Independent Indian States of Yucatan", traducido del alemán en el Boletín 28 de la Oficina de Etnología Americana, Washington D. C., 1904, pp. 623-4.

Saville, Marshall H., "Reports on the Maya Indians of Yucatan". Museo del Indio Americano, Heye Foundation, *Indian Notes and Monographs*, n. 9, New York, 1921, pp. 143-95.

Senado de los EUA, Documentos ejecutivos de la primera sesión 30avo Congreso, vols. 5 y 6, documentos 40, 42, 43, 45 y 49. Washington, D. C., 1847-8.

Severo de Castillo [?], *Cecilio Chi*. Mérida 1869.

Seymour [?], Informe del 17 de noviembre de 1858, en A.B.H.

Shaffer, Ernesto, "El corregidor del Petén, Cnel. Modesto Méndez". *Antropología e historia de Guatemala*, vol. III, n. 1, 1951.

Sierra O'Reilly, Justo, *Diario de nuestro viaje a los Estados Unidos* (1847-48). Prefacio y notas de Héctor Pérez Martínez. Ed. Antigua Librería Robredo, México, 1938.
"Informe sobre rentas eclesiásticas en el estado de Yucatán", en Suárez Navarro, op. cit.

Soza, José María, *Pequeña monografía del Petén*. Guatemala, 1957.

Stephens, John L., y Frederick Catherwood, *Incidents of Travel in Central America, Chiapas and Yucatan*. New York, 1841, 2 vol.
Viaje a Yucatán (trad.). Ed. Imprenta del Museo Nacional, México, 1937.

Stevenson, William, Diversos informes (1856), en A.B.H.

Suárez Navarrete, Pablo, Carta del 1o. de junio (1850) desde Nueva Orleans, en Menéndez, op. cit.

Suárez y Navarro, Juan, *Informe sobre las causas y carácter de los frecuentes cambios políticos ocurridos en el estado de Yucatán y medios que el gobierno de la Unión debe emplear para la unión del territorio yucateco, la restauración del orden constitucional en la península y para la cesación del tráfico de indios enviados a la isla de Cuba* (1861). Ed. Imprenta de Ignacio Cumplido, México, 1861.

Toompson, Edward H., "A Page of American History" (1905). American Antiquarian Society, actas, N. S., n. 17, pp. 239-52.
People of the Serpent. Nueva York, 1932.

Tozzer, Alfred, "A Comparative Study of the Mayas and Lacandones." Ed. Archeological Institut of America, *Report of Fellow in American Archeology*. Nueva York, 1907.
A Maya Grammar. Ed. Peabody Museum Papers, n. 9, Cambridge,

Massachusetts, 1921.

Landa's Relación de las cosas de Yucatán. Ed. Peabody Museum Papers, Cambridge, Massachusetts, 1941, vol. XVIII.

Traconis, Daniel, "Diario de las operaciones de la expedición militar contra los indios rebeldes, al oriente de la península" (1871). *Diario de Yucatán,* 28 de abril, 5 y 12 de mayo, 1935.

Trejo, José María, Informe de un viaje a Chan Santa Cruz, 1o. de abril (1861), en A.B.H.

Trujillo, Narcisa, "Las primeras máquinas desfibradoras de henequén". *Enciclopedia Yucatanense.* Edición oficial del Gobierno de Yucatán, México, 1944, t. III.

Valadés, José C., "José María Gutiérrez de Estrada". *Enciclopedia Yucatanense.* Edición oficial del Gobierno de Yucatán, México, 1944. t. VII.

Villa Rojas, Alfonso, *The Mayas of East Central Quintana Roo.* Publ. 559 de la Carnegie Institution of Washington, 1945.

Vogt, Evon Z., "Some Aspects of Zinacantan Settlement Patterns and Ceremonial Organization". *Estudios de cultura maya,* México, 1961, t. II, pp. 131-47.

Waldeck, Jean Frederick, *Voyage pittoresque et archéologique dans la province de Yucatan.* París, 1835.

Wallace, Edward S., *Destiny and Glory.* Nueva York, 1957.

Williams, Mary Wilhemine, "The Secessionist Diplomacy of Yucatan". *Hispanic American Historical Review,* IX, 1929, pp. 132-43.

Impresión:
Encuadernación Técnica Editorial, S. A.
Calz. San Lorenzo 279, 45-48, 09880 México, D. F.
2-VIII-1998
Edición de 1 000 ejemplares

Biblioteca Era

Jorge Aguilar Mora
La divina pareja. Historia y mito en Octavio Paz
*Una muerte sencilla, justa, eterna. Cultura y guerra durante la
revolución mexicana*
Stabat Mater
Ernesto Alcocer
También se llamaba Lola
Claribel Alegría
Pueblo de Dios y de Mandinga
Dorelia Barahona
De qué manera te olvido
Roger Bartra
El salvaje en el espejo
El salvaje artificial
Las redes imaginarias del poder político
José Carlos Becerra
El otoño recorre las islas. Obra poética, 1961/1970
Fernando Benítez
Los indios de México [5 volúmenes y Antología]
Los primeros mexicanos
Los demonios en el convento. Sexo y religión en la Nueva España
El peso de la noche. Nueva España de la edad de plata a la edad de fuego
El libro de los desastres
Los hongos alucinantes
1992: ¿Qué celebramos, qué lamentamos?
Alberto Blanco
Cuenta de los guías
José Joaquín Blanco
Función de medianoche
Un chavo bien helado
Mátame y verás
El Castigador
Jorge Boccanera
Sólo venimos a soñar. La poesía de Luis Cardoza y Aragón
Miguel Bonasso
Recuerdo de la muerte
Carmen Boullosa
Son vacas, somos puercos
La Milagrosa

Coral Bracho
La voluntad del ámbar
Luis Cardoza y Aragón
Pintura contemporánea de México
Ojo/voz
Miguel Ángel Asturias. Casi novela
Lázaro
Rosario Castellanos
Los convidados de agosto
Carlos Chimal
Cinco del águila
Crines. Otras lecturas de rock
Olivier Debroise
Crónica de las destrucciones. In Nemiuhyantiliztlatollotl
Isaac Deutscher
Stalin. Biografía política
Christopher Domínguez
Tiros en el concierto. Literatura mexicana del siglo V
William Pescador
Bolívar Echevarría
La modernidad de lo barroco
Mircea Eliade
Tratado de historia de las religiones
Carlos Fuentes
Aura
Una familia lejana
Los días enmascarados
Eduardo Galeano
Días y noches de amor y de guerra
Ana García Bergua
El umbral. Travels and Adventures
El imaginador
Gabriel García Márquez
El coronel no tiene quien le escriba
La mala hora
Juan García Ponce
La noche
Emilio García Riera
México visto por el cine extranjero
Tomo I: 1894-1940
Tomo II: 1906-1940 filmografía
Tomo III: 1941-1969

Octavio Paz
Apariencia desnuda (La obra de Marcel Duchamp)
La hija de Rappaccini
Armando Pereira
Amanecer en el desierto
La escritura cómplice. Juan García Ponce ante la crítica
Sergio Pitol
El desfile del amor
El arte de la fuga
Domar a la divina garza
Vals de Mefisto
Juegos florales
Cuerpo presente
La vida conyugal
El tañido de una flauta
El arte de la fuga
Elena Poniatowska
Lilus Kikus
Hasta no verte Jesús mío
Querido Diego, te abraza Quiela
De noche vienes
La "Flor de Lis"
La noche de Tlatelolco
Fuerte es el silencio
Nada, nadie. Las voces del temblor
Tinísima
Luz y luna, las lunitas
Silvestre Revueltas
Silvestre Revueltas por él mismo
Luis Eduardo Reyes
Modelo antiguo
José Rodríguez Feo
Mi correspondencia con Lezama Lima
Vicente Rojo
Diseño gráfico
María Rosas
Tepoztlán: Crónica de desacatos y resistencia
Guiomar Rovira
Mujeres de maíz
Juan Rulfo
Antología personal
El gallo de oro. Y otros textos para cine
Los cuadernos de Juan Rulfo

Eduardo Serrato
   Tiempo cerrado, tiempo abierto. Sergio Pitol ante la crítica
Pablo Soler Frost
   Cartas de Tepoztlán
Alejandro Toledo
   El imperio de las voces. Fernando del Paso ante la crítica
Remedios Varo
   Cartas, sueños y otros textos
Hugo J. Verani
   La hoguera y el viento. José Emilio Pacheco ante la crítica
José Javier Villarreal
   Portuaria
Paloma Villegas
   La luz oblicua
Paul Westheim
   Arte antiguo de México
   Ideas fundamentales del arte prehispánico en México
   Escultura y cerámica del México antiguo
Eric Wolf
   Pueblos y culturas de Mesoamérica
Ricardo Yáñez
   Dejar de ser
Varios autores
   El oficio de escritor [Entrevistas con grandes autores]